中東・イスラーム研究概説

政治学・経済学・社会学・地域研究の
テーマと理論

私市正年／浜中新吾／横田貴之
［編著］

明石書店

はじめに

　中東・北アフリカ地域（以下、中東と略す）が、20世紀の世界にとってもっとも重要、かつ複雑な政治的、経済的、社会（宗教）的問題を提起した地域であったことは間違いない。21世紀に入ってからも、中東地域は、一般の人々だけでなく、研究者をも悩ます、複雑に絡み合った、ときに「常識」の通用しない問題を投げかけている。それは、アル・カーイダやIS（イスラーム国）が引き起こす紛争であったり、地中海を渡る移民や難民問題であったり、指導者が30年も40年も変わらない政治だったりする。

　ではこうした諸問題を理解するのにどのように取り組んだらよいのか。現地社会に長期間、生活していれば、そこの政治や社会の特徴はある程度、説明できるかもしれない。しかし、問題が、なぜ、いかにして起こるのか、根本のところのメカニズムや原理を明らかにしないと、その理解や説明は表面的と言われても仕方ない。

　本書は、「イスラーム地域研究」プログラム（人間文化研究機構〔NIHU〕）の研究グループ「イスラーム運動と社会運動・民衆運動」（上智大学、代表・私市）が、10年間（2006年度～2015年度）、取り組んだ共同研究の成果がもとになっている。ほとんどの執筆者がこれに参加した人たちである。私たちが、研究活動においてとくに重視したことは、地域を内側から詳細に知ろうとする地域研究的手法と、事実を一般的な枠組みで理解する理論的な分析手法の結合である。中東地域の複雑な様相を理解するには、どちらか一方によるのではなく、両者を相互補完的に用いた研究手法が必要である、と考えたからである。したがって、毎年、取り組む理論や方法論を決め、理論的な勉強をした後に地域の事例研究を討論形式で行った。実際にとりあげたテーマは、「市民社会論」「社会運動論」「ナショナリズムとサラフィー主義」「民衆運動」「イスラーム主義とデモクラシーの理論」「レンティア国家」「ポスト・イスラーム主義」などであった。これらの理論を踏まえて、参加者が個別の事例研究を発表する形である。発表者の多くが大学院生であったため、未熟な分析を批判されることもあったが、彼らが本書の執筆者として育ったのである。そのような意味では、「イスラーム地域研究」プログラム（プロジェクト）は重要な教育機能をも備えていたと言える。

本書には、これから中東地域の諸問題、イスラーム問題などに取り組もうとしている学部生、大学院生などにその研究の道標となるように、理論の概要や地域の概要とともに、今後取り組むべき研究課題、読むべき基本文献、発展的な調べを行うための研究文献が記述されている。ぜひ、本書を活用して、重要であるが、わかりにくい、常識が通用しない、と言われる中東の諸問題の解明に取り組んでいただきたい。若い研究者たちが自らの教育体験（批判されたり、ほめられたりしながら）を通じて学んだ、中東を理解するための知識や考え方が、本書にはたくさん詰まっている。若い皆さんには、それを学び取っていただきたいと思う。

　本書の企画から編集までの間、明石書店編集部の兼子千亜紀さんに本当にお世話になりました。また、索引作成では、田澤セバスチャーノ茂君（上智大学大学院生）にご協力いただきました。お礼を申し上げます。

　最後に、本書が「人間文化研究機構（NIHU）」による研究活動の成果であることを述べ、謝意を表します。

編者を代表して　私市正年

中東・イスラーム研究概説
―― 政治学・経済学・社会学・地域研究のテーマと理論◉目次

はじめに　3

第Ⅰ部　政治的アプローチ ……………………………… 9

- 第1章　国家建設と崩壊国家の理論［浜中新吾］　10
- 第2章　イスラームとデモクラシーをめぐる議論［末近浩太］　19
- 第3章　権威主義体制の理論［石黒大岳］　29
- 第4章　君主制の比較と理論［吉川卓郎］　39
- 第5章　政治過程論（選挙と議会制度）［荒井康一］　48
- 第6章　中東研究と国際政治の理論［溝渕正季］　57

第Ⅱ部　経済的アプローチ ……………………………… 67

- 第1章　政治経済学の考え方［今井真士］　68
- 第2章　中東地域研究とレンティア国家論［松尾昌樹］　78
- 第3章　イスラーム経済論［長岡慎介］　86
- 第4章　貧困・失業と経済格差・不平等の研究と理論［岩崎えり奈］　96
- 第5章　中東経済研究の成果と今後の課題［清水　学］　104
- 第6章　エネルギーと資源問題の研究と理論［堀拔功二］　112

第Ⅲ部　社会的アプローチ ……………………………… 121

- 第1章　社会運動理論［溝渕正季］　122
- 第2章　市民社会論［浜中新吾］　132
- 第3章　ジェンダー理論と中東研究［嶺崎寛子］　142
- 第4章　中東・北アフリカの移民／難民研究［錦田愛子］　151
- 第5章　紛争研究の理論［浜中新吾］　160
- 第6章　時間と空間を超えたネットワーク［見市　建］　170

第Ⅳ部　歴史的・思想的アプローチ　179

第1章　ナショナリズム論［私市正年］　180
第2章　サラフィー主義とイスラーム主義［渡邊祥子］　191
第3章　イスラーム急進派とテロリズムの研究［髙岡 豊］　201
第4章　アラブ民族運動［北澤義之］　208
第5章　マイノリティ問題と研究［三代川寛子］　216
第6章　パレスチナ問題をめぐる研究［鈴木啓之］　224
第7章　ムスリム同胞団をめぐる研究［横田貴之］　233
第8章　イスラーム政治思想研究［福永浩一］　241

第Ⅴ部　地域事情と研究課題　249

第1章　エジプト［金谷美紗］　250
第2章　ヨルダン［清水雅子］　257
第3章　レバノン［溝渕正季］　263
第4章　シリア［髙岡 豊］　269
第5章　イスラエル［浜中新吾］　274
第6章　サウディアラビア［辻上奈美江］　280
第7章　イエメン［松本 弘］　286
第8章　イラク［山尾 大］　291
第9章　湾岸諸国［石黒大岳］　297
第10章　スーダン［飛内悠子］　302
第11章　リビア［小林 周］　308
第12章　チュニジア［若桑 遼］　315
第13章　アルジェリア［渡邊祥子］　321
第14章　モロッコ［白谷 望］　327

第15章　トルコ［岩坂将充］　333
第16章　イラン［貫井万里］　338

参考文献　344
人名索引　374
編著者紹介・執筆者紹介　385

中東地域地図

第 I 部
政治的アプローチ

第1章
国家建設と崩壊国家の理論

浜中新吾

　中東研究において国家をめぐる問いは、現在においても研究対象で有り続けている。中東地域の国家は第2次世界大戦を挟んで独立し、地中海沿岸の諸国では1950～60年代にかけてクーデタが頻発した。この時期に成立し2010年末からの「アラブの春」まで持続した地域秩序は「中東諸国体制」と呼ばれる。革命やクーデタは国家の統治能力および国家という枠組みそのものの正統性が問われる事態であるから、中東の国家をめぐる問いは優れて現在的な問いなのである。

　なお本章では表題の通り中東研究における国家建設と崩壊国家の理論を扱うのであるが、理論の解説を行うのは本書が因果関係の解明とその普遍性の追求を重要視しているからである。したがってHarik（1987）で展開された国家の分類に関するような理論は、ここでは扱わない。分類は分析の第一歩であるが特定の因果関係を想定していない、というのが本章の立場である。

1．国家と国家建設

　議論を始めるにあたって国家の定義が必要である。人口に膾炙した定義としてはウェーバーからはじめるのが適切であろう。ウェーバー（1980）は国家を「ある一定の領域内で、正統な物理的暴力の行使を独占的に（かつ実効的に）要求する人間集団」だと定義している。この国家の理念型を設定することにより、人間集団（指導部・行政権力）による暴力の独占と官僚制に関する議論が展開していった。

　ウェーバーの定義を受けつつ中東の文脈に即して国家を改めて定義したものとしては、ミグダルのものが紹介に値する。イスラエルとエジプトを分析対象に国家の相対的な強さを議論したミグダルは、国家を次のように定義した。

　「国家は、その指導部（行政権力）によって主導・調整される多数の機関か

ら成立する一組織である。行政権力たる指導部は、その必要があれば強制力を行使して、所与の領土に存在するすべての人々を拘束する規則と他の社会組織に向けて規則制定する限度を作成・執行する能力もしくは権威を有している」(Migdal 1988: 19)。

中東政治の代表的な教科書であるオーウェン（2015）や中東の国家建設を論じたゴンゴラ（Gongora 1997）はミグダルの定義を採用している。そのため中東地域の国家および国家建設を議論するに際しては、ミグダルの定義に依拠することが適切であるようだ。本章でもこれに倣うことにしたい。

続いて国家建設の理論を紹介したい。本章で中核に据えるものはティリーの略奪国家論である。「戦争が国家を造り、国家が戦争を造った」という主張で知られるティリーの理論は、まず Tilly（1985）において展開された。この論文でティリーは、商店から「みかじめ料」を徴収して街を「守る」暴力団と、国民から税を徴収して社会の治安・安全保障を行う国家とは、その機能において異なるところはない、と喝破したのである。

行政権力が強制力を行使してでも領土上の人々を拘束する規則を制定し、執行する能力を有するのは、人々の治安を維持し、対外的な安全を保障するためである。このコストは税という形で人々から徴収される。Tilly（1990: 74）は次のようにヨーロッパにおける国家建設を論じている。「今日に至るまで、ヨーロッパ諸国における国家予算、負債、政府の雇用者数ないし政府の規模を表す様々な指標は劇的に増大しており、このことはもっぱら戦争準備の結果として生じてきた。（中略）戦争への準備は大いなる国家建設の活動なのである。この過程は少なくとも過去 500 年の間、ほぼ継続して行われてきた」。

略奪国家論はヨーロッパだけに適用されるものではなく、今日の政治学においては普遍性を持つ理論として受け入れられている（粕谷 2014）。オスマン帝国の形成と崩壊、そして中東諸国体制において建設された国家群も略奪国家論によって説明可能である。近代に入って戦争のための軍事技術が高度化する「軍事革命」がヨーロッパで発生し、周辺の地域に拡散してゆく。中東地域においても多くの兵員を動員し、物資を調達するため、王朝国家による社会からの収奪が必要不可欠になる。そこで収奪（徴兵と徴税）を遂行するために官僚制を整備し、様々な公共政策すなわち社会インフラの整備、公教育の拡大、法制度の整備、治安維持といった活動が必要となっていった。これが近代国家の誕生である。

イスラエルの軍事史家アザー・ガットも略奪国家論に即して次のように主張している。

「国家というものは、何よりも、力の集中であった。力の集中が制度化され、社会を指導する地位まで高められたものが国家であった。また、力の集中によって、税、賦役、労働、兵役を課し、それらによってさらなる力と資源の動員が可能となった。様々なもの——経済、社会、宗教——が、比較的小さく密接に結びついていた共同体の中に国家権力を打ち立てることに貢献したが、大きな国家の形成に何よりも重要な役割を果たしたのは、軍事力と戦争であった」（ガット 2012: 下巻 49-50）。

ここでひとつの問題提起ができる。数多くの戦争を経験したにも拘わらず、現在の中東諸国は国家の能力が低いと見られている（Migdal 1988）。すなわち財政を賄うだけの徴税が行われておらず、もしくは行うことができず、イスラエルとの戦争は敗北続きであり、社会インフラストラクチャーは未整備である。これはなぜなのだろうか。戦争を通じた国家建設プロセスのどこかに不具合があったのだろうか。

この問いに対して、ティリーの略奪国家論に基づくゴンゴラ（Gongora 1997）の知見が参考になるだろう。ゴンゴラの比較事例研究によると、イラン・イラク戦争によって両国の経済資源に対する統制力が強まった、という証拠は見当たらない。シリアは国家主導型発展と戦争遂行のトレードオフに直面し、エジプトはBarnett（1992）の研究によって戦争準備が国家の力に対して負の影響を及ぼしたことが分かっている。中東諸国の場合、現代戦をたたかうために投入したリソースは国内ではなく国外からもたらされていること、および西欧に比べて短期間の内に異なった国際環境の下で国家形成を果たさねばならなかったこと、さらに国家建設の過程でイギリスやフランス、後にはアメリカなどの域外大国による介入の存在[1]が、西欧と中東の差異として提起できる。

このように中東地域には弱い国家しか存在しないのだとすれば、中東には国際システムに影響を及ぼしうる大国が存在しない、ということになる。その理由としてLustick（1997）は、西欧に近代国家形成プロセスで遅れをとったために、大国になりえなかったと主張し、エジプトとイラクの事例研究によって検証を行った。またLu and Thies（2012）の計量分析に基づく研究は、中東地域に略奪国家論を当てはめた場合の留意点を示している。すなわち1960～2003年のデータを分析した結果、国内外での敵対関係が国家形成の構造的圧

力になったことは支持される。しかしながら、戦争そのものは国家の力を弱めているというのが、彼らの結論であった。

中東諸国が抱える政治経済的条件によって国家が弱体化する、という議論もある。シュワルツ（Schwarz 2008; 2011; 2012）はレンティア主義（レント依存体制）によって国家の脆弱性が増すと主張している。シュワルツは戦争を経験した産油国（イラク）と、戦争を経験し、かつ緩衝国家としてレントを得る国（ヨルダン）、戦争未経験の産油国（UAE）、そして戦争未経験の非レンティア国家（チュニジア）を比較研究した。比較の結果、導かれた結論は「レンティア主義がティリーの国家建設理論をスポイルする」というものであった（第Ⅱ部第2章を参照）。

中東諸国は戦争を通じた西欧型の国家建設には失敗した。その理由として、①国家建設にかけた期間の短さ、②現代戦と前近代型戦争の国家建設に与えるインパクトの差異、③西欧諸国による植民地支配、④国家の徴税能力を阻害するレントの存在、が挙げられる。一方、南米や東南アジアのように「国家間戦争の欠如によって西欧型国家になり得なかった」という説は湾岸産油国およびエジプト以外の北アフリカ諸国に当てはまると考えられる。

2．肥大化する官僚制

中東地域の国家は一見すると奇妙な点を抱えている。そのひとつは、弱い国家であるにも拘わらず、統治機構が巨大化・肥大化しているというものだ。オーウェン（2015: 53）は次のように論じている。

「独立後の中東諸国では、いずれも国家機構の能力とそれが及ぶ範囲が大きく広がった。というのも、官僚機構や警察・軍隊が肥大化し、そして多くの場合、国営企業の数が増大したためである。（中略）具体的には、植民地宗主国が撤退した後に治安を維持する必要が生じた点、新たな国土の全体を管理する必要が生じた点、経済発展と社会福祉に関わる大規模な政策プログラムを遂行するために国家を活用する願望があった点、である」。

さて、なぜ中東諸国の官僚制は肥大化したのであろうか。Ayubi（2001: 296）によれば、このプロセスは「官僚制化」であり、官僚制化には①行政部局数、人員数、公的支出の増大によって測定されるとともに、②社会に対する行政的・技術的支配の傾向、という2つの側面がある。

官僚制肥大化の原因は、第1に単純な人口の増加によって生じた公共サービス需要の増大である。第2の説明は、経済的ニーズや社会の需要とは無関係に拡大した高等教育修了者の就職先として官僚制化が必要だった。別の説明としては、石油ブームの結果として生じた国家のレンティア性の増大のためである。レント収入を国民に再配分する必要性から官僚機構が肥大することになった（Ayubi 1995: 310）。

　肥大化した官僚制を正当化したのはアラブ社会主義イデオロギーである。輸入代替工業化に基づく国家主導型の開発を進めるため、アラブ共和制諸国の多くは1960年代以降、公共部門中心の工業化を図った。非競争的な環境に置かれた国営企業・公営企業は非効率な経営と過剰雇用、価格統制による市場の歪みによって持続的な経済成長を果たすことはできなかった（Richards, Waterbury, Cammet, and Diwan 2014: Chapter 8; 長沢 1998）。1990年代にエジプトとヨルダンはIMFの勧告を受け入れ、公営企業の民営化と市場志向型の経済改革を行い、旧来の国家主導型開発政策から転換を果たすことになる。市場志向型成長の処方箋は「ワシントン・コンセンサス」と呼ばれ、チュニジアやモロッコ、アルジェリアもこの路線に従った改革に向かうこととなった（Richards, Waterbury, Cammet, and Diwan 2014: Chapter 9）。

3. 植民地支配と国家の人工性——収奪的制度

　中東の国家には、近代国家形成において既存の行政機構を基にしたケース（アルジェリア）もあるが、オスマン帝国の州を切り離したり（ヨルダン）、複数の州を統合したり（イラク、シリア）するケースもあった（オーウェン 2015: 32）。分割された国境の周辺は人口密度が低く、依然として部族社会が持続していた。地中海沿岸部には不在地主制が広がり、経済制度は収奪的なものであった[2]。独立後の中東諸国にはエジプトやイラク、ヨルダン、シリアのように議会制民主主義が採用されたところもあったが、議員は地方名士や不在地主などの支配階級であり、アセモグルとロビンソンのいう収奪的な政治制度でしかなかった。エジプト、イラク、シリアの議会制は軍のクーデタによって倒されたが、政治制度は多くの国民の意思を反映する包括的なものにはならなかった。

　包括的な政治制度は、憲法によって行政権力が制限されており（立憲主義・法の支配）、議会が経済制度を決定する権限を有している。そして社会の幅広

い人々に対して政治体制は開かれており、彼らは政治参加を通じて国家の動向に影響を及ぼすことができる（アセモグル／ロビンソン 2013: 上 149）。アラブ民族主義に基づく革命政権は自由主義的な社会の多元性を認めず、社会主義に基づく収奪的な経済体制を選択した。エジプトやヨルダンといった欧米に近い外交政策を採る国々は、上記のように「ワシントン・コンセンサス」に基づく市場志向型の経済改革を行った。しかしながら、この改革は必ずしも包括的な経済制度を生み出したとは言えず、エジプトでは実業界の大物が政界に参入し、自らの経済利権に関係する政府の要職を占めることになった（アセモグル／ロビンソン 2013: 下 199）。「ワシントン・コンセンサス」に従ったわけではないシリアでも、独自の経済改革を通じてアサド政権と繋がりの深い政商（「ビジネスマン」）が台頭したのである。

4．崩壊国家の理論

　ティリーの略奪国家論を前提とした時、国家はどのように崩壊するのであろうか。Fearon and Laitin（2003）は、貧困や人口の大きさおよび政治的不安定によって特徴づけられる国家の弱さ（State Weakness）が内戦の発生原因として強い説明力を有すると主張した。この議論はミグダルが論じた国家の相対的強さやティリーの略奪国家論に結びつく。すなわち中央政府の権力が相対的に弱く、領土内の治安を維持できなければ、武装した反政府勢力が現れて住民から「みかじめ料」を取り始めるのである。

　このように自国領土において中央権力の支配が及ばない場所が生まれ、その地域を暴力で支配する武装集団ないし軍閥（warlord）が現れると、その国家は失敗国家（Failed State）と呼ばれることになる（Rotberg 2003: 1）。内乱は国家が提供する公共財、とりわけ治安の維持を困難にし、内戦となればそれは不可能になる。さらに財産権の保障、契約の遵守、効率的な訴訟システムといった法規範の執行が制約される。また個人の自由や参政権、市民権の尊重や人権への配慮も供給不足となる。

　失敗国家の統治能力がさらに失われて中央政府の権威が大きく損なわれると、住民統治に必要な公共サービス、具体的には医療や教育が実施されず、交通機関に代表されるインフラストラクチャーも維持管理できなくなる。現在のシリア国内で市街戦が行われた場所では医療や公教育のサービスが不足ないし停止

し、道路網は寸断されている。失敗の極限状態では権力の空白状態が生まれてしまい、この状況では崩壊国家（Collapsed State）と呼ばれることになる（Rotberg 2003: 9）。公共財は私的もしくはその場限りの手段でしか獲得されない。治安は強者の支配と同義である。1975年から1990年までのレバノンと1991年から2002年までのアルジェリアは内戦の長期化で失敗国家に陥った。2003年の戦争後、イラクは集権的で肥大化した国家官僚機構が破壊され、これを再建する必要に迫られた。山尾（2013）は国内外の政治主体間の関係性に着目し、崩壊国家の再建を論じた。

現在のシリアは国家機能が崩壊している。領土は「イスラーム国」（Islamic State : IS）やアル＝カーイダ系のヌスラ戦線、そしていわゆる「シリア自由軍」を名乗る諸派によって分割され、各派がそれぞれおよび政府軍と交戦している。「イスラーム国」の統治はインターネット上の動画やドキュメンタリーなどで部分的に知られるようになっているが、当然ながらシリア・アラブ共和国の法体系や統治との連続性はない。裁判所はシャリーア（イスラーム法）を司るカーディー（裁判官）によって運営され、法的判断を下し、量刑を行っている。宗教警察がシャリーアに則った服装規程を住民に課し、風紀を通じた社会秩序の維持を図っている。社会福祉・厚生に関するサービスは上位のシャリーア評議会によって担われている。公教育は純粋なサラフィー主義に従うことを義務づけられ、教育委員会がその監視をしているという（アトワーン 2015: 52-56）。「イスラーム国」の内部ではシリアを含む既存のアラブ諸国とは全く異なる原理に基づいた統治が実行されている。「イスラーム国」の支配地域では、銀行預金の引き出しに「課税」したり、流通する物資に「通行税」を課していると言われる（中東調査会 2015: 99）。

このように崩壊国家およびそれに近い状態に陥ると、崩壊で生じた権力の空白は私兵・民兵を有した実力者によって埋められる。武装集団や軍閥は一定領域を自らの暴力で支配し、支配下の住民に対して「税」を取り立て、安全を私的に供給している。民心を得るための公共サービスは供給されているものの地域によって差違があり、均質なサービスが十分提供できる状態にはないのである。失敗国家や崩壊国家では戦闘や軍閥による過酷な支配、人身売買、強制的な徴兵・徴発、恣意的な刑罰によって住民に生命と財産の危険が及ぶため、国内避難民として逃亡し、あるいは国境を越えた難民として近隣諸国やさらに遠方の先進国へと流出していくことにもなる。

その一方で、国家の崩壊すなわち政府の機能不全がすぐさま社会の無秩序を引き起こすというわけではない。実効的な政府を失ったからといって、暴力に訴える武装集団が人々を支配するとは限らず、崩壊国家ソマリアのように人々が自律的な社会経済活動を営む場合も少なくないようである。遠藤（2015: 93-94）は政府機能が完全に失われていた 2000 年以降の 5 年間で政府が存在した時期よりも多くの経済指標が改善した可能性を示した。そして経済指標が改善したかもしれない理由を、経済活動にかかわる「ビジネスマン」、イスラーム主義指導者による法廷管理、そして全体を監督し総合調整を行うクランの長老という三者の連合による秩序提供に求めている（遠藤 2015: 98-99）。

【注】
1) 大国の介入が中東諸国の不安定化にとって決定的だったとする最新の議論として Yom (2016) がある。
2) 財産権や所有権が社会の一部にしか実質的に認められておらず、投資や通商の拡大、イノベーションのインセンティブが欠如しているために経済的繁栄が限定される経済制度を意味する。

▶▶ **本章の研究テーマを学ぶための基本文献**

アトワーン、アブドルバーリ（2015）『イスラーム国』春日雄宇訳・中田考監訳、集英社。
ウェーバー、マックス（1980）『職業としての政治』脇圭平訳、岩波文庫。
遠藤貢（2015）『崩壊国家と国際安全保障——ソマリアにみる新たな国家像の誕生』有斐閣。
オーウェン、ロジャー（2015）『現代中東の国家・権力・政治』山尾大・溝渕正季訳、明石書店。
佐藤成基（2014）『国家の社会学』青弓社。
長沢栄治（1998）「中東の開発体制——エジプトにおけるエタティズムの形成」東京大学社会科学研究所編『20 世紀システム 4——開発主義』東京大学出版会、207〜238 頁。
山尾大（2013）『紛争と国家建設——戦後イラクの再建をめぐるポリティクス』明石書店。
Ayubi, Nazih N. (1995) *Over-Stating the Arab State: Politics and Society in the Middle*

East. London: I.B. Tauris.

Gongora, Thierry. (1997) "War Making and State Power in the Contemporary Middle East." *International Journal of Middle East Studies* 29: 323-340.

Lu, Lingyu, and Cameron G. Thies. (2012) "War, Rivalry, and State Building in the Middle East." *Political Research Quarterly* 66(2): 239-253.

Migdal, Joel S. (1988) *Strong Societies and Weak States: State-Society Relations and State Capabilities in the Third World*. Princeton: Princeton University Press.

Richards, Alan, John Waterbury, Melani Cammet, and Ishac Diwan. (2014) *A Political Economy of the Middle East*, updated 2013 edition. Boulder: Westview Press.

Schwarz, Rolf. (2012) *War and State Building in the Middle East*. Gainesville: University Press of Florida.

Tilly, Charles. (1985) "War Making and State Making as Organized Crime." In *Bringing the State Back In*, edited by P.B. Evans, D. Rueschmeyer and T. Skocpol, 169-191. Cambridge: Cambridge University Press.

―――. (1990) *Coercion, Capital, and European States, AD 990-1990*. Cambridge: Blackwell.

第2章
イスラームとデモクラシーをめぐる議論

末近浩太

　イスラームとデモクラシーをめぐる議論が注目を集めるようになったきっかけは、1990年前後の冷戦の終結であり、その後、2001年の9.11事件、そして、2011年の「アラブの春」と、およそ10年おきにいわば「ブーム」が訪れてきた。こうして振り返ってみると、イスラームとデモクラシーをめぐる議論は、中東政治が大きな転換期を迎えたときに浮上してきたことに気がつく。その意味において、イスラームとデモクラシーをめぐる議論は、現代の中東政治の動態を考える上で重要なテーマである。

　しかし、「ブーム」の盛衰が続いているということは、その議論がいまだに決着していないことを示している。その背景には、そもそもイスラームもデモクラシーも多義的で曖昧な一面を持っているため、論者のあいだの対話や議論にズレが生じやすいという問題がある。さらには、「中東起源のイスラーム」と「西洋起源のデモクラシー」という単純な二分法に基づくイデオロギー的な、それゆえに硬直した議論に終始しがちであることも指摘できる。

　とはいえ、冷戦終結以降の20余年の間には、特定の立場やイデオロギーからの見解の表明が延々と繰り返される論壇的な論争と一定の距離を置くかたちで、イスラームとデモクラシーをめぐる学術的な研究は、方法論と実証研究の両面において多くの成果を生んできた。そして、学術的な研究の進展は、逆説的ではあるが、「イスラームとデモクラシー」というテーマの設定自体を無効化するような事態を生みつつもある。

1. 研究課題としての思想

　「イスラームとデモクラシー」は、文字通りイスラームとデモクラシーが並列の接続詞「と (and)」で結ばれている。これが示すのはイスラームとデモクラシーとの関係であり、そのため、論点は両者が調和するのか、それとも対立

するのか、という問いに収斂していく傾向がある。

　デモクラシーには、思想としての側面と制度としての側面がある。イスラームという宗教と対置される場合に注目されるのは、主に前者である。むろん、思想としてのデモクラシーにも社会民主主義や自由民主主義などさまざまなバリエーションがあるが、米国の政治学者ダールが提唱した「ポリアーキー（多数による支配）」に象徴されるように（ダール 2014）、ある国家や社会の成員が集合的に意思決定をするべきだという規範が共有されていると言える。

　このデモクラシーは、果たしてイスラームと調和し得るのか、それとも対立するのか。こうした問いが浮上したきっかけが、1990年初頭の冷戦の終結であった。東側（共産主義陣営）の崩壊の結果、西側が培ってきたデモクラシーが現代世界の普遍的価値と見なされるようになり、その世界的な拡大にとっての「最後の壁」としてイスラームに注目が集まったのである（Sisk 1992）。それゆえに、デモクラシーとイスラームの関係をめぐる議論は、「対立論」と「調和論」とのあいだで展開されていくこととなった（Bayat 2007a: 8-9; Hashemi 2013: 74-76; March 2015: 116-118）。

　「対立論」は、イスラームの教えと歴史に根ざした文化的要因、例えば、何世紀にもわたる専制支配の継続や政教分離の原則の不在などがデモクラシーとの相克を生み出すと主張した（Lipset 1994; Lewis 1996）。これを、西洋文明とイスラーム文明の相克、いわゆる「文明の衝突」として巨視的に論じたのが、米国の政治学者ハンチントンである（ハンチントン 1998）。「中東起源のイスラーム」と「西洋起源のデモクラシー」は本質的に相容れないという主張は、かつてサイードが厳しく批判したオリエンタリズムの流れを組んでおり、ゲルナー、アジャミーなど、他の政治学者や中東専門家によっても視点や論調を変えながら展開された（Hashemi 2013: 74-75）。ただし、「対立論」のなかにも、ハンチントンのように将来にわたってイスラームとデモクラシーが対立し続けるとする立場と、フクヤマのようにいずれは西洋文明がイスラーム世界を席巻し、両者の対立は解消される（イスラームの力が衰退する）と予見する立場があった（フクヤマ 1992）。

　このようなイスラームとデモクラシーの「対立論」に対して、「調和論」を唱える論者も現れた。その代表格であるエスポズィートとヴォルは、イスラームにはデモクラシーに通底する考え方（例えば、「合議（シューラー）」の教え）があるため、両者には本質的な矛盾は存在しないと論じ、「イスラーム民主主義」

の可能性を説いた（エスポジット／ボル 2000）。

　冷戦終結後には、自らがイスラームを信奉するムスリムの論者たちのあいだでもこうした「調和論」が主流となったが（Cohen and Chasman eds. 2004）、彼ら彼女らのなかにも、イスラームにも「民主主義的な要素」があるため西洋的なデモクラシーを拒絶してもよい（あるいは、すべきだ）という立場と（例えば、過激なイスラーム主義者）、イスラームとの折り合いをつけながら西洋的なデモクラシーを推進するべきとする折衷的な立場に分かれる（例えば、メルニーシー 2000）。また、選挙に代表されるデモクラシーの基礎となる一部の制度だけを利用すべきとする限定的な立場をとる論者もいる（ただし、その場合、立法行為の是非をめぐって、議員が実定法の制定の責任を負うとする立場と、法曹法としてのイスラーム法を重視する立場に分かれる）（小杉 2001: 246）。

　こうしたイスラームとデモクラシーについての思想面での議論は、イスラームと西洋、宗教と政治、伝統と近代といったより広い視野を内包しながら、中東政治研究の一大研究テーマを築いてきた。それは、クルアーン（コーラン）やハディース（預言者の言行録）といったイスラームの聖典に加えて、伝統的法学派による諸理論や現代のムスリムの思想家たちの著作（特にアラビア語やペルシア語などの現地語のテクスト〔文献〕）などの読解・分析を通した政治思想や政治理論の研究として、現代の中東政治のあり方を理解する上で大きな意義を持ち続けている。

2．研究課題としての制度

　イスラームとデモクラシーとの関係については、現地語のテクスト分析に基づく思想面での議論の他に、現実の政治の動態に焦点を合わせた研究もなされてきた。具体的には、アラブ諸国のように国民の大半がムスリムである国家において、制度としてのデモクラシーがどのような様相を呈しているのかを分析するものである。

　ただし、こうした制度をめぐる分析を進めていく上で、気をつけなくてはならないことが2つある。第1に、ほとんどの中東諸国が権威主義体制下にあり、民主的な制度が不在であり続けていることである。そのため、制度としてのデモクラシーとイスラームとの関係は、多くの事例において「いまだ存在しないもの」として論じることとなる。第2に、民主的な制度が不在であり続けてい

る原因がイスラームという宗教にあるとする議論、すなわち、先述の「対立論」による説明が根強いことである（Salamé 2001）。バヤートは、イスラームが中東諸国の民主化を阻害し、世界規模の民主化トレンドの「例外」と見なす議論が強い影響力を持ち続けてきた原因として、近代西洋の先進性や優位性を再生産してきたオリエンタリズム的な見方が根強く存在することの他に、実際に中東諸国の民主化が遅々として進んでいないこと、そして、後述のようなイスラーム主義者の勃興があると指摘している（Bayat 2007a: 9）。

　しかし、イスラームが制度としてのデモクラシーの形成を阻害しているとの議論は、歴史的に見ても、統計的に見ても、正鵠を射ていないことが明らかになってきている。

　歴史的には、オスマン帝国における憲法の発布と議会の設置（1876～77年）やカージャール朝イランにおける立憲革命（1906～11年）など、19世紀末から20世紀初頭の段階で既にムスリムたちによるデモクラシー実現の動きがあった。また、20世紀末以降の中東諸国において民主化運動を主導してきたのは反体制派としてのイスラーム主義者であり、1980年代以降に見られた彼らの勢力拡大と部分的に実現した民主化とのあいだには「共振現象」を確認することができる（小杉 2002: 6）。

　統計的には、ノリスとイングルハートの政治文化に関する統計分析が、文化の政治に与える影響は確かに存在するものの、現実にはムスリムもキリスト教徒と同水準かそれ以上にデモクラシーを重視していることを明らかにしている。そのため、ハンチントン流の「文明の衝突」は、少なくともデモクラシーの価値をめぐっては起こっていない（Norris and Inglehart 2004: chap. 6）。また、テスラーやホフマンの研究も、中東諸国のムスリムが積極的に民主化を訴えていることを統計的に明らかにしている（Tessler 2002, 2015; Hofmann 2004）。

　つまり、中東諸国のほとんどが権威主義体制であるという事実は、ムスリムたちがデモクラシーを欲していない、さらにはイスラームとデモクラシーは相容れない、といった主張とは別個のものとして考えなくてはならない（Diamond, Plattner and Brumberg eds. 2003）。中東諸国の民主化が進まない原因については、イスラームという「文化による説明」ではなく、地域研究の手法や比較政治学における権威主義体制論などを用いて探究する必要があるだろう（第Ⅰ部第3章を参照）。

3．研究課題としての実践

　しかしながら、中東諸国のムスリムの多くがデモクラシーを求めているからといって、イスラームとデモクラシーをめぐる議論が決着したわけではない。独裁に対するアンチテーゼとしてのデモクラシーへの広範な期待はあっても、実際に実現すべきデモクラシーの内実についての見解の一致があるわけではないからである。

　よく知られているように、制度としてのデモクラシーにも、例えば、多数決型や合議型などの幅広いバリエーションがある。中東諸国のムスリムたちにとって、デモクラシーは自由、平等、公正の代名詞として、体制批判のための最大公約数的なスローガンの側面が強く、長年にわたる権威主義体制の下ではその内実についての実質的な議論は停滞しがちであった。2011年の「アラブの春」で政変を経験したチュニジアやエジプトにおいて、独裁者が去った後にこのデモクラシーの内実をめぐる議論が一気に噴出し、市民のあいだで紛糾したことは記憶に新しい。

　だとすれば、イスラームとデモクラシーをめぐる議論の論点は、両者の関係が対立と調和のいずれとなるのかではなく、ムスリムたちがどのような制度としてのデモクラシーを実現しようとしているのか、に収斂することになる。歴史的にも統計的にも、彼ら彼女らが、デモクラシーの名の下で、自由で公正な政治や社会の実現を求め、自らの声をそれに反映させたいという希望を持っていることに疑問の余地はない。問題は、それがどのように実現されるか、なのである。

　したがって、1990年代後半以降、イスラームとデモクラシーをめぐる議論の論点は、両者の対立／調和をめぐる思想よりも、ムスリムたちがどのような制度を形成しようとしているのかという実践へと重心を移すこととなった。アイケルマンとピスカトーリは、テクストに過度に依拠した教条主義的なイスラームとデモクラシーの関係をめぐる静態的な議論を批判し、価値、象徴、政治的変化の相互作用から見たムスリムたちの日々の政治実践を分析することの重要性を説いた（Eickelman and Piscatori 1996）。

4．イスラーム主義という視角

　先に触れたバヤートは、日々移り変わっていくイスラームとデモクラシーとの関係を捉えるための視角として、イスラームに基づく政治的なイデオロギーであるイスラーム主義に着目した（Bayat 2007a, b）。イスラーム主義とは、「宗教としてのイスラームへの信仰を思想的基盤とし、公的領域におけるイスラーム的価値の実現を求める政治的なイデオロギー」と定義できる（末近 2013: 9）。
　このイスラーム主義を信奉する人びとをイスラーム主義者と呼ぶが、彼ら彼女らのデモクラシーに対する姿勢や考え方は、制度としてのデモクラシーの在／不在によって異なる。
　まず、制度としてのデモクラシーが不在の場合、言い換えれば、権威主義体制の国家においては、このイスラーム主義は反体制派や社会運動のかたち、すなわちイスラーム主義組織や運動の結成を通して政治実践を目指すことが多い。その際、先述のように、イスラーム主義は民主化勢力の一翼を担うことになるが、実現すべき制度がどのようなものになるのかについては具体的な青写真を欠く傾向がある（そのため、民主化要求のスローガンの陰で、イスラームとデモクラシーの対立／調和の議論は問題になりにくい）。
　一方、制度としてのデモクラシーが存在する場合、言い換えれば、ムスリムの国民の一定の政治参加が認められている国家では、イスラーム主義組織や運動が「イスラーム政党」として活動することが多い。イスラーム政党とは、小杉泰の定義に依拠すれば、「『イスラームに思想的基盤を置く政治イデオロギー』に立脚する政党」であり、①政党と自己規定する政治組織であること、②何らかの形で公然と「政治へのイスラームの適用」を実現すべき目標として掲げていることを特徴とし（小杉 2001: 238-239）、例えば、チュニジアのナフダ党、パレスチナ自治政府のハマース、レバノンのヒズブッラー、エジプトのムスリム同胞団系の自由公正党などが挙げられる。
　2011年の「アラブの春」後のエジプトとチュニジアで実施された国民議会選挙では、それぞれ自由公正党とナフダ党というイスラーム政党が勝利を収めた。制度としてのデモクラシーが整備されたことで、権威主義体制下では反体制派として活動してきたイスラーム主義組織・運動が民主的なプロセスを経て政治参加を果たすという現象が起こった。

5．リベラリズムとセキュラリズムの問題

　イスラーム主義組織・運動とイスラーム政党に共通して見られるのは、政治参加の制度としてのデモクラシーへの親和性である。今日のイスラーム主義者の多くは、選挙を通して国民の信託を得るという民主的な手続きを経て、自らの政治理念の実践を追求していく方法を採用している。

　しかし、問題は、イスラーム主義が掲げるイスラーム的価値の実現のための営為が、政治参加の段階から立法や行政の分野にまで及んできたときに生じる。なぜならば、一般論として、現代世界におけるデモクラシーは、宗教の違いによって個人の自由や権利が制限されたりしてはならない、というリベラリズム（自由主義）に立脚しており、また、その根底には政教分離を是とするセキュラリズム（世俗主義）を置いているからである。

　イスラームという宗教には、独自の政治に関する理念がある。ある人がイスラームを信じるということは、神からの啓示である聖典クルアーンの教えを信じることである。クルアーンには、信仰や儀礼だけではなく、政治や社会のあるべき姿も記されている。ムスリムである以上、クルアーンの教えを信じるが、そのなかの政治に関する箇所（記述）だけは信じない、という姿勢は成立し得ない。つまり、ムスリムは、自らの私的な生き方だけではなく、公的な政治や社会のあり方についてもイスラーム的な理想を持っている、ということになる。このことは、リベラリズムやセキュラリズムに「抵触」する（Hashemi 2009）。

　ステパンは、こうした宗教と近代国家のあいだに横たわる根源的なアポリア（行き詰まり）を指摘した上で、デモクラシーのもとで両者が同時に繁栄できる条件として、フランス型の徹底したセキュラリズムや宗教と国家の完全な分離ではなく、「双子の寛容」の必要性を指摘した。「双子の寛容」とは、宗教と近代国家の制度的相違の度合いによって規定され、宗教の国家に対する寛容（宗教が自らの教義に基づき国家の権威に挑戦しない）と、国家の宗教に対する寛容（国民の宗教的権利を国家が制限しない）によって生み出されるとされる（Stepan 2000）。

　ただし、ステパンの議論は、イスラームとデモクラシーの調和を導くためには、宗教と近代国家の両者の妥協が必要である、という同義反復に過ぎないとも言える。重要なのは、その妥協や歩み寄りの内実であり、それは中東各国の

事例を個別に分析していくことでしか解明できないものであろう（例えば、日本比較政治学会編 2002）。

　イスラームとデモクラシー、あるいは、宗教と近代国家の両者の妥協が看取できる興味深い事例としては、イランのイスラーム共和制やトルコの公正発展党政権が挙げられる。前者は、イスラーム国家がデモクラシーを積極的に組み込んだ事例として、後者は、セキュラリズムに立脚する民主的な近代国家において擬似的なイスラーム政党が政権を獲得・運営した事例として、それぞれ違ったかたちでイスラームとデモクラシーの調和のあり方を示した。

6．今後の研究の展望と課題

　以上論じてきたように、イスラームとデモクラシーをめぐる議論は、①イスラームと思想としてのデモクラシーとの対立／調和の可能性を探る政治思想・理論に関する研究と、②ムスリムがどのような制度としてのデモクラシーを実現しうるかを探る政治制度や政治団体・運動に関する研究に大別できる。

　冷戦終結からの20余年において、前者が冒頭で述べた論壇的な特定のイデオロギーや立場からの見解の表明に終始したり、9.11事件や「アラブの春」のような世論を大きく動かす事件によって翻弄されたりする一方で、後者は統計分析によるマクロな分析や人類学や社会学の手法を活かしながらムスリムの政治実践に肉薄するミクロな分析を通して、方法論的にも実証的にも着実に進展を見せてきたと言える。

　しかし、だからといって、イスラームとデモクラシーをめぐる政治思想・理論研究がその意義を失ったのかと言えば、そうではない。イスラーム主義組織・運動や政党が制度としてのデモクラシーに関わる際には、思想としてのデモクラシーが抱える諸問題（例えば、セキュラリズムやリベラリズムとの関係）を避けて通れない現実があるからである。

　ここで重要となるのは、ムスリムがどのようなデモクラシーを実現しようとしているか、その営為を研究する際には、デモクラシーを「西洋近代的呪縛」から解き放つことも視野に入れる必要があることである。デモクラシーの概念自体が強い規範性を帯びていることは、繰り返し指摘されてきた（March 2015: 116）。欧米諸国においても、デモクラシーのあり方は多様であり、また、多くの不完全な問題を抱えていることが、広く認知されている。にもかかわらず、

中東諸国のデモクラシーを論じる際には、それがあたかも単一の完全なる思想や制度であるかのように扱われ、結果的に「中東起源のイスラーム」と「西洋起源のデモクラシー」を対置させる粗雑な議論の再生産に荷担することも少なくない。

　この問題については、論壇的な特定の立場やイデオロギーからの硬直した論争はもちろんのこと、政治思想・理論の研究、さらには政治制度や政治団体・運動の分析も無縁ではない。イスラームとデモクラシーとの関係をめぐるムスリムたちによる思想の内実を捨象し、それぞれを安易に定義・操作化したとき、結局のところ静態的な対立／調和の二分法の構図に嵌まり込んでしまう危険がある。そのため、イスラームとデモクラシーをめぐる議論は、政治思想・理論研究と政治制度・団体・運動研究が互いに向き合い、その知見を絶えず共有しながら進めていくことで、今後さらなる発展を期待することができると言えよう。

▶▶ **本章の研究テーマを学ぶための基本文献**

青山弘之編（2013）『「アラブの心臓」に何が起きているのか──現代中東の実像』岩波書店。

エスポズィット、ジョン／ジョン・ボル（2000）『イスラームと民主主義』宮原辰夫・大和隆介訳、成文堂。

オーウェン、ロジャー（2015）『現代中東の国家・権力・政治』山尾大・溝渕正季訳、明石書店。

大塚和夫（2004）『イスラーム主義とは何か』岩波新書。

ケペル、ジル（2006）『ジハード──イスラム主義の発展と衰退』丸岡高弘訳、産業図書。

小杉泰（2001）「イスラーム政党をめぐる研究視座と方法論的課題──比較政治学と地域研究の交差する地点で」『アジア・アフリカ地域研究』第1号。

酒井啓子（2010）『〈中東〉の考え方』講談社現代新書。

───（2014）『中東から世界が見える──イラク戦争から「アラブの春」へ』岩波ジュニア新書。

末近浩太（2014）「序論　中東の政治変動──開かれた「地域」から見る国際政治」『国際政治（特集 中東の政治変動）』第178号。

ダール、ロバート・A（2014）『ポリアーキー』高畠通敏・前田脩訳、岩波文庫。
松本弘（2015）『アラブ諸国の民主化――2011年政変の課題（イスラームを知る23）』山川出版社。
メルニーシー、ファーティマ（2000）『イスラームと民主主義――近代性への怖れ』私市正年・ラトクリフ川政祥子訳、平凡社。
Bayat, Asef. (2007a) *Islam and Democracy: What is the Real Question?* (ISIM Paper 8). Amsterdam: Amsterdam University Press.
Diamond, Larry and Marc F. Plattner. (2014) *Democratization and Authoritarianism in the Arab World*. Baltimore: The Johns Hopkins University Press.
Mandaville, Pater. (2014) *Islam and Politics*, second edition. London: Routldege.
March, Andrew F. (2015) "Political Islam: Theory." In *Annual Review of Political Science* 18: 103-123.
Osman, Tarek. (2015) *Islamism: What it Means for the Middle East and the World*. New Haven: Yale University Press.
Roy, Olivier. (2012a) "Islam: The Democracy Dilemma." In *The Islamists Are Coming: Who They Really Are*, edited by Robin Wright, 13-19. Washington D.C.: Woodrow Wilson Center Press.

第3章
権威主義体制の理論

石黒大岳

　今日、比較政治学では、権威主義体制は非民主主義体制とほぼ同義で用いられている。したがって権威主義体制について論じるには、権威主義体制が何によってどのように民主主義体制と区分されるのかを確認しておく必要がある。民主主義は広く一般的に用いられることばであるが、民主主義体制は、比較政治学の議論において、競争と参加の観点から一定の定義づけがなされている。他方、競争と参加に不備を抱える権威主義体制は、誰がどのように支配するかによって多様な統治形態を含んでいる。権威主義体制には、研究者が注目する論点によって様々な分類枠組みと下位類型が存在する。

　そこで、本章では、研究上の問題関心の変化や議論の展開と絡めながら、権威主義体制を民主主義体制と区分する体制分類の基準と方法について確認した上で、多様な統治形態を含む権威主義体制の下位類型について確認する。そして、2000年代以降、研究の展開が著しい権威主義体制の持続と崩壊に関する議論と、中東諸国の事例について、理論の適用や理論構築・修正への貢献を紹介し、最後に今後の研究課題について示したい。

1．政治体制の分類枠組み

（1）民主主義体制の定義と操作化

　民主主義体制の定義には、シュンペーターの手続き的民主主義と、ダールのポリアーキー概念の2種類がある。手続き的民主主義とは、競争的な選挙によって選出された候補者が政治的決定を行うというもので、競争的な選挙の有無という点のみで非民主主義体制と明確に区別される。したがって、手続き的民主主義は、最低限の（minimalist）定義である。（Schumpeter 1950）。ポリアーキー概念は、競争（公的異議申し立て）と参加（包括性）という2つの側面を重視しており、複数政治勢力間の競争と広範な政治参加が認められるほどポリアー

キー、すなわち、現実に存在し、かなりの程度理念型に近い民主主義体制であるとする。ポリアーキーの成立条件には、有権者による公職者の統制や政治的自由の諸権利といった属性を含んでおり、手続き的民主主義に対して非最低限の定義と位置づけられる（ダール 2012; Dahl 1991; 1971）。ポリアーキー概念に含まれた様々な属性は、政治体制が民主主義体制か否か判断するための基準として用いられている。実際には、どの属性を重視するか、どのように測定可能な数値に置き換える（操作化する）かによって、体制分類の基準と方法に違いがあらわれる。

（2）体制分類の基準と方法

　体制を区分する基準と方法は研究者によって多様であるが、シュンペーターの手続き的民主主義（最低限の定義）とダールのポリアーキー概念（非最低限の定義）のどちらを民主主義体制の定義として採用するか、という第一の次元と、体制の分類を二値的なもの（dichotomy）とするか否かという第二の次元の組み合わせによって整理される。二値的な分類とは、民主主義体制の定義に合致しない事例は例外なく非民主主義体制として区別する二分法を採ることを意味する。非二値的な分類には、民主主義体制とは異なる複数の体制が類型として並存する多値的な（polytomy）分類と、同一軸線上でグラデーションのように民主主義体制から非民主主義体制へと変化する連続的な（continuum）分類がある。また、非二値的な分類の中には、分類上の亜種として、民主主義体制と非民主主義体制にまたがる特性を有した混合体制（hybrid regime）や、民主化途上の中間形態を措定する立場もある（Diamond 2002）。

　体制分類の基準と方法は、分類するための目的、すなわち何を明らかにするために体制を分類するのか、問題設定の違いによって異なってくる。1970年代に民主化の「第三の波」（Huntington 1991）が生じた当初、権威主義体制について概念化し、初めて術語として用いたのはリンスであった（Linz 1975）。リンスの権威主義体制は、ナチスやスターリン時代のソ連など、強権的な独裁体制である全体主義体制ではないものの、民主主義体制ともいえない残余カテゴリーという位置づけであった[1]。リンスの体制分類は、非限定的な定義に基づき、権威主義体制を全体主義体制と並置する多値的な分類であり、体制の特徴の描写に主眼がおかれていた。そのため操作化が難しく、体制の類型と移行経路の違いについて因果的推論の検証が困難であるという課題を抱えており、

継承されなかった。

　これに対して、民主化の「第三の波」が世界的に波及した1990年代以降の研究では、幅広い事例群を対象に実証分析を行うためのデータセットを構築し、体制の転換や持続といった現実の変化（従属変数）について、その要因（独立変数）と考えられる特定の政治的制度や手続きに焦点を絞り、その因果的推論を計量分析によって検証する手法が多く採用されるようになった。体制分類の基準と方法は、実証分析への利用しやすさから、概念の抽象性が高く、操作化が容易で他の要因（変数）との関係性を分析しやすい最小限の定義で二値的な分類枠組みが採用される傾向にある。

（3）操作化と指標の問題

　操作化の方法としては、代表的な指標であるポリティ指標とフリーダムハウス指標が多用されており、両者の指標を合成してデータセットが組まれる場合もある (Hadenius and Teorell 2007)。ポリティ指標は執政府の長の選出方法と政治参加について注目している点で、ややダールの定義に近い。設定した基準への評価を総合して評点を付け、その変動によって体制の変化の程度を捉える連続値的な分類である[2]。同時に、特定の評点を閾値として設定し、民主主義体制、中間類型としてアノクラシー（anocracy）、独裁という多値的な分類も提示されている。同様に、フリーダムハウス指標も、政治的権利と市民的自由に関してそれぞれ設定された基準への評価を総合して評点を付けた連続値的であり、かつ特定の評点を閾値として、自由、部分的自由、非自由の3つに分類する多値的である[3]。フリーダムハウス指標は、ポリアーキー概念以上に基準としての市民的自由をより重視している。なお、評価と分類において、自由であることと民主主義体制であることは同一視されている。

　最低限の定義で二値的な分類としては、シェイブブら（Cheibubu, Gandhi and Vreeland 2010）によるDD指標（Democracy-Dictatorship Index）がある[4]。DD指標は、競合的な選挙の有無にのみ注目し、設定された基準を1つでも満たさなければ民主主義体制には分類しないため、非民主主義体制に分類される政治体制には多様な統治形態が含まれることになる。そのため、非民主主義体制（権威主義体制／独裁）内での下位類型をどうするかという別の課題がある（後述）。ちなみに、全体主義体制がほとんど存在しない現在では、権威主義体制が非民主主義体制全体を意味し、独裁や専制と言い換え可能な術語として用い

られている。

　操作化の方法が異なれば、同じ年の同じ国に対する評価も異なる。具体的に中東諸国の事例をみると、ポリティ指標とフリーダムハウス指標に共通して民主主義体制に分類されるのはイスラエルとチュニジアのみである（2014年以降）。ポリティ指標はトルコとレバノンも民主主義体制に分類しているが、フリーダムハウス指標は、言論の自由の制約やマイノリティへの抑圧などから両国を部分的自由に分類している。また、フリーダムハウス指標が、比較的開かれた選挙や言論の自由によってモロッコとクウェートを部分的自由に分類しているのに対し、ポリティ指標は議会選挙の結果が首相の任命に影響するかどうかによって、前者をアノクラシーに、後者を独裁に分類している。こうした評価の違いは、それぞれの指標の特性を浮き彫りにしている。

　体制分類の基準と方法の違いは、実証分析を行う上で、体制の転換／持続をどう捉えるかという問題も孕んでいる。二値的なDD指標では、分類の基準を満たすか否かの変化が起きれば、民主主義体制と独裁の間での体制転換と捉えるので明快である。連続値的なポリティ指標とフリーダムハウス指標では、ある時点で評点の上下変動が規定の閾値を超えれば体制転換と捉える立場の他に、評点の上下変動そのものを積極的に捉えようとする立場もある。後者の立場は、例えば権威主義体制がほとんどを占める中東諸国のように、指標の評点が規定の閾値を超えなくても、民主主義体制へ向かって変動すれば、それを民主化の動きとして積極的に評価するものであった。しかし、評点の変動幅が同じであっても、権威主義体制内での程度の変化と、より明確に民主主義体制へ接近した変化を同等にみなすのには難がある。また、比較の問題として、市民的自由度に関するフリーダムハウス指標の基準には厳密さを欠く面もあり、同じ国での経年変化は比較可能でも、多国間比較の場合、同じ評点でも構成内容が異なっていれば比較に適さないという難点もある。

　指標の評点の変動を民主化の動きとして積極的に評価しようとする立場は、民主化を所与のものとみなしているため、分析にバイアスが介在する懸念や概念を安易に拡張する傾向について批判を受けた。この立場は、暗黙のうちに権威主義体制をいずれ民主化する体制として位置づけていたともいえる。実証分析の進展とともに、多国間比較に限らず、一国を対象とした事例分析であっても、研究の位置づけを示すために比較の視点がより意識されるようになった結果、2000年代に実証分析への利用しやすさから、概念の抽象性が高く、操作

化が容易で変数間の関係性を分析しやすい DD 指標のような最小限の定義で二値的な分類枠組みが多く採用されている。

2．権威主義体制の持続と崩壊の議論

2000 年代に入ると、民主化を所与として積極的に評価しようとする研究態度への批判や反省とともに、権威主義体制を統治の実態に即して分析しようという問題意識の転換が起こり、権威主義体制の研究が急速に発展している。かつては民主化の例外地帯や失敗事例とみなされた中東諸国は、多様な統治形態をもち、理論構築に貢献しうる分析事例の宝庫として注目されている。権威主義体制の持続と崩壊を決定づける独立変数は何か、という問題設定を解くために、多様な統治形態について、体制内の政治力学の特徴とその違いを捉え、分析上の有用性が高くなるような下位類型を設定し、権威主義的権力分有の問題（支配者集団内部の関係）と権威主義的統制の問題（支配者集団と外部との関係）という2つの側面から検討が進められている。

（1）権威主義体制の下位分類

下位類型の分類基準は、全般的にみて、誰が支配するのか、どのようにその支配者を選出・罷免するのか、その方法や支配者集団が持つ組織的特性に基づいている。下位類型の嚆矢となったのは、ゲデス（Geddes 1999）による軍部支配型、個人支配型、一党支配（支配政党）型の3類型である（のちに君主政型と寡頭政型を追加）[5]。彼女は、各類型について、それぞれの組織の論理の違いを提示した上で、ゲーム論によって体制の崩壊と持続を説明する理論を構築し、統計分析で実証した（後述）。同様に、ハデニウスら（Hadenius and Teorell 2007）は、権力維持の方法の違いから、武力行使に基づく軍政、世襲に基づく君主政、選挙に基づく選挙政治に類型化した。ゲデスやハデニウスらの下位類型は、異なる類型の混合型を認める立場であり、政党支配型（選挙政治）には、政党制度の違いから無党制、一党制、複数政党制が含まれる複層的なものであった（ハデニウスらはのちに、選挙政治に替えて無党制、一党制、複数政党制を加えた5類型に改めた）[6]。彼らの分類は、権威主義体制の多様性を捉えることには向いていたが、選挙の競争性と政党制度との関連性から説明が複雑になる欠点があった。また、下位類型にあたる政党制度の変化だけで権威主義体制全体の

変動と誤認してしまう可能性が問題点として残った。

　ゲデスやハデニウスらに対して、シェイブブら（Cheibub, Ghandi and Vreeland 2010）は、下位類型の混合型を認めない立場をとった。彼らもゲデスの類型を参照しつつ、軍政、君主政、文民共和政の3類型を提示したが、組織の論理の違いが体制崩壊に及ぼす影響よりも、体制存続に役立つ利害調整の仕組みの違いを重視した。彼らは支配エリートの組織的基盤にのみ着目し、政党制度の違いは含めていない。したがって、下位類型間の変動と権威主義体制全体の変動を混同する懸念がなく、権威主義体制の制度的な特性の分析に特化している。さらに、スヴォリック（Svolik 2012）に至っては、支配エリートの組織的基盤に基づく下位類型は提示せず、支配連合（ruling coalitions）と総称した上で、軍の政治関与、政党への制約、立法府の選出、執政府の選出という4つの概念的次元を提示した。それぞれの概念的次元には、例えば政党への制約はどの程度かという観点から、無党制、一党制、複数政党制という個別属性としての区分が示されている[7]。スヴォリックは、ゲデスらの分類枠組みの再構築を図り、下位類型の追加や複層化ではなく、複数の概念的次元とその組み合わせを用いることで、多様な統治形態をより正確に捉えることを目指したといえる。

（2）権威主義的権力分有の問題

　権威主義的権力分有の問題とは、先に示したそれぞれの下位類型において、支配者が支配エリートの協力を取り付け、組織内で生じる権力をめぐる派閥対立をいかに解決・解消するかということを意味している。そのための仕組みの違いが体制の持続期間の長さを決定づけることについて検証されている（Geddes 1999; Svolik 2012）。

　軍部支配型は、クーデター後のトルコやエジプト、1990年代のアルジェリアなどで見られたが、ゲデスによれば、最も体制崩壊しやすいとされる。軍の組織的な特徴は、独立性や規律の維持、予算の確保ができれば、政権へ留まり続けることは特に重要ではない点にある。軍は政治介入をやめて権力を文民政権に譲渡して兵舎に戻っても、国防という軍本来の任務があり、その存在意義を失なわずに済む。また、武力を保持しているため、次の文民政権との交渉によって、ある程度の独立性と既得権益を維持することが可能なためである。

　対照的に、一党支配型は、最も体制崩壊に抵抗力を持っているとされる。政

党の目的はそもそも政権を握ることにある。政府や党内のポスト配分、昇進ルールなど、組織内での権力分有の制度が守られれば、指導者も敵対派閥も、権力を維持するためには政権に留まった方が利得は大きい。指導者は一方的に制度の改変も可能であるが、そうすると敵対派閥の挑戦や離脱によって権力を失う可能性があるため、協力して制度を維持した方が得策である。

個人支配型は、カッザーフィー時代のリビアやフセイン時代のイラクに見られたが、政権内部のライバルを粛正して確立されるのが特徴である。政党などの政治制度が存在する場合もあるが、支配者に強大な権力が集中しており、支配エリートの範囲は近親者を除くと曖昧である。一度個人支配が確立すると、政権内部での対立から体制が崩壊する可能性は少ないが、権力の継承が制度化されていないことが多く、支配者が死亡した場合には崩壊しやすい。また、外国からの介入や政権外部の勢力による挑戦（蜂起）を受けた場合も崩壊しやすい。

君主政型は、湾岸諸国とヨルダン、モロッコで見られるが、王位継承が円滑に進む限り、長期的に持続すると考えられる。権力の移譲は世襲制であり、権力の座に就くことが可能な王族という血縁集団で支配エリートが形成されている。また、王族の間で王位継承のルールが確立されていれば、将来の権力獲得が予測可能であるため、国王は王族内部からの反乱を回避できる。また、不満を抱える王族にとっても、反乱を起こし、仮に失敗して追放されるよりは、国王に協力して特権的な王族としての地位を守る方が利得は大きいと考えられる（Herb 1999; 第Ⅰ部第4章を参照）。

下位類型ごとの体制の持続期間の長さについては、軍部支配型が短いのに対し、一党支配型と君主政型が長く、その中間に個人支配型が位置することは、実証分析によっておおむね妥当性が支持されている。別の見方をすれば、支配エリート内での権力分有の制度が確立されれば、体制は安定的に維持されるという知見も見出すことができる。

（3）権威主義的統制の問題

権威主義的統制の問題とは、支配エリート組織とその外部との関係、体制外の野党や一般市民による体制への挑戦（体制転覆）をいかに防ぐかということを意味している。その手段である抑圧や懐柔に用いることができる資源や制度の多寡が、体制の持続期間の長さを決定づけることについて検証されている。

治安機関を用いて抑圧する場合であっても、懐柔を図る場合であっても、支

配者は一定のコストを負担せねばならない。その原資として着目されているのがレントの存在である。レントとは、国民の生産活動に関係なく、石油や天然ガス、鉱物資源などの輸出販売によって得られる外生的な国家収入を意味する。レントが豊富であれば支配者はコスト負担の心配がなく、政治的・経済的資源を分配できるため、体制をより長く持続させることができると考えられる（浜中 2007; Ross 2012: 第Ⅱ部第2章を参照）。

権威主義体制でも、選挙や議会といった民主主義的制度が導入されている例は多いが、これらが抑圧や懐柔のための制度として機能することも指摘されている。例えば、選挙を通じて与党の圧倒的な強さを反体制派や一般市民に見せつける抑圧機能や、野党の選挙への参加や議会での討論を通じて、一般市民の不満の所在を察知する情報取得機能、議員など公職への取り込み（コオプテーション）や与党のネットワークを通じた便益供与（パトロネージ）による懐柔機能である（Lust-Okar 2005; Magaloni 2006; Gandhi 2008; 第Ⅰ部第5章を参照）。

権威主義体制の持続と崩壊には、支配エリート組織に対する西欧諸国を中心とした国際的な民主化圧力の強さも影響を与えうる。中東諸国の事例でいえば、2003年のイラク戦争や2010年末からのアラブの春は、一時的で部分的な政治の自由化をもたらしたが、2012年以降は体制による抑圧が顕著となった。レヴィツキとウェイ（Levitsky and Way 2010）が提唱した、西欧とのつながり（リンケージ）や権威主義体制が民主化圧力に影響を受ける程度（レバレッジ）の概念を用いた検討は十分ではないが、中東諸国は西欧との地理的な近さに反してリンケージが弱く、レントの豊富な湾岸産油国からの援助を受けることでレバレッジが低いと考えられる。

3．中東政治研究における権威主義体制の議論と課題

ここまで論じたように、権威主義体制の持続と崩壊の理論には、中東諸国の事例も取り上げられており、2000年代以降の中東政治研究の分野でも、地域の特殊性・個別性を排して、他地域の事例との比較可能な理論の構築を目指す方向性が共有されつつある。その嚆矢は、ポザスニーとアングリストの編著（Posusney and Angrist 2005）であった。その後の10年余りで、中東政治研究では、既出のもの以外にも、選挙や議会など、政治参加の制度と実態に関連して、与党の組織基盤（Brownlee 2007）や動員構造（浜中 2011）、一党優位制下での与

党勢力の多様性（今井 2013; 2014）等の問題、経済危機や経済自由化への対応の問題（King 2009）、レントと体制の財政基盤の問題（Smith 2007）などが主要な論点として取り上げられている。

　2010 年末以降のアラブの春とその帰結は、改めて権威主義体制の持続と崩壊を決定づける要因は何か、という問いを中東政治研究に投げかけており、それに応答する研究成果も現れつつある（Brynen et al. 2012; Diamond and Plattner 2014; 浜中 2014）。他方で、中東諸国以外に目を向けると、権威主義体制に関する、比較可能な新しい論点が次々と提示されている。例えば立法府と執政府の関係における制度配置、政治の司法化と司法府の役割、あるいは中央銀行や会計検査院、汚職対策委員会などの独立機関の役割とアカウンタビリティの問題などである。中東政治研究が権威主義体制の理論構築に貢献しうる可能性は、まだまだ限りなく広がっている。

【注】
1）リンスは、体制の制度的な特徴の違いから全体主義体制よりも権威主義体制の方が民主化しやすいことを論じた。のちに、ポスト全体主義とスルタン主義を追加し、前者も比較的民主化しやすいとした（Linz and Stepan 1996）。
2）ポリティ指標は 1974 年から作成が開始されたが、現在用いられているのは 1998 年以降の Polity IV Project による評点である。http://www.systemicpeace.org/polity/polity4.htm
3）フリーダムハウス指標については以下を参照。https://freedomhouse.org/reports
4）データセットについては以下を参照。https://sites.google.com/site/joseantoniocheibub/datasets/democracy-and-dictatorship-revisited
5）Geddes, Wright and Franz（2014）。データセットについては以下を参照。http://sites.psu.edu/dictators/
6）Wahman, Teorell and Hadenius（2013）。
7）データセットについては以下を参照。http://campuspress.yale.edu/svolik/the-politics-of-authoritarian-rule/

▶▶ 本章の研究テーマを学ぶための基本文献

Cheibubu, José Antonio, Jennifer Ghandhi, and James Raymond Vreeland. (2010) "Democracy and Dictatorship Revisited." *Public Choice* 143(1-2): 67-101.

Dahl, Robert A. (1971) *Polyarchy: Participation and Opposition*. Yale University Press.（ダール、ロバート・A（2014）『ポリアーキー』高畠通敏・前田脩訳、岩波文庫。）

───. (1991) *Modern Political Analysis,* 5th edition. Prentice Hall.（ダール、R・A（2012）『現代政治分析』高畠通敏訳、岩波現代文庫。）

Geddes, Barbara. (1999) "What Do We Know about Democratization after Twenty Years?" *Annual Review of Political Science* 2: 115-144.

Geddes, Barbara, Joseph Wright, and Erica Frantz. (2014) "Autocratic Breakdown and Regime Transitions: A New Data Set." *Perspective on Politics* 12(2): 313-331.

Gandhi, Jennifer. (2008) *Political Institutions under Dictatorship*. Cambridge University Press.

Hadenius, Axel, and Jan Teorell. (2007) "Pathway from Authoritarianism." *Journal of Democracy* 18(1): 143-157.

Levitsky, Steven, and Lucan A. Way. (2010) *Competitive Authoritarianism: Hybrid Regimes after the Cold War*. Cambridge University Press.

Lust-Okar, Ellen. (2005) *Structuring Conflict in the Arab World: Incumbents, Opponents, and Institutions*. Cambridge University.

Magaloni, Beatriz. (2006) *Voting for Autocracy: Hegemonic Party Survival and Its Demise in Mexico*. Cambridge University Press.

Posusney, Marsha Pripstein and Michele Penner Angrist, eds. (2005) *Authoritarianism in the Middle East: Regimes and Resistance.* Lynne Rienner.

Ross, Michael L. (2012) *The Oil Curse: How Petroleum Wealth Shapes the Development of Nations*. Princeton University Press.（ロス、マイケル・L（2017）『石油の呪い』松尾昌樹・浜中新吾訳、吉田書店。）

Svolik, Milan W. (2012) *The Politics of Authoritarian Rule*. Cambridge University Press.

Wahman, Michael, Jan Teorell and Axel Hadenius. (2013) "Authoritarian Regime Type Revisited: Updated Data in Comparative Perspective." *Contemporary Politics* 19(1): 19-34.

第4章
君主制の比較と理論

吉川卓郎

　この章では、現存する中東の君主制国家について、比較政治学の理論や方法論を用いた考察を行う。第1節では、中東における君主制の特徴について簡潔に整理する。第2節では体制論の立場から権威主義体制としての君主制アラブ諸国の分類を行い、同族支配の構造について概観する。第3節では新制度論の論点から、君主制アラブにおける執政制度や議会の特徴を比較したい[1]。

1．中東の君主制

　君主制とは世襲の君主による統治制度であり、その形態や君主の権力も、専制君主を容認する絶対君主制、憲法によって君主の権力が制限される立憲君主制、これらの中間ともいえる制限君主制など様々である。極論すれば、君主が存在し、社会がそれを支持すれば君主制は成立する。
　20世紀、帝国主義時代が終焉を迎える頃、中東地域には多くの君主制国家が存在していた。これまで主権国家として国際的に承認された域内19カ国のうち、14カ国が独立後に君主制（monarchy）を経験したが、現在もそれを維持しているのはアラビア半島の産油国で構成する「湾岸協力会議（GCC）」加盟国6カ国にヨルダンとモロッコを加えた8カ国のみである[2]。これらは全てアラブ世界に存在し、民主化に何らかの制限が加えられる国家であり、うち実に6カ国がアラビア半島の産油国である。つまり今日我々がイメージする典型的な中東の君主制とは、アラブ産油国の非民主的な君主制を指すといってもあながち間違いではない。
　では、今日も生き残ったこれらアラブの君主制8カ国（以下、君主制アラブ諸国と総称）を分析する意義とは何であろうか。興味深いのは、これら君主制アラブ諸国の体制の持続力（レジリエンス）である。よく知られるサミュエル・ハンチントンのテーゼ「国王のジレンマ」では、君主制下の近代化は、改革断

行のために君主への権力集中を必要とする一方、それに対する体制内の反発や、近代化の過程で成長した中間層市民による民主化要求に直面する（Huntington 1991）。しかし君主制アラブ諸国は独自の近代化を進め、アラブ民族主義の挑戦や「アラブの春」を乗り越え、今日も存続している。この強さは、どこから来るのか。次節ではより理論的な側面から分析してみよう。

2．政治体制論による同族支配の研究

今日の比較政治学では、様々な非民主的な体制を総称する概念として権威主義体制という言葉を用いている。権威主義体制には様々な下位類型があり、君主制アラブ諸国の場合、全て君主制型権威主義体制に分類される。簡単にいえば、王・首長などと称せられる世襲の最高指導者が存在し、その正当性・権威・権力が一般市民の同意・非同意にかかわらず行使される体制である。

（1）家族支配

これまで体制転換や民主化移行の生じなかった君主制アラブ諸国では、どのようなかたちで権威主義が維持・継承されてきたのだろうか。オーウェンが説くように、中東における君主制は、王権を支える制度と支配者－支配家系の相互連携という必要不可欠な要素に加え、支配者の高貴な家系と過去の偉業（神話）、指導力など様々な正当性の組み合わせによって支えられており、支配者は状況に応じて正当性の根拠を自由に組み合わせられる柔軟性を備えてきた（オーウェン 2015）。ただし、君主制アラブ諸国でも、GCC 諸国とモロッコ・ヨルダン両国では権力の拠り所に大きな違いがある。順を追って説明しよう。

（2）GCC──王朝君主制とレンティア国家

GCC 諸国では、政治・経済・文化等あらゆる分野で支配家系一族が重要なポストを独占・監督する立場にあり、王朝（dynasty）とも言える特徴を有する。このように特徴的な GCC 諸国の統治を、ハーブは王朝君主制（Dynastic Monarchy）と表現した。ハーブは、過去・現在の中東君主制諸国を比較し、その結果、支配家系による行政府への参入が制限された君主制諸国が全て崩壊したのに対し、権力が支配家系で分有される王朝君主制では個人的な競争は発生すれども、体制転換が起こらなかったと論じた（Herb 1999）。

しかし、支配家系一族が権力を独占・分有するというだけでは、GCC 諸国における体制維持の根拠としては不十分である。王朝君主制的な政体の崩壊は他の地域では珍しくなかったし、何よりハーブの議論では、なぜ GCC 諸国では国民が一族支配を容認してきたのかを十分に説明できていない。ここで、GCC 諸国の持続的な家族支配を説明するもう 1 つの議論が、レンティア国家論である。中東のレンティア国家仮説とは、簡単に言えば、豊富な地下資源（石油、天然ガス）がもたらす莫大な国家収入を、手厚い（往々にして無償の）社会サービスとして国民に再分配することで非民主的な体制を維持するシステムを指す。この過程で可視化されるサービス提供者は、言うまでもなく支配家系である。GCC 諸国は石油というレント（いわば不労所得）収入に大きく依存し、国民もまた租税を免れながら手厚い社会保障を享受するレンティア（不労所得生活者）となる。両者はいわば相互依存関係にあり、かかる状況では、あからさまな支配家系への批判や民主化運動は発生しない、というのがレンティア国家論の論拠である（Beblawi and Luciani 1987）[3]。

（3）非産油国の君主制──モロッコとヨルダン

　ここまで GCC 諸国の体制を概観してきたが、支配家系ネットワークが堅牢で、石油所得が手厚い社会保障として市民に還元されるからといって、体制安定に直結するわけではない。「アラブの春」以降、王朝君主制であるバハレーンでは反政府運動が頻発し、また典型的なレンティア国家であるリビアのカッザーフィー体制が短期間で崩壊したことは記憶に新しい[4]。わけても、GCC のような資源に恵まれないモロッコとヨルダンは、体制のレジリエンスをはじめ、政治学の様々なアジェンダにおいて貴重な事例を提供してくれる。

　モロッコの君主制の最大の特徴は、国王と王族の表象する聖性であり、その特徴を大きくまとめると以下のようになる。①伝統：モロッコ王室は 17 世紀に成立したアラウィー朝の継承者であり、歴史的連続性という点でアラブ最古の王朝である。またモロッコでは近代以前の伝統（復活したものを含む）が国家や地方の行事として根付いており、国王はそれらの催行者である。②イスラームにおける権威：モロッコ王室はハーシム家の末裔であり、国王（マリク）は伝統的なイスラーム共同体の指導者である「アミール・アル・ムウミニーン（信徒たちの長）」を称する。さらにモロッコでは、20 世紀のフランス・スペイン保護領からの独立運動、独立、憲法制定に至る、王朝からナショナリズムへの

移行期においても国王が主体的な役割を果たしてきた。こうして国王は、国事行為に自らの偉大な系譜を重ね合わせることで、「国父」としての権威を補強するのである (Waterbury 1970)。

モロッコに「似て非なる」パターンが、ヨルダンの事例である。ヨルダンは、イスラエル、エジプト、シリア、サウディアラビア、イラクという地域大国に挟まれた「弱国」である。またヨルダンはヨルダン川西岸占領地に隣接し、国内には数百万人のパレスチナ難民とパレスチナ系市民が居住している。さらに、GCC やモロッコと異なり、ヨルダン王室は 1920 年代に英国委任統治領パレスチナ政府が据えた、外来の新しい統治者である。つまりヨルダン王室は君主制アラブ諸国の中でも際立って大きな地政学的リスクを内包するだけでなく、発足当初から統治者としての正当性問題を抱えてきたといえる（吉川 2014）。

3. 新制度論から見る君主制アラブ

ここからは、比較政治学の新制度論の重要な論点の中から、執政制度、議会・政党・選挙に絞って、君主制アラブ諸国の体制維持の仕組みを比較してみよう。ここでも、前節で論じた支配家系、石油レントの有無といった要素が各国の制度に大きな影響を与えている点は重要である。

（1）執政制度
GCC 諸国

GCC 諸国では、巨大な支配家系内部の紛争を最小限にとどめつつ、石油レントを支配家系および国民にくまなく配分可能な執政制度が構築されてきた。特に前者においては、スムーズな体制継承のために様々な工夫がなされてきた。多くの場合、支配家系の頂点に立つ国家元首は、自身を政・軍の最高指導者としながらも、後継者候補を重要ポスト（皇太子、首相、副首相など）に就かせ、執政を代行させることで後継者の養成・選抜を行ってきた。わけても巨大な支配家系を抱えるサウディアラビアでは、建国後の早い段階から王室メンバーシップの規定、後継者候補の選抜および序列に関する規定が整備されてきたが、今日でも王子の間の競争や世代交代といった課題を抱えている。より支配家系の規模の小さい国々では、長男子継続が制度化され、家系内の紛争を予防する仕組みが整えられてきた（オーウェン 2015）。

モロッコとヨルダン

　前節で述べたように、歴史的にモロッコの王室は伝統と建国神話を表象・代表する存在であり、対照的にヨルダンの国王は多元的な社会のクリーヴィッジ（社会的亀裂）を縫合できる唯一不可欠の存在という存在意義を見出した。では、今日、両国の国王はどのように権力を維持しているのだろうか。両国の憲法では、国王個人の権限が詳細に規定されている。起草段階で国王の意向が強く反映された初のモロッコ憲法（1962年制定）では、国王は首相ほか閣僚の人事権や軍の指揮権を掌握する強力な指導者であり、1970年の憲法改正では、国王の権限はさらに強化された。しかし1990年代以降は徐々に国王の権力を制限する動きが強まり（1992年および1996年憲法改正）、「アラブの春」がモロッコに波及した2011年には国王ムハンマド6世自らが憲法改正を指揮した。同年の国民投票を経て施行された新憲法では国王の政治的権力がある程度縮小されたが（従来の国王による首相任命から、議会第1党からの国王による首相任命への移行、等）、一方で新憲法でも国王の聖性（hurma）は保証され、イスラームにおける権限そして軍の指揮権は温存された（Willis 2014; 私市 2016）。

　ヨルダンでもモロッコ同様に国王の権限が憲法（1952年憲法）で明確に示されているが、国王権力はより強大である。今日のヨルダン国王は憲法で規定される最高権力者であり、行政府の長である首相を自ら任命・罷免することができる。首相・内閣は国王と密接に協力して国政にあたり、その成否次第で速やかに辞職する。とはいえ辞職した閣僚の多くは上院議員や各種委員会の要職にとどまり、ほどなく閣僚に復帰することも珍しくない。国王と支配的エリート双方に過度のリスクを課することなく政治・経済危機を乗り切れる、巧妙なシステムといえよう（Lucas 2005）。なお、ヨルダンでも「アラブの春」後の民主化機運の高まりを受けて2011年10月に憲法が改正されたが、国王権力は温存された。

　国王と行政エリートの緊密な関係という点では、モロッコとヨルダンには多くの共通点がある。第1の共通点は、国王による地方エリートの掌握である。特にモロッコでは王族と地方有力家族との姻戚関係が強化され、これらの家族出身のエリートはロイヤリストとして王家を支えてきた（Willis 2014）。対して王室の権力基盤が脆弱であったヨルダンでは、建国当初から王家と地方部族の同盟関係が強化され、現在も地方部族はヨルダンの政治家、高官、軍将校の主要供給源である（Milton-Edwards and Hinchcliffe, eds. 2009）。第2の共通点は、

国王と治安部門の緊密な関係である。かつて両国の王室はアラブ民族主義者やイスラーム主義者の脅威に対抗するため、国王が軍、警察、内務省と広範な協力関係を構築してきた。

（2）議会、政党、選挙

　君主制アラブ諸国において、民選議会主導の政治改革は支配家系の優位を揺るがしかねない。他方、国家機構の複雑化や大規模な社会変動に対応するためには、支配家系以外の社会勢力、市民との連携は不可欠である。この矛盾を解消するため、各国では（あくまで行政府に優越しないよう注意しながら）立法府や諮問評議会、地方議会の設置と参加機会拡大を目指してきた。

　GCC諸国の中で、いち早く議会を整備したのはクウェートである。1961年に独立した同国の憲法（1962年憲法）では国民議会の設置と国民の政治参加が明記されており、1963年以降、定期的に選挙が実施されてきた。クウェートの議会設置運動は1920年代と古く、背景には支配家系であるサバーハ家と商人階層（のちの有力一族）との利害対立があった。当時のサバーハ家は商人からの税収に依存していたこともあり、1938年には立法権を持つ強力な議会が誕生した。同年の油田発見以降、一転してクウェートではサバーハ家による王朝君主制化とレンティア国家化が進むが、その後も同国では国民議会を主な舞台として支配家系、都市有力者層（かつての商人階層）、部族（かつての遊牧民）によるバーゲニングが繰り広げられてきた（Crystal 1990）。GCC諸国の中でクウェートに次いで強い立法府（代議院）を持つバハレーンの場合、国内のスンナ派・シーア派対立という深刻な問題が議会改革の原動力であり、かつ阻害要因でもあった（石黒 2011）。GCC諸国では、クウェートとバハレーンのみが議会に立法権を付与している。またGCC諸国は政党の結成を認めていないが、上記2カ国では政党に相当する団体が活動を行っている。

　サウディアラビアでは、湾岸危機（1990〜1991年）という未曽有の危機を契機に、諮問評議会、州評議会が相次いで設置された（立法権なし）[5]。1993年以降、サウディアラビア国王によって社会の様々な層から新たな諮問評議会議員が任命されており、外部の観察者が同国の社会の変化を可視化するうえでも興味深い。

　資源レントを持たないモロッコとヨルダンの王制は、対抗勢力を封じ込めるため、また不満を持つ様々な社会勢力とのバーゲニングの場として議会を活用

してきた。例えばモロッコ（2院制を採用）の場合、国家独立に大きな役割を担った「イスティクラール党」の勢力を抑えるために国王は対抗政党の結成を奨励した。やがて対イスティクラール党対策のために支援した左派政党（UNFP、USFP）が伸長すると、今度はイスラーム主義勢力を支援することで、国王に挑戦し得る単独勢力が成長しないよう巧みに調整してきた。しかし失業問題の政治問題化や「アラブの春」に伴う民主化運動の盛り上がりを受けて、かつてほど国王の介入は目立たなくなった（中川 2011; 白谷 2015; Willis 2014）。

ヨルダンは2院制を導入しており、上院は国王が指名する有力者やエリートの集う、国王諮問機関である。他方、下院は民選議会であり、特に経済危機に端を発した1989年の議会改革以降、ヨルダンでは基本的に政府批判勢力の下院参加を排除していない。シュウェドラーは、潜在的な反体制派を含めた内包化政策（inclusion policy）の継続がヨルダンの内政安定に寄与したと評するが（Schwedler 2006）、強力な政府批判勢力に対しては、時に容赦ない圧力が加えられたのも事実である（吉川 2007）。またモロッコの事例と異なり、ヨルダンでは根強い支持基盤を持つムスリム同胞団系の「イスラーム行動戦線党」以外に強い政党は育っていない。この背景には、もともとヨルダンの政党がイデオロギーや信仰といった抽象的な問題にこだわりすぎ、最も深刻な社会問題である貧困・失業問題に取り組まなかったことも関連していると考えられる（北澤 2011）。

4．今後の課題

この章では、君主制アラブ諸国について、比較政治学の領域に特化するかたちで各国の特徴を紹介してきた。本章を締めくくるにあたって、その他に今後の中東の君主制研究で必要と思われるテーマをいくつか提示してみたい。

（1）外交・安全保障

個性溢れる君主制アラブ諸国も、国際政治・安全保障の舞台では国家アクターの1つに過ぎない。「アラブの春」以降は、GCC諸国を中心に君主制アラブ諸国の連携が目立っている。密室政治が基本である君主制アラブ諸国の外交・対外安全保障政策の方向性を読み解くことは容易ではないが、複数の研究者が試みているように、地域システムの問題（失敗国家の増加、無国籍テロリズムなど）

と各国の国内事情（支配家系やレンティア経済、人口爆発、失業問題など）を丹念に突き合わせることで共通の協力課題を探る努力が必要であろう（Kamrava 2013; コーデスマン 2012; 吉川・中村編 2012）。

（2）開発とエスノクラシー

王朝君主制とレンティア国家論に加え、GCC特有の開発事情に関連したもう1つの重要な論点として、エスノクラシー問題がある。これまで論じてきたように、実際にはGCC諸国でも格差問題や社会勢力間の軋轢は存在する。にもかかわらず国民の不満が圧倒的な特権を持つ支配家系に向かわない背景の1つに、GCC諸国では国民が国内人口の「真の多数派」である外国人労働者を特権階級として支配する構造を創ることで不満の増大を回避してきたことがあった。GCC諸国のエスノクラシー問題については既に複数の研究成果が発表されているが（松尾 2010; 細田編 2014）、モロッコやヨルダンのように、国家収入のうち海外で働く自国民労働者からの送金収入への依存度が高い「半レンティア国家」においても同様の問題は存在すると見られる。

（3）ナショナリズム

王室の伝統と権威を国の柱とするモロッコ、多元的な社会を統一する王室を追求するヨルダンは、どちらも模範的な保守ナショナリズムを追求してきた。他方、他国による直接的侵略を経験したクウェートや社会亀裂を抱えるバハレーンを除き、おおむね同質的な社会の調和が保たれ、かつ伝統的な家族像を高い福祉で支えてきたGCC諸国では、ナショナリズムの実像が見えにくい。例えば、アラブ世界におけるスポーツ行政を研究するアマラは、GCC諸国のスポーツ政策において「開発」「国威発揚」「ビジネス」の3点が循環構造になっている事実を喝破した（Amara 2012）。これ以外にも、GCC諸国ならではの国民統合・国威発揚政策はまだまだ続きそうである。

【注】
1）新制度論とは、従来の制度研究が制度の記述・紹介を主な関心事としていたのに対し、政治現象の独立変数としての制度に着目する考え方である（久保・末近・高橋 2016）。
2）本章では、7つの首長国で構成されるアラブ首長国連邦を1国として扱っている。左の首長国全てを含めた場合、今日の中東における君主制国家の数は14カ国となる。
3）ただし、レントが国民間で公平に配分されない場合は、逆に社会不安につながりかねない。

「アラブの春」以降、GCC 加盟国で例外的に大規模な反政府運動が発生したバハレーンでは、長らく 2 級市民の地位に貶められてきたシーア派住民の不満が爆発した。
4)「アラブの春」以前にカッザーフィー一族における権力継承への動きが公然化していたリビアの場合、共和制国家でありながら王朝的な政体が誕生しつつあった。青山が「ジュムルキーヤ」と呼んだシリアの事例（アサド家による大統領職世襲）をはじめ、共和制アラブ諸国における世襲の試みは、アラブ君主制諸国との比較の観点からも興味深い（青山 2001; 2002）。
5) 過去の諮問評議会議員には、かなり若い世代や、シーア派代表者も選ばれている（コーデスマン 2012）。また、2013 年には初の女性議員が誕生した。

▶▶ 本章の研究テーマを学ぶための基本文献

オーウェン、ロジャー（2015）『現代中東の国家・権力・政治』山尾大・溝渕正季訳、明石書店。
私市正年・佐藤健太郎編著（2007）『モロッコを知るための 65 章』明石書店。
コーデスマン、アンソニー・H（2012）『21 世紀のサウジアラビア——政治・外交・経済・エネルギー戦略の成果と挑戦』中村覚監訳、明石書店。
酒井啓子編（2012）『中東政治学』有斐閣。
白谷望（2015）『君主制と民主主義——モロッコの政治とイスラームの現代』風響社。
中村覚編著（2015）『サウジアラビアを知るための 63 章（第 2 版）』明石書店。
保坂修司（2005）『サウジアラビア——変わりゆく石油王国』岩波新書。
松尾昌樹（2010）『湾岸産油国——レンティア国家のゆくえ』講談社。
————（2013）『オマーンの国史の誕生——オマーン人と英植民地官僚によるオマーン史の表象』御茶の水書房。
松本弘編（2011）『中東・イスラーム諸国民主化ハンドブック』明石書店。

第5章
政治過程論（選挙と議会制度）

荒井康一

1．中東の政治過程と議会

（1）権威主義体制と選挙

　中東は民主的な選挙が行われている国が少なく、本章の内容は自分の関心対象とは無縁と感じている読者もいるかもしれない。しかし、中東にはサウディアラビアとカタルを除く全ての国に議会や選挙や政党の類が存在し、新たに選挙が行われるようになった国もある。また、権威主義体制下での選挙の分析からは、民主主義体制の事例から作り出された理論とは異なる論点を導き出せる可能性も秘めている。

　政治過程論は、利益集約など政策が決まるプロセスの分析を行う分野だが、政策は民主的な体制であっても民意や選挙のみでは決まらず、権威主義体制でも国家元首個人の考えのみでは決まらず、官僚や軍や利益集団の影響を受け、与党内の権力闘争も存在する。

　1990年以降は、権威主義体制のうち7割以上が複数政党制を採用しており、そのような体制を、ダイアモンド（Diamond 2002）らはハイブリッド体制（hybrid regimes）、競争的権威主義（competitive authoritarianism）、シェードラー（Schedler 2006）らは選挙権威主義（electoral authoritarianism）などと呼び、中東に関しても研究が進められている（今井 2014; Sadiki 2009; Gandhi and Lust-Okar 2009; Lust-Okar 2006）。レヴィツキとウェイ（Levitsky and Way 2010: 5）の定義では、競争的権威主義とは「形式的な民主主義が存在しそれが権力獲得の主要な手段であると一般にみなされているが、職権濫用により現職与党が著しく優位な立場にあるような体制」である。選挙の導入は部分的な民主化とみなされ欧米諸国の圧力で導入される場合もあったが、近年は選挙が結果的に権威主義体制の維持に役立つとする研究が増加している。反体制勢力からの批判を弱め、体制の正当化や体制内での支持強化、議員という身分の分配や、社会のニーズを効

率的に知ることによる選択的利益集約、与党内の利害調整や広範な利益誘導による取り込みや民衆動員などが可能になることが、選挙を行う背景にあると考えられている。

ただし与党が敗北しないよう、立候補資格・政党要件・有権者登録の制限、選挙不正、野党非合法化、一票の格差やゲリマンダリング（恣意的な区割り）、さらには資源分配によるパトロネージなどを通じ、選挙結果を管理できる能力が必要である（Blaydes 2011; 東島 2013）。選挙の正当性を維持するためには野党の参加が必要である一方、野党が躍進すればその要求を呑む必要も出てくるし、あからさまな選挙不正はかえって国民の反発を招く恐れもあるため、選挙を導入しさえすれば権威主義体制が維持できるわけではない。

（2）議会と執政府

議会と執政府の関係は、大統領制・半大統領制・議院内閣制の3つに大別することができるが、議会を持つ君主国にも応用することが可能だろう。議会が政策決定にどれほど影響を与えるかは、憲法上の立法権や任命権・人事権・解散権・弾劾・大統領令などの権限の分配による。君主や大統領が首相や議員の一部を任命・罷免する国も、ある程度の拒否権や形式的な権限しかない国も、議会に立法権がなく諮問権のみの国もある。大統領がいても、2015年現在のトルコとイラク、そして王権は強いがモロッコも実質的に議院内閣制に近く、首相公選制が採用されていた時期のイスラエルは議院内閣制とは異なる状況であった（岩坂 2016）。また、半大統領制という、有権者が一定の立法権を持つ大統領を直接選ぶと同時に首相が議会から選出される仕組みの場合、清水(2012)が分析したパレスチナにおけるハマースとファタハのように、政権が不安定になる例もある。行政府と立法府の関係性については、他に立法化率の高さや任命枠の割合、大統領の任期制限、二院制の場合は両院の権限なども指標になる。また議会と元首以外にも、国軍・司法・官僚・労組・利益団体が拒否権プレイヤー（現状変更のため同意が必要となるプレイヤー）となる場合が存在し、野党も含めた国民対話による解決が図られる場合もある（今井 2012）。

2．政党システムの形成要因と投票行動

政党システム（政党制）とは、政党間の競合による相互作用の状況のことで、

主に政党の数とイデオロギー距離から、一党優位制や二大政党制や分極多党制などに分類される[1]。政党システムを考える指標としては、有効政党数や断片化指数、政党システムの安定性を測るヴォラティリティ、得票率と議席獲得数の乖離を示す非比例性指数などがある[2]。

（1）選挙制度設計

　選挙制度は投票結果を議席数に変換する際に多様な方法があるため、その制度設計は政党システムの形成に大きな影響を与える。デュベルジェ（1951=1970）は、小選挙区制は二大政党制を促進し、比例代表制は政党の数を増やす傾向にあると指摘した。

　そのため、与党や国家元首は、どの政治体制でも自らの権力維持に寄与するような選挙制度を選択する。中東の大統領制の諸国は、与党を勝利させるべく小選挙区制など過大代表される選挙制度を採用する傾向にある（Lust-Okar and Jamal 2002）。選挙区の勝者が議席を総取りする方式を採用する場合（トルコ 1946～1960 年、アルジェリア 1989 年選挙法）や、過半数を得る候補がいなければ上位 2 名で決選投票を行う絶対多数制を取り入れる国（エジプト 1990 年～、バハレーン 2002 年～）もある。また比例代表制であっても阻止条項を設けて一定の全国得票率がなければ小政党が議席を得られない場合（トルコ 1983 年～）もある。ただし、1991 年のアルジェリアや 1950 年のトルコのように、意図せざる結果として野党が大勝してしまうリスクも存在するため、東島（2015）が指摘するように中央アジアでは比例代表制へ移行する例もある。

　他方、中東の君主制の諸国は、王党派の強力な政党を組織化するというよりは、特定の政党が力を持つことを危険視し、政党間の対立を煽り政権党が固定しないようローテーションさせることが多い（浜中・白谷 2015）。そのため中選挙区制や大選挙区制を採用することが多く、クウェート（2006 年～）では定数 10 人の選挙区で一人 4 票を連記する制限連記制を採用し、一党が過半数の議席を得ることを不可能にした（石黒 2013）。

　この他、女性や若者やマイノリティの議席枠を設けるか与党の候補にしたり、特定の政党に与しない部族系候補を当選させるため選挙区の設定変更をしたりすることにより、彼らを政権側に取り込みつつ野党が獲得可能な議席を減らすという手法も取られる（吉川 2007; 髙岡 2012）。

（2）亀裂構造

　エスニシティやイデオロギーなどの社会的亀裂も、政党システム形成に大きな影響を与える。リプセットとロッカン（Lipset and Rokkan 1967）によれば、西欧では歴史的に①世俗－宗教、②中央－周辺、③土地－産業、④階級という4つの亀裂に基づき政党システムが凍結した。政党システムは歴史的な国内対立によるものであるため、中東も全く同様の亀裂に基づくとはいえず、社会変容も著しい（間編 2006）。内戦後や革命後に競争的な選挙が導入されたばかりの時期は政党が民族主義や宗教に依存しがちで、エスニシティは規定要因の1つではあるが左右のイデオロギーなども重要であるため、過度なエスニシティ決定論は危険なこともある（山尾・浜中 2014）。

　レイプハルト（1979）が主張した多極共存型民主主義は、異なるエスニシティのエリート間で協調と権力分有を行うモデルで、中東ではレバノンが典型例とされたが、分断社会の固定化や既得権を持たない新興勢力の台頭、人口変動への対応などの問題も指摘された（日本比較政治学会編 2002）。

　社会構造と投票行動の関係を考えるには、当事者の言説・党綱領・議事録や聞き取り調査を踏まえることが前提だが、一部の主張に流される危険性もあるため、客観的で量的な分析を行うことも重要である。中東には投票データの信憑性に問題がある国も多いが、選挙区や投票所単位でのデータがあれば計量分析が可能で、自ら実施したアンケートや現地のシンクタンクや大学に依頼した社会調査により、支持政党と性別・年齢・学歴・収入等との関係を明らかにすることもできる。分析結果やデータの一部は公開されているので、積極的に利用すべきであろう[3]。また、議員の出自や前職や最終学歴の分析も、政党の性格を知るための古典的な手法である。トルコでは、イスラーム政党の候補者に占める宗教学者や宗教学校出身者の割合は低く、支持者もシャリーアの導入に積極的な人々が多数派ではない（Frey 1965; 澤江 2005; 宮下 2012）。

　トルコの場合、1950年代は近代化や農地改革を進める官僚・国営企業と対抗する大地主・民間企業・宗教指導者との間での、「中央－周辺」亀裂が二大政党の最も重要な背景であった（Mardin 1973）。1970年代には労働者人口の増大により階級対立が重要度を増し（Karpat 1968; Özbudun 1976）、1990年代以降はエスニシティの違いや世俗主義をめぐる対立軸も政党システムの重要な要因となった（間 2006; 荒井 2008）。

　また、中東の農村部では部族長や大地主などの地方有力者がクライエンテリ

ズム（恩顧主義）を基礎として投票行動に大きな影響力を保っている。その状況は、無所属候補の当選数や候補者の名前、投票所単位での特定候補者への票の集中（ブロック投票）などから分析することが可能であり、選挙活動の際に部族名を掲げる候補も多い（Hale 1976; 荒井 2009; 髙岡 2012; 石黒 2013）。

(3) アクターの合理的選択

ところで、選挙制度と社会構造に大きな変化がなくても、政党などのアクターの行動によって政党システムが変容する場合がある。合理的選択論の考え方では、方法論的個人主義に基づき、制度の下で個人が合理的に行動し、アクターと制度の相互作用が起こるとみなす。ダウンズ（1980）によれば、有権者は期待される効用により投票先または棄権を選択し、政党候補者は得票最大化のため政策変更を含む戦略をとる。

有権者は、選挙区の当落予測によって「自らの投票が死票となることを回避するために第一選考と異なる政党に投票する」戦略投票を行うことがある（Cox and Shugart 1996）。イスラエルでは首相公選制により有権者が議会選で首相選挙とは異なる問題を重視して投票するようになり、多党化が進んだ（浜中 2005）。また、1980 年代以降のトルコのように、業績評価投票で選挙前 1～2 年の経済状況も与党の得票率に大きく影響することもある（Hazama 2007）。

政党は、共倒れを防ぐため選挙前連合による統一リストを作成したり、一部が与党の誘いにのったり、ボイコット戦術をとったりすることもある（今井 2013）。また、国民の多数派が中道的な場合には政党も中道化する方が有利だが、急進的な新党や分派が票を得やすくなるというリスクもあり、政策変更は政党システム再編成の要因になりうる。

(4) 組織としての政党

古典的な政党組織論では、政党は幹部政党と大衆政党に分けられ、包括政党やネットワーク型政党などの分類もある。重要な点は、党内の意思決定方法、基盤組織（労組・宗教団体・独立運動）との関係、人材のリクルート方法、社会への浸透および市民の動員手法である。政党組織が異なれば政策選択や得票率の安定性に違いが発生することになるだろう。

党首権限は、政党法および各党の内規や綱領しだいで政党により異なり、党内に派閥や反主流派が発生することもあるため、党首は党内基盤を固める必要

がある。他方、支援組織の影響力が強すぎれば政策変更や他党への譲歩が困難になる可能性が高く、利害調整を誤れば与党の一部の支持組織が離反し民主化や政権交代に至る場合もある。イスラーム政党が政権についた際にどこまでイスラーム的な価値観を優先するのか現実主義的な政策をとるのかは、母体となる宗教運動や他党との関係もあり未知数である。

政党の動員力やリクルート能力は、時間をかけて地方組織などを形成し社会活動や資源分配を通じて社会に根付くことによって生まれるものである。与党や現職議員は、政府や官庁の持つ人事権や補助金や国営事業などを資源として利益集団や部族をパトロネージすることが可能であり、バアス党などは、政府と党と国軍が一体化し、膨大で多様な市民を組織化することで支配体制を固めていった。イスラーム政党は医療・教育・燃料・毛布・食料の提供が功を奏し、女性団体・労組・経済団体の活動も盛んで、大都市貧困層での支持率が高い傾向にある。

3．取り組むべき研究課題

（1）権威主義体制における選挙と議会の役割

選挙を行った方が体制の維持に役立つとの指摘が増えているが、社会経済構造・選挙制度・与党組織・アクターの動きなど、どのような条件が揃えば権威主義体制を維持し、その逆に民主化を促すことがあるのだろうか？　選挙を導入したことにより、長期的にみれば君主国は民主化していくのだろうか？　中東には君主国や資源大国、マイノリティが政権の中枢を占める国などが多いが、そのような事例については他地域でもあまり研究が進んでおらず、進展が期待される。

（2）民主主義の「定着」と多様なアクター

エジプトやアルジェリア、そしてかつてのトルコでは、民主的な選挙で選ばれた政権がクーデタ等により倒されても、国民が国軍を支持する現象がみられた。他方、チュニジアでは労組などの仲介でイスラーム政党が政権から平和裏に退き、トルコでは世俗派の市民団体も近年はクーデタに批判的である。中東で民主主義が定着し、民主主義が「街で唯一のゲーム」となるためには、どのような条件が必要なのであろうか？　そのためには、権威主義体制の研究に加

え、国軍や司法・官僚・市民社会・経済団体・政党・メディアといった多様なアクターと政治過程の関係についても、特に「移行期」の行動などについて考察していく必要があるだろう。

（3）イスラーム政党

小杉（2001: 239）によれば、イスラーム政党とは「政党と自己規定し、政治へのイスラームの適用を目標として掲げている」組織のことである。イスラーム政党がイランのように革命に至る時や、エジプトなどのように国軍や司法の介入により政権から排除される場合がある一方、トルコやモロッコのように体制内で政権を担当し続けることもあるが、衝突を避けられる条件は何だろうか？ カリヴァス（Kalyvas 2000: 319）は内戦研究と同様の手法でアルジェリアとベルギーの事例を比較し、アルジェリアは国軍もイスラーム救国戦線も急進的かつリーダーシップが弱く約束履行の信憑性が低かったため交渉が失敗したと指摘した。そして「開かれていて分権的で民主的なイスラームの構造が民主化の失敗を助長し、カトリック教会の独裁的な組織が民主的な帰結に寄与したというのは皮肉な結果だ」と述べた。

また、イスラーム政党が穏健化する条件は何なのか、どのような組織構造で支持基盤を持つのか、新自由主義時代における経済政策やマイノリティ対策はどうなるのかなど、長期政権の事例は少なく新しい現象であるため、今後の課題になる（荒井 2014）。

【注】

1）中東の政党システムおよび選挙制度については、松本編（2011）、松本（2005）、小田・富田（1993）、日本国際問題研究所（2012）、Ibrahim and Lawson（2010）、Landau, Özbudun and Tachau（1980）などを参照のこと。
2）断片化指数(Fragmentation Index)は、破片化(Fractionalization)指数とも。レイ（Douglas Rae）による指標は全政党の得票割合の二乗の総和を1から引いたものである。数式では $1 - \sum_{i=1}^{n} P_{ti}^2$ （Pi: i番目の政党の得票割合 t: 選挙の回）となり、有効政党数を示すラクソ＝タゲペラ（LT）指数と連動する。

ヴォラティリティ（Volatility）は、前回選挙から移動した票の割合を示す比率である。ペデルセン（Magens Pedersen）による指標では、選挙区レベルの全政党の得票率の変化の総数を2で割った数値を用いる。$\frac{1}{2}(\sum_{i=1}^{n} |P_{i,t} - P_{i,t-1}|)$（i: 政党、t: 選挙の回、P: 得票率）。

非比例性指数は $\sqrt{\frac{1}{2}\sum_{i=1}^{n}(Vi - Si)^2}$ （V：得票率、S：議席数、i：政党）。

3）世界価値調査：www.worldvaluessurvey.org
　アラブバロメータ：www.arabbarometer.org
　アジアのなかの中東：www2.econ.hit-u.ac.jp/~areastd/
　現代中東政治研究ネットワーク：cmeps-j.net
　トルコでは、Andy-Ar、KONDA、Metropoll、ORC、SONAR などが世論調査を実施。

▶▶ 本章の研究テーマを学ぶための基本文献

荒井康一（2009）「トルコ東部における動員的投票行動の計量分析──「近代化論」と「エスニシティ論」の再検討」『日本中東学会年報』第 24-2 号。

石黒大岳（2013）『中東湾岸諸国の民主化と政党システム』明石書店。

今井真士（2013）「権威主義体制下の単一政党優位と選挙前連合の形成──政党間の競合性と選挙制度の効果」『国際政治』172 号。

オーウェン、ロジャー（2015）「政党と選挙──アラブ世界における民主主義の難題」『現代中東の国家・権力・政治』山尾大・溝渕正季訳、明石書店。

加藤博・岩崎えり奈（2013）『現代アラブ社会──アラブの春とエジプト革命』東洋経済新報社。

粕谷祐子編（2010）『アジアにおける大統領制の比較政治学──憲法構造と政党政治からのアプローチ』ミネルヴァ書房。

澤江史子（2005）『現代トルコの民主政治とイスラーム』ナカニシヤ出版。

髙岡豊（2012）『現代シリアの部族と政治・社会』三元社。

日本国際問題研究所編（2002）『中東諸国の選挙制度と政党』（研究報告書）日本国際問題研究所。

日本比較政治学会編（2002）『現代の宗教と政党──比較のなかのイスラーム』（日本比較政治学会年報 4）早稲田大学出版部。

間寧編（2006）『西・中央アジアにおける亀裂構造と政治体制』（研究双書）アジア経済研究所。

浜中新吾（2002）『パレスチナの政治文化──民主化途上地域への計量的アプローチ』大学教育出版。

浜中新吾・白谷望（2015）「正統性をめぐるパズル──モロッコにおける君主制と議会政治」『比較政治研究』第 1 号、日本比較政治学会。

東島雅昌（2015）「中央アジア諸国における選挙制度の「改革」──選挙権威主義体制下の選挙制度設計とその帰結」『選挙研究』31 巻 2 号、日本選挙学会。

松本弘編（2011）『中東・イスラーム諸国——民主化ハンドブック』明石書店。

宮下陽子（2012）『現代トルコにおける政治的変遷と政党 1938 〜 2011——政治エリートの実証分析の視点から』学術出版会。

Landau, Jacob M., Ergun Özbudun and Frank Tachau eds. (1980/2016) *Electoral Politics in the Middle East: Issues, Voters, and Elites*. London, Calif: Hoover Institution Press.

Lust-Okar, Ellen. (2006) "Elections under Authoritarianism: Preliminary Lessons from Jordan." *Democratization* 13(3): 456-471.

Schedler, Andreas ed. (2006) *Electoral Authoritarianism: The Dynamics of Unfree Competition*. Colorado: Lynne Rienner.

Shugart, Matthew. (2005) "Semi-Presidential Systems: Dual Executive and Mixed Authority Patterns." *French Politics* 3(3): 323-351.

第6章
中東研究と国際政治の理論

溝渕正季

　一般に、(中東地域に限らず) 国際政治を分析する際に、それを①個人レベル (国際政治における個人や指導者)、②国内政治レベル (各国国内の政治経済構造や意思決定過程)、そして③国際システム・レベル (主権を持った複数の国家によって形成される国際システム) という3つの分析レベルに分けて考えるのがオーソドックスな研究手法である (ウォルツ 2013)。

　ジョセフ・ナイとデイヴィット・ウェルチは、「興味深い説明というものは、しばしば複数の分析レベルの相互作用を含んでいる」と指摘する。そして、国際政治の動態や戦争の原因を説明するにあたり、「〔国際〕システムからの説明が最も単純である場合が多いので、ここが良い出発点になろう」として、「もしそれで不十分ならば、われわれはシステム内の構成要素〔国内政治〕、さらには個々の政策担当者に目を向け」、段階的に納得のいく説明を追求していくべきだと論じている (ナイ／ウェルチ 2013: 77)。

　彼らの議論を踏まえ、本章では、まずは国際システム・レベルに焦点をあてた理論を解説し、その後に国内政治レベルの理論を扱うこととしたい[1]。

1．国際システム・レベルの理論——ネオリアリズムとネオリベラリズム

　国際政治の見方には大きく分けてリアリズム (現実主義) とリベラリズム (理想主義) の2つがある。リアリズムとは、国家の (相対的な) パワー[2]、ならびにパワーによって規定された国益という概念を通じて、国際政治を理解しようという見方である。そうした見方によれば、国際政治はあくまで「パワーをめぐる闘争 (power politics)」であり、平和はあくまで国家間のパワーを均衡させること (勢力均衡：balance of power) によってのみ達成され、そこでは道徳や規範は大きな意味を持たない。他方で、啓蒙と進歩に根ざした西洋思想史の伝統に立脚するリベラリズムは、リアリズムのそのような悲観的な世界観を

批判し、国際政治の「対立」よりも「協調」という側面に着目する。そして、国家間の約束（制度）や国際通商、価値や理念の共有、あるいは民主主義の普及などを通じて、国家間の協調は達成されると考える（Doyle 1997）。

本節では、それぞれの見方から提示された国際システム・レベルの理論——ネオリアリズムとネオリベラリズム——について、解説していく。

（1）ネオリアリズム

「現代リアリズム理論の父」とも称されるハンス・モーゲンソーは、1948年に発表された『国際政治』において、国家を構成する「人間」に焦点を当てた古典的リアリズムを打ち出した。モーゲンソーの仮説はいたってシンプルである。すなわち、人間は「支配意志（animus dominandi）」と、そのための「パワーを求める本能」を有しており、そうした人間が国家を構成しているがゆえに、国家は不可避的にそうした動機によって突き動かされることになる。つまり、「国際政治の究極の目的が何であれ、パワーこそが常に直接の目的である〔訳文一部変更〕」（モーゲンソー 2013: 94）。パワーは手段ではなく、あくまで目的であり、国益そのものなのである。

こうした古典的リアリズムとは異なり、1979年に発表された『国際政治の理論』（ウォルツ 2010）のなかでケネス・ウォルツは、より厳密で、科学的手法に則ったリアリズム理論の構築を目指し、「人間性」ではなく「国際システム」こそが最も重要な要素であると主張した。ウォルツによって打ち立てられた理論は後にネオリアリズムと呼ばれるようになり、現在に至るまで様々な研究を通じて発展してきた。Glaser（2010）はネオリアリズムを総括し、その特徴として次の3つを挙げている。第1に、国家を国際政治における最も重要な行為主体とみなし、そうした国家は本質的に合理的で単一な主体であると仮定される（個々の国家の国内的特徴や国内政治は有意な変数とはみなさない）。第2に、国家は自国の安全保障を最優先の課題であると考える[3]。第3に、国際システムの最も重要な特徴はアナーキーである（「諸政府の上に立つ政府」は存在せず、各国には主権〔sovereignty〕が備わっている）[4]。

ネオリアリズムによれば、アナーキーな国際政治においては自助（self-help）こそが基本的な行動原理となり、いかなる国家も自国の生存や安全を確かなものとするためにパワーを追求する。同時に、他国が圧倒的なパワーを獲得しないよう行動を起こす。ここに深刻な「安全保障のジレンマ」が生じることにな

る。つまり、自国の安全保障を最大化するための防衛目的での軍備増強・同盟締結であっても、それが他国の脅威認識と不信感を煽ることになり、結果としてその他の国も最悪の事態に備えるべく軍備増強・同盟締結へと突き進む。こうして軍拡競争が生じ、相互不信が積み重なることで、偶発的な出来事を契機に戦争が勃発してしまう。すべての国が自国の安全を高めるために有効と思われる方法を選択したにもかかわらず、逆に最悪の結果を招いてしまうのである。ネオリアリズムはこうして戦争の原因を説明する（Jervis 1978）。

　また、Gilpin（1981）などのネオリアリストは、圧倒的なパワーを有する覇権国が国際秩序のルールや慣習を確立し、自身の優位を背景としてそれらの制度を機能させるために「最後の守り手」、あるいは「調停者」という役割を果たすことで、システムの安定性が維持されると論じた（「覇権安定論」）。たとえば、冷戦終結以降、唯一の超大国となった米国は世界の覇権国として振る舞ってきた（Ikenberry 2011）。しかしながら、イラク戦争における失敗、そしてとりわけ 2008 年のリーマン・ショック以降、米国覇権の凋落が語られるようにもなってきた。米国の覇権は今度どう推移するのか。これは中東の国際関係を論じる上でもきわめて重要な論点である（溝渕 2016）。

（2）ネオリベラリズム

　リベラリズムはリアリズム同様、単一の理論というよりは仮定・前提を共有する複数の理論からなる一種の世界観である。そこには、国家間の経済的相互依存関係に着目する学派（経済リベラル）、国境を越えたヒトの移動や規範の共有などに焦点を当てる学派（社会リベラル）、民主主義による平和を主張する学派（政治リベラル：これについては次節で論じる）など、様々な学派が存在するが、リベラリズムのなかでも国際システム・レベルに着目したのが国際制度を重視する学派（ネオリベラリズム）[5]である。

　ネオリベラリズムの代表的な研究者であるロバート・コヘインは、ネオリアリズムの3つの前提（単一・合理的国家、安全保障の追求、アナーキー）を受け入れつつ、覇権国家が不在の状態でも、国際制度が国家間交渉における「取引費用」を軽減し、情報の流れを円滑にするとともに透明性を担保することで、各国は交渉を通じて共通の利益を実現できると論じた。コヘインは国際制度を「〔アクターの〕行動を規定し、活動を束縛し、期待を形成するような、持続的かつ相互に連結し合った一連の（公式・非公式の）ルール」と定義し、それは「国

際組織」、「国際レジーム」、「慣行」の3つによって構成されるとした。そして、制度が存在し、それを遵守することにすべての国が利益を見出すような状況になれば、制度は自発的に維持され、国家間協調が促進されていくことになると論じたのである（コヘイン 1998）。

2. 国内政治レベルの理論

　前節では国際システムに焦点を当てた理論を紹介してきた。自分が関心を持った問題をこれらの理論だけで説明し切ることができるなら、「オッカムの剃刀」の原理にもあるように、それが最も簡潔で良い説明である。ただ、現実はもう少し複雑である。恐らく、国際システム・レベルにおける理論のみで説明できる事例は——中東の国際関係においてはとりわけ——そう多くない。したがって、国内政治レベルにも注意を払う必要が出てくる。

　元々リベラリズムは国内要因を重視する立場であったが（Moravcsik 1997）、リアリズム内部においても1990年代後半以降、国際システムが国家に及ぼす圧力についてのネオリアリズムの洞察を犠牲にすることなく、そうした圧力が国家の対外行動へといかに翻訳されるのか、その因果メカニズムを対象とする理論が生まれてきた[6]。本節では、そのなかでも特に中東国際関係の研究に有用であろうと考えられるいくつかの理論に焦点を絞って紹介していきたい。

(1) 脅威均衡理論

　Walt（1987）は、ウォルツの打ち出したネオリアリズムを基礎としつつもそれを修正し、国家は単純に相対的パワーの分布状況のみに反応するのではなく、自国の安全保障にとって最大の脅威となる国家に対して反応するとして、脅威均衡理論（Balance of Threat Theory）を打ち出した。そして、国家が脅威を評価する際の要素として、第1にパワー（これは人口、軍事力、経済力、技術的優位性の総和として表される）の分布状況、第2に地理的近接性、第3に攻撃的能力、そして第4に認識される好戦的意図、という4つの要素を挙げた。Waltはまた、国家は最大の脅威をなす国家に対して追従するバンドワゴン（便乗）よりも、そうした国家に対抗するバランシング（均衡化）の方を選択する頻度の方がはるかに高いと論じている。

　Waltの脅威均衡理論は元々中東国際関係を事例（1955～79年）として用い

て構築された理論であることから、中東諸国の対外行動を比較的上手く説明できる。たとえば1979年以降、現在に至るまで継続しているシリア・イラン間同盟は、元々は隣国イラクの脅威に対抗する目的で結成され、2003年のサダーム・フセイン政権崩壊以降はアメリカ（ならびにその同盟国であるサウディアラビア）のもたらす脅威に対抗するために強化された。

（2）全方位均衡理論

全方位均衡理論（Omni-Balancing Theory）はDavid（1991）が打ち出したリアリズム理論である。Davidはまず、アジア・アフリカ諸国は、植民地宗主国によって恣意的に引かれた人工的国境線、未完の国民形成、エスニック集団の国境を越えた忠誠心などのために、国内からの脅威や支配の正統性／正当性の揺らぎに直面していると指摘する。そして、そうした諸国にとって一番の脅威はしばしば国外の大国ではなく国内の反乱分子である――そして、国内の反乱分子はしばしば敵対的な国外勢力によって煽動される――として、政権は（国内外の）最も危険な脅威に対して政治的資源を集中するために、（国内外の）第二の脅威と連携する、と論じた。

こうした国際システムと国内政治を同時に射程に収める理論については、因果関係の論理を絞り込めていないために理論としての厳密さを欠いており、それゆえに未来を予測する力が弱い、あるいは場当たり的な説明に終始している、といった批判がなされてきた（Legro and Moravcsik 1999）。そうしたことから、この理論はこれまでにあまり理論面でも実証面でも精緻化が進んできたとは言い難い。だが、Davidの論理は中東をはじめとするアジア・アフリカ地域の安全保障研究者にとっては自然に受け入れられるものであった（Gause 2010）。逆に言えば、今後、中東研究者が理論的貢献を積極的に行い得る、発展の可能性を秘めた理論であるとも言えるだろう。

（3）陽動理論

陽動理論（Diversionary Theory）とは、ある国家の攻撃的な対外行動を説明するにあたり、経済政策の失敗や与党政治家のスキャンダルなど、政府与党の支持率を下げる恐れがあるような国内的懸念材料から国民の目を逸らす目的で、政府与党が国際危機を意図的に醸成したり、場合によっては戦争に打って出ることで、国民の意識を「国家存亡の危機」へと向けさせることがある、とする

理論である（Fravel 2010）。これにより、敵対国に対して国民が一致団結する必要性が生じ、国民のあいだで愛国心が高揚するとともに、野党勢力も政権批判を控えるようになり、結果として政府与党への不満や批判が一時的に表面化しづらくなる。事実、国際紛争に際しては政府与党への支持率が急上昇する傾向（「旗下結集効果〔Rally-round-the-Flag Effect〕」）は、近年でもアフガニスタン、イラクに対して軍事侵攻を行ったジョージ・W・ブッシュ政権下のアメリカで顕著に確認されている。

　しかしながら、この一見もっともらしい理論については、依然として実証が不十分であるという欠点がある。つまり、支持率の低下を招くような事態が発生したときに戦争や国際危機が増加するという一貫した研究結果が存在しないのである。最近では、たとえば Tiargan-Orr and Eran-Jona（2016）はイスラエルの事例を用いてこの理論を実証的に検討しようとした萌芽的研究であるが、今後もさらなる因果関係の精緻化や定性的・定量的データを積み重ねていく必要がある。

（4）民主主義平和理論

　18世紀の思想家イマヌエル・カントは、晩年（1795年）の著作『永遠平和のために』のなかで、立憲制度を持つ民主的な国家は本質的に平和志向であり、攻撃的な対外行動はとらないと論じた。Doyle（1983）はカントやその他の古典的リベラリズムに立脚しつつ、「民主主義国家は他の民主主義国家とは戦争をしない」という、より限定的な仮説（民主主義平和理論：Democratic Peace Theory）を提示した。さらに、ラセット（1996）はこの主張を実証研究によって裏付けた。

　民主主義国家間の平和に関する説明としては、概ね次のような議論が提示されてきた。第1に、民主主義国家同士は規範や理念を共有している、とする議論である。対立する両国の国民が「対立は話し合いによって解決されるべきだ」という規範・理念を共有していれば（あるいは、共有していると相互に信頼できれば）、両国の期待が収斂することで、武力紛争へのエスカレートは回避される。第2に、民主主義の制度面に着目する議論もある。民主主義国家では議会やメディアが武力紛争の帰結について十分に議論ができ、世論の動向に注意を払わなければならない政府与党にとって武力行使に踏み切るには政治的リスクは非常に高くなる。また、報道の自由が認められている民主主義国家においては、相手国に対して嘘の情報や誤った意図を伝えることがきわめて困難となる

ため、対立する両国は正確な情報を基に妥協点を探ることができるようになる。

他方で、民主主義平和理論については、「民主主義」や「戦争」といった鍵となる概念が恣意的に定義されている、民主的価値観は国境を越えれば共有されない（Rosato 2003）、あるいは民主化途上の国家は攻撃的な対外政策をとる傾向にある（Mansfield and Snyder 1995）といった様々な批判もなされている。

中東には民主主義国家に分類される国家が依然としてほとんど存在しないため、中東諸国を事例とする民主主義平和理論の実証的な研究は皆無であるが、それでもこの理論が重要であるのは、それが実際に多くの国、とりわけアメリカの対中東政策に大きな影響を及ぼしてきたからである。ビル・クリントン政権は市場主義経済と民主主義を世界的に拡大することを目指す安全保障戦略を大々的に掲げたし（この戦略は「関与と拡大」と名付けられた）、その後を引き継いだブッシュ政権は、「大量破壊兵器の保有」と「アル＝カーイダとの繋がり」という疑惑によって2003年3月にイラクを攻撃するも、こうした疑惑が根拠のないものであったことが明らかとなるや、「イラクの民主化」という開戦理由を正当化の根拠として持ち出した。そして、これらの政策の論拠となったのが、「民主主義国家同士は平和的な関係を築ける」とする民主主義平和理論であった。それゆえ、この理論をさらに発展させ、精緻化していく作業は、今後の中東情勢を実際に大きく左右するきわめて重要な作業であると言えよう。

（5）観衆費用理論

Fearon（1994）は「観衆費用（Audience Cost）」という観点から、国家体制と戦争との因果関係に関する考察を大きく前進させた。「観衆費用」とは、政府与党が相手国を攻撃すると脅しをかけていたにもかかわらず、実際にはそれが実行されなかった時、政府与党が直面することになる国内的政治コストを意味する。一般に民主主義国家であれば、口で言ったことと実際の行動とが矛盾していた場合、世論による支持低下に繋がりかねず、大きな観衆費用に直面する。他方で独裁国家であれば、いくらでも嘘の脅しや威嚇（ブラフ）を行うことができる（実際には独裁国家でも世論に対する一定の配慮が必要となるが）。したがって、そのような観衆費用の高い民主主義国家から武力行使の脅しを受けた場合、相手国はその脅しの信憑性の高さを考慮し、戦争を避けるために妥協の方途を探ろうとする可能性が高い。民主主義国家では政府与党は世論の動向に敏感にならざるを得ず、それが他国に対するシグナル伝達効果や情報の信頼

性を高め、それが外交交渉における摩擦や不確実性を低下させるのである。

ただし、観衆費用理論についてもこれまでに様々な批判がなされている。たとえば Snyder and Borghard（2011）は、1945年以降に発生した様々な政治危機を分析した結果、観衆費用理論が想定する現象はほとんど見出せなかったと主張している。そしてその理由として、①政府与党は軽卒に威嚇という行動に出る、②国民は言行一致よりも実際に意味のある政策を好む、③国民は脅しが明確か否かにかかわらず名声や国威を気にする、④標的となった独裁体制は理論が想定するようには民主主義国家の威嚇を認識しない、といった点を挙げている。

なお、中東諸国を事例として観衆費用理論を検証した研究はあまり多くないが、イスラエルを事例として用いた Wolf（2016）はこの分野における先駆的研究として位置付けられる。

3．今後の課題

本章で論じてきたような理論に立脚して中東の国際関係を分析した研究は、依然として多くない。代表的なものとしては、リアリズムの観点から中東国際関係を事例として脅威均衡理論を打ち出した Walt（1987）、（本章では触れなかったが）コンストラクティヴィズムの観点からアラブ諸国間関係における「象徴」の重要性を論じた Barnett（1997）、そして、複数の国際政治理論を援用しつつも主として歴史社会学的観点から中東国際関係を論じた Hinnebusch（2015）などを挙げることができる。しかしながら、中東の国際政治はいかなる力学で動いているのか、どのような理論がそれを最も適切に説明できるのか、そしてそれは翻って国際政治理論の発展にどのような貢献ができるのか、という問いをめぐっては、理論的研究も実証的研究もまだまだ乏しいというのが現状である。

個人的には、中東の国際政治を理論的に研究するにあたり、最初からまったく新しい理論を打ち立てようとしたり、既存の理論に大幅な修正を迫ったりするのは無謀であると思う。むしろ、自分が関心を持ったある事例について、それを最も良く説明できそうなのにできない理論を選び出し、その理論を念頭に置きながら当該事例を詳細に分析する（過程追跡法）ことで、その「逸脱的（アノマリー）」な事例に働いている因果関係をよりよく理解できるとともに、理論に対してフィードバックすることが可能になる（ジョージ／ベネット 2013）。

たとえば、フセイン政権下のイラクやムバーラク政権下のエジプトといった権威主義体制国家でも観衆費用効果が強く観察されたり、民主国家である（と一般に認識されている）イスラエルと他の民主的アラブ国家が戦争をしたりする事例があれば、既存の理論（観衆費用理論や民主主義平和理論）を用いた興味深い研究になる可能性が高いと言えよう。さらに（博士課程や研究者を目指す方々に）欲を言えば、これからは（アラビア語やペルシア語といった）現地語のみならず、数理・統計分析のスキルも身に付けてもらいたいところである。

【注】
1）本章で個人レベルに焦点をあてた理論を扱わない理由は、紙幅の関係ももちろんあるが、そうした理論は概ね政治心理学の知見を応用したものであり（たとえば、集団内の同調圧力、認知バイアス、プロスペクト理論など）、本章の主旨からはやや外れる、という理由も大きい。心理学の観点から国家の対外行動を説明した古典的な研究として Jervis（1976）が挙げられる。
2）「パワー」は国際政治研究における中心的な概念にもかかわらず、その定義・内実については依然として研究者のあいだで合意に至ってはいない。この点については、ナイ（2011）や Barnett and Duvall（2005）などを参照。
3）ただし、自国の安全保障を最大化するために国家はどれほどのパワーを求めるのか、という点については意見が分かれる。「国家は自国の生存を確実にするために可能な限り多くのパワーを求めざるを得ない」のか、あるいは「国家は既存の勢力均衡を維持できる程度のパワーを求め、それ以上は逆に他国の脅威認識と警戒心を不必要に煽る結果となるため求めない」のか。ネオリアリズムのなかでも、前者の論理を強調する理論を攻撃的リアリズム、後者の論理を強調する理論を防御的リアリズムと区別して呼ぶことが多い（ミアシャイマー 2014: 第 1 〜 2 章 ; Snyder 1991）。
4）通常はネオリアリズムには含まれないが、ネオリアリズムの 3 つの前提を受け入れたうえで、戦略的相互作用の観点から「戦争の取引理論」を論じた Fearon（1995）はきわめて重要な研究である。なお、中東における国際システムの性質については Noble（2010）の議論が参考になる。
5）あるいは、しばしばネオリベラル制度論と呼ばれることもある。
6）こうした一群の理論はしばしば新古典的リアリズムと呼ばれる。詳細については、Lobell, Ripsman and Taliaferro（2009）所収の各論文を参照。

▶▶ 本章の研究テーマを学ぶための基本文献

ウォルツ、ケネス（2010）『国際政治の理論』河野勝・岡垣知子訳、勁草書房。
────（2013）『人間・国家・戦争──国際政治の 3 つのイメージ』渡邉昭夫・岡垣知子訳、勁草書房。
オーウェン、ロジャー（2015）『現代中東の国家・権力・政治』山尾大・溝渕正季訳、

明石書店。

大矢根聡編（2013）『コンストラクティヴィズムの国際関係論』有斐閣。

カー、E. H.（2011）『危機の二十年――理想と現実』原彬久訳、岩波書店。

コヘイン、ロバート・O（1996）『覇権後の国際政治経済学』石黒馨・小林誠訳、晃洋書房。

ナイ、ジョセフ・S／デイヴィッド・A・ウェルチ（2013）『国際紛争――理論と歴史（原書第9版）』田中明彦・村田晃嗣訳、有斐閣。

ナイ、ジョセフ・S／ロバート・O・コヘイン（2012）『パワーと相互依存』滝田賢治監訳、ミネルヴァ書房。

日本国際政治学会編（2014）『国際政治（特集 中東の政治変動）』第178号。

ブル、ヘドリー（2000）『国際社会論――アナーキカル・ソサイエティ』臼杵英一訳、岩波書店。

松尾昌樹・岡野内正・吉川卓郎編（2016）『中東の新たな秩序』ミネルヴァ書房。

モーゲンソー、ハンス（2013）『国際政治――権力と平和（上・中・下）』原彬久訳、岩波書店。

Barnett, M. (1998) *Dialogues in Arab Politics: Negotiation in Regional Order*. New York: Columbia University Press.

Buzan, B. and A. Gonzalez-Pelaez, eds. (2009) *International Society and the Middle East: English School Theory at the Regional Level*. London: Palgrave.

Cleveland, W. L and M. Bunton. (2012) *A History of the Modern Middle East*, 5th edition. New York: Westview Press.

Doyle, M. (1997) *Way of War and Peace: Realism, Liberalism and Socialism*. New York: W.W. Norton.

Fawcett, L. ed. (2016) *International Relations of the Middle East*, 5th edition. Oxford: Oxford University Press.

Halliday, F. (2005) *The Middle East in International Relations: Power, Politics and Ideology*. New York: Cambridge University Press.

Hinnebusch, R. (2015) *The International Politics of the Middle East*, 2nd edition. Manchester: Manchester University Press.

Telhami, S. and M. Barnett eds. (2002) *Identity and Foreign Policy in the Middle East*. Ithaca, NY: Cornell University Press.

Walt, S. M. (1987) *The Origins of Alliances*. Ithaca, NY: Cornell University Press.

第Ⅱ部
経済的アプローチ

第1章
政治経済学の考え方

今井真士

1．政治経済学とは何か――仮説反証の積み重ねとしての理論的発展

　中東地域の経済を取り上げる文献は枚挙に暇がない（Richards and Waterbury 2008; Henry and Springborg 2010; Wilson 2013; Cammett 2014）。しかし、そうした文献は各国の経済状況や経済政策の実態とその多様性を把握することに焦点を絞ることが多く、必ずしも政治経済学の考え方に根差した実証分析が展開されているとは限らない。政治経済学（political economy）とは「政治と経済に関する様々な論調の壮大（だが、不完全）な総合」（Weingast and Wittman 2006: 3）として表現される学問分野であり、特に、①何らかの理論的観点から政治と経済の相互作用を「分析対象」とする研究と、②方法論的個人主義や合理的選択論など、経済学の「分析アプローチ」によって政治現象を解明する研究、という2つの方向性の総体として成り立つ。最も望ましいのはその2つの方向性を兼ね備えた研究であるが、本書の目的上、本章では少なくとも前者の方向性を明示した研究を政治経済学の研究と位置付けたい。そのように考えるなら、政治経済学は、①経済（状況・政策・制度などの違い）が政治（体制の安定・不安定など）にいかなる影響を及ぼすのか、あるいは、②政治（制度・体制・統治構造などの違い）が経済（状況・政策など）にいかなる影響を及ぼすのか、という問いを理論的観点から思考する学問と言えるだろう[1]。

　理論的観点から思考するというのは理論的発展を目指すことを意味する。そのときに重要になるのが、何らかの理論的観点から中東地域の特定の時代や国々の政治経済の現状を眺める（すなわち、理論を当てはめる、確証する）だけでなく、各国の様々な客観的証拠によって従来の理論（仮説やモデル）が成り立たないことを立証（すなわち、理論を反証）し、新たな理論的観点を提示することである。反証できる理論を提示し、それを実際に反証するという手続き

（反証可能性）は、観察可能性、反復可能性、一般化可能性、予測可能性とともに科学の基本的要件の1つである。政治経済学が社会科学の一分野としてこのような厳格な考え方を重視するのは、反証できる仮説や理論が提示されなければ、その主張は擬似科学上の主張、ひいては単なる信念や信仰と同類になってしまうからである。

本章では、このような反証主義に立脚し、特に中東地域の政治体制の安定や変化とも関連する政治経済的要因を3つの視点に分けて紹介したい。すなわち、国家全体への視点、支配連合と支持基盤への視点、経済アクター（経済団体）への視点、である。中東地域の事例は、次章で扱われる天然資源に関する議論（レンティア国家論や資源呪縛論）を除くと政治経済学的に必ずしも明示的に取り上げられてきたわけではないが、近年の情勢の変化も相俟って、従来の仮説の反証材料として有望であると考えられる。

2．国家全体への視点——経済状況の盛衰

（1）経済発展

国家全体の経済状況の盛衰は政治体制の安定や変化に影響を及ぼす主要な要因と考えられてきた。その源流は Lipset (1959) まで遡ることができる。近代化論や構造主義アプローチの嚆矢として、彼は西欧とラテンアメリカの事例について経済発展・工業化・都市化・識字率と民主主義体制の安定に正の相関関係があることを実証し、その関係性を「経済発展は民主主義体制の安定をもたらす」という仮説として一般化した。そのメカニズムとして重視されたのは、経済発展が教育の質の向上や政治システムの正統性の維持によって民主主義体制の安定に寄与すること、そして、経済発展が中間層の増大をもたらして民主化に寄与することであった。

この先駆的議論を1950年から1990年までの135カ国のデータに基づいて精緻化したのが Przeworski et al. (2000) である。彼らは経済発展の水準の高さが、①権威主義体制から民主主義体制への移行に有意な効果を示さない一方、②民主主義体制の安定に正の有意な効果を示すことを明らかにした。①は民主化に関する従来の仮説を反証し、②は民主主義の安定に関する上記の仮説を「1人当たり収入が増加するほど、民主主義体制の崩壊確率が低下する」という仮説として提示し直したことを意味する。中東地域との兼ね合いで言えば、このよ

うな経済発展に関する仮説が特に湾岸産油国で成り立たないことを実証したのが、次章で取り上げられるレンティア国家論である。また、経済発展の水準の高さが権威主義体制の安定にも寄与することは今井（2014）においても再確認された。

（2）経済危機

　これに対して、経済発展と民主主義体制の安定ではなく、経済危機と民主主義体制への移行に着目したのが Haggard and Kaufman（1995）である。彼らはラテンアメリカとアジアの事例に焦点を当て、権威主義体制のうち軍政か政党支配かの違いによって経済危機に伴う移行と伴わない移行のどちらが生じやすくなるのかという問いを取り上げた。その分析によれば、軍政は内部の結束力が低い場合、経済危機が起きると内部に離反が生じ、危機に対応できずに民主化後の新体制への影響力を失ってしまう。経済危機が起きなければ、安定を保ったまま移行の進め方を決めることができる。結束力が高い場合、経済危機が起きても離反は生じず、危機に対応して民主化後の新体制への影響力を保持できる。これに対して、政党支配の場合、経済危機が起きても結束力を保ってすぐに対応でき、政治的自由化を部分的に許容しても民主主義体制に移行することはないと考えられた。

　そして、この知見を発展させ、通貨危機と財政危機という二重の経済危機が権威主義体制に与える影響に着目したのが Pepinsky（2009）である。彼は体制支持者の経済的基盤の違いが経済危機への対応の違いをもたらし、それが体制崩壊の可能性に影響を及ぼすと想定した。厳密に言えば、マレーシアのように、体制支持者が固定資本（に重点を置く資本家）や労働者で構成されるなら、二重の経済危機に直面しても矛盾のない経済政策で対応できるため、体制は存続しやすくなる。それに対して、インドネシアのように、体制支持者が固定資本と流動資本（に重点を置く資本家）で構成されるなら、二重の経済危機に対する経済政策をめぐって利害対立が生じやすくなるため、体制は崩壊しやすくなる。この知見は、政党支配の権威主義体制は経済危機に直面しても一様に適応しやすいと論じた Haggard and Kaufman（1995）の主張を「二重の経済危機」と「体制支持連合」という2つの条件の組み合わせによって精緻化したものと見なすことができる。このような視点は、概して同じような政党支配の下で同じような経済状況にあったはずのアラブ共和政諸国の中でも、「アラブの

春」によって体制崩壊が起こった国々と起こらなかった国々があったのはなぜかを探るうえで重要になるだろう（例えば、Soliman 2011 を参照）。

3．支配連合と支持基盤への視点——富の再分配

　政治体制の安定や変化を考えるとき、国家全体の経済状況だけでなく、特定の経済政策や経済発展によって得られた富を体制側（支配連合）が社会側（支持基盤）にどのように再分配するのかを重視する研究もある。

（1）政治家と有権者の関係
　まず、「国民」を総動員した経済開発政策とそれに伴う富の再分配が「国民」全体の現状維持志向を促し、体制の安定に寄与するという議論を展開したのが、開発主義（体制）に関する研究である（東京大学社会科学研究所編 1998; 川田他編 1998）。「個人や家族あるいは地域社会ではなく、国家や民族の利害を最優先させ、国の特定目標、具体的には工業化を通じた経済成長による国力の強化を実現するために、物的人的資源の集中的動員と管理を行なう方法」（末廣 1998: 18）と定義される開発主義は、冷戦期において、①大国の政治的・経済的な後ろ盾、②独立後の一元的な権力基盤の確立、③国内産業の乏しさ、という3つの条件が揃ったときに出現すると考えられた（岩崎 2009）。特に中東地域の場合、冷戦期の「アラブ社会主義」を開発主義の一例と見なすことができる（清水編 1992）。当時のエジプト、チュニジア、アルジェリアなどでは輸入代替型工業化から輸出志向型工業化へと経済政策を転換しつつ、公共部門および補助金の拡充によって国民の支持の調達が図られた。

　そして、経済状況の悪化に伴って従来の「国民」全体への再分配が不調を来したときの体制側の対応を説明したのが Brumberg（1992）である。限定的な政治的自由化が講じられた1980年代の中東諸国の状況を踏まえ、彼は「支配の取引」と「民主主義の取引」という対照的な論理を提示した。前者は政治的抑圧への黙認と引き換えに経済的福祉を得る状況を指し、後者は経済的負担への黙認と引き換えに政治的自由を得る状況を指す。体制側は社会側との関係を前者から後者へ切り替えることで大きな反発を受けずに経済危機にある程度対処することができると考えられた（中東諸国の経済開発に関しては第Ⅱ部第5章も参照）。

これに対して、近年の権威主義体制研究は、政権側の特定の支持層への再分配（すなわち、利益誘導）が体制の長期的存続に寄与すると強調する傾向にある。特に、経済運営の不調や野党勢力の糾合があっても公共資源を政治利用できる限り、体制は存続しうると論じたのが Greene（2007）である。公共資源の政治利用とは、公共企業への多額の予算配分、公共部門を中心とする支持者への働き口の斡旋、選挙期間中の公共機関の利用などを指す。民営化の進展などによって体制側がこのような公共資源を利用できなくなると、従来の資源の優位を維持できなくなり、選挙で政権交替が起きやすくなると考えられる。また、議会の政策的影響力が限られている権威主義体制下の議会選挙全般に見られる状況として、Gandhi and Lust-Okar（2009）は、与野党の候補者間の競争が、民主主義体制下で本来想定されるような立法権の獲得をめぐる競争ではなく、地元選挙区への利益誘導を可能にする議員特権の獲得をめぐる競争になりやすいと論じた。議会選挙の立候補者は、議会で過度に体制側の反感を買って議員特権を失うことを恐れ、投票者は政権崩壊で既得権益を失うことを恐れる。そのため、与野党の別なく、利益誘導に関わる立候補者と投票者は現状維持を支持しやすくなり、その結果、権威主義体制は存続しやすくなると考えられた。

　従来、「民主化の失敗」として論じられがちであった中東地域の選挙政治はこのような観点から大きな注目を浴びた（中東諸国の選挙に関しては第Ⅰ部第5章を参照）。特にムバーラク政権期のエジプトに関して Blaydes（2011）は人民議会選挙の選挙戦が一種の「オークション」の様相を呈したことを強調した。当時、与党・国民民主党の公認候補とその公認を受けられなかった（が、当選後の追加公認を狙う）与党系無所属候補は、現体制の存続を念頭にあくまで個人的な役得の獲得と利益誘導の足がかりとして人民議会議員の地位を争い、選挙運動中に有権者に対して膨大な選挙資金を投入する傾向にあった。

（2）富者と貧者の関係

　このような富の再分配をめぐる政治力学をエリート（少数の富者）と市民（多数の貧者）の対立関係として一般化し、その対立のあり方が民主主義体制への移行と民主主義体制からの移行を規定すると考える研究もある（Acemoglu and Robinson 2000; 2006; Boix 2003）。これは民主主義の再分配モデルと呼ばれ、近年、そのモデルの妥当性をめぐって活発な論争が繰り広げられている（APSA-CD 2013）。

特にAcemoglu and Robinson（2006）は、エリートと市民の基本的関係について、エリートが再分配によって自らの富が失われることを嫌うのに対して、市民は再分配を求め、経済格差を助長する制度を嫌うという関係性を想定した。権威主義体制の場合、市民の政治参加を制限できるため、エリートは自らの望む税制を設計できるが、民主主義体制の場合、政治参加が認められているため、エリートは税制を強制できず、むしろ有権者の大多数を占める市民が自らの望む再分配制度を設計できる。そのため、民主主義体制下のエリートは現状を望まず、軍部を利用して政変を試みる。それに対して、権威主義体制下のエリートは政治的な民主化（とそれに伴う市民への経済的な再分配）のコストと暴力的な弾圧のコストを計算し、後者が低いときには弾圧によって民主化を防ごうとする。しかし、この判断は経済格差の違いによって大きく異なる。エリートと市民の経済格差が大きい場合、再分配によって多くの富を失いかねないため、エリートはあくまで弾圧を選択する。しかし、経済格差が小さい場合、市民からの再分配要求がそもそも大きくないため、民主化を選択するまでには至らない。それゆえ、経済格差が中程度の場合、民主化（とそれに伴う再分配）が選択される傾向が高い。つまり、民主化は経済格差が中程度のときに最も生じやすく、経済格差が大きすぎても小さすぎても生じにくくなるという曲線関係が想定されるのである。Acemoglu and Robinson（2006）は、この一連の想定をフォーマル・モデルによって構築し、その妥当性を歴史的事例によって裏付けた。

　近年、このモデルの妥当性について疑問を投げかけたのがHaggard and Kaufman（2012）である。彼らは1980年から2000年までの世界中の事例を観察した結果、モデルの理論的予測に反して、経済格差が非常に大きいときに民主主義体制への移行が生じた事例が多数存在するだけでなく、再分配をめぐる衝突によって権威主義体制への移行が生じた事例は1/3に満たないと指摘した。そして、彼らは再分配をめぐる衝突以外の移行経路を複数提示した。すなわち、民主主義体制への移行としては、①外国からの強制、②エリートの内部分裂、③政権維持が保証された状況での自発的移行、の3つの経路があり、民主主義体制からの移行としては、①再分配の拒否ではなく再分配の増大を掲げたポピュリストの台頭、②階級闘争以外のエリートと市民の争い、③エリートの内部分裂、の3つの経路がありうると強調したのである。

　また、Slater, Smith and Nair（2014）は、民主主義体制からの移行に関する

再分配モデルの想定は「旧植民地世界」(第2次世界大戦以後のアジア・アフリカ・中東) では2つの点で成り立たないと批判した。第1に、政変を画策する軍将校はエリートの単なる代理人ではなく独自の既得権益を有する政治的アクターである。第2に、官僚機構は市民の要請を受けてエリートに再分配的課税を実行できるほどの能力を備えていない。つまり、軍の自律性の高さと官僚機構の徴税能力の低さこそが政変の原因であると強調したのである。彼らは1972年から2007年までの139カ国のデータに基づき、再分配に関する課税の高さが軍事政変や民主主義体制の崩壊と負の関係にあることを示した。つまり、富を十分に再分配できる税制を整備できる国ほど、民主主義体制は崩壊しにくいことを明らかにしたのである。この知見を踏まえ、民主主義体制からの移行は、階級間対立という経済的起源ではなく、国家の弱さという政治的起源に由来すると結論付けられた。

「アラブの春」前後の中東諸国の状況はこうした経済格差と富の再分配をめぐる論争を考えるうえで特に有望である。2011年に政権崩壊に至った国々はどの程度の経済格差を抱えていたのか、そして、それは実際に抗議運動の源泉となったのか。比較的自由で公平な大統領選挙を経て政権を獲得したエジプトのムルスィー政権やチュニジアのシブシー政権はどのような再分配政策を提示し、実際にどのような政策を実行したのか。さらに、2013年のエジプトのスィースィー国防相の軍事政変は再分配政策に対するエリートの不満に依拠していたのか。中東地域の事例はこのような問いを思考することで民主主義の再分配モデルに関する理論的発展に貢献できるはずである (中東諸国の経済格差の実態に関しては第Ⅱ部第4章も参照。また、エジプトのナセル政権期の土地改革などから再分配モデルを拡張した近年の研究としてはAlbertus (2015) も参照)。

4. 経済アクターへの視点

組織的な経済アクターとしての労働組合や財界団体が国内政治にどのように関与するのかに着目する研究もある (市民社会団体全般に関しては第Ⅲ部第2章を参照)。チュニジア労働総同盟やチュニジア工業・商業・手工業連盟などを含む、いわゆる「チュニジア国民対話カルテット」が新憲法の起草を仲介し、「多元的民主主義の構築への貢献」を理由に2015年にノーベル平和賞を受賞したことは記憶に新しい。しかし、経済アクターは常に民主化に寄与するとは限ら

ない。この点、Bellin（2002）は、自らの部門的・階級的な利益に合わなければ民主化を支持しないという経済アクターの選好を重視した。財界団体にとっては懸念の有無が重要であり、労働組合にとっては特権的地位の有無が重要と考えられた。具体的に言えば、財界団体は民衆の政治参加によって自らの既得権益が侵害される懸念が大きい場合に、そして、労働組合は他の社会勢力と比べて特権的地位にある場合に民主化に反対するのである。Bellin（2002）はそのメカニズムを中東・東南アジア・ラテンアメリカの事例から導き出し、財界団体と労働組合はいずれも「条件付きの民主主義者」であると結論付けた。

さらに、このような経済アクターの条件付き行動を（特にアフリカ諸国の）政党政治との関係で論じたのが LeBas（2011）と Arriola（2013）である。前者は、権威主義体制下において民族の垣根を越えて支持を動員できる野党が形成されるか否かを説明する要因として、複数政党制が採用される前に労働組合が体制側に取り込まれていたか否かに着目する。労働組合は体制側に取り込まれても時間の経過とともに政治的影響力を強めやすく、特に構造調整政策への対応をめぐって体制側と亀裂が生じやすくなる。そして、そのような亀裂が生じたときに既に存在していた野党勢力が体制側と距離を置く姿勢を明示したら、労働組合はその勢力の強固な支持基盤になりうる。その結果、野党勢力は民族の垣根を越えた組織力を得ることができる。

これに対して、後者は、権威主義体制下の大統領選挙において民族の垣根を越えた野党連合が形成されるか否かを説明する要因として財界団体の自律性の有無に着目する。つまり、体制側が資本の流れを管理し、財界団体からの政治的忠誠を維持できる限り、野党政治家に多額の資金は流れないが、金融自由化によって財界団体が自由に資金提供できる余地が高まれば、野党政治家が政治資金を得られる機会が高まり、他の民族集団の政治家に対して支持の見返りに経済的報酬を与えることが容易になる。その結果、民族の垣根を越えた野党連合が形成されやすくなる。

これらの議論は、中東地域の最も有力な野党勢力としてのイスラーム主義政党に対する経済アクターの立ち位置を考えるうえでも重要である。

【注】
1）政治経済学の考え方と対置されることもある研究分野として「モラル・エコノミー（moral economy）」は、農民や労働者が倫理的価値観として個人の経済合理的行動ではなく共同

体や家族の存続のための相互扶助的行動を重視しうることを強調する（Scott 1976）。例えば、この観点からエジプトの労働運動を論じた研究としてはPosusney（1997）を参照。しかし、制度論的な観点から言えば、非公式的な規範に基づいて金銭以外の費用・便益を計算しているに過ぎず、戦略的・合理的に行動していることに変わりはない。

▶▶ 本章の研究テーマを学ぶための基本文献

清水学編（1992）『アラブ社会主義の危機と変容』（研究双書）アジア経済研究所。

東京大学社会科学研究所編（1998）『開発主義』（20世紀システム・第4巻）東京大学出版会。

Acemoglu, Daron and James A. Robinson. (2006) *Economic Origins of Dictatorship and Democracy*. Cambridge: Cambridge University Press.

Albertus, Michael. (2015) *Autocracy and Redistribution: The Politics of Land Reform*. New York: Cambridge University Press.

APSA-CD. (2013) "Inequality and Democratization: What Do We Know?" *APSA-CD Newsletter* 11(3): 1-25.

Arriola, Leonardo R. (2013) *Multiethnic Coalitions in Africa: Business Financing of Opposition Election Campaigns*. New York: Cambridge University Press.

Bellin, Eva. (2002) *Stalled Democracy: Capital, Labor and the Paradox of State-Sponsored Development*. Ithaca: Cornell University Press.

Blaydes, Lisa. (2011) *Elections and Distributive Politics in Mubarak's Egypt*. New York: Cambridge University Press.

Boix, Carles. (2003) *Democracy and Redistribution*. Cambridge: Cambridge University Press.

Brumberg, Daniel. (1992) "Survival Strategies vs. Democratic Bargains: the Politics of Economic Reform in Contemporary Egypt." In *The Politics of Economic Reform in the Middle East*, edited by Henry J. Barkey, 73-104. New York: St. Martin's Press.

Haggard, Stephan and Robert R. Kaufman. (1995) *The Political Economy of Democratic Transitions*. Princeton: Princeton University Press.

――――. (2012) "Inequality and Regime Change: Democratic Transitions and the Stability of Democratic Rule." *American Political Science Review* 106(3): 495-516.

Henry, Clement M. and Robert Springborg. (2010) *Globalization and the Politics of Development in the Middle East*. New York: Cambridge University Press.

LeBas, Adrienne. (2011) *From Protest to Parties: Party-Building and Democratization in Africa*. Oxford: Oxford University Press.

Posusney, Marsha Pripstein. (1997) *Labor and the State in Egypt: Workers, Unions, and Economic Restructuring*. New York: Columbia University Press.

Przeworski, Adam, Michael E. Alvarez, José Antonio Cheibub and Fernando Limongi. (2000) *Democracy and Development: Political Institutions and Well-Being in the World, 1950-1990*. New York: Cambridge University Press.

Richards, Alan and John Waterbury. (2008) *A Political Economy of the Middle East*. Boulder: Westview Press.

Slater, Dan, Benjamin Smith, and Gautam Nair. (2014) "Economic Origins of Democratic Breakdown? The Redistributive Model and the Postcolonial State." *Perspectives on Politics* 12(2): 353-374.

Soliman, Samer. (2011) *The Autumn of Dictatorship: Fiscal Crisis and Political Change in Egypt under Mubarak*. Stanford: Stanford University Press.

第2章
中東地域研究とレンティア国家論

松尾昌樹

　レンティア[1]国家とは、レントに依存する国家を指す。レンティア国家ではそれ以外と比べて権威主義体制がより長く継続する傾向があることが知られている。この仕組みを解明し、発展させることがレンティア国家研究の課題である。レンティア国家研究におけるレントの定義はシンプルで、「外生性」と「非稼得性」を有する富がレントであり[2]、それを為政者が徴税によらずに獲得することでレンティア国家が形成される。中東においては、少なくとも現在まで、レントは事実上石油収入に該当するため[3]、ここでは石油を例に説明しよう。「外生性」とは、その富の発生源とその国の経済との関係が希薄であること、一般的にはその富が国の経済の「外」で「生じる」ことを意味する。例えば石油輸出収入の代金は国外から流入するため、外生性を有している。一方で、石油産業は資本集約型産業であるから、資本規模の割にそれに従事する労働力は小さい。このため、経済を石油に依存する国では、ほんの一部の人間が大半の富を生み出し、多くの住民は自分の稼いだものではない、つまり「非稼得性」を有する富に浴していることになる。中東の産油国では石油産業は国有化されているから、石油レントは税制度を経由することなく、直接為政者の手に入る。レントという財源を得た為政者はその分の減税を実施できる。為政者がレント収入を用いて支出を拡大し、医療や教育、福祉などの多様なサービスを国民に提供すると、減税とサービス拡充という国民の支持を調達しやすい手段を同時に実施することになる。ここで提供されるサービスの原資は国民の支払った税ではなく、国民からみて非稼得性のあるレントであるから、サービスは納税の対価ではなく為政者からの贈与となり、国民の支持を取り付ける効果は税の再配分に比べて大きい。こうした仕組みにより、為政者はレントがない場合よりも長くその地位にあり続けることが可能となる。

　このように、レンティア国家研究とは、資源配分に注目して統治の強さ／弱さを説明する。それはレントという資源の特殊性からその国の統治の特徴を読

み解く行為でもある[4]。レンティア国家の代表例は湾岸アラブ諸国（アラブ首長国連邦、オマーン、カタル、クウェート、サウディアラビア、バハレーン）であるが、多くの石油レントを得ている（あるいは得ていた）リビアやイラクもまたレンティア国家的特徴を有している（いた）。また、産油国から周辺諸国に提供される財政援助も上記のレントの定義に該当することから、石油はなくとも多くのアラブ諸国がレンティア国家的特徴を有しているのであり、レンティア国家論は中東における権威主義体制を分析するための主要な理論であるといえよう。

レンティア国家研究の先駆けとみなされる Beblawi and Luciani（1987=2015、以下 B&L と表記）の出版以来 30 年が経過したが、この研究は今日ますます活発化している。例えば、中東地域の政治経済学の教科書として広く読まれている Cammett et al.（2015）は、多様なアラブ諸国を分類する際にまず石油の富に注目すべきとし、アラブ諸国間の政治経済的差異を生み出す最大の原因として石油レントへの注意を促す。また、1990 年代から権威主義体制の柔軟性に関する研究が活発化しており、このテーマを中心的に取り扱うレンティア国家研究は権威主義体制研究のスタンダードとなった。こうした流れを受けて B&L は 2015 年に再版され、「現代の古典」の地位を得た。本章では、レンティア国家研究の発展を追いながら、それが中東研究に果たした役割を紹介しよう。

1．レンティア国家研究と社会科学的分析手法

レンティア国家研究の発展は、「社会科学的分析手法」に支えられてきた。ここで述べる社会科学的分析手法とは、第 1 に方法論的個人主義と合理的選択論を指す。方法論的個人主義とは「政治や社会現象を個人の行為の積み上げとして理解する見方」であり、「政治現象を個人に先だって存在する、それぞれの社会全体の特徴、すなわち文化によって説明しない」手法である。また合理的選択論とは、「政治現象の構成要素として独立した個人を一般的に想定し、そこで想定される個人はそれが望む利益を最大化するために決定し行動するという仮定である」（砂原・稗田・多湖 2015: 4-5）。

これをレンティア国家にあてはめると、為政者によるレント配分は、寛大さを重んじる部族の伝統としては理解されない。むしろ為政者が、軍事力を用いた民衆の抑圧などの他の手法よりもレント配分がより効果的な統治を実現できると合理的に判断した結果として理解される。レンティア国家論以前には、中

東地域における権威主義の強さはイスラームや部族主義、家父長制といった文化によって説明されてきた。文化に基づく説明には中東の特殊性を本質化する効果があり、それは「中東例外論」[5]の蔓延に一役買っていたが、社会科学的分析手法はこれを克服する扉を開く鍵である。

　第2に、抽象化と比較である。「レントに依存すると権威主義が延命される」という説明は傾向を説明するが、仕組みを説明するものではない。誰がレントを受け取り、それを誰に、どのように配分すると権威主義が延命されるのか。この仕組みを明らかにするためには、分析対象を観察して得られた情報を基に、抽象化されたモデルを構築し、それを他の事例と比較して検証することが必要となる。例えば、レンティア国家の代表例である湾岸アラブ諸国に国民を上回る規模の移民労働者が存在しており、前者は公的部門に吸収されて政府によるその賃金支払いがレント配分として機能している一方、後者はレント配分を享受せずに低賃金で民間部門に就労しているという観察結果を得たとしよう。ここから、国民と移民の間でレント配分に格差を設けることで、国民を特権的な体制支持集団に、そして移民を低賃金労働に代表される国内諸問題を外部化するための集団に位置づけることで、国民の不満が解消されて体制がより長く持続するというモデルを構築したとしよう[6]。このモデルの正しさは、移民と国民の格差の程度と権威主義体制の安定性を複数の事例で比較検討することで証明される。

　しかしながら、現実には国民の一部が政府批判を行う場合もあり、モデルを用いた理論に基づく研究はこうした微細な事例を説明できないとして批判される場合もある。しかし、「理論は大部分が省略なのであるから、それが省略しているものを理由に理論を批判するのはおかしい」し、「不当に省略されていると思われる変数を理論に加えるには、それが一貫性のある有効な理論のなかのひとつの要素としてどう位置付けられるのかを示さなければならない」（ウォルツ 2010: iii-iv）。一部の国民が体制批判を行ったという事実をモデルに含むべきだと批判しても、その単一事例だけでなく、それ以外の多くの事柄も説明できない限り、その一回限りの事例をモデルに組み込む必然性はない。また一回限りの事例を説明できないという理由でモデルを用いた分析を批判することも建設的ではない。

2．古典的レンティア国家論

　ただし、社会科学的分析手法はレンティア国家研究で当初から重視されていたわけではない。例えば、B&Lに収録された一篇であり、レンティア国家論の理論的支柱の1つと見なされるBeblawi (1987) は、「レンティア・メンタリティー」(rentier mentality) という概念を提示する。これは、労働の対価として報酬が存在するという価値観が崩壊し、それに代わって発生した「チャンス」や「状況」といった、個人の努力と関係ない事柄が原因となって富が生み出されるという現象を容認するという、レンティア国家の住民が持つ独特な心性を指す。個人の行動が心性という広い意味での文化に基づいて説明されていることから明らかなように、これは社会科学的に政治現象を分析するものではなく、中東の政治現象を叙述する枠組みとしての、文化論・文明論に近い[7]。しかしこれとは対照的に、やはりB&Lに収録されたレンティア国家論のもう1つの理論的支柱であるLuciani (1987) は「配分国家 allocation state」という概念を提示し、レント収入が国家に直接に流入することで発生する特殊な政治経済状況を財政を媒介とする国家－社会関係から説明する。この概念は今日的なレンティア国家の議論により近いが、その後あまり使われることはなかった。

　レンティア国家論は多くの関心を集めていたが、同時にそれがアラブの文化や歴史を踏まえていない、あるいは中東地域で発生している微細な動きを取り扱えないという理由で批判の対象にもなっていた。こうした批判は社会科学的手法が持つ利点を損なうものだったが、そもそも上記の通りこの分析手法はB&Lでも十分には活用されておらず、また中東研究者の間でもあまり共有されていなかった。日本へのレンティア国家研究の導入は1994年に伊能によってB&Lが紹介されたことを嚆矢とするが、そこで興味深いのは、伊能がEickelman (1989) を引用しつつ「レンティア国家論はそれまで長い間にわたり培われてきた権威や正義についての伝統的な考え方が存在することから注意をそらしかねない」（伊能 1994: 23）と指摘している点である。少なくとも90年代前半までの日本の中東研究においては、中東の政治現象は中東に固有の伝統的な概念に基づいて分析されるべきという合意が一定程度存在しており[8]、レンティア国家論もこの合意を損なわない範囲で受容されることが求められていた。

3. レンティア国家論の転換点

　しかし今世紀の幕開けと共に Ross（2001）が発表され、レンティア国家論は大きな発展を迎えることとなる。ロス（M. Ross）以前のレンティア国家研究では、分析対象は中東に限定され、中東以外でレンティア国家論が当てはまる可能性は検証されていなかった。中東以外のレンティア国家で民主化阻害効果が見いだせないのなら、それは原因がレントではなく、中東に固有の別の何かにあることを意味する。これに対してロスは、113 カ国を対象に 1971 年から 1991 年までの石油と民主主義の関係を調査し、石油の民主化阻害効果が中東以外でも存在することを明らかにした。これにより、レンティア国家論は中東だけでなく世界中を対象としうることが初めて明らかとなった。この論文でのロスの目的の 1 つは「中東例外論」の克服であったが、この目的は見事に達成されたといえよう。

　ロスによってレンティア国家研究の可能性に再び注目が集まるようになり、日本においても細井（2002; 2005）や松尾（2004; 2010）によってレンティア国家論が改めて紹介されるとともに、湾岸アラブ諸国の政治経済研究への適用が開始された。またレンティア国家論を湾岸アラブ諸国以外に適用するもの（リビアに対しては福富（2008; 2011）、エジプトに対しては黒宮（2011））もみられるようになり、また浜中（2007）はレンティア国家論を産油国だけでなく、中東全体の権威主義体制研究に適用した。ロスの成果は彼が採用した社会科学的分析手法に基づく計量分析に負うところが大きい。中東研究でこうした手法を採用する研究者は限られていたが、この頃から導入されるようになった[9]。

　さて、ロスの第 2 の目的は、石油が民主化を阻害する因果メカニズムを明らかにすることにあった。このためにロスは、為政者が減税と支出拡大を組み合わせて国民の支持を得る「レンティア効果」、石油収入を軍事力に投入して反乱鎮圧能力を高める「抑圧効果」、民主化をもたらすと考えられる社会の近代化（教育の普及や社会の多様化・階層化など）を抑制する「近代化抑制効果」の 3 つのモデルを提示した。これらのモデルが提示されたことは、レンティア国家研究の発展において極めて重要である。なぜなら、レントに依存すると権威主義体制が長期化することが判明しても、これは傾向の証明にとどまり（それだけでも大きな成果であるが）、仕組みの解明ではないからだ。仕組みの解明には、前記の通り、モデル構築とその検証が必要である。

4．レンティア国家論の発展

　事実、ロス以降のレンティア国家研究では、彼が提示したモデルの検証が盛んに行われ、それによってレンティア国家論は発展した。例えば、Smith（2007）は政府による民衆の抑圧を計測するためにロスが使用した指標が適切ではないとして「抑圧効果」に疑問を呈した。これに対してロスはより適切な指標を用いて再度分析を試みたところ、「抑圧効果」が存在しないことが確認された（Ross 2009）。同様に、「近代化抑制効果」に関してもデータをより精緻化して再度分析を行ったところ、その効果は確認されなかった。これらの検証を通じて、石油の民主化阻害効果は「レンティア効果」に限定されることが確認されたのである。さらにMorrison（2009）は、政府が非税収入を獲得すると民主主義体制でも権威主義体制でも体制維持効果が発生することを発見し、石油のレンティア効果もまた非税収入の体制維持効果の一種であることを明らかにし、レンティア国家研究を財政研究に接合した。

　さらに前出のSmith（2007）は、パフラヴィー朝イランが石油収入の縮退期ではなく、石油ブームのまっただ中に崩壊した謎に対して、これをイランよりもずっと長く権威主義体制を維持させたインドネシアと比較することで、インドネシアが石油レント獲得以前に形成していた体制支持組織をその後も維持していたのに対し、イランはレント収入獲得後にこれを維持しなかったため、莫大な石油輸出収入の流入に促された産業構造転換に対する国民の不満への対応に大きな差が発生し、結果的にパフラヴィー朝は崩壊したと説明した。ここから、レントを用いた体制維持にはレントの存在だけでなく、レント以外の体制維持手段を構築する時期と、レントを獲得する時期のタイミングが重要であることが明らかになったのである（今井 2010）。このような政治経済学や比較政治学におけるレンティア国家研究の進展は、「資源の呪い」や「石油の呪い」研究として一分野を形成している。中東地域研究の中から生まれ出たレンティア国家研究もまた、今日では「石油の呪い」研究の下位分類である「石油のレンティア効果」の研究として定着しつつある。

　これまで確認したようなレンティア国家研究が辿った経路から、我々は1つの研究テーマを深化させる方法ついて、ある知見を得ることができる。すなわち、モデルに当てはまらない少数の事例を根拠に社会科学的手法を批判しても、

建設的な批判にはならない。確かに「抑圧効果」は間違っていたが、そこでレンティア国家論の全てを否定せずに分析を続けることで、「レンティア効果」の正しさが証明された。パフラヴィー朝イランの崩壊はレンティア国家論を否定するかもしれないが、そこで理論を否定せずに、それに欠けていた歯車（スミスの例ではタイミング）を発見できれば、理論は発展する。本章の冒頭で記した、「社会科学的手法が中東例外論を克服する」とは、このことである。政治文化は確実に重要で、また確かに「神は細部に宿る」。しかし細部を積み上げても原因を特定できるとは限らない。むしろ我々は「オッカムの剃刀」にならい、社会科学的手法を駆使して政治現象の説明方法を精緻化すべきであろう。

【注】
1）rentier の日本語表記には、ランティエ、レンティエ、レンチエなど様々なものがある。外国語を日本語に翻訳する際には、日本語表記と原語の発音との一致を重視する立場と、既に流通している既存の日本語訳との統一性を重視する立場があり、どちらも間違いではない。本章では、後者の立場から既に多く用いられている「レンティア」を使用する。
2）レンティア国家におけるレントに関するより詳細な説明は、松尾（2010; 2016）を参照。政治経済学におけるより詳細なレントの定義については中村（2013）を参照。
3）レンティア国家研究では、スエズ運河の通行料や石油・天然ガスのパイプライン使用料、また場合によっては海外出稼ぎ労働者からの送金もレントに含まれるが、最大のものは石油輸出収入である。近年では、湾岸アラブ諸国のSWF（Sovereign Wealth Fund、政府系ファンド）が石油に代わる資産として統治に利用される可能性が指摘されており、石油からSWFへの変化がレンティア国家の質的な大転換のように論じられることもあるが、湾岸アラブ諸国のSFWの原資は石油輸出収入であり、またSWFは湾岸アラブ諸国から見れば外生性と非稼得性を有するレントそのものであることから、その実態はレンティア国家であることに変わりがない。
4）レントが国内に存在すれば、為政者がそれを直接に獲得せずとも、特定の現象（国内の経済成長が非貿易財部門に集中するというオランダ病など）が発生することが知られている。こうした統治以外の現象は、レンティア国家研究ではなくレンティア経済研究、あるいは「石油の呪い」研究（ロス 2012=2017）として扱われることが多い。
5）「中東例外論」は今日様々な意味で用いられるが、それらはおよそ以下の三種に分類される。①グローバルに見られる現象（民主化や市民社会の成熟など）が中東では見られないという「事実」を指す用語。②上記①を「事実」ではなく、現地の文脈を無視して西欧由来の規範を当てはめて中東を例外に位置づけ、この例外を是正するための介入を正当化するためのオリエンタリズム的な現実の再構成であるとして批判する見解。③他地域に用いられる分析手法が中東には適用できないという前提を設けること。またこれによって結果的に分析の精度が低下したり、政治文化論などの検証が難しい分析手法に依拠せざるを得ない状況を生み出す原因。本章では、③の意味で用いている。
6）このモデルは具体的には、「エスノクラシー・モデル」（松尾 2013、2014）や、Add and Rule モデル（Mehlum, H., L. Moene and G. Østenstad 2016）である。
7）ベブラーウィーが回顧している通り（Beblawi 2016）、「レンティア・メンタリティー」

の議論は彼のもう1つの議論、すなわち、石油レントに由来する資本超過状況が、実体経済から資産経済への移行を加速させ、規制を外れた金融資産の発行のようなモラルハザードを生み出すという議論（Beblawi 1987）と合わせて、1つの経済文明論を構成していた。
8）例えば中東研究者の黒田は「私は地域研究がディシプリンの端た女になる必要は全くないと思う。実際、各地域の文化なり文明なりは、それぞれ独自の様式を持っており、それに杓子定規的な方法論を押し付けられてしまっては、とても研究などできるものではない」と述べている（中嶋・チャルマーズ 1989: 347）。
9）こうした変化がなぜ、どのように発生したのかは定かではないが、少なくとも80年代末から90年代にかけて地域研究者や政治学者の間で分析対象だけではなく分析手法への関心の高まりがあった。例えば、日本においては中嶋（1989）に収録されたフィールド指向の地域研究と理論研究に関する一連の論考があり、英語圏では比較政治学と地域研究の方法論をめぐるロバート・ベイツとチャルマーズ・ジョンソンの論争（Bates 1997; Johnson 1997）、また Bill（1996）による中東地域研究に対する理論の貧困という批判があった。一方で、1994年には今日では社会科学的手法の教科書に位置づけられている（King, Koehane and Verba 1994）が出版されている（邦訳は2004年）。中東研究における研究手法の変化も、こうした潮流の一部かもしれない。

▶▶ 本章の研究テーマを学ぶための基本文献

砂原庸介・稗田健志・多湖淳（2015）『政治学の第一歩』（有斐閣ストゥディア）有斐閣。

浜中新吾（2007）「中東諸国における非民主体制の持続要因――レンティア国家論の計量分析」『国際政治』第148号。

細井長（2005）『中東の経済開発戦略――新時代へ向かう湾岸諸国』（MINERVA 現代経済学叢書）ミネルヴァ書房。

松尾昌樹（2010）『湾岸産油国――レンティア国家のゆくえ』（講談社メチエ）講談社。

────（2016）「グローバル化する中東と石油――レンティア国家再考」松尾昌樹・岡野内正・吉川卓郎編『中東の新たな秩序』（グローバルサウスはいま 第3巻）ミネルヴァ書房。

ロス、マイケル・L（2017）『石油の呪い――国家の発展経路はいかに決定されるか』松尾昌樹・浜中新吾訳、吉田書店。

Beblawi, H. and G. Luciani. (1987=2015) *The Rentier States*. London: Croom Helm.

Cammett, M., I. Diwan, A. Richards and J. Waterbury. (2015) *A Political Economy of the Middle East*. 4th edition. Boulder: Westview Press.

Elbadawi, I. and S. Makdisi. (2011) *Democracy in the Arab World: Explaining the deficit*. London and New York: Routledge.

Ross, M. (2001) "Does Oil Hinder Democracy?" *World Politics* 53-3 (April): 325-361.

第3章
イスラーム経済論

長岡慎介

1. 台頭するイスラーム経済

　金融（イスラーム金融）、食品・日用品（ハラール製品）、アパレル（イスラーム・ファッション）、ツーリズム（イスラミック・ツーリズム）、物流（ハラール・ロジスティクス）——今から約40年前、ドバイで作られたたった1つの無利子銀行から始まった現代イスラーム経済の取り組みは、その後飛躍的に発展し、あらゆる業種にその裾野が広がっている。そのうねりは、中東・イスラーム世界だけではなく、欧米や日本をも巻き込み、新しいグローバル経済システムの一翼を担おうとしている。

　他方で、前近代のイスラーム世界で見られた様々な伝統的経済制度も、今、新たな装いのもとで息を吹き返そうとしている。例えば、都市のインフラ整備やセーフティネットの構築に大きな役割を果たしてきたワクフ（財産寄進制度）は、イスラーム金融と連携することで、近代資本主義をポジティブに超克しうる次世代の社会福祉システムとして、再び注目が集まっている。

　「イスラーム経済論（Islamic economic studies）」は、こうした20世紀半ば以降に登場してきた新しいイスラーム経済実践や、21世紀になって再興してきた伝統的イスラーム経済制度を対象として、理論構築や実証分析、実学志向の研究などを行う研究領域である。イスラーム経済論の最大の特徴は、実践とのダイナミズムの中で研究が行われているという点である。「イスラームと経済」というテーマは、往々にして現実離れした机上の議論に終始しがちである。本稿がイスラーム経済論として取り上げるいずれの理論的研究も、それがいかに規範性が強かったり、原理的な考察を主眼としたものであったりしても、そこには常にイスラーム経済の実践とのつながりが明確に意識されている。

　本章では、このようなイスラーム経済論理解のもとで、まず、既存研究で主に採られてきた2つの研究アプローチを概観する。その上で、近年注目され始

めた新しい研究アプローチを取り上げ、その方法論的特色を論じる。そして、この新しいアプローチによる分析が待たれる中東のイスラーム経済実践の事例を紹介することで、読者に対するイスラーム経済論へのいざないとしたいと思う。

なお、イスラーム経済論全体の概観については長岡（2017）、Khan（2013）が、現代の実践を念頭に置いたイスラームと経済の関係をめぐる原理的な考察については小杉（2006）、Wilson（1997）が、現代イスラーム経済の実践の概観についてはイスラムビジネス法研究会／西村あさひ法律事務所（2014）、Warde（2010）がそれぞれ基本文献として有用である。また、加藤（2003）は、本稿とは異なる視点からのイスラーム経済論の研究レビューとなっているので、あわせて参照することを薦めたい。既存研究の探索については、やや時代が古くなったものの Khan（1983, 1991, 1998）、Siddiqi（1981）がいまだに役に立つ。

2．イスラーム経済論──2つの研究アプローチ

半世紀以上にわたって研究が蓄積されてきたイスラーム経済論は、大きく2つの研究アプローチに分かれている。1つは、実学志向の強い（1）**近代イスラーム経済学**、もう1つは、非実学志向の（2）**既存ディシプリンにおけるイスラーム経済研究**である。

（1）近代イスラーム経済学

現代イスラーム経済は、単に前近代のイスラーム世界の伝統制度や実践をそのまま利用するのではなく、現代的課題に応じてそれらを再構築したり革新したりすることによって実践が行われている。例えば、イスラーム金融では、前近代の売買取引の1つであるムラーバハと、イスラーム法学における契約概念の1つであるワアド（約束）を組み合わせることで、イスラームが禁じる利子を取らないイスラーム型自動車ローンが新たに作り出されている。

イスラーム経済論では、その萌芽期から、このような新たな実践を作り出す／支えるための実学志向の研究が強く求められてきた。特に、現代イスラーム経済の揺籃の地である中東地域や、実践のもう1つの中心である東南アジア（マレーシア、インドネシア）では、実学志向の研究が非常にさかんである。こうした研究は、英語では *Islamic Economics*、アラビア語では *Iqtiṣād al-Islāmī*、

マレー・インドネシア語では *Ekonomi Islam*（あるいは *Ekonomi Syariah*）と呼ばれ、経済学も含めた既存の学問ディシプリンとは一線を画す実学志向の新たな「学」として当事者たちに認識されている。本稿では、この研究アプローチを「近代イスラーム経済学」と呼ぶ。

近代イスラーム経済学は、現代イスラーム経済の実践が本格化する1970年代のはるか以前（1930〜40年代）から、現代世界にイスラーム経済を再興すべく様々な知的探究が続けられてきた。現在までのイスラーム経済の実践の骨格形成に貢献した理論家たちの系譜には、マウドゥーディー（Mawdudi）、ネジャートゥッラー・スィッディーキー（Nejatullah Siddiqi）、ウマル・チャプラ（Umer Chapra）など、南アジア出身者が名を連ねている。

彼らは、イスラームの理念にもとづきながらも現代の金融システムの長所を生かせるイスラーム金融手法のアイディアや、経済発展や貧困問題のイスラーム的解決策などを、イスラームの伝統と現代世界特有の事情の双方を睨みながら現代イスラーム経済の望ましい実践のあり方を理論的に探究した。出身こそ中東地域ではないが、彼らの活躍は、中東の大学・研究機関によって支えられた。ズバイル・ハサンは、彼らの系譜を活躍の主舞台であるアラビア半島西海岸の中心都市にちなんで「ジェッダ学派」と呼んでいる（Hasan 2005: 11）。

これに対して、中東出身のイスラーム思想家や研究者の中にも、現代イスラーム経済の実践を構想した理論家がいないわけではない。例えば、イラクのシーア派ウラマー、ムハンマド・バーキル・サドル（Muhammad Baqir Sadr）による『リバーのない銀行（邦訳：無利子銀行論）』は、邦訳もあることから日本でも広く読まれた。このほかにも、中東初の無利子金融機関を設立したアフマド・ナッジャール（エジプト）や湾岸諸国のイスラーム銀行設立に尽力したイーサー・アブドゥ（エジプト）、ムラーバハと呼ばれるイスラーム型自動車ローンを開発したサーミー・ハサン・ハンムード（ヨルダン）などが挙げられる。しかし、彼らの知的連関がどのようなものであったかについてはほとんど知られておらず、まとまった学説史研究が待ち望まれている。

以上の近代イスラーム経済学の詳細な研究史については、Nagaoka（2012）、Wilson（2004）を参照されたい。また、Alvi and al-Roubaie（2014）、Niblock and Wilson（1999）、al-Roubaie and Alvi（2010）は、これまでの重要研究が収められている選り抜き論文集として有用である。

（2）既存学問ディシプリンにおけるイスラーム経済研究

2つめの非実学志向の研究アプローチは、既存の学問ディシプリンの分節化された各研究分野で、そこでの定型的方法論にもとづいた分析を行うものである。とりわけ、経済学と法学では、学問ディシプリン内の様々な研究分野において、イスラーム経済の実践が分析対象となってきた。

経済学では、イスラーム経済システムのミクロ・マクロ分析、伝統的なミクロ・マクロモデルから最先端のゲーム理論を用いたイスラーム金融の比較優位分析のように新旧の近代経済学の理論を使った研究や、ファイナンス理論を用いたイスラーム金融のリスク分析など、理論の各分野でイスラーム経済研究が見られる。これらの研究成果をもとにして、ズバイル・ハサンは、大学の経済学部での講義向けに、イスラーム経済の要素を加味したミクロ・マクロ経済理論の教科書（Hasan 2015）を著している。また、近年は、イスラーム銀行の経営効率性や顧客動向調査、イスラーム型マクロファイナンスによる貧困改善実態といった実証研究も英国のダラム大学のイスラーム経済金融センターを中心にさかんである。中東地域のイスラーム金融に焦点を絞った実証研究については、同センターがサウディアラビアのキング・アブドゥルアズィーズ大学イスラーム経済研究所と企画した3巻本の論文集（Asutay and Turkistani 2015）がある。

他方、法学研究では、イスラーム取引手法における法解釈の革新に着目した研究、西洋法をベースとした現代の法秩序の中でイスラーム経済の実践が直面するコンフリクトやコーディネーションに焦点を当てた研究などが見られる。

経済学や法学以外にも、政治学や人類学においてもイスラーム経済を対象とした研究が見られる。例えば、政治学では、イスラーム金融とイスラーム復興運動の関係を論じた研究（Henry and Wilson 2004）や、エジプトのイスラーム主義者たちの社会経済ビジョンを論じた研究（Utvik 2006）、人類学では、台頭するハラール産業がいかにイスラーム特有の消費社会を形作ろうとしているのかを多面的な視角から論じているヨハン・フィッシャーによる研究（Fischer 2011）などがある。

3．新時代のイスラーム経済論のために

（1）グローバル・イスラーム経済論宣言

　近年、現代イスラーム経済の独自性や存在意義を新たなアプローチから問い直す研究が注目され始めている。その背景には、イスラーム経済の実践の成長に伴って、外部のアクターとの接触・交流が拡大したことがある。ここでは、イスラーム金融を例に取ってその背景を論じることにする。

　1970年代に商業実践が始まったイスラーム金融は、当初、限られた国の限られた市場で細々と提供されていた。その後、湾岸諸国の企業グループによる世界展開や、マレーシア政府による強力な育成振興策によって、国内の金融市場で台頭するだけでなく、欧米やアジアの国際金融センターでも一定のシェアを占めることに成功した。その結果、イスラーム金融は、もはやニッチではなく、国際金融システムにおけるポートフォリオの1つとして、世界の金融当局や金融機関から認識されるようになった。そのような成功の要因として、イスラーム金融が、従来からある近代資本主義型の金融システムと同等の機能を果たしうる金融商品や制度インフラを開発してきたことが挙げられる。

　しかし、そうした市場競争力をつけてきたイスラーム金融の現状に対して、その独自性に疑問を投げかける声が出るようになってきている。それは、市場競争力を高めるために導入された金融商品の構造が、近代資本主義型金融とほとんど類似しており、見かけだけ利子を取っていないというイスラーム的な装飾（粉飾）を施しているのではないかという批判である（代表的な批判として、El-Gamal（2006）を参照）。イスラーム経済論は、このような批判に応答するために、イスラーム経済の独自性や存在意義を、今ある実践に寄り添いながら改めて考える必要に迫られたのである。

　そこで、現代イスラーム経済の実践を、人類史や地球社会といったよりグローバルな文脈の中に置くことで、その独自性や意義をより普遍的に理解することをめざす研究アプローチが勃興しつつある。ここでの「普遍的」という言い回しには、イスラーム経済論の外部からもイスラーム経済の独自性や意義が科学的に理解できるということと、それらをムスリムだけではなく、人類全体の新たな知的財産として概念化・理論化できるという意味を込めている。そのため、この研究アプローチでは、イスラーム経済を直接対象としてはいない経済学や

経済史、経済思想、経済地理学、人類学、地域研究などの様々な知見を比較の観点から活用するとともに、それを批判的に乗り越えるという姿勢が方法論的特徴となっている。本稿では、このようなグローバルな研究射程と方法論を有する新しい研究アプローチのことを「グローバル・イスラーム経済論（Global Islamic Economic Studies）」と名付けることにしたい。

（2）２つの比較の手法――共時比較と歴史比較

　グローバル・イスラーム経済論としてまとめうる研究では、以下の２つの比較の手法から現代イスラーム経済の独自性や存在意義を解明することを課題としている。それは、①同じ時代に存在する近代資本主義との比較の中から現代イスラーム経済の独自性を解明する手法（共時比較）、②人類史に現れた様々な経済システムの系譜の中に現代イスラーム経済を位置づけることでその存在意義を解明する手法（歴史比較）である。

　これらの比較の手法は、実は、グローバル・イスラーム経済論独自のものではない。多くの研究蓄積のあるイスラーム史・イスラーム経済思想研究で採られていたものを踏襲している。例えば、共時比較については、中沢（2002）などが西洋経済思想との対比から、イスラーム経済理念の独自性を明らかにしようとしている。また、歴史比較については、Masters（1988）などが前近代のイスラーム世界の経済システムの特徴を、その後に押し寄せてくる近代資本主義との関係の中で解明しようとしている。

　これらの研究に共通して見られるトーンは、実はそれほど明るくはない。それは、前近代のイスラーム世界がなぜヨーロッパ起源の近代資本主義に太刀打ちできなかったのかというマルクス、ウェーバーから大塚久雄に至る多くの経済史家・思想家の興味を引いてきた問いが尾を引いており、そこでのイスラーム経済は、近代資本主義に対する「負け組」に位置づけられているからである。他方、現代イスラーム経済の実践を眺めるならば、イスラーム経済はもはや負け組ではない。

　グローバル・イスラーム経済論では、従来のイスラーム史・イスラーム経済思想研究が射程に入れてこなかった現代イスラーム経済を考察の射程に含めることで、現代の実践だけでなく、過去から現代まで連綿と（あるいは断続的に）現れてきたイスラーム経済の実践全体を積極的に再評価することが目論まれている。そのためには、単にこれまでのイスラーム史・イスラーム経済思想研究

の射程を現代に拡大するのではなく、前近代の経済システムの再評価を積極的に試みてきたグローバル・ヒストリーのアプローチや、経済学における比較制度分析や資本主義の多様性論、あるいは世界システム論の中で、過去のイスラーム経済の実践を再考することも求められるだろう[1]。

(3) グローバル・イスラーム経済論から中東を眺める

グローバル・イスラーム経済論は、新進気鋭の研究アプローチであるが、いくつかの先駆的研究によって、イスラーム経済論全体に新たな息吹をもたらしている。最後に、イスラーム経済論へのいざないとして、それらの先駆的研究を紹介しながら、この新しいアプローチによる分析が待たれる中東のイスラーム経済実践の事例を紹介したい。

共時比較によるグローバル・イスラーム経済論では、科学人類学者のミシェル・カロンが提唱した「もつれ合い（entanglement）」の概念を使って、現代イスラーム経済の実践を捉える試みがなされている。そこでは、イスラーム経済の実践が近代資本主義にキャッチアップする一方的な動きだけではなく、近代資本主義の側もイスラーム経済の存在によって変容を遂げつつあることが論じられており、イスラーム経済と近代資本主義の二項対立的構図の超克が試みられている（長岡 2011; Maurer 2005; Pollard and Samers 2007）。このもつれ合いは、近代資本主義が曲がりなりにも浸透した中東におけるイスラーム経済のあり方を考える上でも、欠かせない視点である。特に、**国際金融ハブ構想の一部として政府による振興策が採られてきた湾岸諸国のイスラーム金融の位置づけ**（近代資本主義型金融を補完するイスラーム金融？ オルタナティブとしてのイスラーム金融？）や、**イスラーム系企業と呼ばれる新興企業家が台頭し始めているトルコ独自の資本主義のあり方**（イスラーム型資本主義？ 資本主義的イスラーム経済？）を考える上で、非常に有用である。

他方、歴史比較によるグローバル・イスラーム経済論では、ムラト・チザクチャが、前近代の伝統的イスラーム経済制度の現代的変容に着目した独自のイスラーム型資本主義論を展開している（Çizakça 2011）。そこでは、近代資本主義とは異なる経済システムが、前近代から連綿と受け継がれ、それが現代的状況に巧みに対応しながら、ポスト近代資本主義の有力な選択肢になり得ることが論じられている。チザクチャの議論は、経済システムの歴史的経路依存性と複数性の観点から、近代資本主義を相対化するものであるが、筆者

（長岡）は、その相対化をさらに押し進め、カール・ポランニーの「埋め込み（embeddedness）」概念を援用しながら、イスラーム金融の特徴を「実物経済に埋め込まれた金融システム」の系譜の中に位置づけ、この系譜こそが人類史における普遍的な金融システムであることを指摘することで、近代資本主義型金融の「歴史的特殊性」を論じている（長岡 2011）。

　また、別の論考（Nagaoka 2014）では、加藤（1995）の前近代を対象にしたイスラーム経済モデルを現代イスラーム経済に拡張し、ワクフやザカート（喜捨）といった伝統的経済制度がイスラーム金融を介しながら再活性化し、イスラーム経済システムの超地域的な有機的再統合が生じていることを、東南アジアのシンガポールの事例をもとに論じている。

　このような**伝統的イスラーム経済制度の現代的変容や再活性化は、近年では、湾岸諸国でも顕在化しており、上記の理論モデルの中にどのように位置づけられるのか解明が待たれる。また、シリア内戦を契機にイスラーム的 NGO 主体の慈善・難民支援活動といった新しい形態による超域的な取り組みも活発化しており**（Petersen 2015）、**それらの実践が、再活性化により次世代の社会福祉システムとして注目を集めている伝統的経済制度とどのように連携しているのか／しうるのかを考える必要もあるだろう。**

　日本のイスラーム経済研究は明らかに後発である。また、イスラーム世界の大学・研究機関のように実践との距離が必ずしも近いわけではない。したがって、膨大な研究蓄積がすでにあるイスラーム経済論の中で耳目を引くためには、必然的に独創的で新しいアプローチによる研究が求められよう。本章で注目したグローバル・イスラーム経済論は、日本が切り開きうる新しいイスラーム経済論の有望なあり方の１つであると筆者は考える。それは、この研究アプローチが、世界に類を見ない独自の学際性にもとづき近代文明の普遍性を問い直すことを使命としてきた日本の地域研究の伝統ときわめて親和的だからである。実践に寄り添いながら、近代資本主義の普遍性を疑い、イスラーム経済の人類史的意義を探究する日本発のグローバル・イスラーム経済論は、地球社会の未来をわれわれ自身が考えるための有力な思考ツールとしても大いに期待できるアプローチになっていくだろう。

【注】

1) 三浦徹は、所有、契約、市場、公正の4つのキーワードを軸に、中国や東南アジアとの比較の中から、前近代のイスラーム経済の実践を再評価する研究を先導している(三浦他 2004)。また、加藤博は、前近代のイスラーム経済システムのモデル化に取り組んでおり、ワクフを核として諸セクターが結びつく経済性と公共性が高度に融合した統合経済システムとしてその歴史的実践を評価している(加藤 1995)。

▶▶ **本章の研究テーマを学ぶための基本文献**

加藤博(1995)『文明としてのイスラム——多元的社会叙述の試み』東京大学出版会。

――――(2003)「経済学とイスラーム地域研究」佐藤次高編『イスラーム地域研究の可能性』東京大学出版会。

小杉泰(2006)「イスラームの「教経統合論」」『現代イスラーム世界論』名古屋大学出版会。

長岡慎介(2011)『現代イスラーム金融論』名古屋大学出版会。

――――(2016)「資本主義の未来——イスラーム金融からの問いかけ」村上勇介他編『融解と再創造の世界秩序』青弓社。

――――(2017)『現代イスラーム経済論入門』日本評論社(刊行予定)。

三浦徹他編(2004)『比較史のアジア——所有・契約・市場・公正』東京大学出版会。

Alvi, S. and A. al-Roubaie eds. (2014) *Islamic Economics: Critical Concepts in Economics*. 4 Vols. London and New York: Routledge.

Çizakça, M. (2011) *Islamic Capitalism and Finance: Origins, Evolution and the Future*. Cheltenham and Northampton: Edward Elgar.

El-Gamal, M. A. (2006) *Islamic Finance: Law, Economics, and Practice*. New York: Cambridge University Press.

Hasan, Z. (2015) *Economics with Islamic Orientation*. Shah Alam: Oxford University Press.

Khan, M. A. (2013) *What is Wrong with Islamic Economics? Analysing the Present State and Future Agenda*. Cheltenham and Northampton: Edward Elgar.

Maurer, B. (2005) *Mutual Life Limited: Islamic Banking Alternative Currencies Lateral Reason*. Princeton: Princeton University Press.

Nagaoka, S. (2012) "Critical Overview of the History of Islamic Economics: Formation, Transformation, and New Horizons." *Asian and African Area Studies*

11(2): 114-136.

―――. (2014) "Resuscitation of the Antique Economic System or Novel Sustainable System? Revitalization of the Traditional Islamic Economic Institutions (Waqf and Zakat) in the Postmodern Era." *Kyoto Bulletin of Islamic Area Studies* 7: 3-19.

Niblock, T. and R. Wilson eds. (1999) *The Political Economy of the Middle East*. Vol. 3 *Islamic Economics*. Cheltenham and Northampton: Edward Elgar.

Nienhaus, V. (2000 [1997]). "Islamic Economics: Dogma or Science?" In *The Islamic World and the West*, edited by K. Hafez (Translated by M. A. Lenny), 89-99. Leiden: Brill (Originally published in German).

Pollard, J. and M. Samers. (2007) "Islamic Banking and Finance: Postcolonial Political Economy and the Decentring of Economic Geography." *Transactions of the Institute of British Geographers* 32(3): 313-330.

al-Roubaie, A. and S. Alvi eds. (2010) *Islamic Banking and Finance: Critical Concepts in Economics*. 4 Vols. London and New York: Routledge.

Wilson, R. (2004) "The Development of Islamic Economics: Theory and Practice." In *Islamic Thought in the Twentieth Century*, edited by S. Taji-Farouki and B. M. Nafi, 195-222. London; New York: I.B. Tauris.

第4章
貧困・失業と経済格差・不平等の研究と理論

岩崎えり奈

　貧困や失業、格差の問題を最も多く取り上げてきたのは経済学であるが、そこでは1ドル基準の貧困率にみられるように、貧困は所得を基準にして測られてきた。経済格差・不平等の場合も、同様である。しかし、本来、貧困や経済格差・不平等はより広い概念である。広辞苑によれば、貧困は「まずしくて生活が苦しいこと」とある。経済格差または不平等は、広辞苑にはないが、社会において人々の経済状態に差がある状態を指す。つまり、所得以外の多様な側面における問題をも対象にしている概念なのであり、近年の研究においても、貧困や格差・不平等の多様な側面を重視する研究が増えてきた。以下、貧困、経済格差・不平等、ならびにこれら2つと密接な関係にある失業を取り上げ、研究動向をサーベイする。広辞苑によれば、失業とは「労働者が労働する能力と意思をもちながら、労働の機会を得ず、仕事につけない状態」のことである。

1. 貧困研究

　貧困は昔からあった社会問題であり、貧困研究はその時代における社会、政治状況の中で研究対象を変化させつつ進められてきた[1]。1950年代から1970年代にかけては、貧困は土地所有と密接に結びついていると想定されていたことから、中東・北アフリカ地域の経済学者や社会学者が土地制度や農地改革が貧困に与える影響などを盛んに研究した（例えばWarriner 1962）。1970年代後半から1980年代にかけては、都市の拡大のなかで農村への「貧困の移転」が社会問題となり、社会学者や地理学者、人類学者が都市の貧困に注目した（例えば、トルコについてはKarpat 1976）。ポリティカル・エコノミーのなかで貧困を論じた研究もある（Amin 1974; Abd Al-Khaliq, Abdel-Khalek and Tignor 1982; El-Ghonemy, 1998）。

　しかし、総じて、途上国全体のなかでは、中東・北アフリカ地域に関する貧

困研究は近年までごく限られてきた。もっとも、それは貧困に限ったことではなく、開発研究全般に言えることである。開発経済学のテキストをみるとよくわかる。テキストの記述や図表において、中東・北アフリカ地域が取り上げられることはほとんどない。同じ途上国であっても、東アジアや東南アジア、サハラ以南アフリカ、南アジアとは対照的である。

　中東・北アフリカ地域の貧困に対する低い関心の理由としては、次の3つが指摘できる。第1に、中東・北アフリカ諸国は豊かな湾岸諸国から最貧国のイエメンまで経済水準に大きな違いがあるが、総じて言えば、中所得国である。他の途上国地域とくらべれば、中東・北アフリカ地域は貧困率が低い地域でもある。第2に、中東・北アフリカ諸国では、貧困の分析に不可欠な統計データ、とりわけ家計調査データが不足していたこともあげられる。1990年代まで、中東・北アフリカ地域では一部の国でしか家計調査が実施されず、実施されたとしても公開されないことが多かった。さらにより重要な点として、第3に、中東・北アフリカ地域は乾燥地域にあり、農業・農村ではなく、都市を基盤に発展してきた社会である。それゆえ、従来の開発経済学で想定されてきた農業－工業－サービス業への移行という経済発展モデルに適合的だとみなされなかったことが考えられる。アラブ諸国のなかで唯一、貧困研究が多いのはエジプトだが（Abd Al-Khaliq, Abdel-Khalek and Tignor 1982; El-Ghonemy 1998; El-Laithy, Loshkin and Banerji 2003; Bush and Ayeb 2012; Verme et al. 2014）、それはエジプトが「ナイルの賜物」であり、農村・農業中心の社会を基盤に発展してきたからであろう。

　中東・北アフリカ諸国に関する貧困研究が飛躍的に増えるのは、開発援助において貧困削減や人間開発が開発の中心に据えられるようになった1990年代以降である。

　1つめの研究の流れは貧困測定に関してであり、開発経済学の分野では、消費ベースの貧困率の測定など、貧困の量的・空間的把握（どこにどれだけ貧困者がいるのか）が試みられるようになり、最近では貧困概念の多様化とともに、保健医療や学校教育、就業などへのアクセスにも貧困概念を広げて、貧困の把握と決定要因の分析がなされるようになった。とりわけ研究が豊富なエジプトでは、世界銀行や国連などの国際機関や研究者が、所得以外の多様な側面から貧困の実態を明らかにするべく実証研究をすすめている[2]。日本語の研究については、一時的・慢性的貧困、主観的な貧困を取り上げた加藤・岩崎（2013:

第6章)を参照されたい。

　2つめの研究の流れとして、政策的な研究では、経済成長が所得分配と貧困に与える影響の分析が進められてきた。El-Laithy et al.（2003）は、エジプトの経済成長が好調であった1990年代後半における所得分配を分析し、同時期に貧困層の消費が底上げされたことを指摘した。チュニジアについては、Bibi（2005）が1980年代から1990年代にかけての経済成長の影響を分析し、同時期のチュニジアの経済成長が「貧困親和的（pro-poor growth）」であり、貧困の緩和に貢献したことを検証した。

　ただし、経済成長が貧困改善の必須条件であることについては合意があっても、国、さらに国内の地域によって経済成長と貧困の関係は異なり、経済成長が貧困改善の十分条件でないことも指摘されている。Bibi, Duclos and Verdier-Chouchane（2010）は、アラブ9カ国の経済成長と所得格差、貧困の関係を1990年代から2000年代の時期について分析した結果、チュニジアとモーリタニアの経済成長が「貧困親和的」であったのに対して、エジプト、イエメンとトルコでは逆に経済成長が所得格差と貧困を悪化させたことを明らかにしている。経済成長と貧困に関する一連の研究成果は、資本と機会への貧困層のアクセスが地域によって異なることを想定させるものであり、地域に特化した研究が必要課題になっている。

　3つめの研究の流れは「社会的排除（social exclusion）」のメカニズムに注目するものである。「社会的排除」はフランスの社会学者たちによって提唱された概念で、社会経済的変容によって引き起こされる排除や周縁化の問題として、貧困という現象をとらえ直すことを目指している（バラ／ラペール 2005）。日本語の研究では、トルコの都市貧困層を対象とした村上による一連の研究（2006; 2011）があるほか、柳沢・栗田（2012）がグローバル化や環境問題との関連で貧困を扱っている。エジプトに関しては、Bush and Ayeb eds.（2012）が経済のグローバル化のなかでの社会的排除の実態と抵抗の事例研究を扱っている。

2．失業問題研究

　失業問題は、2011年の「アラブの春」以後、中東・北アフリカ諸国における最大の社会問題として意識されるようになっている。実際、中東・北アフリカ地域は、地域全体では25歳未満の失業率が27.2％という世界で最も高い

地域である。若者の失業問題はエジプトなどの非産油国だけでなく、豊かなGCC諸国でも深刻化している（Donn and Al Manthri 2010）。若者の失業問題は本人たちの期待と現実の落差を示すもので、チュニジアに始まる「アラブの春」をもたらした社会的不満の大きな原因となっている。

　もっとも、失業問題は既に1970年代から顕在化していた社会問題である。中東・北アフリカ地域の失業・雇用問題に関する研究は国際機関や政府機関の報告書、ワーキングペーパーなども含めれば膨大な数がある。「アラブの春」が起きた2011年以後、さらに数多くの報告書やペーパーが刊行され、中東・北アフリカ地域の若者の失業・雇用の調査研究に拍車がかかっている（例えば、Schiffbauer et al. 2015を参照）。

　中東・北アフリカ地域における失業問題の定説は、次の3つである。第1は、若者の新規労働市場参入における問題であること、第2は高学歴者のミスマッチ失業が深刻であること、第3は大きなジェンダー・ギャップである。世界銀行推計によれば、エジプトやチュニジア、ヨルダンなどの国々では高等教育卒業者の失業率は30％以上に上る。特に女性の失業は深刻であり、高等教育を卒業した女性の失業率はヨルダンでは60％、エジプトでは40％に上るとされる（World Bank 2014: 14）。

　これら失業問題の3つの側面は相互に関係している。中東・北アフリカ諸国の人口増加はピークを過ぎたものの、相変わらず多くの若者が労働市場に参入している。彼らは親の世代と違い、学校教育を受けた世代である。しかし、学校教育、とりわけ高等教育を受けた若者の増大する人口に見合うだけの雇用が創出されていない。ここに、ミスマッチ失業が発生する。

　高学歴者の失業問題は、2つのミスマッチにより発生するといわれている。1つは若者が有するスキルと雇用主が求めるスキルのミスマッチ、もう1つは職に対する若者の期待と現実にある雇用機会とのミスマッチである。このような失業は、景気低迷という循環的要因だけに原因があるのではなく、背後にもっと構造的要因がある。その意味で、構造的失業である。

　中東・北アフリカ地域に特徴的な点は、ミスマッチ失業が政府部門雇用と深く関係していることである（加藤・岩崎 2013: 第7章を参照）。構造調整を経て、政府部門ならびに国有企業における労働需要は継続的に減退しており、そのなかで1980年代から、余剰労働力、失業や就職難といった現象が顕在化してきた。にもかかわらず、今日においても、政府部門雇用に対する期待は高い。民間部

門は零細企業を担い手としているのに対して、政府部門は安定的で社会保障が整っているからである。その結果、自分が希望する職業に就くことができないミスマッチが発生している[3]。

失業問題と関連して、近年、再び注目されるようになったのが、インフォーマル雇用の問題である。インフォーマル雇用の問題は欧米や日本でも深刻な問題であり、ILO（国際労働機関）が1999年以来推進する「ディーセントワーク」の理念と関連して、インフォーマル雇用への関心が再び高まってきている。中東・北アフリカ地域についても、失業に注目するだけでは不十分であり、自営業者や社会保障の適用を受けない労働者など、様々な形で存在するインフォーマル雇用の問題に焦点を当てる必要が指摘されている。

近年の研究動向としては、労働市場の二重構造に注目しフォーマル労働市場の硬直性を指摘する研究（Assaad ed. 2009; Assaad and Krafft eds. 2015）などの従来の労働需要面からのアプローチのほかに、アクターとしての若者に焦点をあてる研究がでてきた[4]。エジプトとヨルダンにおける若者の学校から仕事、さらに結婚にまでいたる移行過程（ライフコース）の分析（Assaad, Binzel and Gadallah 2010; Assaad and Krafft 2014）などである。

これら一連の研究によれば、若者の学校から仕事への移行過程には、学歴や性別規範、出身地や家庭環境などが作用しているという。失業問題を社会の問題として理解するためには、ジェンダーや階層の差に留意しつつ、職業観や結婚観の変容なども含めて、学校から就職、さらにその後の家族形成までの移行過程を詳細に調査し分析することが必要である。

3．格差・不平等研究

格差・不平等の問題は、近年の不平等への世界的な関心の高まりのもと、中東・北アフリカ地域に関しても飛躍的に増えた研究テーマである。「アラブの春」の影響もある。一般には、貧富の格差が社会的不満の主要な源泉の1つだと考えられたからである。しかし、ジニ係数で測られる所得格差の推移をみるかぎり、地域全体としてみれば、中東・北アフリカ地域が世界の他の地域とくらべて所得格差が大きいわけではないことは、中東・北アフリカ地域に関する定説である。

また、一国のなかでは所得格差の悪化があったという見方もあり、たしかに

エジプトについては 2000 年代にその傾向は明らかに読み取れるものの、世界の他の地域の国々とくらべれば顕著だったわけではない。1980 年代から 30 年間の中東・北アフリカ地域全体での所得格差の推移を推計した Bibi and Nabli（2010）は、世界のなかで唯一格差が縮小した地域であったと指摘している。

中東・北アフリカ諸国は、他の途上国と同様に、経済の自由化を推進し、所得格差の拡大を一般的には想定させる経路をたどってきた。現に、世界の他の地域の途上国では経済成長にともない所得格差が拡大する傾向にあった。これに対して、Bibi and Nabli（2010）の推計が正しければ、中東・北アフリカ諸国は逆の傾向にあり、きわめてユニークな経済発展パターンをとってきたことになる。

ただし、長期推計に利用可能なデータは一部の中東・北アフリカ諸国のものに限られ、一般化して議論できる状況にはない。最富裕層と中間層との所得格差が広がった可能性も指摘されている（Alvaredo and Piketty 2015）。

現在の格差研究の動向としては、3つの研究の流れがある。1つは所得格差に関わる統計データ推計の精緻化であり、時系列統計の整備が進められ、所得統計の問題点把握、所得格差の長期推計が試みられている。Alvaredo and Piketty（2015）は、中東・北アフリカ諸国の不平等を一国単位ではなく、中東・北アフリカ地域全体で捉える必要があると論じている。そのように所得不平等を推計したならば、中東・北アフリカ地域は世界で最も所得格差が大きな地域になるという。また、格差は通常消費ベースで測られるが、それでは不十分であり、資産の不平等に目を向ける必要も指摘されている。水平的な不平等（地域的な分布）に配慮することも必要であろう[5]。

もう1つの研究の流れは、機会の不平等に注目する研究である。先の失業問題研究で述べたように、学校教育から労働市場への移行の機能不全は中東・北アフリカ諸国において大きな社会問題になっている。近年の研究は、この移行過程に決定的に重要な役割を果たす学校教育や就職の機会の不平等を指摘し、機会の不平等にジェンダー、階層または家庭環境（親の職業など）が作用していることを明らかにしている。Assaad, Salehi-Isafahani and Hendy（2014）や Salehi-Isfahani, Hassine and Assaad（2014）、Ersado and Gignoux（2014）は、労働市場調査データに依拠し、本人の家庭環境が学校教育へのアクセスや就職に大きく作用していること、Binzel（2011）や Wickham（2002）はエジプトでは家族や親族のコネ（アラビア語でワスタ）がより良い就職の条件になってい

ることを指摘している。さらに Assaad, Krafft and Hassine（2012）は様々な機会の不平等が健康状態に影響を及ぼしていることを明らかにしている。学校教育や就職における不平等が低階層や貧困層の社会移動を阻害する要因になっているのか。ひいては、中東・北アフリカ社会が日本と同様に、階層が固定化傾向にあるのか。社会移動の実証的な研究が今後に求められる。

　3つめの研究の流れは、人々の主観面に注目し、政治変動や民主化との関係を分析する研究である（Verme et al. 2014）。「アラブの春」では社会的公正がスローガンの1つであったことに示されるように、人々の不公平感は低かったわけでないと考えられるが、実際にはどうだったのか。近年、ギャロップなどの国際的な世論調査では、格差認識を測るための質問項目を調査質問票に加えている。こうした世論調査や意識調査に依拠した量的データを使った研究は、政治研究やポリティカル・エコノミーの分野で今後に増えていくであろう[6]。

【注】
1）貧困の歴史研究については、例えば Bonner, Ener and Singer（2003）、Sabra（2006）、Naguib and Okkenhaug eds.（2008）を参照。
2）例えば、大カイロに関する UNICEF ISDF（2013）、Iwasaki and El-Laithy（2013）。
3）エジプトの民間部門については、土屋編（2010）を参照。
4）このような研究が可能になったのはパネル調査が実施されるようになったことが大きい。労働市場に関するパネル調査については、「経済研究フォーラム」（Economic Research Forum）のホームページを参照。http://erf.org.eg/
5）日本語の事例研究については、例えば岩崎（2009）を参照。
6）日本語での研究については、エジプトについて扱った加藤・岩崎（2013）、岩崎（2016）を参照。

▶▶ 本章の研究テーマを学ぶための基本文献

岩崎えり奈（2009）「エジプトにおける所得の空間分布と構造 都市－農村・カイロ－地方間区分の検証」『アジア研究』第55巻第2号。
―――（2016）「エジプトの「革命」――民衆は時代の転換に何を望んだか」松尾昌樹・岡野内正・吉川卓郎『中東の新たな秩序』（グローバル・サウスはいま 第3巻）ミネルヴァ書房。
加藤博・岩崎えり奈（2013）『現代アラブ社会――アラブの春とエジプト革命』東洋経済新報社。
ガラール・アミーン（1976）『現代アラブの成長と貧困』中岡三益・堀侑訳、

東洋経済新報社。

土屋一樹編（2010）『中東アラブ諸国における民間部門の発展』研究双書 No. 590、アジア経済研究所。

バラ、アジット／フレデリック・ラペール（2005）『グローバル化と社会的排除——貧困と社会問題への新しいアプローチ』福原宏幸・中村健吾監訳、昭和堂。

村上薫（2006）「トルコの「新しい貧困」問題」『現代の中東』第 41 号。

――――（2011）「トルコの公的扶助と都市貧困層——「真の困窮者」をめぐる解釈の政治」『アジア経済』第 52 巻第 4 号。

柳澤悠・栗田禎子編著（2012）『アジア・中東——共同体・環境・現代の貧困』勁草書房。

Abd Al-Khaliq, Judaha, G. Abdel-Khalek and Robert L. Tignor. (1982) *The Political Economy of Income Distribution in Egypt.* Holmes & Meier.

Amin, Galal. (1974) *The Modernization of Poverty: A Study in the Political Economy of Growth in Nine Arab Countries, 1945-1970.* (Social, Economic and Political Studies of the Middle East) Brill.

Bonner, Michael David, Mine Ener and Amy Singer eds. (2003) *Poverty and Charity in Middle Eastern Contexts.* State University of New York Press.

Bush, Ray and Habib Ayeb eds. (2012) *Marginality and Exclusion in Egypt.* London & New York: Zed Books.

El-Ghonemy, M. Riad. (1998). *Affluence and Poverty in the Middle East.* London & New York: Routledge.

Naguib, Nefissa and Inger Marie Okkenhaug eds. (2008) *Interpreting Welfare and Relief in the Middle East.* Leiden & Boston: Brill.

Sabra, Adam. (2006) *Poverty and Charity in Medieval Islam: Mamluk Egypt, 1250-1517.* Cambridge: Cambridge University Press.

Verme, Paulo et al. (2014) *Inside Inequality in the Arab Republic of Egypt: Facts and Perceptions across People, Time, and Space.* (World Bank Studies) World Bank.

Warriner, Doreen. (1962) *Land Reform and Development in the Middle East: A Study of Egypt, Syria, and Iraq.* Cambridge: Cambridge University Press.

Wickham, Carrie R. (2002) *Mobilizing Islam: Religion, Activism and Social Change in Egypt.* New York: Columbia University Press.

第5章
中東経済研究の成果と今後の課題

清水　学

　日本における中東地域を対象とする経済研究は、他の歴史学、政治学、国際関係論などのディシプリンに比べると相対的に蓄積が薄い。石油産業あるいは経済関連の実用的なデータは必要とされてきたが、世界経済論、経済発展論など理論面で中東から貢献する必要性は強まっている。中東のグローバル経済における比重が高まっているからである、中東経済研究は歴史、理論、政策、統計などに分類されるが、同時に地域研究の一環としてはマルティ・ディシプリナリーなアプローチが常に意識されていることも重要である。ここでは主として日本における中東経済研究を概観するとともに、研究対象とすべきいくつかの課題を提示する。

1．経済史

　中東の経済史研究、あるいは経済分析において優勢となっている新古典派の分析概念を超時間的に適用することはいうまでもなく大きな制約があり、現代の経済システムは歴史的に制約を受けたものとして分析する視点は不可欠である。経済史の独自の役割はそこにある。戦後の日本の中東経済の創始的役割を果たした経済史的視点を主軸とする業績には『アラブ近現代史』（中岡1991）がある。またネットワークの視点を重視したものとして『イスラム世界の経済史』（加藤2005）がある。またエジプトの政治経済体制を歴史的に分析して当面の課題を検討したものとして、『アラブ革命の遺産』（長沢2012）は分析視点の1つとして参考になる。
　また時代は旧いが、現在においても中東アラブ社会の分析に影響を与えているイブン・ハルドゥーンの『歴史序説』（森本訳2001）の邦訳が利用できるようになっている。またカール・ポランニーのような中東経済の専門家ではないが、経済史、経済人類学、経済社会学、社会哲学、政治学などを総合して、い

わゆる経済的自由主義者の思考に対峙しようとした思想家も立場の如何を問わず、中東経済分析で参考になる。The Great Transformation（ポランニー1975）などは「社会に組み込まれた経済」の考え方、互酬、再配分、交換などのシステムなどである。市場経済の拡張と社会の自己防衛との二重運動の対抗として経済社会を考えようとしている。

サミール・アミーンはエジプト人経済学者で、マルクス経済学の価値論を援用して中東アラブ世界を含む開発途上国の低開発性を個別に捉えるのではなく、世界資本主義システムでの中心＝周縁論による「従属理論」をフランク、カルドーゾなどと相前後して提唱して一定の影響力を持った。『現代アラブ──経済と戦略』（アミーン1981）など邦訳がある。その視点はイマニュエル・ウォーラーステインの世界システム論の影響を受けている。しかし現実の発展途上国の経済発展はBRICSに見られるように「低開発の再生産」だけでは規定できない複雑かつ不均等な発展の側面を見せている。また道徳的価値意識などの経済活動に与える影響に注目するモーラル・エコノミー（Scot 1976）もアラブ・イスラーム経済の発展を見る上でも参考になり得る。

２．現代中東経済論の業績と成果

（１）第２次大戦後の「国民経済」建設の戦略と問題点

植民地からの独立と「国民経済」の形成、経済発展は第２次大戦後の中東経済においても重要な課題となった。中東は「国民国家」さらに「国民経済」の形成が植民地主義の影響下で行われただけに、その歪みを背負っている。1970年代初頭までの開発経済論は概して一国単位の輸入代替工業化、国家資本主導型発展戦略で特徴づけられた。他方、主要な産油国が集中する湾岸地域では、商業・サービス依存経済から石油輸出依存経済への転換を通じて世界経済へ包含されるプロセスが進行した。

経済発展の担い手として期待されたのは民族資本、既存民間資本の国有化を含む国家資本である。それが植民地的モノカルチュア的経済および産業構造を打破し自立的国民経済の樹立を指導理念とする国家主導型工業化政策として打ち出されたときには「アラブ社会主義」など「社会主義」の名前が冠された。トルコのケマリズムも同様な発展戦略を意識したものである。それはソ連型発展モデルの部分的移転（エジプト・イラク・シリア・アルジェリア等）と価格規

制や補助金政策による福祉主義が接合されたものであった。資本蓄積の源泉としての農業が重視される一方、国有企業の経営は特別のレントが保証されている石油ガス産業を除くと概して不振で、次第に経済発展にとっての重荷となっていった。その打開の模索は各国の開発戦略の重点課題となった。なお産油国の経済発展のプロセスを見ると、第1次産業（農林漁業）から第2次産業（鉱工業）、さらに第3次産業（サービス産業）のような産業発展の「順路」を想定することは必ずしも現実的ではなかった。またいわゆる「雁行形態」的産業発展（赤松 1962）は特定の製品が輸入から輸出へと転化発展するプロセスをモデル化したものであるが、中東の経済発展の現実にはほとんど妥当していない。製造業投資による製品が国内市場を満たし、そのうえで外国市場への輸出へ転化するケースはほとんど見られない。これについてはいわゆる「オランダ病」で説明されることが多い。「オランダ病」とは、資源輸出国が貿易黒字により自国通貨高となり、その結果貿易財の輸入が増加し、国内の農業や製造業が衰退する現象を指す。しかし広義には一般的に外貨流入を含める場合もあり、その影響分野についての見方には重点の相違もあり、それに対応して克服すべき方策も変わってくることに留意する必要がある。他方、イスラエル国家は国連総会決議に基づき 1948 年 5 月に独立したが、その「国民経済」はユダヤ系市民の雇用に優先度を付与するシオニズム・イデオロギーに規定される独自の性格を有するものであった（大岩川 1883）。

　第 1 次（1974 年）、第 2 次（1979 年）の石油危機（産油国にとっては石油ブーム）を経て湾岸・北アフリカの石油輸出国の国際経済における存在感は高まり、OPEC（石油輸出国機構）、OAPEC（アラブ石油輸出国機構）などの動向が民族主義の支えを受けて、国際石油市場で大きな影響を及ぼすようになった。他方、オイルマネーの還流を通じる米欧金融市場との関連、さらに国家ファンドなどを通じる途上国への援助・融資という国際金融面での役割も高まった。21 世紀に入ると湾岸の中東経済における比重も高まり、2008 年の米リーマン・ショックの際には危機脱出をはかる米大手投資銀行への資本注入の役割が期待される場合も生じた。

　農業と経済発展研究については、途上国経済発展論の「二重経済（Dual economy）」のルイス・モデル（ルイス 1981）の適用可能性、制度機構論としての農業協同組合（木村 1977）のほか経済改革と農産物価格政策の関連、貿易自由化政策の国内農業への影響などが注目された。イラン・エジプトなどでは水

利・灌漑問題への関心は強く、それは農村社会や国家権力との関係でも重視された。同時に各国の開発政策の進展に伴い、国際河川における水の配分はエジプトとエチオピア、トルコとシリア・イラク間などで問題が深刻化してきており、各国の経済開発に影響を与えるようになっている。

（2）いわゆるパラダイム転換と構造調整

　1970年代から1980年代にかけて米欧経済学の分野でケインズ経済学の相対的後退と新古典派経済学の影響力増大が進行した。いわゆるパラダイム転換と言われた現象である。1960年代以降の東アジアの新興経済圏（NICSあるいはNIES）の従来の輸入代替工業化から輸出主導型への開発戦略への転換は次第に他の地域へも大きな影響を与えた。そのなかで1980年代を通じて展開されてきた米財務省や世界銀行・国際通貨基金（IMF）などの国際金融機関の間で形成されてきた「ワシントン・コンセンサス」は、1980年代末以降の冷戦の終焉、ソ連の崩壊などを経て、発展途上国の開発戦略の転換を迫った。ソ連「社会主義」の崩壊とそれに伴いペースを高めた「市場経済化」（資本主義化）の動きは、中東諸国経済の政策運営にも無視できない影響を持った。ソ連型経済発展のモデルは中東の開発イデオロギーに影響を及ぼしていたため、ソ連の崩壊は「市場経済化」を加速させた。その転換は、価格規制やパンなどの補助金の削減あるいは撤廃、市場メカニズムの重視、国有企業の民営化、さらに輸出競争力重視へと向かった。しかし「市場経済化」の社会的コストも高く、抵抗も大きかったため、エジプトなどこれらの「構造調整」政策とその経済的社会的影響が研究者の関心を集める課題となった。

3．現代中東経済論の課題

　現代中東経済論に関わる新たな課題は数多くある。環境問題、原子力発電を含むエネルギー問題、難民問題、移民労働者、GCCなどの地域統合、中国を含む貿易投資関係、未発達な証券市場の発展方向等々である。いずれも重要であるが、網羅的に触れることはできないので、以下の数点の課題に限定して検討する。

(1) 統計と経済データ・会計システム

正確な統計データは経済分析・政策立案などに不可欠であるが、中東地域の統計に関しては統計手法の統一性、統計行政の不備、統計数字に関する政治的介入の可能性などがあって、信頼性に大きな疑問符がつけられることが多い。統計の信頼性がないとTFP（全要素生産性）のような経済発展を内的に分析する手法の比較などが不可能である。そのなかで国際的な共同研究の必要性が強まっている。また企業会計において、地域の伝統的な会計システムと国際的基準（EU基準など）との相違とそれぞれの意義に関する比較研究も重要な課題となっている。

(2) 構造改革、市場化と経路依存性

「社会主義」的価値を掲げる国においても、市場メカニズムの一定の活用は不可欠なものとして受け入れられるようになっている。中東地域は東南アジアなど他の地域と比較しても、構造改革、市場経済化が相対的に遅れているとみなされてきた。食糧などに対する補助金削減などに対する社会的抵抗が大きいことなども理由であるが、国家や公共企業自体の抵抗もある。市場化といっても既存の勢力の抵抗を含め、そのプロセスは一様ではない。旧ソ連地域、中東欧の市場経済化の研究においても政策導入のペース、導入政策の順位、さらに経路依存性（path dependency）（Stark 1998）が注目されるようになっている。経路依存性とは、一定の時期における一連の政策決定が、過去に行われた諸政策によって影響を受けることを指す。すでに状況が変化して妥当性が失われているのにも関わらず、その制約が生きている場合は特に問題とされる。2011年以降の「アラブの春」に伴い、旧ソ連・中東欧で民間資本育成に力を入れてきたEBRD（欧州復興開発銀行）が地中海アラブ世界を融資対象に組み入れた一因は旧ソ連圏との経済構造の類似性に注目したものである。

2014年夏の油価の大暴落に伴って、今までレンティア国家として豊富な石油収入の国民への再配分を行ってきた湾岸諸国においても、財政上のネックが強く意識されるようになった。そのなかでガソリンなどに対する補助金削減や消費税の導入計画など、経済改革を俎上にのせようとする動きが強まっている。2015年にサウディアラビアの新国王の下で第2副皇太子に指名されたムハンマド・ビン・サルマーンはアラムコの株式一部公開や労働市場を含む急進的な構造改革ビジョンを表明している。民営化と市場経済化を従来以上のペースで実施に移すとすれば、移民労働力に大きく依存する今までの経済体制も含め

た大きな変革を意味する。経路依存性の問題があらためて注目されるとともに、市場経済化を終局の目標とする見方への異論も出てくる可能性がある。

(3) 企業史、経営史

　新古典派経済学は、自由な市場と価格を唯一の効率的資源配分システムとし、企業経営者は「完全合理的」に「利潤極大化」する経済人として単純化されてきた。実際、国有企業の民営化と経営効率化はその理念を具体化することを目的として推進されている。しかし中東の市場はそれほど明確ではなく、また国家ファンドなどの公共企業の動きが国家資本主義として見られるなど、個別企業分析が重要な課題になりつつある。サウディアラムコ、アブダビ投資庁（ADIA）などの内外に与える影響は大きく、公開される内部データの不十分さもあり研究上の困難は大きいが、公開データは今後漸増すると見られ、経済分析に深みを与える可能性が大きい。エジプトのミスル銀行の社史などは、国有化が重要な契機として記録されておらず、民営化企業と国家の関係など中東地域独自の企業行動・経営概念を相対化する研究は有益であろう。資本と経営の関係、さらにコーポレート・ガバナンスにまで入り込む研究が必要とされるが、中東地域はこの分野の分析が特に遅れているだけに期待される分野である。

(4) 世界経済のなかの中東と金融化の進展

　中東経済研究は現段階では地域研究の一部として行われているが、現在進行している国際経済の大きな構造的変動との関連で中東経済の持つ意味を自覚的に捉えようとする研究は少ない。1971年に固定為替制度が崩壊してから金融デリバティブ（先物、スワップ、オプションと多様な組み合わせ）が発展し、資本移動の自由化を求める国際的圧力の下で、マネーの動きは急速に国際化した。それ以前と以後は中東経済を取り巻く環境が大きく異なる。「ワシントン・コンセンサス」と同様、グローバル化を自然の流れというより、それを促進する勢力の存在と推進力を考慮する必要性を示している。

　金融資本と石油エネルギー資源の相互関係における変化、米欧石油エネルギー資本の相対的地位の低下も注目すべきである。石油先物市場と金融市場が一体化の側面を強めるようになり、石油先物市場と実需との乖離も見られる。また一部の投資ファンドや金融機関の石油市場への参入はゴールドマン・サックスのように石油メジャーに匹敵あるいは凌駕する原油の貯蔵施設を有する銀

行を生んでいる。さらにシェール・オイルなど非伝統的石化エネルギー資源の巨額な開発投資に融資する金融機関の役割が増大している。従前の米国株式市場においては油価の低落はエネルギー・コストの低減に結び付くところからプラス材料とされてきたが、2014年頃からダウ工業株価指数は油価の上昇に連動して上昇する側面が見られるようになった。他方、湾岸産油国が原油ガス輸出国としてのみならず、米欧などへの資本輸出国となっている。

　また、レンティア国家論はいわば政治学の分析概念として導入されたが、その基礎となっているレントに関する経済学的理解との整合性には議論の余地が残されている。例えば外国援助がレントなのかという問題である。他方、政治経済学的には「レント・シーキング（rent seeking）」とならんで「レント・シージング（rent seizing）」（レント占有活動）が注目されるようになっている（Ross 2001）。

　イスラーム金融・経済は主としてミクロ分野を対象としているが、マクロ・レベルでの研究も今後の課題である。リバー（利子）概念を媒介にして通貨論も問われざるを得ない。また2010年代に入ってフィンテック（金融＋テクノロジー）の可能性が議論されるようになっている。フィンテックの概念は流動的であるが、ビットコインなどの仮想通貨を含め、国際間の資産の移転を容易にし、さらにクラウド・ファンディングのような投資形態を可能にする。各国の中央銀行の通貨政策の枠を超える余地も拡大するなかで、イスラーム金融の可能性も国際間で拡大する。発展途上国における金融の深化は政策としても現実としても進行すると見られ、イスラーム金融・経済の多様性と量的拡大を生む条件となっている。

（5）計量経済学の手法と限界

　データ間の相関関係の分析に計量経済学や統計学の手法が導入され、パネル分析のように多変数間の相互関係の分析の試みも見られ始めている。その成果が期待されるが、現実的かつ理論上の制約についても常に留意する必要がある。第1に、データの信頼性である。第2に、有意性が認められる算出結果をどう理解するかという解釈の問題である。ロシア・中東欧の経済・経営分析で計量経済学やパネル分析などを意欲的に最も先進的に取り入れて分析している研究者が次のように述べている。

　「近年、先進国だけでなく、開発途上国や旧社会主義移行国に関するデータの入手可能性も飛躍的に向上した。また、コンピューターや計量分析ソフトウェ

アの利用も年を追って容易化している。このためなのか、最近は、『データさえ入手できれば、どんな国でも研究できる』という風潮が強まりつつあるように思う。実際上、確かにそれは可能であるし、一篇の論文にまとめるだけの分析結果も得られよう。（中略）しかしながら、各国が抱える様々な事情や、体制移行期という時代の特殊性を一顧だにしないこれら論文の筆者達は、しばしば誤った実証手法を採用してしまったり、分析結果の極めて不適当な解釈論に陥ってしまったりしていると筆者には思われてならない。無知、ないしは、国や時代の固有な要因に心を砕こうとする研究態度の欠落は、いかにも残念である」（岩崎 2016）。心すべき示唆を含む言葉である。

▶▶ 本章の研究テーマを学ぶための基本文献

アジア経済研究所『アジア経済』100 号（1969 年 6〜7 月号）、200 号（1978 年 1〜2 月号）、300 号（1986 年 9〜10 月号）、400 号（1995 年 6〜7 月号）各号の研究レビュー。

イブン＝ハルドゥーン（2001）『歴史序説』森本公誠訳、岩波書店。

大岩川和正（1983）『現代イスラエルの社会経済構造——パレスチナにおけるユダヤ人入植村の研究』東京大学出版会。

唐沢敬（2007）『転成期の世界経済——資源依存型市場主義の克服』文眞堂。

鈴木弘明編（1992）『地域研究シリーズ 9 中東——経済』アジア経済研究所。

長岡慎介（2011）『現代イスラーム金融論』名古屋大学出版会。

中岡三益（1991）『アラブ近現代史——社会と経済』岩波書店。

バーキルッ＝サドル、ムハンマド（1993）『イスラーム経済論』黒田寿郎訳、未知谷。

松尾昌樹（2010）『湾岸産油国——レンティア国家のゆくえ』講談社。

水田正史（2003）『近代イラン金融史研究』ミネルヴァ書房。

Beblawi, Hazem and Giacomo Luciani ed. (1987) *The Rentier State*. London and New York: Croom Helm.

Mahdavy, Hossein. (1970) "The Pattern and Problems of Economic Development in Rentier States: The Case of Iran." In *Studies in the Economic History of the Middle East*, edited by M.A. Cook, Oxford University Press.

Stark, David. (1998) *Postsocialist Pathways: Transforming Politics and Property in East Central Europe* (with László Bruszt). New York and Cambridge: Cambridge University Press.

第6章
エネルギーと資源問題の研究と理論

堀拔功二

　中東で生産されてきたエネルギー資源（石油・天然ガス）は、世界各国の経済成長と発展を支え続けてきた。英国大手石油会社 BP が発表する *BP Statistical Review of World Energy*（2015年版）によると、2014年現在で中東および北アフリカにおける原油埋蔵量の合計は8800億バーレルであり、世界全体の埋蔵量の51.8％を占めている。同様に天然ガス埋蔵量は87.7兆立方メートルであり、世界全体の埋蔵量の46.9％を占めている。国別の生産量に関しては、中東諸国は「シェール革命」に沸く米国に石油も天然ガスの生産量も抜かれてしまったが、それでも中東がもつ資源のポテンシャルは依然として大きい。

　一方で、中東の国々は経済発展と人口増加によってエネルギーの需要も急激に増加している。*BP Energy Outlook: Country and regional insights – Middle East*（2016年版）の見通しによると、中東は2035年までにエネルギー消費量が現状より60％も増加するが、エネルギー・ミックスに占める非化石燃料の割合はわずか4％しかない。つまり、中東で生産される石油や天然ガスの多くが域内で消費されてしまう予測が示されているのである。エネルギー資源を中東からの輸入に頼る日本を含むアジア諸国にとって、中東におけるエネルギー問題はアジアのエネルギー安全保障と直結する問題なのである。

　今日、中東におけるエネルギーや資源をめぐる問題は、その「生産地」としての側面と「消費地」としての側面が複雑に絡みながら、国際的なエネルギー市場の変動の中で大きく揺れ動いている。本章では、これらの問題に関する研究を俯瞰していき、今後の研究上の課題について提示する。なお、いわゆる「レンティア国家論」や「資源の呪い」など、資源と政治体制や経済発展などの問題については、第Ⅱ部第2章を参照されたい。また、特に断りのない限り、資源とは主に石油（原油）と天然ガスを指す。

1．資源をめぐる問題と研究

　中東における資源をめぐる研究は実証的なものが多く、理論的な見地で論じるものは少ない。それは、資源国はいかに資源を管理・開発し、そこから得られる利益を最大化させるのかという問いが、資源国にとっても研究にとっても大きな関心事項であったからである。

　資源問題を論じる上で、そもそも資源がどのように開発・生産され、消費されるのかという基礎的な知識の整理と理解は不可欠である。兼清賢介監修（2013）は学術書というよりは実務者向けのテキストであるが、石油や天然ガスの探鉱・開発（上流）から輸送・販売（下流）、エネルギー価格の決定、経済性の評価に至るまで包括的な情報と解説を提供してくれる良書である。とかくデータの流れで捉えがちになるエネルギーと資源の問題を、より構造的に理解するために必読である。また米国のエネルギー経済学者の泰斗であるモリス・アーデルマンは、石油産業の上流から下流に至るまでエネルギーのバリューチェーンを経済性の観点から理論的に整理している（Adelman 1993）。そして、中東全体の資源およびエネルギー政策について俯瞰する上で、中東の安全保障およびエネルギー研究の重鎮であるアンソニー・コーデスマンの研究にも目を通しておきたい（Cordesman and al-Rodhan 2006）。

　地球上に存在する資源は有限であり、いつかは枯渇する。また、資源とは基本的に開発や生産に経済性を持つもの（可採埋蔵量）を指しており、生産・回収コストが市場価格を大幅に上回って採算の取れないものを「資源」とは呼ばない。石油資源の埋蔵量と生産量に関する研究では、生産量はある時点でピークを迎え、その後減退するという「ピークオイル仮説」が1950年代から唱えられてきた。ところが、シェール・オイルやオイル・サンドのように、これまでは経済性の問題から開発されてこなかった非在来型資源も、油価の高騰や技術革新による生産コストの低減によって商業生産が可能な「資源」となったのである。ロビン・ミルズは、中東を含む世界の産油国の資源状況や非在来型資源の開発動向、エネルギー需要、環境問題などに詳細な分析を加えるなかで、「地質学者が提唱したピークオイルの議論はひどい欠陥だ」と喝破した（Mills 2008: 239）。世界全体で見ると生産可能な資源量は増え続けており、当面は中東地域でも資源の枯渇を心配する必要はなさそうだ。

ただし、個別の国や油田における資源埋蔵量を捉える視点としては、一定の注意を払わなければならない。武石礼司は中東における石油資源埋蔵量の評価を行い、「油田の性質に依拠したピークオイルの考え方を採用し、この到来時期に注目して今後の中東からの石油生産の最適量を考えることが必要」（武石 2004: 30）と指摘している。武石が事例として紹介したオマーンは、老朽化する油田に増進回収法（EOR）を導入して石油生産量を維持したり、非在来型資源の開発を進める努力を続けている。しかしながら、石油の可採年数が残り15.0年（BP2015年統計）と短く、ピークオイル仮説が示すような生産量の減退は避けられない。

中東の資源国の多くが、国営石油会社（NOC）を通じて資源開発を行っている。1962年に国連で「天然資源に対する恒久的主権」が確認されて以来、資源国は国際石油資本（メジャーズ）や国際市場に対する立場を強めた。この後、価格の支配力という観点では資源国は徐々に影響力を失ったが、資源開発という点では依然として資源国の立場は強く、2000年代には各国で再び資源ナショナリズムの動きが出現した。ポール・スティーブンスは、中東における NOC および国際石油会社（IOC）の関係の歴史的研究を通じて、中東における資源ナショナリズムの周期性を論じた（Stevens 2008）。とくに周期性を生み出す外的原動力について「契約陳腐化説」（obsolescing bargain）に依拠して分析すると、資源国政府と NOC、IOC の関係が油価の変動によって揺れ動いていることがわかる。油価の変動と石油収入の増減に伴い、資源国は IOC への関係を見直すため、資源ナショナリズムも周期性を帯びることが明らかになった。

一方で、ビアンカ・サルブは上流部門の開発を IOC に開放していないサウディアラビアのサウジアラムコと、対照的に IOC を受け入れるアブダビの ADNOC という２つの NOC を比較しながら、湾岸産油国はなぜ「石油国有化の時代」にもかかわらず異なる上流政策を採用するのかという問いを論じた（Sarbu 2014）。サルブは提示した５つの仮説を検証するなかで、油田の地質的条件の複雑さと NOC の技術力の低さが上流部門に対する国家の管理を弱めるが、一方でスティーブンスが主張するような油価の変動は国家による上流部門の管理のあり方に影響を与えていないと分析している（Sarbu 2014: 49）。

資源の存在は、ときに国家間の紛争を生じさせる原因にもなる。豊富な資源埋蔵量をほこる湾岸諸国もこの例にもれず、資源の確保をめぐる対立は国境問題として現れることになり、現在でも紛争の火種として燻っている。古くは

オマーンのブライミ・オアシスの領有問題があるが、地図上に引かれる国境線は物理的な領土の広さを規定するという意味以上に、地下に眠るであろう資源を確保する上で妥協できない問題なのだ。堀拔は湾岸諸国における国境問題を論じるなかで、湾岸諸国における国境線とは「自らの利益を最大化していくための具体的な指標であり、その後の国家の在り方や開発戦略をも規定した」（堀拔 2010: 67）と、資源問題と切り離せないことを指摘した。他方でコルガンは、資源確保を目的に紛争が起こるという一般的な理解では、逆に豊富な資源を有しているイラクやイラン、リビア、ヴェネズエラなどの侵略行動を説明できないと批判した。そこで、「石油による侵略」（petro-aggression）という理論を提唱し、なぜ特定の状況下において石油収入が国家の指導者を戦争に向かわせるのかというパズルを、計量分析と事例研究によって解いていった（Colgan 2013）。

２．エネルギーをめぐる問題と研究

2000年代に入り、中東は資源の生産地としてだけではなく、エネルギーの消費地としても注目を集めている。世界銀行の統計によると、人口1人当たりのエネルギー消費量（2013年）の上位20カ国のうち、トップはカタルの1万9120.3石油換算キロ（kgoe）であった。これはOECD諸国平均（4190.7kgoe）の4.56倍である。またバハレーン（5位）、クウェート（6位）、アラブ首長国連邦（UAE）（7位）、サウディアラビア（13位）、オマーン（14位）と、資源国である湾岸諸国が軒並みランク入りしている。一般に経済成長とエネルギー消費量の間には相関関係が見られるが、中東においてもそれは正しいと言える。さらに電力や産業用ガス、ガソリンの販売価格には補助金が含まれており、世界水準で比べても安価に利用することができるため、これがさらなるエネルギーの消費を加速させているのだ。

中東におけるエネルギー消費量増加の問題は、英国王立国際問題研究所（チャタム・ハウス）のラーンとスティーブンスによる政策ペーパーによって国際的な注目を集めることになった（Lahn and Stevens 2011）。同論文は、サウディアラビアにおけるエネルギー需要が増加し続けることにより、国内消費に振り向けられる原油が増えることになり、その結果同国の石油輸出能力を低下させると試算した。そして、サウディアラビアが2038年までに石油の「純輸入

国」になるという予測を突きつけ、現在のエネルギー消費のあり方に警鐘を鳴らしたのである。サウディアラビアでは、原油を発電用燃料として用いること（これを「原油の生炊き」と呼ぶ）が深刻な問題となっており、電力需要の伸びる夏場に原油の消費量が増加する原因となっている。ジム・クレーンはこの問題への対応について同国における石油精製施設の建設が進んでいることに注目し、それが国内でガソリンなどの石油製品需要を満たすだけでなく、精製過程で生じる重油を発電用燃料に用いることができ、原油の生炊きによって生じる機会費用を減らすことができると指摘した（Krane 2015: 100-101）。このように、湾岸諸国で原油や天然ガスの需要が増え続けている問題についてはラーン他（Lahn, Stevens, and Preston 2013）が分析を加えているが、長期的には産油国の基盤となっている資源の輸出能力を低減させるだけでなく、安全保障問題や資源国の政治的不安定性につながる危険性がある。ブハッタチャルヤとブレークが中東・北アフリカ諸国の産油国を対象に試算したところによると、やはりエネルギー強度の改善を図ることができれば資源を輸出に回すことができ、石油収入の増加につながると結論付けている（Bhattacharyya and Blake 2010: 1106）。

補助金によって低く抑えられたエネルギー価格は、国外から産業を誘致する上では1つのメリットである。「レンティア国家論」の研究で有名なジャコモ・ルチアーニは、湾岸諸国におけるエネルギー価格とコストを要素分解しながら、産業の競争力について検討した（Luciani 2012）。従来、アルミ精錬などは競争力のある産業として考えられてきたが、今日では資源を発電に用いることによって生じる機会費用の方がより問題であり、持続的ではないと見なしている。

世界的にエネルギー・ミックスの多様化が叫ばれるなかで、原子力発電は中東においても現実的な選択肢の1つとなっている。イランでは国際社会からの批判や懸念を集めながらも、ロシアからの支援を受けてブーシェフル原発を稼働している。UAEのアブダビ首長国では韓国企業による原発建設が進んでおり、2017年から順次稼働する計画である。この他サウディアラビア、トルコ、ヨルダン、エジプトなどでも原発導入が計画されている。ただし、中東における原発の導入は経済的な観点よりも政治的な観点で決定されていると言える。すなわち、周辺核保有国への対抗や核技術の保有・開発など、経済性よりも安全保障上の理由が大きい。アフマドとラマナの研究は、GCC諸国における原子力発電導入の経済性を分析し、前提となるガス価格にもよるが天然ガス発電よりも高コストになり、さらに将来的には太陽光発電と比べても高コスト

になる可能性を指摘した（Ahmad and Ramana 2015: 65）。原子力発電を利用した海水の脱塩化・造水については、規模のメリットがあるためガス発電よりも経済性があるとの分析はなされているが、その一方で核不拡散や安全管理、核廃棄物の問題など取り組むべき問題が山積みである。

　そこで注目すべきは、再生可能エネルギーである。石油や天然ガスなど、いわゆる消費すると枯渇するような化石燃料に対して、太陽光や太陽熱、風力、地熱などは繰り返し利用することが可能なエネルギーである。中東地域ではアブダビ首長国がいち早く再生可能エネルギーへの投資や研究をはじめたが、この事例は「なぜエネルギー資源に恵まれた国が再生可能エネルギー分野に積極的に投資するのか？」という興味深い問いを投げかけている。バフガト（Bahgat 2013）はモロッコやイスラエルを含む中東6カ国を取り上げ、個別の国における代替エネルギーの導入と背景、課題について包括的に論じた。ライヒエ（Reiche 2010）は、近年GCC諸国がグリーン・エネルギー政策に親和的になっている点に注目し、「環境保護の近代化」（ecological modernization）という枠組みを用いてエネルギー部門の分析を試みた。その結果、GCC諸国では先進国で用いられている環境税の導入よりも、トップ・ダウン方式の環境政策の方がより政治的コストが低いことを指摘した。さらに、「政策の伝播」の効果を通じてある国の環境政策が他のGCC諸国でも導入されやすいことを示唆している。マリ・ルオミ（Luomi 2012）はUAEのアブダビ首長国とカタルのエネルギーおよび気候変動問題に関する環境政策を比較し、今日のGCC諸国において環境政策は単に国内の資源とエネルギーの持続的な利用を目指すだけではないと論じた。すなわち、積極的な環境政策の導入を通じて自国のブランド化を進めることにより、国内と国際社会から政治的正当性を獲得するという、いわば君主体制にとっての生存戦略の1つであると主張するのであった。強力なリーダーシップによって環境政策を進める背景には、「技術と文化の指導者」という姿を確立するという動機があることを、ヘルトグとルチアーニの研究でも指摘している（Hertog and Luciani 2012: 248-249）。

　これまで中東では、資源開発の方法と、そこから得た富の配分方法が重要な問題であった。しかし、今後は資源をどのように持続的に利用し、その上で利益を最大化していくのかが問われることになる。

3. 今後の研究課題

　最後に、今後の中東におけるエネルギーと資源を対象とした研究について、いくつかの重要なテーマをあげてみたい。

　第1に、グローバルなエネルギー市場が変化するなかで、巨大な資源埋蔵量を誇る中東が打ち出す資源戦略のあり方についてである。2000年代半ば以降、技術進展と油価の上昇を契機に北米を中心に非在来型の石油・天然ガスの生産量が急増した。いわゆる「シェール革命」と呼ばれるこの現象は、世界のエネルギー市場の構造を大きく変化させることになった。たとえば、今日において世界最大の石油生産量を誇る国は米国であり、その資源埋蔵量にもかかわらず、国際エネルギー市場における中東地域の影響力が相対的に低下しつつある。このようなグローバルなエネルギー市場の潮流のなかで、中東は資源を保有しているというだけで影響力を行使できる時代は過去のものとなった。そのため、資源の持続的開発から市場の確保に至るまで、中東の産油国・産ガス国が描く資源戦略のあり方やダイナミズムを国際関係や政治経済学の視点から分析することは重要である。

　第2に、電力やガソリン、燃料用・産業用ガスなどに含まれるエネルギー補助金の問題についてである。世界銀行や国際通貨基金は、これまでも中東におけるエネルギー補助金が与える財政的影響について分析・評価している。中東地域において補助金とは国家と国民のあいだで行われるある種の「社会契約」であり、これを削減することは容易ではなく、政治的な不安定化を招くという指摘に論をまたない。エネルギー研究の観点からは、エネルギー補助金政策の変更が国内のエネルギー需給に与える影響と、人々のライフスタイルや環境意識をどのように変化させるのか、社会経済的な効果についても注目したい。

　第3に、環境政策の研究である。日本は2度にわたる「石油ショック」を通じて、省エネの促進や技術開発、関連制度の整備、エネルギー源の多様化を図ってきた。中東ではいくつかの国が省エネの政策の導入を試みているが、これまでのところ大きな成果を上げていない。しかしながら、中東におけるエネルギーの消費量と資源の輸出量は裏表の関係にあり、政策的な対応が求められていることは明らかである。仮に環境政策が省エネを促進したり、エネルギー利用の効率化の進展を後押しするとすれば、政治的リスクの増加を避けつつ補助金に

よる財政負担を軽減する可能性を有している。さらに資源の輸出能力を阻害することなく、長期にわたって資源から利益を享受することができる。本論で紹介したルオミの研究のように、環境政策が有する政治的含意を評価することは、これからの中東地域研究においても重要なテーマになるであろう。

▶▶ 本章の研究テーマを学ぶための基本文献

兼清賢介監修（2013）『石油・天然ガス開発のしくみ――技術・鉱区契約・価格とビジネスモデル』化学工業日報社。

武石礼司（2004）「中東産油国の石油埋蔵量評価と生産増大への課題」『現代の中東』No.36、2～35頁。

堀拔功二（2010）「湾岸諸国における国境と国家の存立構造――UAEの国境問題の展開を事例に」『国際政治』第162号、56～69頁。

Ahmad, Ali and M.V. Ramana. (2015) "Prospects for Nuclear Power in the Gulf Cooperation Council (GCC)." In *The Changing Energy Landscape in the Gulf: Strategic Implications, edited by* Gawdat Bahgat, 55-72. Berlin: Gerlach Press.

Adelman, M.A. (1993) *The Economics of Petroleum Supply: Papers by M.A. Adelman 1962-1993*. Cambridge and London: The MIT Press.

Bahgat, Gawdat. (2013) *Alternative Energy in the Middle East.* Basingstoke and New York: Palgrave Macmillan.

Bhattacharyya, Subhes C. and Andon Blake. (2010) "Analysis of Oil Export Dependency of MENA Countries: Drivers, Trends and Prospects." *Energy Policy* 38: 1098-1107.

Colgan, Jeff D. *Petro-Aggression: When Oil Causes War.* Cambridge & New York: Cambridge University Press.

Cordesman, Anthony H. and Khalid R. al-Rodhan. (2006) *The Changing Dynamics of Energy in the Middle East* (Vol 1&2), Westport and London: Praeger Security International.

Hertog, Steffen and Giacomo Luciani. (2012) "Energy and Sustainability Policies in the Gulf States." In *The Transformation of the Gulf: Politics, Economics and the Global Order*, edited by David Held and Kristian Ulrichsen, 236-257. London and New York: Routledge.

Krane, Jim. (2015) "A Refined Approach: Saudi Arabia Moves beyond Crude." *Energy Policy* 82: 99-104.

Lahn, Glada and Paul Stevens. (2011) *Burning Oil to Keep Cool: The Hidden Energy Crisis in Saudi Arabia*. Chatham House.

Lahn, Glada, Paul Stevens, and Felix Preston. (2013) *Saving Oil and Gas in the Gulf*. Chatham House.

Luciani, Giacomo. (2012) "Domestic Pricing of Energy and Industrial Competitiveness." In *Resources Blessed: Diversification and the Gulf Development Model*, edited by Giacomo Luciani, 95-113. Berlin & London: Gerlach Press.

Luomi, Mari. (2012) *The Gulf Monarchies and Climate Change: Abu Dhabi and Qatar in an Era of Natural Unsustainability*. London: Hurst & Company.

Mills, Robin M. (2008) *The Myth of the Oil Crisis: Overcoming the Challenges of Depletion, Geopolitics, and Global Warming*. Westport and London: Praeger.

Reiche, Danyel. (2010) "Energy Policies of Gulf Cooperation Council (GCC) Countries—Possibilities and Limitations of Ecological Modernization in Rentier States." *Energy Policy* 38: 2395-2403.

Sarbu, Bianca. (2014) "Upstream Sector Policies in the Gulf from a Comparative Perspective." In *Political Economy of Energy Reform: The Clean Energy-Fossil Fuel Balance in the Gulf*, edited by Giacomo Luciani and Rabia Ferroukhi, 25-58. Berlin & London: Gerlach Press.

Stevens, Paul. (2008) "National Oil Companies and International Oil Companies in the Middle East: Under the Shadow of Government and the Resource Nationalism Cycle." *Journal of World Energy Law & Business* 1(1): 5-30.

第Ⅲ部
社会的アプローチ

第1章
社会運動理論

溝渕正季

　世の中にはなぜ、持続的に数多くの人々を動員できる運動と、まったく人々を引き付けることなく消えていく運動があるのだろうか。また、同じ運動であっても、大きな盛り上がりを見せる時期もあれば、目立たず低迷する時期があるのはなぜか。中東の文脈で言えば、1970年代以降、中東各地でイスラームの名の下に活動を行う多くの政治・社会運動が勃興したが、それぞれの運動が辿った道筋は1つとして同じではなかった。社会のなかに強固な基盤を築くことに成功した運動もあれば、社会から孤立して急進的なテロリズムに向かう運動もあった。暴力的な反体制活動を是とする運動がある一方で、選挙に参加することで合法的な政治参加の途を模索する運動もあった。これらの違いはどこから生じたのだろうか。また、2011年初頭以降、アラブ世界全体で沸き起こった一連の反体制運動の連鎖、いわゆる「アラブの春」は、なぜ突然発生したのだろうか。そして、なぜ、多くの国で民主化を実現することなく消えていったのだろうか。

　本章では、こうした疑問を考察する際に有益な理論となる社会運動理論について、解説していきたい。

1．社会運動の定義

　まず、社会運動理論を論じる前段階として、社会運動理論が分析の対象とする「社会運動」という概念の定義に関して、簡単に確認しておきたい。

　「社会運動」に関しては、これまでに多くの研究者が定義付けの試みを行ってきた。たとえば、歴史社会学の観点から社会運動について数多くの重要な研究を行ってきたTilly（2004: 3-4）は、その特徴として次の3つの要素を挙げている。第1の要素は「キャンペーン（campaigns）」であり、これは社会運動が標的となる権威に対して集団的要求行動を行っていく持続的・組織的な

活動であることを示すものである。第2の要素は「社会運動のレパートリー（repertoire）」であり、結社の創設や集会、デモや請願運動、メディアを通じた声明やパンフレット発行などの政治的行動の組み合わせを用いることを指す。そして第3の要素は、社会運動の参加者や支持者による「WUNC の誇示」である。これは「共有された価値（worthiness）」、「一体性・統一性（unity）」、「集合行為・数的優位（numbers）」、そして「献身や責任感（commitment）」の頭文字をとったものである。こうした3つの要素を備えた集合行為を Tilly は「社会運動」と呼ぶとした。また、同じく著名な社会運動研究者であるタロー（2006: 24）は、社会運動を「共通の目的をもち連帯する人々による、エリートや敵対者、権威当局との間での持続的な相互行為の形態をとる集合的挑戦」と定義する。

そして、これらの定義に当てはまるような集合行為は世界各地のあらゆる場所、あらゆる時代に存在する（中東ももちろん例外ではない）。たとえば、農民運動、左翼運動、民主化運動、フェミニズム・女性解放運動、反原発運動、公民権運動、ナショナリズム運動、イスラーム主義運動などである。つまり、社会運動理論はこうした様々な運動を包括的に射程に収める理論なのである。

2．オルソン問題

社会運動理論の発展にきわめて大きな影響を与えた研究として、マンサー・オルソンが1965年に上梓した『集合行為論』（オルソン 1983）を挙げない訳にはいかない。これ以前には、社会運動は不満を持った諸個人の中から自然発生的に生起するもの、あるいは共通利益を実現するための人々の生理的反応であると認識されてきた（たとえば、スメルサー 1973; Gurr 1970）。だが、そうした認識に対して真っ向から反論したのがオルソンであった。オルソンは、集団の個々の成員が自己利益を最大化するために合理的な選択を行うならば、「合理的で利己的個人は、その共通のあるいは集団的利益の達成を目指して行為しないだろう」（オルソン 1983: 2）と主張したのである。

オルソンは経済学における「公共財」という概念に着目した。公共財とは、個人が消費すればなくなってしまう私的財とは異なり、それが一度生産されれば誰でも消費することができ（非競合性）、かつ、そこから誰も排除されることもない（非排除性）、という2つの性質を持った財のことである。分かりやすい例では灯台や橋といった公共インフラは代表的な公共財であり、あるいは

ある国の安全保障はその国の国民にとっては公共財となる(その国が安全であることの恩恵を全国民が享受でき、なくなってしまうこともない)。そしてオルソンによると、合理的な個人であれば運動に参加することなく、(社会運動の成果として)生産された公共財の恩恵だけを受けたいと考える(つまり、フリーライダーになる)はずである。運動への参加はコストもかかるし(貴重な時間や金銭を費やす必要もあるし、ときに身の危険もある)、ベネフィットについても不確実である(失敗する可能性の方が圧倒的に多い)。したがって、密な社会ネットワークによってフリーライダーを抑制できるような小集団や、あるいは参加者だけにもたらされる選択的誘因(selective incentives)が存在する場合を除けば、集合行動は起こり得ない。オルソンはこう結論付けたのである。

オルソンが提起したこの問題(「オルソン問題」)は、「〔社会運動〕研究者の好奇心を刺激する知的源泉」であったと野宮は指摘する。そして、「社会運動研究者が特に重大な知的挑戦として受け取ったのは、合理的な個人を仮定しても集合行為が成立するのはなぜか」(野宮 2006: 227)という問いであったという。つまり、現存するあらゆる社会運動は、理論上、非合理的な個人によって大部分が構成されているか、さもなければ「オルソン問題」に対する何らかの解決策を有していると解釈でき、それを探求することこそ社会運動研究において最も重要なテーマとなる、ということである。社会運動理論は、この問題を大きな挑戦と受け止め、その上で理論的な発展を遂げていったのである。

3. 社会運動理論の展開

McAdam, Tarrow and Tilly (1997: 144) は、近年の社会運動理論を以下の3つに分割、整理している。
(1) 手段の研究:集合行為を支える組織・動員構造に着目。
(2) 条件の研究:集合的動員を形成する政治制度や政治過程に着目。
(3) 規範の研究:集合行為が打ち出す世界観や理念、あるいはその伝達方法に着目。
以下ではこれら3つの理論潮流について順に解説していこう。

(1) 組織・動員構造
オルソンが指摘した通り、合理的個人を想定した場合、たとえ社会に不満が

充満していたとしても、そこから自然発生的に社会運動が生まれるわけではない。Turner and Killian (1987: 234) が指摘するように、「運動に対する草の根的支持を供給するのに十分な程度の不満はどの社会にもいつでも存在する」のであり、運動に関わるコストを引き受け、社会に存在する各種資源（ヒト、モノ、カネ etc.）を動員・組織することで、そうした不満を運動へと繋げる指導者や内部組織が必要となってくる（Hardin 1995: chap. 2）。事実、ある程度の組織がなければ、運動は一時的なピークを迎えることができたとしても、それは持続的なものとはならず、次第に活力を失っていくことが多い。

さて、そこで重要となってくるのが「政治的起業家」の存在である。政治的起業家とは、ある政治的集合行為を企画・立案し、それに参加する人々を様々な手段を用いて積極的に動員し、そしてその行動を実行に移すような人々を指す。政治的起業家は、公共財生産に必要とされる費用を積極的に負担することにより、「オルソン問題」を解決するための鍵となる（フローリック／オッペンハイマー 1991: 129-133）。彼らは通常、不満を抱えた人々のなかでもやる気と行動力、統率力に優れ、運動が成功した暁にはそれによって様々な便益（とりわけ、名声と政治的地位）を得ることが期待できる人物である。彼らにとって、運動によってもたらされる期待値（ベネフィット）は、運動に参加するコストを大きく上回る。そして、動員を生み出す組織はこうした政治的起業家によって作り出される。一般の参加者は、こうした人々によって提供される報酬が選択的誘因となって運動に参加するのである（Oberschall 1973）。

また、社会運動は各種資源を動員する際に、社会に埋め込まれた様々な（公式・非公式の）ネットワークを活用する（Diani and McAdam 2003; McAdam and Paulsen 1993）。たとえばティリー（1984）は、ある人間集団が密なネットワークを形成している場合には、ある共通の不満をめぐって動員が生じやすいと指摘している。さらに、こうした集団がある種の社会的カテゴリー（たとえば、「労働者」、「農民」、「部族民」など）に属し、それと個々の構成員が一体感を感じている場合には、動員はさらに起こりやすくなると論じる。ティリー自身はこれを「キャット・ネット（category and network: cat-net）」と呼んでいる。

国境を越えて活動するイスラーム過激派勢力を調査した Sageman（2004; 2008）の研究によると、そこへの参加にあたってまず重要となるのが既存の友人・親族関係を通じたネットワークであるという（彼の調査対象者の実に4分の3が、参加以前から既存のメンバーと友人・親族関係にあるか、あるいは友人や親

族と共に参加したかのいずれかであった)。そして、そうしたネットワークを通じて過激なイデオロギーを徐々に受容していき、モスクやその他の核となる施設でイスラーム過激派勢力との接点を持つようになり、その結果、通常、個人ではなく複数人で参加するに至るという。その他にも、イスラームを掲げる政治運動はとりわけ、モスクを通じた社会ネットワークなど、既存の社会関係ネットワークや共同体を積極的に活用し、各種資源を動員する傾向にある（Collins 2007; Singerman 2004）。

（2）政治的機会構造

　社会運動はなぜ、歴史の特定の時期に発生するのであろうか。また、同じ社会運動でも、ある時期には活発な抗議活動を行っていたにもかかわらず、その後は衰退へと向かってしまうのは（逆も然り）なぜなのだろうか。これらの疑問については、組織・動員構造に焦点を当てるだけでは説明できない。したがって、より動的な、刻一刻と変化する政治・社会構造や政治的機会の有無といった外部的要因に関する分析は決定的に重要となる。Wiktorowicz（2004: 13）が指摘するように、「不満や運用可能な資源量、動員構造の性能に関わらず、外部的要因は集合行為を制限・促進し、またしばしば運動の採用しうる戦略・行動・選択の限界を定める」のである。

　このような問題意識から、運動の戦略や組織構造自体ではなく、むしろ運動が発生し得る環境条件に着目する理論、すなわち政治機会構造論は発展していった。そして、しばしばその嚆矢として挙げられるがEisinger（1973）であり、Eisingerはアメリカの43の都市で起きた抗議運動を調べ、そこから「きわめて閉鎖的な（抑圧的な）システムにおいても、きわめて開放的な（敏感な）システムにおいても、抗議行動は起こりにくく」（Eisinger 1973: 15）、開放的要素と閉鎖的要素との混合を特徴とするシステムにおいて最も起こりやすいと論じた。

　タロー（2006: 139）は政治的機会構造論を総括し、「動員への潜勢力［不満を持った大衆や利害関係を共有する諸個人など］を行為へと転換する際の決定的要因としての政治的機会構造」の中で特に重要なものとして、以下の5点を挙げている。①新しい行為者が参加するためのアクセスの解放、②政治体内部で政治再編が行われているという証拠、③影響力のある同盟者の出現、④エリート内部での分裂、⑤国家による反体制派への抑圧の能力や意志の衰退、である。タロー

はその上で、これらの要素について、1980年代後半の、高度に中央集権化され、警察と政党によって統制されていたはずの旧ソ連崩壊過程を事例として検証を加えている。

　他方で、政治構造と社会運動のあいだの戦略的な相互作用についても、これまでに数多くの研究が積み重ねられてきた。Hafez and Wiktorowicz（2004）は、「合法的な政治制度からの排除」と「体制からの暴力」という2つの要素の組み合わせにより、イスラーム主義運動の急進化という現象を説明している。Lust-Okar（2005）は、体制側と反体制運動との戦略的相互作用について分析し、中東の権威主義諸国における両者の関係性を「競合構造」という概念を用いて、①排除式一体型競合構造、②包摂式一体型競合構造、③分断型競合構造、という3つに類型化した。①は体制側が反体制勢力を一括して政治から排除する状況を指し、②は①とは反対に反体制勢力を一括して政治に参加させる状況を指す。③は反体制勢力を政治参加させる勢力と参加させない勢力へと分断し、大同団結できないようにする状況を指す。そしてLust-Okarは、体制側にとって権威主義体制を持続させる（すなわち、反体制勢力が弱体化する）最良の戦略は、この中でも③の「分割統治」であると論じた。

（3）フレーミング

　組織・動員構造と政治的機会構造を理解することで、外部的政治環境と社会運動との相互作用から運動の趨勢や戦略を分析することが可能となった。しかしながら、運動を生み出すような「不満」や「抑圧」は「どの社会にもいつでも存在する」としても、そうした社会心理学的要素は本当に無視しても差し支えない要因なのだろうか。また、そもそも、不満や政治的機会といった外部的環境は、所与のものと考えて良いのだろうか。たとえばSnow et al.（1986）はこのような着想のもと、組織・動員構造や政治的機会構造のみを扱う既存の社会運動理論は、客観的な外部的環境を主観的に解釈する過程——つまり、状況や経験の主観的解釈が外部的環境を「構築」していく過程——を無視するという決定的な誤りを犯していると指摘する。そしてSnow et al.は、こうした要素を「集合行為フレーム」という概念を用いて社会運動理論の内部に組み込んでいった。

　「集合行為フレーム」とは、「人々の現在または過去の環境に含まれる、対象や状況、出来事、経験、さらに一連の行為を選択的に強調したり、コード

化したりすることで、『外の世界』を単純化し、圧縮する解釈図式」であるとされ、それは「社的状況の深刻さや不正を強調・潤色し、また、それまでは不幸であるがおそらくは我慢できるとみなされていたことを、不正で不道徳なことだと再定義する」(Snow and Benford 1992: 137) 役目を果たすことができる。Gamson (1992a; 1992b) もまた、運動の趨勢を論じるにあたり、「不満」や「剥奪」といった人々のあいだに広がる負の感情を、指導者たちが「不正フレーム (injustice frames)」としていかに定式化し、いかに動員可能な「資源」として用いるか、という点がきわめて重要であると論じている。

　なお、イスラームに限らず、宗教は非常に強力な感情の源泉であるため、社会運動のフレーミングによく利用される傾向にある。宗教はその信徒に対してシンボルや儀式、連帯を供給することができ、運動の指導者やイデオローグはそれに接近し、活用することができる。加えて、ナショナリズムも宗教と同様、非常に強力な感情の源泉である（アンダーソン 2007; Beissinger 2002）。そして、宗教やナショナリズムもまた、それ自体が自然にフレームとして機能するのではなく、それをフレームとして解釈し直し、新しい意味を付与し、それを通じて人々に世界を眺めさせるという主体的・自覚的な取り組みが必要となるのである（Eickelman and Piscatori 2004）。

4．今後、取り組むべき課題

　ここまで、「オルソン問題」を出発点として、様々な社会運動がそれをいかに乗り越えてきたのかという問題を考察するにあたり、社会運動理論は「手段（組織・動員構造）」、「条件（政治的機会構造）」、そして「規範（フレーミング）」という３つの変数に着目してきたことを論じてきた。これから中東の社会運動を本格的に分析してみたいと考える読者は、闇雲にデータを集めたり現地調査に出発する前に、まずはこれら３つの点に焦点を当て、既存の理論や先行研究に立脚するかたちで仮説を導出するところから始めるのが適当であろう。

　とはいえ、中東における社会運動研究も、さらには社会運動理論自体も、実証面でも理論面でもまだまだ研究途半ばといった感があり、これから解決していかなければならない課題は山積している。たとえば、これまで社会運動に関する研究は社会運動それ自体への関心が圧倒的に高く、その帰結に関する研究はあまり進められてこなかった。社会運動の帰結に関する研究が難しいの

は、それをどのように定義し、観察し、測定すべきかが自明ではないからである。近年ではこうした問題意識のもとで、事例研究を中心として社会運動の帰結に関する研究が徐々に進みつつあるが、依然として今後の研究課題と言えよう（重冨 2015; Bosi, Giugni and Uba 2016）。

また、近年では、インターネットの急速な普及が社会運動における動員メカニズムにどのような影響を与えているのか、という点にも大きな関心が集まっている。インターネットは 1990 年代中頃以降、世界各地で爆発的に拡大していき、国連機関の国際電気通信連合（ITU）のレポートによると、2014 年時点で世界のインターネット利用人口は 30 億人を超えており、インターネット普及率は先進国で概ね 9 割を超えている（ITU 2014）。研究者のあいだでは、インターネットをはじめとするこうした ICT（情報通信技術）の急速な発展が社会運動に与える影響について、意見が分かれている（Earl and Kimport 2011）。一方で、ICT はたしかに情報伝達の速度や量に関して画期的な進展をもたらしたが、それが組織・動員構造、政治的機会構造、あるいはフレーミング戦略を根本から変えることはないと主張される。他方で、ICT の発展は動員と運動の形態に革命的な変化をもたらしたという議論もある。

中東の事例に目を移せば、2010 年末にチュニジアで発生した「ジャスミン革命」を皮切りに、リビア、エジプト、バハレーン、そしてシリアへと波及していった反体制運動の波、いわゆる「アラブの春」においては、Facebook や Twitter といった SNS（ソーシャル・ネットワーク・サービス）が大きな役割を果たしたと言われている。浜中（2015）は、ソーシャル・メディアを通じて「体制崩壊は近い」という情報が一気に流れ、それによって人々が反体制運動に参加する際の集合行為問題（「オルソン問題」）が大きく軽減されたという点を実証的に示している。ICT は今後も急速な発展が見込まれることから、こうした論点についてはこれからも質的・量的調査を進めていく必要があろう。

本書の他の章で扱っている理論についても概ね言えることではあるが、定性的分析と定量的分析の融合は今後の大きな課題である。社会運動に関するこれまでの研究は、中東の事例を扱うか否かにかかわらず、統計データや世論調査データを用いたかたちでの量的・定量的手法ではなく、質的・定性的研究や事例研究が主流であった（Wagemann 2014）。しかしながら、近年では統計学的手法を通じて多国間比較研究や「イベント分析」を行う研究も増えてきている。これから本格的に研究に取り組みたいと考える読者は、数理・統計分析のスキ

ルを身に付けることで、多くの新しい知見を生み出すことが可能となろう。

▶▶ **本章の研究テーマを学ぶための基本文献**

塩原勉編（1989）『資源動員と組織戦略——運動論の新パラダイム』新曜社。

大畑裕嗣ほか編（2004）『社会運動の社会学』有斐閣。

オルソン、マンサー（1983）『集合行為論——公共財と集団理論』依田博・森脇俊雅訳、ミネルヴァ書房。

片桐新自（1995）『社会運動の中範囲理論——資源動員論からの展開』東京大学出版会。

クロスリー、ニック『社会運動とは何か——理論の源流から反グローバリズム運動まで』西原和久ほか訳、新泉社。

重冨真一編（2015）『社会運動理論の再検討——予備的考察』アジア経済研究所。

曽良中清司ほか編（2004）『社会運動という公共空間——理論と方法のフロンティア』成文堂。

タロー、シドニー（2006）『社会運動の力——集合行為の比較社会学』大畑裕嗣監訳、彩流社。

ティリー、チャールズ（1984）『政治変動論』堀江湛監訳、芦書房。

西城戸誠（2008）『抗いの条件——社会運動の文化的アプローチ』人文書院。

溝渕正季（2008）『イスラーム主義運動研究と社会運動理論——資源動員論とその前後の理論史展開を中心に』上智大学アジア文化研究所。

Bayat, A. (2007) *Making Islam Democratic: Social Movements and the Post-Islamism*. Redwood City, CA: Stanford University Press.

Beinin, J. and F. Vairel, eds. (2011) *Social Movements, Mobilization, and Contestation in the Middle East and North Africa*, 2nd edition. Redwood City, CA: Stanford University Press.

Hafez, M. M. (2003) *Why Muslims Rebel: Repression and Resistance in the Islamic World*. Boulder, CO: Lynne Rienner.

Kruzman, C. (2005) *The Unthinkable Revolution in Iran*. Cambridge, MA: Harvard University Press.

Lynch, M. ed. (2014) *The Arab Uprisings Explained: New Contentious Politics in the Middle East*. New York: Columbia University Press.

McAdam, D., J. D. McCarthy and M. N. Zald, eds. (1996) *Comparative Perspectives on Social Movements: Political Opportunities, Mobilizing Structures, and Cultural Framings.* Cambridge: Cambridge University Press.

McAdam, D., S. Tarrow and C. Tilly. (2001) *Dynamics of Contention.* Cambridge: Cambridge University Press.

Wickham, C. R. (2002) *Mobilizing Islam: Religion, Activism, and Political Change in Egypt.* New York: Columbia University Press.

Wiktorowicz, Q. ed. (2004) *Islamic Activism: A Social Movement Theory Approach.* Bloomington, IN: Indiana University Press.

第2章
市民社会論

浜中新吾

　従来、市民社会という概念は政治思想史や西洋政治史における民主政治の発展過程を論じる概念として用いられてきた。民主化を扱う比較政治学のような実証社会科学[1]において、市民社会が論じられるようになったのは近年のことであり、1980年代に入ってからである。

　辻中／ペッカネン／山本（2009: 20）は経験的分析への適用のしやすさという観点から、シュワルツ（2003）が定義した市民社会概念を下記のように図式化した。すなわち、市民社会とは「家族と政府の中間的な領域であり、そこでは社会的アクターが市場の中で利益を追求するのではなく、また、政府の中で権力を追求するのでもない領域」である。下記の図に描かれた三角形のうち、政府でも営利企業でも家族でもない中間の部分が市民社会である。

　辻中／ペッカネン／山本（2008）は市民社会領域における組織には3つの機能が期待されると主張した。第1は社会関係資本（Social Capital）の醸成である。社会関係資本とは他者への信頼、互酬性規範、および（人的）ネットワークから成る概念であり、人々を協働させることで社会の厚生を高めるものと考えら

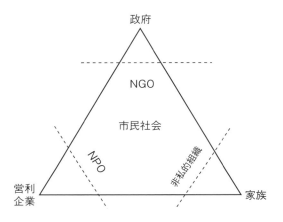

れている。第2に公共サービスを含めた社会的サービスの供給である。ここでは財政難で公共サービスの供給が不足した場合でも市民社会が政府に代わってサービスを供給することが期待される。第3は政策提言である。市民社会には市民に代わって彼らの声を代弁し、政府や営利企業などに伝えることが期待される。

　辻中らの概念整理は日本の市民社会を念頭に置いたものであるが、中東における市民社会論においても参考になる点は多い。アウグストゥス・リチャード・ノートンが編集した『中東の市民社会』は1990年代初期に繰り広げられた議論の集大成であり、政治学者や社会学者による理論と各国分析の知見が収められている。本章では『中東の市民社会』で定義された市民社会概念を出発点として、市民社会に関する理論を紹介していきたい。

1．中東の市民社会

　『中東の市民社会』では議論の出発点として編者であるノートンとエジプトを代表する政治学者サアド・エッディン・イブラヒームがそれぞれ市民社会の概念定義をしている。Norton（1994: 7）は市民社会を次のように定義した。「西洋において知られている民主主義が故郷を持つとすれば、それは市民社会の中である。市民社会は結社、クラブ、ギルド、同業組合、連盟、組合、党派、あるいは集団の混合であり、団結して国家と市民の間に緩衝地帯を供給するものである」。この定義は市民社会の共通理解と言えるものだが、中東という地域的文脈を読み込んだものではない。文脈を考慮した定義はIbrahim（1994）によって与えられている。

　　　この概念（市民社会）を定義する数多くの方法が存在しているものの、それらはすべて個人と国家のあいだの公共空間へ自発的・組織的・集合的に最大限参加することを考察している。制度的形態として、市民社会は非国家アクターないし非政府組織（NGOs）、例えば政党や労働組合、専門職組合、地域開発結社ないしその他の利益集団といったものから構成されている。規範的には、たとえ受容できなくとも、異なる「他者」への寛容を示す価値および行動規範、および政体のような公共空間を共有する諸個人と集団間の差違を平和的に処理する、暗黙あるいは明示的な献身を市民社

会は意味している (Ibrahim 1994: 27-28)。

　イブラームによる市民社会の定義には政党が含まれている。通常、西洋社会の文脈において政党が市民社会に含まれることはないと言っていい[2]。ではなぜ政党が市民社会に含まれているのだろうか。アッサイード (2007: 260) は次のように答えている。「政党、特に野党には自由な選挙がほとんど認められていないため政権に参加する機会はないと考えている。彼らの見方によれば政党は政治的な利益集団のような活動をする傾向にあるということになる」。よって本章では政党を市民社会に含めておくことにしたい。

　ノートンの議論からうかがい知ることができるように、政治学や社会学における市民社会の概念は民主主義と切り離すことができない。なぜなら市民社会において社会関係資本が醸成され、これが民主主義を機能させると考えられているからである（パットナム 2001）。そして政府に代わって社会的サービス供給を補ったり、政府に対して社会問題を民主的に解決するように提言したりするためだ。実証的な比較政治学が市民社会を論じるようになる前は、「西洋とオリエントを区別するのは市民社会の在・不在である」という支配的パラダイムが存在した（Turner 1984）。すなわち西洋に民主政治が存在し、東洋（オリエント）に不在であるのは、市民社会の有無に関連している、というわけである。したがって市民社会の理論は、第1に民主政治の質を説明するものである。

　では非国家アクターないし非政府組織、すなわち市民社会組織（Civil Society Organizations）が国家と市民の間に緩衝地帯を供給し、そのことによって異なる「他者」への寛容を示す価値および行動規範を生み出して普遍的人権を擁護する、というメカニズムが中東社会において欠如している、と言えるのだろうか。Kienle (2011: 148) によれば、イラクでは市民社会組織の再生が始まったばかりであり、サウディアラビアでは組織結成が厳しく規制され、リビアでは市民社会組織は全くの不在である。一方でイスラエルやトルコ、レバノン、チュニジアといった国では市民社会組織が活発だと言われている。しかしながら、ムバーラク政権期のエジプトでも市民社会組織は1万5000から2万ほど存在しており、クウェートは市民社会の立ち上げに関する規制がもっとも緩い国だとされている（Kienle 2011: 148）。ハーフィズ・アサド統治期のシリアでも1974年から1990年の間に労働組合数は18万から52万まで増加し、住居組合も8万から27万に、さまざまな職能組合も数千から数万に増加している

(Hinnebusch 1994: 228)。ほとんどのアラブ諸国では市民社会組織が政府によって規制され、登録と監視の対象であるため、団体数の増加と統治様式の変化は関連していないのである。

2．規範としての市民社会——結合と協力の文化

市民社会組織数の増加が政治体制の民主化とパラレルではなかったとしても、人々の政治的協働を促す市民性、すなわち市民文化（civic culture）の育成には結びつかないのであろうか。ロバート・パットナムによる社会関係資本論は、市民社会における信頼、規範、ネットワークといった特徴が社会の効率を改善し、民主主義の質を高めると主張した（パットナム 2001）。この社会関係資本論は「政治文化論のルネッサンス」として学問分野を超えて受容され、数多くの関連研究を生み出している。浜中（2007）は多国間比較における中東政治という観点から市民の政治文化、すなわち市民文化の役割を検討した関連研究のひとつである。

浜中は世界価値観調査（World Values Survey）から集計データを作成し、市民文化と各国政府のガバナンス（統治能力：governance）、そして社会関係資本との関連を分析した。その結果、中東諸国の市民文化水準は低く、ガバナンスも良好とは言えないこと、そして社会関係資本の水準も相対的に低いことが明らかにされた。すなわち中東の人々による自発的結社への参加は積極的とは言えず、信頼感情は閉鎖的な人間関係の中で完結する特定化信頼でしかないことが示された[3]。ただし社会関係資本の弱さが脆弱なガバナンスへと繋がっていると考えるよりは、逆の因果関係を想定する方が論理的だと思われる。すなわち強権的で非効率かつ腐敗した統治が見知らぬ他人への信頼を妨げており、分節化した社会的な交換関係を生み出している。よって市民同士の協力と調整を促す政治文化は成熟されえない。浜中（2002）はパレスチナにおいて市民社会組織の増加と寛容で自発的な政治文化が必ずしも結びついていないことを世論調査データによって実証した。また Jamal（2008）も世論調査データを用いた分析を行い、パレスチナの社会関係資本が分節化されており、民主政治の発展を阻害するものと主張している。

では中東社会に伝統的な形の社会関係資本（に類似したもの）は存在しなかったのだろうか。「オリエントにおける不在」という伝統的パラダイムは、今日

では否定されている。14世紀に活躍したイブン・ハルドゥーンは近代社会科学における最初の政治社会学者だと言える。イブン・ハルドゥーンは『歴史序説』の中でアサビーヤ（連帯意識）の理論を展開している。遊牧民が砂漠の中で生活する必要から、血縁集団としての部族を形成しなくてはならず、部族形成の核と見なされた抽象概念がアサビーヤである。アサビーヤは血縁を持たない者同士の間にも発生し、それは主従関係や盟約関係、他部族への新来者の場合がそうである（イブン・ハルドゥーン 2001: 339-343）。このアサビーヤを現代社会科学の概念として再発見したのがゲルナー（1991）であり、前近代の社会関係資本として国家興亡研究の中心概念としたのがターチン（2015）である。もっともアサビーヤは王朝の発生と衰退を説明する概念であって、政治体制の類型を説明するものではない。

3．市民社会生成の理論

民主化やガバナンスの向上に結びつかないとしても、中東諸国には数多くの市民社会組織が存在する。ではなぜこうした非国家アクターや非政府組織が作り出され、国・地域や時代によってその数にばらつきが発生するのだろうか。この問いに答える理論としては、市場の失敗と政府の失敗理論（サラモン 2007: 140）がある。民間の市場と政府には集合財の供給者として、いずれも限界がある。それゆえ自発的結社が供給者として参入する。この理論に従えば、住民に必要な公共サービスが政府によっても市場によっても供給されないため、市民社会組織が形成される、という説明になる。

サラモンの失敗理論を明示的に援用した中東研究は管見の限り存在しない。しかし数多くの事例研究を概観した範囲では市場の失敗・政府の失敗理論が当てはまると言えるだろう。例えば末近（2013）ではレバノンのヒズブッラー系NGOによる活動が詳述されている（末近 2013: 223-224）。レバノンでは国家予算が前年度のものを踏襲するという異常事態が続いていたため、社会保障や地域開発に必要な予算配分が適切に行われなかった。そこで非政府組織がゴミ処理、学校教育、医療、治安維持といった社会サービスを提供することになった。このサービスは一方で、宗派で分節化した社会において支持者を囲い込む集票マシンとしての機能も併せ持っている。末近によれば、ヒズブッラー系NGOは水・電力の供給、社会的弱者への経済支援、保健衛生管理、道路整備、住

宅開発、農村開発支援、ゴミ収集、マイクロクレジット、独自の社会保障など、通常は政府が供給する社会サービスを担っているという。

エジプトではムスリム同胞団系NGOの活動、とりわけ診療所による医療サービスの提供がよく知られている（Clark 2004; 横田 2006; 川上 2012）。ムスリム同胞団が関係する社会活動組織のひとつ、イスラーム医療協会は貧困層向けの医療サービスを提供する診療所や病院の経営を行っている。診療所には医師がボランティアで勤めており、経済的理由で政府系や民間経営の病院にかかれない住民の診療や治療を行っている。同じく同胞団と繋がりを持つイスラーム家族支援協会は、貧困家族・母子家庭への経済支援・結婚支援を行っている。このようにムスリム同胞団による社会活動は、政府の福祉政策・社会政策が行き届かない人々、中間層以上でなければアクセスできない民間企業のサービスから取り残された人々に向けられている。

パレスチナもイスラエルによる占領のために教育や医療などの基礎的な公共サービスの供給が不十分である。困窮を極めるガザ地区ではイスラーム主義系のNGOによる活動がサービスの供給不足を補ってきた（Roy 2011）。ハマース系のNGOはイスラーム主義に基づく独自のカリキュラムを持つ幼稚園、学校を経営し、安価な授業料で困窮家庭を引きつけてきた。また貧困母子家庭向けのヘルスケア、家計支援、ザカート（喜捨）委員会による孤児への経済支援、医療プログラムの提供も行われている。ガザ地区ではアルサラ・イスラーム協会とアルラフマ協会という著名な団体があり、病院経営や失業者への手当給付などを行い、ソーシャル・ワーカーを雇用し各家庭に派遣している。

4．ワクフと市民社会

前節で紹介したNGOはイスラーム主義を掲げる政治主体と深い関係を持っているが、これは偶然ではない。イスラーム自体が社会的互助を促進する教えを持つため、欠如した公共の福祉を維持・促進する活動の供給主体が生まれやすいのである。近代以前から今日においても、イスラーム社会に不可欠なモスクや共同給水泉などは個人の所有権が停止されたワクフ（寄進財産）財産として運営されている（小杉 2006: 525-526）。

ワクフ財産は社会を自律的に機能させ、課税対象とならないために国家の介入を抑止する役割を持っていた（小杉 2006: 526）。近代以前でさえ施政者は

イスラーム法によって統治権限が制約されていたのである（フクヤマ 2013: 57）。しかしながら社会に自律性を保証したイスラームに基づく諸制度が市民社会を促進するどころか、むしろ弱体化させ、今日の経済的停滞を招いているという理論が提唱されている。Kuran（2011）は紀元1000年頃までは先進的といえたイスラーム社会の契約形態と寄進制度が、それ以降は経済発展の足かせになったと主張する。クランの議論は長期の時間軸を持ち多岐にわたるため、ここでは市民社会と関連する理論を紹介する。

　個人財産をワクフにした設定者が、第一義的な受益人を家族ならびにその子孫に限る場合がある。これは家族ワクフと呼ばれている[4]。子孫はワクフの管財人として財産の利益に預かることはできるものの、所有権が停止されているためにワクフ財産を商業利用することはできない。ワクフという制度が資産の流動性を阻止し、経済活動を妨げるというのはこうした意味においてである（Kuran 2011: 128-130）。

　クランは家族ワクフが市民社会を弱体なままにするという逆説性についても言及している。ワクフは設定者の遺志を忠実に遵守することが求められるため、管財人となった子孫による適切な資源配分を妨げ、国家の統制を逃れて政治的連帯を促すような資産統合も制度的に阻止されてしまう。すなわち市民社会を作り上げる財政的な力は寸断されてしまうのだ。こうして中東では強力な市民社会を欠いたまま、外国の支援を受けた国家による近代化路線が選択されたのである（Kuran 2011: 295-296）。

5．市民社会と民主化の可能性

　アルジェリア、モロッコ、ヨルダン、イエメン、レバノンの市民社会組織を比較横断的に分析した Cavatorta and Durac（2011）は、市民社会と民主化の関係性について、次のような興味深い議論をしている。アラブ諸国の市民社会は世俗的な組織とイスラームに基づく組織に大別される。市民社会組織の活動を通じた民主化を考えるに当たっては、組織の活動資金の出所が重要な課題であるかもしれない。欧米諸国政府は市民社会を通じた中東世界の民主化を構想しており、この目的のため、世俗的なアラブの市民社会組織に資金提供をしている。国によって差異はあるものの世俗的な市民社会組織は十分な大衆的支持を受けているとはいえない。それゆえに民主化運動を起こすに当たってはイス

ラーム的市民社会組織との協働が不可欠である。しかしながらイデオロギー上の断絶から両者の協働は困難であり、政府の分断統治政策によって管理されてしまう（Cavatorta and Durac 2011: 141-150.）。

　上記の議論は「アラブの春」の前に行われたものである。だが、エジプト2011年革命時の両者の結託と、その後のムスリム同胞団による権力奪取、そして世俗派の反発から2013年7月クーデターに至る政治過程は周知のものとなっている。ゆえに世俗派とイスラーム主義者の政治的協働が矛盾に満ちていることを想像するのはたやすい。

　2010年末の「アラブの春」以降、チュニジア、リビア、イエメンでも体制転換が生じた。しかしながら現時点で民主化移行プロセスに残っているのはチュニジアだけである。イスラーム主義と世俗派の深刻な対立を回避させ、対話によって両者を多元的な民主政治プロセスに乗せることができた背景には、国民対話カルテット（Tunisian National Dialogue Quartet）の存在があった。これは労働総同盟（UGTT）、工業・商業・手工業連盟、人権連盟、弁護士会の4団体を意味し、政治的危機のさなか、チュニジア社会を守るための対話を促した。国民対話カルテットはこの功績によって2015年ノーベル平和賞を授与されている。

　国民対話カルテットの活動はイブラヒームの市民社会、すなわち「公共空間を共有する諸個人と集団間の差違を平和的に処理する、暗黙あるいは明示的な献身」そのものである。中東の社会には政権や武装組織による市民への人権侵害が見られ、立憲主義すなわち憲法典による公権力の拘束が欠如している（Leca 1994: 57）。イスラーム主義の政教一致原則に近づけるのか、それとも公共空間から宗教の影響を極力排除するのか、というチュニジアと2011年革命後のエジプトが直面した問題は中東の民主化における深刻な政治課題である。

　そもそもイスラームと非イスラームのように「異なる信仰という比較不可能な価値」をいかに共存させるか（長谷部2004）という問題は、市民社会という公共空間をいかに確立するのか、という問題でもある。西洋型市民社会は政教分離とリベラリズムによって普遍的人権を擁護する形の解決を図った。これに対して小杉（2006）はイスラーム的市民社会を想定している。しかしこの概念は多数派であるイスラームの優位を認める解決ではないだろうか。シリアのアサド政権は「宗派集団間の差違の平和的な処理」を担っていたが、これは権威主義的統治による解決であり、市民社会型の解決ではない。

チュニジアの国民対話カルテットは市民社会による紛争解決のモデルケースとなり得るのであるが、カルテットとは異なるタイプの市民社会はあり得るのか、あるいはカルテット・モデルの市民社会を成り立たせる条件とは何なのか。このような問題を想起させる中東現代政治は市民社会研究のフロンティアなのである。

【注】
1）実証社会科学とは数量化されたデータを統計学的手法で分析する、あるいは公文書などの資料・史料を分析するといった客観的な手続きに則って、社会科学理論から導出した仮説を検証する研究体系を意味する。この手続きは経験的分析、もしくは実証分析と呼ばれる。
2）とは言え「政党は、一方の端を社会に、他方の端を国家にかけている橋である」という E・バーガーの古典的表現にもあるように、市民社会と政府機関を結びつける性質を持つ。
3）「中東における社会関係は普遍化信頼ではなく、分節化された小社会内部でのみ通用する特定化信頼に支えられた集団主義的均衡の状態にある」浜中（2007: 100）。パットナム（2006）が分類したソーシャル・キャピタル類型に従えば、中東の状況は排他的な結束型（bonding）である。
4）受益対象を広範に設定したものは慈善ワクフと呼ばれる（Kuran 2011:129）。

▶▶ 本章の研究テーマを学ぶための基本文献

アッサイード、ムスタファ・カーミル（2007）「中東の市民社会」小林良彰・富田広士・粕谷祐子編『市民社会の比較政治学』慶應義塾大学出版会、253〜276 頁。
イブン=ハルドゥーン（2001）『歴史序説（1）』森本公誠訳、岩波文庫。
川上泰徳（2012）『イスラムを生きる人々』岩波書店。
ゲルナー、アーネスト（1991）『イスラム社会』宮治美江子・堀内正樹・田中哲也訳、紀伊國屋書店。
小杉泰（2006）『現代イスラーム世界論』名古屋大学出版会。
末近浩太（2013）『イスラーム主義と中東政治』名古屋大学出版会。
浜中新吾（2007）「中東の市民文化」小林良彰・富田広士・粕谷祐子編『市民社会の比較政治学』慶應義塾大学出版会、69〜106 頁。
パットナム、ロバート（2001）『哲学する民主主義』河田潤一訳、NTT 出版。
フクヤマ、フランシス（2013）『政治の起源』（上・下）会田弘継講訳、講談社。
横田貴之（2006）『現代エジプトにおけるイスラームと大衆運動』ナカニシヤ出版。
Clark, Janine A. (2004) *Islam, Charity, and Activism: Middle-Class Networks and*

Social Welfare in Egypt, Jordan, and Yemen. Bloomington: Indiana University Press.
Jamal, Amaney A. (2008) *Barriers to Democracy: The Other Side of Social Capital in Palestine and the Arab World*. Princeton: Princeton University Press.
Kuran, Timur. (2011) *The Long Divergence: How Islamic Law Held Back the Middle East*. Princeton: Princeton University Press.
Norton, Augustus Richard ed. (1994) *Civil Society in the Middle East* vol.1. Leiden: E.J. Brill.
―――― ed. (1996) *Civil Society in the Middle East* vol.2. Leiden: E.J. Brill.

第3章
ジェンダー理論と中東研究

嶺崎寛子

1. ジェンダーの定義

 ジェンダーという言葉は随分と知名度を上げた。正確に説明はできなくても、この単語を知る読者は多いだろう。中東地域では、ジェンダーは他の社会規範の根幹を規定する、文化的に最も重要な規範として働く[1]。そのためか中東地域のジェンダー研究は海外では盛んで、日本でも近年多くの研究書が出版されている。しかし誤解を恐れずに言えば、日本には女性関連のトピックを扱う研究者は多いが、ジェンダー研究の知見を踏まえてきちんとした分析ができるジェンダー研究者は、実はそれほど多くない。同性愛、家族、女子教育、ヴェール等のトピックを扱えば、それはジェンダー研究だろうか。そうではない。ジェンダー研究の先行研究や理論を踏まえた議論や分析が、ジェンダー研究を名乗る以上は求められる。何よりジェンダー研究の成果は、魅力的だし使える。大いに学ぶべきだ。

 本章の目的は、ジェンダーの視点からの中東研究に必須と思われる理論を紹介し、解説を加えることである。原則として事例研究は扱わない。中東を対象としない、中東に応用可能な理論は扱う。ただしジェンダー研究のような学際的な学問分野を、網羅的に論じることは紙幅の関係上できない。全体像や理論の詳細は江原・金井（1997; 2002）、竹村（2000; 2003）、井上他（2002）、加藤（1998）等を適宜参照されたい。

 まずは定義を整理しよう。ジェンダーを歴史学者のジョーン・スコットは「身体的差異に意味を付与する知」（Scott 1988）と、哲学者のジュディス・バトラーは「性別化された身体が身にまとう文化的意味」（バトラー 1999: 27）と、社会学者の加藤秀一は「たんなる生殖機能の差異というレベルを超えて、社会的に編成された知識や規範としての性別」（加藤 1998: 26）と定義した。ジェンダーとは、つまり性別に個々の文化が付与する意味の束のことだ。ジェンダーは好

むと好まざるとにかかわらず、人が育つ過程で強制的に刷りこまれ内面化（＝社会的に構築）される。だから多くの人々は、これを生物学的な条件によって規定される差異——つまり「自然」で「本質」的な差異——と思いこんでいる。さらにはジェンダーを内面化した個人は、ジェンダー規範に基づいて行動することで、既存のジェンダー規範を現出／強化／構築する主体ともなる。

　だからジェンダーという記述概念の示す中身は、文化／時代／地域によって当然異なる。ジェンダーが例えば「2000年代エジプトのジェンダー規範」のように、ある文化が付与する意味の束そのものを示す記述概念としても使われるのはこのためだ。しかし本来、ジェンダーは現象を名付けることによって可視化し、分析の俎上に載せる（＝脱構築[2]する）ために創り出された分析概念である。

2．理　論

（1）構築主義

　ジェンダー理論一般のうち最重要なのは、バトラーが『ジェンダー・トラブル』で唱えた徹底した構築主義（constructionism）[3]である。ジェンダーとセックスとを対置させ、ジェンダーを社会的に構築された性別、セックスを生物学的な性別とする理解がバトラー以前は主流だった。しかしバトラーは「セックスの自然の事実のように見えているものは、じつはそれとは別の政治的、社会的利害に寄与するために、さまざまな科学的言説によって言説上、作り上げられたものにすぎないのではないか。（中略）「セックス」と呼ばれるこの構築物こそ、ジェンダーと同様に、社会的に構築されたものである。実際おそらくセックスは、つねにすでにジェンダーなのだ」と看破し「ジェンダーは、それによってセックスそのものが確立されていく生産装置のことである」と書く（バトラー 1990: 28-29）[4]。ジェンダーとセックスという二元論の構築性を暴き、本質主義（essentialism）を徹底して排したバトラーがジェンダー研究に与えたインパクトは計り知れない。これ以降のジェンダー理論はすべてバトラーを踏まえていると言っても過言ではない。

　なお構築主義は本質主義と対立する。本質主義とは、ある事物やカテゴリーにはそれをそれたらしめる、必須かつ特別な特性があるとし、その特性を「原因」とみなして還元的に思考する立場を指す。ただし、状況によってはあるカ

テゴリーを意識的・戦略的に名乗ることが有効であることもある。この重要性をガヤトリ・スピヴァクは戦略的本質主義と名づけ、論じた（スピヴァク 1998）。

　他の社会でもそうであるように、ジェンダーにかかる言説は、中東地域においても基本的に本質主義的である。だからこそ構築主義が役に立つ。中東で性のうち何が「自然」＝本能であり生得的とされ、そのうちどの特性がどのような理由で特に重視され、結果社会的な男女の配置や権力の配分にどのように影響するか。どのような言説がその社会において説得的で受容されやすいか（例えば日本では脳の作りの違いを男女の差異の根拠とする「科学」的言説は受容されやすいが、神が男女を異なるように作ったのだ、という宗教的言説を受容する人は少ないだろう）。ジェンダー規範に収まりきらない例外を包摂するために、その文化はどのような意味体系を持つか。どのような水準でまた何を理由として、その社会は「自然」＝本質の臨界を決めるのか。例えばクルアーンの男女差にかかる記述は、ムスリムにとってはクルアーンに書かれている故に、絶対で変更不可能である（嶺崎 2015: 279-283 参照）。上野千鶴子の言葉を借りればそれは「それ以上遡って理由を問うてはならない禁止の別名」（上野 2001: 3）、つまり臨界なのだ。ではそこを臨界として生きる人々にとっての、可変的なジェンダーとは何か。絶対的な男女差があるという認識は、人々が社会を生きる上で何をもたらすのか。構築主義は、例えばこのような刺激的な問いを生む。

（2）第三世界フェミニズム

　ジェンダー研究は女性学やフェミニズムの延長線上に位置し、それらを継承・深化させつつ発展してきた。ただし 60 〜 70 年代の女性学とフェミニズムの密接な関係とは異なり、今では運動としてのフェミニズムとジェンダー研究は必ずしも連関していない。女性学がジェンダー研究という名で呼ばれるようになったのは、日本では 90 年代後半からである。その名称には、女性学が等閑視してきた LGBT（性的少数者。それぞれレズビアン、ゲイ、バイセクシャル、トランスジェンダーの頭文字。クィアないしクェスチョニングの Q〔queer、元は男性同性愛者に対する蔑称。クィアは蔑称をあえて引き受け自己主張する理論・運動。questioning「迷い中」〕をつけ LGBTQ とも）および男性研究等を包摂し、より広い視野から性を再考するという意図がこめられている。

　フェミニズムの嚆矢となったのは、第一波フェミニズムとよばれる 19 世紀から 20 世紀初頭に欧米で興った女性参政権獲得や公娼制廃止をめざした女性

運動である。その後 1960 年代に欧米を中心に展開した第二波フェミニズムが今日のジェンダー研究につながるが、フェミニズムには起源や立場の違いによって様々な潮流があることに注意されたい。

中東と関連して重要なのは、女性の中の差異や構造抑圧に敏感なフェミニズムの一潮流、第三世界フェミニズムである。「シスターフッド・イズ・グローバル」の標語が象徴するように、欧米フェミニズムはかつて、女性を女性というだけで共通の利害を持つ一枚岩のカテゴリーとみなし、世界中の女性との共闘を志向した。その象徴ともいえる用語が家父長制(patriarchy)である。70年代のラディカル・フェミニズムは、男性の女性に対する支配を可能にする家父長制システムが普遍的(汎地域的・超歴史的)に存在するとして、女性の連帯によるその克服を目指した。対して第三世界の女性たちは、世界女性会議の席上等で、欧米フェミニズムを「女性の中の差異を無視し、白人中産階級女性の利害関心を特権化している」と批判した[5]。欧米フェミニズムは、第三世界の女性たちが性別のみならず、貧困・階級・人種・植民地主義等の、構造的かつ重層的な抑圧構造下に置かれている事実に向き合うべき、との指摘が当事者からなされたのである。

この第三世界フェミニズムの記念碑的論文が、チャンドラ・T・モハンティの *Under Western Eyes*(Mohanty 1984)だ。この論文で彼女は欧米フェミニズムを、特権的で自文化中心主義的な立ち位置から第三世界の女性を言説的に植民地化し、「第三世界女性」を単一のカテゴリーとして表象・生産していると批判した。また性別役割分業や家父長制等の分析概念が文化的・歴史的文脈を無視して使われているが、特定の文脈にそって分析されるべきとした。欧米フェミニズムによる理論化から排除された第三世界の女性たちの身体と生活の具体的現実や複雑性、主体性に注意を喚起したといえる(モハンティ 2012: 336)。同様にスピヴァクはサバルタン研究の金字塔、*Can the Sabaltern Speak?*(Spivak 1988)で、インド女性を事例に、表象をめぐる政治と権力の問題系、ことにヘゲモニーの外に置かれそこから排除される者としてのサバルタンの存在を論じ、大きな反響を呼んだ。

モハンティやスピヴァクは、ミシェル・フーコーの権力論を、男女の二項対立や家父長制といったアポリア(解決不能な難問)と対峙する際のフェミニズム理論の有効な武器として、批判しつつ援用した(Foucault 1976)。ポスト構造主義の代表的な論客であるフーコーは、ジェンダー研究に多大な影響を与え

た思想家でもある。権力論以外ではセクシュアリティの系譜学が重要で、フーコーは従来、自然や本能という言葉で解釈されてきたセクシュアリティが、さまざまな言説実践の配置によって歴史的に構築されたことを明らかにした（千田 2001: 31）。

　ポストコロニアル理論を牽引したエドワード・サイードの影響も大きい。サイードは言説の政治性を第三世界フェミニズムに先んじて論じ、その思想に影響を与えた。彼の『オリエンタリズム』や、アルジェリアを舞台に植民地支配が心性にどう刻印されたかを描いたフランツ・ファノンの『地に呪われたる者』『白い皮膚・黒い仮面』は、中東を扱うポストコロニアルの思想書としてのみならず、ジェンダー視点で読みたい（サイード 1993; ファノン 1996, 1998）。

（3）先行研究

　中東地域の女性・ジェンダー研究の系譜には、マジョリティのムスリムを扱ったものが多い。もはや中東フェミニズムの古典であるナワル・エル・サーダウィの一連の著作（『イヴの隠れた顔』等）や、ライラ・アハメド『イスラームにおける女性とジェンダー』、岡真理『彼女の「正しい」名前とは何か』等はまず読むべきだ（エル・サーダウィ 1988; アハメド 2000）。ただしサーダウィーは、当時のフェミニズム理論の限界を踏まえつつ批判的に読みたい。アハメドは「イスラームは本質的かつ普遍的に女性に対して抑圧的であり、ヴェールや女性隔離がその抑圧の典型である」という、フェミニズムと絡んだ「植民地主義的言説」形成の経緯を論じた。岡の前掲書は第三世界フェミニズムの論点を網羅し、日本人女性のポジショナリティとそれに伴う特権の問題をも論じる（岡 2000）[6]。著者の岡は日本の第三世界フェミニズムの主要な論客の一人としても重要である。女性に対する暴力、特に女子割礼／FGM（Female Genital Mutilation、女性器切除）にかかる理論的理解には、岡と大塚和夫の論考が有用である（岡 2000; 大塚 2002）。嶺崎寛子は FGM を不可逆性の外傷とそれによるトラウマという視点から再考する必要を論じた（Minesaki 2011）。文化相対主義と女性に対する暴力という文脈では、*Interrogating Harmful Cultural Practices*（Longman & Bradley 2015）が参考になる。最近の研究では、嶺崎寛子『イスラーム復興とジェンダー』1 章が、文化人類学・宗教学・開発学等の研究動向を踏まえ、「ムスリム女性」が置かれた研究・言説上の位置を理論的に整理していて概要把握に便利である（嶺崎 2015）。ライラ・アブー＝ルゴドの *Do Muslim Women*

Need Saving? は、9.11 以降の欧米における、欧米とイスラーム世界をジェンダーを参照軸に二項対立に位置づける表象（女性の自由と人権に配慮のある欧米 vs 配慮がないイスラーム諸国）と、その政治性を手際よく論じた（Abu-Lughod 2013）。

　言説に過剰に取り込まれ、当事者の声が聞こえづらいという問題が常にムスリム女性にはつきまとう。ジェンダー研究者は、植民地支配とそれ以降の非対称な欧米と中東との権力関係のなかで、誰がどのような意図でムスリム女性を表象・代弁するかという、ジェンダーをめぐる表象の政治に鋭敏でありたい。名付け、カテゴリーを構築することは権力の営為である。権力は定義権の別名なのだ。

　欧米は自己のネガを投影する「歪んだ鏡」として中東を必要とする。中東が二項対立のもう片方として歴史的に構築される過程で、重要な役割を担ったのがジェンダーであった。この二項対立構造に研究者も否応なく巻き込まれ、そのなかで発話・応答せざるをえないことが、状況を一層複雑にしている。しかしアーイシャ・ヒダーヤトゥラーが、イスラームを本来的に平等主義な宗教とみなす一部のフェミニストのクルアーン解釈を、「いいとこ取りの解釈」として、意義は認めつつもその危険性を指摘したことと（Hidayatulla 2014: ix）、タラル・アサドの、異文化のなじみのない概念を、リベラルな世界観に受け入れられる言葉に翻訳することは偏見の強化につながる、との指摘は重要である（アサド 2004: 315-316）。ムスリム女性の代弁、多様性の捨象、ロマン化、異文化の「翻訳」を警戒し、錯綜した言説状況の只中にありつつ、研究者として禁欲的かつ誠実でいることが、ジェンダー研究者に求められている。

3．今後の研究課題

　ジェンダー研究は宗教を家父長制の砦と見なした故に、宗教に積極的・主体的に関わる女性たちの分析とその理論化を等閑視してきた。しかし宗教が重要な意味を持つ中東地域において、主体的に信仰者であろうとする女性たちをいかに可視化・理論化するかは常に重要なテーマである。歴史学は近年の社会史の隆盛とともに、家族や女性等に高い関心を寄せてきた（Rapoport 2005; Tucker 2000 などを参照）。中東地域には、法廷文書等社会史研究上有用な史料が豊富という利点がある。ジェンダー視点からの社会史、心性史は今後も重要

かつ有望な研究課題であろう。

　近年の動向で注目すべきは、9.11以降LGBTの人権が、欧米vs.中東の表象の政治に動員されていることである。LGBTの人権がナショナリズムや人種主義、戦争や移民政策と結びつき、上記の二項対立構造のLGBTを用いた変奏形が生まれた。クィア理論はいち早く、そして中東研究や人類学よりもラディカルにこれを論じてきた（Puar 2007, 2010; Butler 2010; Schulman 2012; 川坂 2013）。バトラーはLGBTやクィアが、イラクやアフガニスタンでの戦争や、イスラーム嫌悪を用いて移民に反対する人々に利用されうることと、ナショナリズムや軍事主義にLGBTが動員される可能性を指摘、注意を喚起した（Butler 2010）[7]。LGBTをナショナリズムや対テロ戦争に動員しようとする動きを、ジャスビル・ピュアはホモナショナリズムと名づけた。この文脈ではホモナショナリズムとピンクウォッシング（後述）が重要である。ピュアは9.11以降の対テロ戦争において、アメリカが中東を鏡像として作り上げた自己イメージ——抑圧され、内気で、裸を恥じる中東と、中東より同性愛嫌悪が少なく、より同性愛に寛容で、より女性嫌悪や原理主義に染まっていないアメリカ——を論じた（Puar 2007: 94）。同性愛を例外としつつも包摂する度量の広いアメリカ、という自己表象によって、アメリカは自身の国家的、文化的優位性を構築する。ピンクウォッシングは、LGBTを政治利用し、イスラエルの国家的なイメージアップを図る同国の戦略を、批判的に指す用語である（Puar 2010）[8]。イスラエル政府は広告キャンペーンの一環としてLGBTに理解がある姿勢を示し、イスラエルは中東で唯一のゲイ・フレンドリーな国家であると喧伝、国際的なLGBTの映画祭やパレードの支援、ゲイの観光客招致運動等を行う（Schulman 2012参照）。例えばイスラエルは東京レインボーパレードに2013年は公式参加、14年はスポンサー、15年は後援として関与した。在日本イスラエル大使館のHPには「LGBTの人々の権利において、イスラエルは中東およびアジア圏でもっとも進歩的と考えられています。テルアビブ市はアメリカのゲイ・カルチャー誌にて『中東におけるゲイの首都』と名付けられ、『世界で最もゲイフレンドリーな都市』とも言われます」との記載がある[9]。イスラエルは自らを民主主義的・進歩的・先進的とし、パレスチナおよびそれを支援するアラブ諸国を野蛮で、同性愛嫌悪に満ち少数者の人権に鈍感な、自爆テロを繰り返す狂信者として表象する。

　LGBTの政治利用が最も先鋭化する場が、イスラエルとパレスチナ、イラ

ク等を擁する中東地域であることは歴史上の必然である。しかし残念なことに、この中東を舞台とする LGBT の人権をめぐる表象の政治は、中東地域研究の立場から十分に検討されていない。今後の研究の充実が待たれる。

　近年は IS（Islamic State）等イスラーム過激派の台頭が著しい。IS に限らず、過激派組織のジェンダー認識・規範はきちんと分析される必要がある。何よりグローバル化と都市化、IT 技術の発展等により情報伝達のできる速度と空間が確保されたことで、「真の」イスラームやムスリム、あるべき女性像等の定義をめぐる、そしてクルアーンやハディースの解釈をめぐる言説闘争が、多様な主体によって様々なレベルで繰り広げられている現状がある。これについては言説空間の歴史的構築状況等を広く視野に入れて論じる必要があろう。関連して国連やアムネスティ等、影響力の強い国際機関や援助機関によるムスリム女性の表象とその政治の、アクターをも含めた精緻な分析が必須である。これらの国際機関が二項対立構造にどのように埋め込まれ、どのような役割を果たし、現実と言説にどのような影響を与えているか、明らかにしなければならない。

　表象や抽象から目を転じよう。まずは中東のマイノリティを対象としたジェンダー研究の蓄積が待たれる。中東からの移民動向やホスト国家の状況等、中東地域に留まらない、広い射程を持つジェンダー研究も必須である。そして中東における紛争が泥沼化するなか一際重要なのは、女性に対する暴力やトラウマ、PTSD（心的外傷後ストレス障害）にかかる研究であろう。ジュディス・ハーマンや宮地尚子らの優れたトラウマ研究、ハンナ・アーレントの「忘却の穴」概念等を踏まえ（ハーマン 1992; 宮地 2007; アーレント 1974）、かつ中東地域に関する豊かな知見に支えられた、新たな研究が出てくることを嘱望したい。

【注】
1）文化人類学者のゲイル・ルービンの言葉を借りれば、中東は「性は社会生活に先だって存在し、諸制度を形づくる自然の力である」という性の本質主義（sexual essentialism）の影響力が強い社会であると言える（ルービン 1997）。
2）Deconstruction の訳。構築の過程を遡及して自然視（したがって本質視）されたものを、脱自然化する実践のこと（上野 2001: iii）。
3）他分野では構成主義という訳語もあるが、ジェンダー研究では de-construction を脱構築と訳すポスト構造主義の影響が強いため、構築主義が定訳。
4）これは身体や身体的な性差はそもそも存在しないという主張ではない。詳細は『ジェンダー・トラブル』への批判に対するバトラーの応答、*Bodies That Matter* 等を参照（Butler 1993）。
5）かつて日本の一部の中東研究者は、ジェンダー研究の成果を無視し、フェミニズム全般

やジェンダー研究をこの覇権的な欧米フェミニズムと同一視して批判するという過ちを犯した。『イスラームの性と文化』編者の加藤博が典型例である（加藤2005）。加藤の議論の問題点の詳細は大塚（2005）、嶺崎（2007）を参照されたい。この事例は、当時の中東研究のジェンダー研究への理解状況を端的に表している。

6) ただし記述には問題もある。詳細は嶺崎（2007）を参照。
7) 2010年6月ベルリン、Civil Courage Prize 受賞拒否スピーチ（http://criticaltheorylibrary.blogspot.jp/2011/06/judith-butler-i-must-distance-myself.html 最終閲覧日 2016.3.30）。
8) パレスチナのクィア団体によるピンクウォッシング反対運動もある。「フェミニズムとレズビアン・アートの会」のサイトは情報量が多く有用（http://feminism-lesbianart.tumblr.com/ 最終閲覧日 2016.3.30）。
9) http://embassies.gov.il/tokyo/NewsAndEvents/calendar-of-events/Pages/From-Israel-with-pride.aspx 最終閲覧日 2016.2.17。

▶▶ 本章の研究テーマを学ぶための基本文献

アハメド、ライラ（2000）『イスラームにおける女性とジェンダー』林正雄他訳、法政大学出版会。

上野千鶴子編（2001）『構築主義とは何か』勁草書房。

エル・サーダウィ、ナワル（1988）『イヴの隠れた顔』村上真弓訳、未來社。

岡真理（2000）『彼女の「正しい」名前とは何か』青土社。

加藤秀一（1998）『性現象論』勁草書房。

バトラー、ジュディス（1999）『ジェンダー・トラブル』竹村和子訳、青土社。

モハンティ、チャンドラ・T（2012）『境界なきフェミニズム』堀田碧監訳、法政大学出版局。

スピヴァク、ガヤトリ・C（1998）『サバルタンは語ることができるか』上村忠男訳、みすず書房。

フーコー、ミシェル（1977）『監獄の誕生』田村俶訳、新潮社。

──────（1986-1987）『性の歴史』全3巻、渡辺守章他訳、新潮社。

柳橋博之（2001）『イスラーム家族法──婚姻・親子・親族』創文社。

Abu-Lughod, Lila. (2013) *Do Muslim Women Need Saving?* Harvard University Press

El Shakry, Omnia ed. (2016) *Gender and Sexuality in Islam: Critical Concepts in Islamic Studies,* 4 vols. Routledge.

Hidayatullah, Aysha (2014) *Feminist Edges of the Qur'an.* Oxford University Press

Joseph, Suad ed. (2003-07) *Encyclopedia of Women & Islamic Cultures* (Set Volumes 1-6). Brill.

UN. (2005) *Arab Human Development Report 2005.*

第4章
中東・北アフリカの移民／難民研究

錦田愛子

　安全や新たな機会を求めて国境を越え、移住を試みる人々の動きは、人類の歴史の一部を構成してきた。それは近代化や経済成長にも大きな役割を果たし、国民国家形成の過程や植民地主義にも影響を及ぼしてきた。通信や交通手段の発達によって移動が加速化された近代グローバル化の時代では、移民はそのひとつの現象であり、同時に社会を再構築する原動力でもあると位置づけられてきた。

　それは人類普遍の動きであるため、中東・北アフリカの移民や難民の動きのみを説明する理論は存在しない。ただその地域特性を示し、歴史的位置づけや、現状を理解する上でのメカニズムを明らかにすることはできるだろう。

　人の移動は政治や経済政策、教育、アイデンティティなど多様な側面が関連してくるため、研究分野も多岐に分かれる。本稿ではそのうち代表的な分野を把握する上で役立つ導入書を紹介することにしたい。

1．移民／難民[1]研究

　人はなぜ移動を選び、その結果どのような状況におかれ、どんな感情を抱くのか。具体的なイメージを浮かべながら全体的位置づけを理解するには、まずOECD編によるキーリー（2010）に目を通すのがいいだろう。本書では人の移動とその際の思いを、個人を描く手法で表現しながら、全体像に関する統計分析も豊富に盛り込んでいる。すなわち主観的描写と客観的データの双方が含まれた概説書といえる。また本書は、入国管理や教育、就労など、移民に関わる諸側面ごとに取り上げる章構成となっており、それぞれに関わる問題を理解することができる。

　これを発展させ、各論点をより詳しく解説したものとしてはカースルズ／ミラー（2011）が基本書である。本書は冒頭で理論を扱っており、人の流れを説

明するプッシュ要因とプル要因、マクロ・メソ・ミクロ構造、など、基礎的な要素を把握できる。続いて、第2次世界大戦前後の歴史的な人の流れの動向や、地域ごとの人の移動の特徴について述べられ、その中で中東・北アフリカも言及されている。伝統的な移動の例としては、遊牧民の移動牧畜や、メッカ巡礼が挙げられるほか、定住移民としては、トルコやイスラエルなど民族同胞を中心とした移動が大きな動きとして見られたことが指摘される。労働移民としては湾岸アラブ諸国やイスラエルが、強制移民（難民）としてはパレスチナ、イラク、アフガニスタンなどが主要な例として挙げられる。続く章では、地域統合や安全保障など、受入国と移民との関係が体系的に論じられている。

中東・北アフリカからの国境を越えた移民や難民は、多くがヨーロッパを移動の目的地とする。受け入れをめぐる問題はヨーロッパにおける移民／難民研究として進められており、蓄積も多い。特に中東を扱ったものではないが、その流れと論点を押さえた新著としては宮島（2016）が参考となる。そこでは外国人労働者として経済成長期に受け入れられた移民／難民が、成長の鈍化に伴い定住受入問題の対象となり、多文化共生や様々なシティズンシップの発想を促していく過程が描出されている。統合やアイデンティティをめぐる葛藤が起きる中、一部では「反移民」の運動が台頭する。そうした排斥運動の背景を、国家と国民の「境界」の再確立をめぐる問題と捉え、「再国民化」という概念を用いて論じたのが高橋・石田（2016）である。これも中東に特化したものではないが、移民／難民の受け入れが現代西欧の民主主義の中でどう議論されているのか、政治学的な考察として一読の価値がある。

2．ディアスポラ論

移民／難民の移動の動態を歴史的な事象として捉えるなら、これをディアスポラ論の範疇として理解することができる。中東を含めたディアスポラ全般の理解には、ロビン・コーエン（2012）が必読書となる。ディアスポラとはそもそもユダヤ人の離散を指して生まれた言葉であるが、その離散を促した要因を基準としてコーエンは「帝国ディアスポラ」「犠牲者ディアスポラ」「交易ディアスポラ」などと類型化している。その範疇に中東からは、ユダヤ人のほかレバノン人が取り上げられ、パレスチナにも言及されている。

だがこうして多様な類型が生まれることにより、社会学におけるディアスポ

ラ論には混乱が生じた。帰還の不可能性や差別への抵抗といった含意を当初ははらんでいたディアスポラ概念だが、2000年代以降、用語の適用対象自体が拡散することで、「ディアスポラのディアスポラ」状態となってしまったからだ（Brubaker 2005）。ディアスポラとは単に離散したあらゆる集団を指す用語となり、世界各地の事例をまとめた叢書が刊行されることになった。その一環として中東・北アフリカ地域を扱うのは宮治編（2010）である。本書は主として20世紀の大規模な人の移動を取り上げ、執筆者が歴史学、人類学など各自の方法論に基づき著述している。ディアスポラ概念自体を中東の事例を通して掘り下げた内容ではないが、中東・北アフリカ地域の代表的な移民／難民を総覧している。なかでも現代的な移民／難民問題に近接するテーマを扱ったものとしては、イラン人やクルド人を扱った章が示唆に富む。

3．シティズンシップ研究

　移民／難民の動態や適応をめぐる諸問題について、より実証的に分析し、規範を論じるには、シティズンシップ概念に注目するのが有効である。シティズンシップとは市民であることを基礎に法的・政治的に認められる権利・義務や、アイデンティティを含めた共同体でのメンバーシップを指す。移民／難民をめぐるグローバルな移動や多文化社会とシティズンシップに関する理論的考察は数が多く、マーシャル（1993）を古典として、キムリッカ（1998）、ヒーター（2012）、デランティ（2004）などが基礎文献となる[2]。その議論の展開は、たとえばキムリッカが、自身の住むカナダでのマイノリティの権利や民族文化間の関係を論じるために理論を構築しているように、移民／難民の受け入れをめぐる問題が根底にある。

　移民／難民のシティズンシップを論じる際、受入国や送出国といった国民国家の存在は不可避な枠組みとして影響力をもつ。法的な権利だけでなく、管理行政やナショナル・アイデンティティなど様々なレベルで国家は作用するからだ。だが人の移動が常態化した現代、シティズンシップは国家だけに限られる課題ではない。この点について岡野（2009）は、政治理論の立場から議論を展開している。国家主義に対置される、普遍的なリベラル・シティズンシップと、それが見落としてきた論点を指摘した上で、岡野はフェミニズムに依拠したシティズンシップの可能性について論じる。そこに示唆が得られるのは、法制度

の確立が、それによる保護対象者の内外に避けがたく境界線を引くためである。その事実は、国民との間に線引きされる移民／難民についても変わりはない。

移民／難民と国家との関わりを、シティズンシップについての学際的アプローチで考察したのが錦田編（2016）である。そこでは、政治哲学において相対化の議論が活発な「国民」という単位が、破綻国家内ではすでに有名無実化していることが人類学的研究で指摘される。また法学では国籍がやはり議論の前提とされるものの、移民／難民の権利が「外国人」のシティズンシップの問題として多岐にわたり議論されていることが示される。本書では中東・北アフリカについて、湾岸アラブ諸国、パレスチナ、スーダンの3地域を取り上げる。カタルやクウェート、UAEなど移民労働者の多い国で進む「国民マイノリティ国家」化や、繰り返す政情不安のために生じる「再難民化」といったキーワードは、移民／難民をめぐる分析概念として比較研究に資するものだろう。

4．地域研究

以上では移民／難民に関する理論的研究を、中東・北アフリカに限定せず、代表的なものを中心に取り上げてきた。地域的に限定された理論は存在せず、また先に挙げたカースルズ／ミラーによる概説書が、版を重ねるごとに研究対象地域を広げている事実が示すように、移民問題の個別事例の探求は地域研究として深められる傾向にあるからだ。そこで本稿では最後に、中東・北アフリカに関する代表的な地域研究の例を示していきたい。

中東・北アフリカでは相次ぐ戦争や衝突により、何万人もの難民が家を追われてきた。1948年のイスラエル建国に伴う第1次中東戦争をはじめ、1967年にヨルダン川西岸地区とガザ地区などが占領された第3次中東戦争、1990年のイラクのクウェート侵攻による湾岸戦争、2003年以降のイラク戦争、2011年以降のシリア紛争などは、なかでも多くの難民を生んだ代表的な紛争といえる。こうした難民の他、出稼ぎのためアラブ地域内外から産油国である湾岸諸国へ移動する移民もいる。このような人の動き全体を概観した研究書は少ないが、そのうち1990年代以降のイラクやパレスチナ、ヨルダン、エジプトなど東アラブ地域を中心にまとめた論集としては、Jaber and Métral（2005）が挙げられる。なかでもZaiottiの章は、難民条約や難民議定書の批准国が少なく、制度化された難民対策をもたない中東・北アフリカ諸国における難民受け入れ

政策を、湾岸危機（1991年）とイラク戦争（2003年）を例に論じているのが興味深い。Chatty（2005）もまた、中東域内の移民／難民の動きを「強制移動」という視点から取り上げ、オスマン帝国やチュルケス、アルメニア、パレスチナなど代表的な事例を扱っている。

　中東地域内での移民受入国としては、湾岸アラブ諸国が代表的である。Jaber and Métral（2005）も論集の最終節で取り上げているように、南アジア（インド、パキスタン、スリランカなど）や東南アジア（フィリピン、インドネシアなど）から湾岸アラブ諸国に来る移民労働者に関しては研究蓄積が多い。それらを踏まえて出された邦書で、移民の受入国と送出国の双方の視点からまとめられた一冊としては細田（2014）が注目される。そこではスポンサー制度や、社会統合政策の欠如など、湾岸アラブ諸国における移民受入政策の特徴が指摘された後、受入国側からの移民労働者に対する不満や、移民の側による労働環境改善のための取り組みとネットワーク構築などが、現地調査に基づき指摘されている。

　東アラブ地域を基点とする移民の中では、レバノン系移民についての研究が盛んである。20世紀初頭には、レバノンから西アフリカや南米へ移民が渡る人の流れがあった。また1975年から90年まで続いた内戦では、戦闘を逃れて多くのレバノン人が国外へ移住した。レバノンのノートルダム大学にはレバノン移民研究所（The Lebanese Emigration Research Center：LERC）があり、これらのレバノン移民に関する研究や史料を収集している。Tabar（2005）は、そうした研究を踏まえてレバノンで刊行された一冊で、史料に基づきアイデンティティなどを扱った論集である。

　中東からの難民の事例研究としては、パレスチナに関するものが圧倒的に多い。難民が離散先国で生活を再建し、組織化して政治運動に加わっていく過程についてのR・サーイグやL・ブランドによる著作、またイスラエル建国時に多くの難民が生まれた過程について公文書に基づく「新しい歴史家」論争、オスロ合意前後に活発化した難民の帰還権をめぐる議論など、相当の蓄積数に上るパレスチナ難民研究については、概要と新たな動向を示した錦田（2015）を参照されたい。これら「過去」と「未来」を扱ったこれまでの研究に対して、「現在」を論じようと、パレスチナ研究の大御所と若手が一緒になり執筆されたのがKnudsen and Hanafi（2011）である。夢のない「未来」や、蒸し返しても詮無い「過去」ではなく、「現在」パレスチナ人が住む環境やおかれた人道的状

況を扱うという趣旨の一冊の中で、取り上げられる事例にレバノンの難民キャンプが多いのは偶然の一致ではなかろう。中東・北アフリカに離散したパレスチナ人の中で、レバノンの難民は最も過酷な社会・経済状況で生きてきたからだ。そうした比較の中で、パレスチナ人の離散状態とアイデンティティに注目した研究の邦書としては錦田（2010）がある。

その他の中東からの移民／難民については、2000年代の戦争で生まれたイラクやシリアの難民や、内戦によるイエメン難民に関するものが散見される。だがその大半は時事問題としての叙述や自伝にとどまり、分析的な研究は少ない[3]。そんな中、歴史的な大移動を経験したオマーンのザンジバル系移民を扱う大川（2010）は、一度移出した人々が出身地へ戻るという「帰還移民」についての人類学的研究として特筆に価する。こうした移民の類型は珍しいが、UNHCRの支援対象の類型に「帰還民」が含まれる[4]ことからも、数世代を経た後の移民／難民に関する研究は今後も進められる価値が高いといえよう。

出身国別ではなく、アラブ人が移住した先での適応過程について総体的に描いた著作は、Abraham and Shryock（2000）を代表作として多数存在する。移民／難民のコミュニティが、移動先で出身地域別に固まるのか、部族、国家、民族（アラブやクルドなど）として結束するのか、というのは、それ自体でひとつの論点である。研究事例では、特定の都市や地域に住むコミュニティに注目したものが多いが、こうした広い文脈を踏まえた研究には、今後まだまだ発展の余地がある。

5．今後取り組むべき研究課題

中東・北アフリカの移民／難民をめぐる問題の中で、今後とりわけ取り組むべき価値の高いテーマとしては、以下の3課題が提示できる。まず1つ目に、移民／難民の受け入れと国民の定義をめぐる研究が挙げられる。中東やヨーロッパにおける移民／難民の受け入れに際しては、彼らに居住を認めるか、どの程度の権利を付与するか、国籍を与えるか否か、といった点が常に論点となる。それは翻って考えれば、移民／難民にどの範囲のシティズンシップを認めるか、そもそも国民とは誰を指すと定めるのか、といった問題につながる。教育や医療、福祉などは、国家が国民に対して供与するサービスが基本となるからである。これらをどこまで移民／難民が享受できるかは、その国における国

民と移民／難民の間のボーダーラインをどこに引くかという問題と捉えることもできる。人口比に対しても大きな割合のシリア難民を受け入れたトルコや、パレスチナ難民が居住するヨルダンなどは、すでにこの問題に直面しており、こうした視点に基づく研究は、法学・政治学・社会学などの分野で議論を重ねる価値がある。

　2つ目に、移民／難民の移動と、犯罪や失業率、地価高騰との間の因果関係についての研究が挙げられる。一定の時期に多数の移民／難民が押し寄せると、受入国の中で失業率が上昇し、犯罪が多発するなどとしばしば報道などで指摘される。また受入国の国民の間では、そうした意識から移民／難民への反感をもたれることが多い。たしかに異なる言語や文化の地域へ移動した直後の人々は、移住先で適応に困難を生じ、孤立感から過激な行動へ走る者も一定割合含まれるだろう。しかし、それがもともと受入国に存在した貧困層などと比べてどの程度高いのか、出身国や移動時期などによる影響の違いなどは、充分に実証されてきたとはいえない。受入国の経済状態によっては、人の移動を受け入れることは労働力の確保につながり、経済の活性化につながる。人口増による家賃や地価の高騰もまた頻繁に指摘される問題であるが、イラク戦争直後のヨルダンのように、世界的な原油価格の上昇がむしろ大きな要因となっていた例もある。安易な移民／難民排斥のディスコースに陥らないための、科学的な因果関係の検証は社会的・政治的にも価値が高い研究といえるだろう。

　最後に提案される課題は、難民はどのようにして帰還し、出身地の復興にどう関わるのか、など帰還に焦点を当てた研究である。移民／難民はその避難の際には大きな注目を集めるが、出身地域で戦闘が収束し、安定を取り戻した後の変化について明らかにした研究は乏しい。とはいえ中東・北アフリカでは、最長期化しているパレスチナを除き、多くの難民問題はこうした帰還により終息している。紛争解決後、人々が再定住する過程にはどのような障害があるのか、移動や戦後復興に伴う問題などを中長期的な視点で検討することは、実務的な観点からも役立つ。移住が長期化すれば、治安が回復しても帰還しない場合もあり得るだろう。実際にはどの程度の割合の人々が帰ったのか、年齢層や移動手段、戦地となった故郷へ帰った後の過程などについての事例研究や、帰還促進プログラムなどのプロセスについて、今後の研究の発展が望まれる。

【注】
1）人の移動の形態は多様であり、強制力の有無や自発性を基準に移民と難民に区別するだけでは不十分である。UNHCR（国連難民高等弁務官事務所）はその保護活動の対象に、難民、国内避難民、無国籍者、帰還民など広範な人々を含める。本稿ではこれら様々な移動形態の人々を、移民／難民と総称して扱い、中東を基点、もしくは目的地として移動する人々に焦点を当てる。
2）ただしマーシャル（1993）は近代福祉国家へと向かう過程で実現される市民権の諸要素を、社会階級や資本主義との関係で論じたものであり、移民／難民とはあまり関連がない。
3）中東におけるアルメニア難民に関する研究は蓄積が多いが、ヨーロッパ出自の集団で、中東・北アフリカを目的地として移住した人々ではないため、本稿では含めない。
4）UNHCRが支援の対象とするのは、persons of concern と呼ばれる人々で、その中には returnee（帰還民）と呼ばれる、元難民で出身国へ帰還したばかりの人々が含まれる。詳しくは「UNHCRの基準による『援助対象者』の概念（仮訳、原文英語）（2004年9月29日 UNHCR 東京）」を参照（http://www.unhcr.or.jp/html/protect/pdf/040929note_j.pdf 2016年4月6日最終閲覧）。

▶▶ 本章の研究テーマを学ぶための基本文献

大川真由子（2010）『帰還移民の人類学――アフリカ系オマーン人のエスニック・アイデンティティ』明石書店。

岡野八代（2009）『シティズンシップの政治学――国民・国家主義批判』白澤社。

カースルズ、S.／M. J. ミラー（2011）『国際移民の時代 第4版』関根政美・関根薫監訳、名古屋大学出版会。

キーリー、ブライアン（2010）『よくわかる国際移民――グローバル化の人間的側面』OECD編、濱田久美子訳、明石書店。

キムリッカ、ウィル（1998）『多文化時代の市民権――マイノリティの権利と自由主義』角田猛之・石山文彦・山﨑康仕監訳、晃洋書房。

コーエン、ロビン（2012）『新版グローバル・ディアスポラ』駒井洋訳、明石書店。

駒井洋監修、宮治美江子編（2010）『中東・北アフリカのディアスポラ』明石書店。

高橋進・石田徹（2016）『「再国民化」に揺らぐヨーロッパ――新たなナショナリズムの隆盛と移民排斥のゆくえ』法律文化社。

デランティ、ジェラード（2004）『グローバル時代のシティズンシップ――新しい社会理論の地平』佐藤康行訳、日本経済評論社。

錦田愛子（2010）『ディアスポラのパレスチナ人――「故郷（ワタン）」とナショナル・アイデンティティ』有信堂高文社。

錦田愛子編（2016）『移民／難民のシティズンシップ』有信堂高文社。

ヒーター、デレック（2012）『市民権とは何か』田中俊郎・関根政美訳、岩波書店。
細田尚美編（2014）『湾岸アラブ諸国の移民労働者――「多外国人国家」の出現と生活実態』明石書店。
マーシャル、T. H. ／ T. ボットモア（1993）『シティズンシップと社会的階級』岩崎信彦・中村健吾訳、法律文化社。
宮島喬（2016）『現代ヨーロッパと移民問題の原点――1970、1980 年代、開かれたシティズンシップの生成と試練』明石書店。

第5章
紛争研究の理論

浜中新吾

　紛争多発地帯である中東は、戦争と平和の課題に強い関心を持つ研究者を引きつけている。中東という言葉を聞いて戦争・紛争を連想する日本人は数多いが、紛争の様態が不変であるわけではない。アラブ・イスラエル紛争は国家間紛争から国家と非国家主体との非対称戦争へと形を変えており、さらに過去「ゲリラ」と表象された非対称戦争は今日「テロ」と呼ばれるようになっている[1]。そして社会科学の研究、特に国際政治学の分野で戦争・紛争の取り扱われ方も変化しつつある。

　本章では、近年急速に発展と展開を遂げている紛争理論と実証研究を紹介し、中東における紛争・戦争が捉え直され、理解の深化が進んでいる状況を論じる。ある意味において、この章における議論は、日本の中東研究における本書のユニークさを明確に主張している箇所であると言っても過言ではない。すなわち論者の政治的立場に関わる言説上の問題とは無関係に、現代中東研究は進められるという意味である。

1．交渉の失敗としての戦争

　ここまで紛争・戦争と呼んできたが、議論を進めるためにそれぞれの用語を明確に定義し、それぞれの相互関係を明らかにする必要があるだろう。本章で紛争（conflict）は「政府を含む政治的主体間で発生した利害の衝突」のうち、「武力の行使や威嚇によって解決が図られようとしているもの」を指す。戦争（war）は「国家間の武力衝突であり、既存の国境を挟んで武力行使が成される状況」を意味する。内戦（civil war）は既存の一国の領土内で生じている武力衝突である。さらに以下の条件が定義に含まれる。衝突の当事者に当該国政府が含まれること、衝突の当事者は有効な抵抗能力を持っていること、さらに一定期間に一定数の死者（操作定義としては1年間に1000人以上）が発生することである

(Small and Singer 1982: 210)。戦争と内戦は、武力衝突の当事者は誰かということと、衝突が既存の国境内で生じているかどうかによって一応の区別がなされる[2]。

　従来の国際政治学では力の分布状況の変化や各国の国内状況、政治指導者の性格といった要因で戦争の起こりやすさが説明されていた（Nye and Welch 2013）。しかしながら近年では交渉理論（bargaining theory）の枠組みを用いて説明することが多くなっている。この理論では、戦争の発生は外交交渉の失敗であると見なしている。ここでは交渉理論を用いてイラク戦争を分析したLake（2010）に基づいて説明したい。

　交渉理論は2つの主体がそれぞれの理想を持ちながらも、紛争となった争点を解決しようとする状況の説明枠組みである[3]。ここではイラクと米国が主体である。図1に表したように争点は一次元上で表される。イラク戦争の文脈においてはイラクの主権がこれにあたる。当時のイラク、つまりフセイン政権の理想点は主権の独立維持であり、諸外国からの不介入である（図1における左端）。一方、米国の理想点はフセイン政権の転覆排除であると考えられる（図1における右端）。この状況設定においてイラクと米国の間に交渉の余地はあるのだろうか。p は戦争を通じた争点の配分を表し（$p=1$ は戦争によるフセイン政権の転覆を意味する）、a と b は戦争によって（アメリカとイラクそれぞれが）被る主観的な費用である（$a + b > 0$）。実際 Lake（2010）もイラク戦争を交渉理論で分析するにあたって、そもそも「イラクと米国の両者に戦争を回避する交渉の余地があったのか」という問いを立てている。

　Lake（2010）はイラク戦争の費用として以下のことを指摘した。米国政府が当初の戦費を200億ドル、後に修正して500億から600億ドルと見積もっていた（図1の a）が、実際の戦費は3兆ドルにのぼったこと。占領土地時代の戦闘によって10万から60万人の死者やそれ以上の難民・避難民を出してしまったこと。そして国際社会の同意を得ずに予防戦争として開戦し、戦後に大量破壊兵器を発見できなかったために国際政治上の威信を失ったことである（図1の $a' > a$）。これらの点を考慮すれば、イラク戦争は明らかに外交上の失敗であり、事前に費用の大きさを知っていればたとえ好戦的な政権であっても開戦には至らなかったかもしれない。だとすればイラクと米国の交渉の余地は、当時の政策決定者の想定よりも大きかったはずである（$1 - p + a < 1 - p + a'$）。

　交渉理論において外交が失敗し、戦争に至る経路は3つある。1つめは相手

図1　交渉理論とイラク戦争

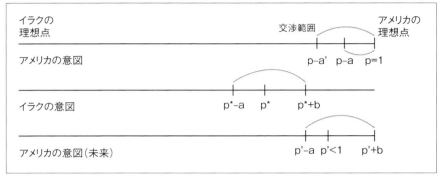

出典：Lake（2010:19）を基に一部改変。

の能力や意図を誤認する場合である。ブッシュ政権がサッダーム・フセインの追放か戦争かを意図しており（図1のアメリカの意図）、フセイン政権が大量破壊兵器開発疑惑への査察受け入れによって戦争が回避できる（図1のイラクの意図）と考えていれば、意図の誤認が発生している。イラクが査察を受け入れた（p^*+b）としてもアメリカにとっては交渉可能な範囲外の行動（$p^*+b < p-a$）であるため、米国は戦争を選ぶ。

2つめの経路はコミットメント問題である。「イラクの査察受け入れは時間稼ぎであり、大量破壊兵器を完成させて配備してしまえば、現在より不利な条件で戦争をしなくてはならなくなる」と米国政府が意図していれば、フセイン政権による査察受け入れの履行を信用できなくなる。つまり米国には予防戦争に訴えるインセンティブが発生する。Lake（2010）がイラク戦争開戦の理由として挙げたものはコミットメント問題であった[4]。図1で言えば未来の大量破壊兵器の配備はpからp'へのシフトであり、交渉範囲の広がったイラクは現在より有利な状況で外交を展開することができるだろう。

それでは交渉理論によってイラク戦争を分析したことの意義について考えたい。アメリカでは30年経過すると外交文書が公開されるため、重要な国際政治上の事件に関する政治過程が解明されるには長いタイムラグが存在する。情報が開示されるまでの間に研究を進める場合、導きの手となるのがこうした理論である。最初の意義は、ゲーム理論に基礎を置く交渉理論から仮説を導出できる、というものだ[5]。「イラク戦争が勃発した理由はアメリカがフセインの

発言を信用でなかったコミットメント問題に帰する」というのが仮説にあたる。第2の意義は、交渉理論というフレームワークに載せることで、他のさまざまな国家間戦争、あわや戦争になりかけた危機の事例を比較し、分析対象の特徴を描くことができる点である。第3の意義は反実仮想の検討である。社会科学では歴史的事件を必然とは見なさず、「起こりえた可能性のある複数の帰結の中で実際に生じたもの」と考える[6]。すなわち決定論ではなく確率論に基づく世界観を持っている。ゆえに現実に生じた帰結を生じさせた（あるいは生じさせる確率を上昇させた）条件を論理的に導き出すことができる[7]。

2. 内戦の発生——不満か強欲か

　数の上から言えば、内戦のほうが国家間紛争よりも頻発している。Ross(2012: 146)によれば、1989年から2006年の18年間で122件の武力紛争が生じており、そのうち内戦は115件を占めている。すなわちほとんどの武力紛争は内戦であり、国家間紛争はめったに生じない。武力による衝突という点では同じでも、国家間戦争と内戦は異なるメカニズムを持つ現象であると見なされて、別個の理論的発展を遂げた（窪田 2013）。内戦研究者の強い関心を引いたのは、内戦の発生が政府に対する民衆の不満（Grievance）によるものなのか、それとも弱体化した政府の権力や財源を奪ってしまおうとする強欲（Greed）、すなわち経済的な機会費用によるものなのか、という論争である。この論争の出発点は Collier and Hoeffler (1998) だと言われている。コリアーらの答えは「強欲が内戦を発生させ、持続させる」というものだった。コリアーは内戦を統計的に分析し、絶望的な貧困の環境が若者を戦闘に参加させ、略奪や外国人観光客の誘拐といった違法行為に駆り立てていると解釈した（コリアー 2010）。貧しい国では反体制武装組織の戦闘員になる以外の選択肢は限られており、戦闘員になれば高い報酬を手に入れられる可能性があるからだ（Ross 2012: 148.)。Fearon and Laitin (2003) も社会の宗教的多様性や経済的不平等や民主主義の欠如に基づく民衆の不満よりも、貧困や人口の大きさおよび政治的不安定によって特徴づけられる国家の弱さ（State Weakness）が内戦の発生原因として強い説明力を有すると主張した。

　フィアロンらの議論はミグダルが論じた国家の相対的強さやティリーの略奪国家論に結びつく。すなわち中央政府の権力が相対的に弱く、領土内の治安を

維持できなければ、武装した反政府勢力が現れて住民から「みかじめ料」を取り始めるのである（第Ⅰ部第1章を参照）。このように自国領土において中央権力の支配が及ばない場所が生まれ、その地域を暴力で支配する武装集団が現れると、その国家は失敗国家（Failed State）と呼ばれることになる（Rotberg 2003: 1）。失敗国家の統治能力がさらに失われて中央政府の権威が大きく損なわれると、住民統治に必要な公共サービスが供給されず、インフラストラクチャーも保守管理できなくなる。失敗の極限状態では権力の空白状態が生まれてしまい、この状況では崩壊国家（Collapsed State）と呼ばれることになる（Rotberg 2003: 9）。

　内戦は国家間戦争に比べて長期化しやすく、発生国の所得水準が低いほど長期化することが知られている（コリアー 2010: 47-48）。国内に略奪しやすい天然資源が存在すると内戦の発生リスクと長期化リスクが跳ね上がる（大村 2010）。反政府武装組織が天然資源を略奪して売りさばくことで活動資金を手にすることができるためだ。フィアロンらは石油輸出国で内戦が発生する確率は、普通の国の2倍にのぼることを発見した（Fearon and Laitin 2003）。Lujala (2010) は石油が採掘され、生成される場所が海上（offshore）なのか陸上（onshore）なのかによって内戦の発生リスクに影響を与えると主張している。内戦の発生に影響するのは陸上の石油だけであり、海上に採掘精製施設がある場合は影響しないという。

　これらの学問的知見はシリア、リビア、イラク、アルジェリアといった紛争・内戦に悩まされている国にとって悲劇的である。2014年から2015年当時、「イスラーム国」(Islamic State: IS) はシリアの主要な油田を支配下に置き、シリア国内に販売したりトルコに密輸したりすることで巨額の活動資金を調達していた。ISが支配下に置いていた油田はイラク領内のものと合わせて11箇所にのぼり、一日あたり200万～480万米ドルの収入を得ていると推計されている（アトワーン 2015: 67-68.）。このように強欲仮説はISやヌスラ戦線、他の反体制武装組織に若者が引きつけられる動機をうまく説明している（髙岡 2014）。

　強欲仮説は内戦の発生だけでなく長期化についても説明することになる。すなわち反乱武装組織が停戦よりも戦闘を継続する方が経済的利益を得ることができると信じていれば、内戦は長期化する。外国による武器供給や経済的な支援がある場合も同様に長期化する。この場合、当事者の一方が正規軍でもう一方の反乱軍が小火器など弱い武装しか所有せず、ゲリラ戦のような非正規戦闘

主体となった場合、内戦は長期化する傾向がある。また反乱軍も正規軍のように重武装し、激しい戦闘が展開される場合、内戦の長期化は避けられるものの双方の戦死者数は跳ね上がる（Balcells and Kalyvas 2014）。この知見に着想を得てシリア内戦の終結時期を検討した研究が Pilster and Bohmelt（2014）であり、過去のデータから 2016 年の末もしくは 2017 年初頭に終結すると予測した。この研究によれば、シリア内戦は正規軍と反政府勢力がともに戦車や重火器などで武装しているため、さほど長期化はしないものの非常に凄惨な結果に陥ると分析されている。

3．テロリズムの実証的研究

　紛争研究の中でもテロリズムという現象は、それが「政治的レッテル」であることから、論争的になりやすい[8]。ここではクルーガー（2008）に従ってテロリズムを「事前に計画された政治的動機に基づく暴力」だと定義する。ここでは対象を非国家主体もしくは個人によって実行される暴力に限定する。1990 年から 2005 年までのイスラエルではパレスチナ人のイスラエルに対する自爆攻撃がしばしば発生し、この現象を実証的に分析した研究が数多く見られる。

　パレスチナ側の自爆攻撃に対してイスラエル政府がさまざまな懲罰的軍事行動をとっており、これをマスメディアがしばしば「暴力の連鎖」であると呼び習わす。しかし実証的研究はこれを否定している。Ricolfi（2005: 99）によれば「イスラエルの攻撃は（部分的に）パレスチナの攻撃によって説明されるが、パレスチナの攻撃のほとんどはイスラエルの攻撃によっては説明されない」。つまりパレスチナ側の攻撃はイスラエルの反撃とは独立して行われており、政治的な意図を持ち戦略的に実行されている（Jaeger and Paserman 2008）。

　政治的な意図のひとつは大衆からの支持獲得である。浜中（2009; 2014）はパレスチナ側による自爆攻撃やロケット弾攻撃がイスラエル側になされた後、攻撃主体であるハマースの支持率が急増したことを報告している。紛争が常態となっている地域においては、民衆の支持を必要とする状況だと、敵対者に攻撃を仕掛けることが「選挙運動」となりうる。自爆攻撃が中東和平プロセスを頓挫させるスポイラー（spoiler）としての役割を持ち、和平の頓挫が攻撃主体の利益になりえたと主張する研究もある（Kydd and Walter 2002）[9]。組織内部の士気を上げる目的や、他のパレスチナ解放組織に対して自派の威信を高める目

的で、イスラエルへのテロ攻撃がなされることもある（Ricolfi 2005: 99）。

　もっとも Jaeger and Paserman（2008）の議論には強い反論がある。Haushofer, Biletzki, and Kanwisher（2010）は Jaeger らの研究に対し死者数だけを考慮したことによってバイアスが生じていると批判する。そのうえで暴力のあらゆる形態を考慮に入れた場合、一方の暴力が他方の暴力を引き起こす関係が認められるという。すなわちパレスチナ側の攻撃はランダムではなく、イスラエル側の暴力によってパレスチナ側の死者が出た場合、カッサーム・ロケット弾による反撃という形で暴力が引き起こされている。Haushofer らはインパルス反応関数を用いたベクトル自己回帰推計を行い、パレスチナ側の死者とロケット弾発射の関係に相関を見出した。

　ある国で外国人が引き起こす国際テロ（transnational terrorism）の場合、内戦の兵士とは異なり、テロの実行犯や首謀者は低所得で貧困にあえぐ人々でない。むしろテロ組織への参加は特定の政治的目標が動機になることが多い。なぜならば「政治的関与のためには問題の核心をある程度理解できていなければならず、そのための努力には教育水準の高い人ほど費用がかからない」ためである（クルーガー 2008: 61）。ある程度高い教育を受けるために中東諸国では中流家庭以上であることが求められる[10]。そのためハマースとイスラミック・ジハードの構成員で自爆攻撃に従事した者の多くは中産階級以上で高度な教育を受けていたのである（Berrebi 2007）。

　一方、攻撃を仕掛けるテロリスト側の研究が進んでいるほどには、政府当局によるテロリズムの抑止についての研究は進んでいない。テロを含んだより広い紛争予防という観点から吉川・中村（2012）の予防外交論がその嚆矢であるといえよう。中東地域は国家の成り立ちの経緯から、政府が国内的脅威と国際的脅威の両方に対応しなければならない状況に直面しやすい。この状況を勢力均衡論の観点から理論化したものが全方位均衡論（omnibalance theory）である。中村（2014）は全方位均衡論でサウディアラビアの治安政策と外交政策をリンケージさせて論じている。

4．紛争理論の発展に向けて

　中東が紛争多発地帯でなくなることは当面期待できず、今後もこの地域が紛争理論を発展させる事例を多数提供することになるだろう。紙幅の関係で十分

紹介できなかったが、イスラエルのケースを中心に紛争と投票行動の研究も進んでいる（Berrebi and Klor 2008; Getmansky and Zeitzoff 2014）。この分野では、パレスチナ側の攻撃がイスラエルの右派勢力を支持する投票行動を招いていることが明らかにされている。右派政権が左派政権よりも軍事的手段に訴えやすいと仮定すれば、いわゆる「暴力の連鎖」にはあるメカニズムが存在し、紛争研究はメカニズムの特定と可視化に貢献していると言える[11]。

紛争を抑制し平和を実現させるためには、このメカニズムの因果連鎖を断ち切ればよいのであるが、議論はそこでは終わらない。平和の実現は争点となっている現状の資源配分を承認し、紛争によって配分を有利にする可能性の放棄を意味する。図1で示した交渉理論からも容易に導けるように、力の強い側に有利な資源配分を受け入れ、現状の交渉範囲の中でベストな選択を引き出さざるを得なくなるのである。現在の人々の生命と財産をこれ以上失わせずに済む一方で、分割が困難な民族および宗教的象徴の帰属について妥協することを意味する。

紛争を解決し、将来の紛争を抑止する研究分野、つまり紛争管理論は中東研究において未開拓である。紛争理論の発展は紛争管理の問題と結びついていくことが期待される。

【注】
1）ある紛争をどのように呼ぶかは、論者の政治的立場に関わる言説上の政治問題を惹起するが、ここではその問題には立ち入らない。
2）国家間の武力衝突であっても一定期間に一定数の死者に満たない場合は国際危機と呼称されたり、武力衝突によって国際的に承認された政府が消滅したりする場合もあり、分類の問題は容易ではないが、本章ではこれ以上は立ち入らない。
3）交渉理論のアイデアはFearon（1995）とPowell（1999）によって想起され、発展した。交渉理論に基づくモデルが国際システムにおける力の分布状況と結びついて統一的に示されること、および中東の国際関係に対して応用可能であることは浜中（2011）を参照。
4）3つめの経路は争点が宗教的象徴の帰属といった分割不可能な場合であるが、イラク戦争の場合は当てはまらない。
5）仮説の検証は政策決定者の回想録やインタビュー情報、そして公開された外交文書等で行われる。量的データが利用できる場合は、計量分析を行うことも多い。
6）歴史学においても自らをScienceのひとつであると位置づける立場では同様の見方、すなわち蓋然性をもつ出来事だと見なす（遅塚2010: 418-422）。
7）このことは他の紛争理論に対する交渉理論の優越性を保障するものではない。Lake（2010）が主張するように、紛争理論は基本的に2人ゲームであることや、主体の単一性の仮定、戦闘終結後の出来事を別のゲームと考えて想定しないことなど、分析を明快で簡略化する

ために非現実的な前提条件を置いている。
8）注1）で論じた言説政治の問題をよりいっそう引き起こしやすい。
9）イスラエルでは左派政権の方が右派政権の時よりもテロ攻撃に遭いやすいことが知られている（Berrebi and Klor 2006）。
10）シリアおよびイラクに潜入した外国人戦闘員のバックグラウンドについては髙岡（2014）を参照。
11）外集団に対する紛争が内集団の凝集性を高めるとしたユニークな議論にコーザー（1978）がある。コーザーの議論は、国際政治における陽動理論（Diversionary Theory）および旗下集結効果（Rally-round-the-Flag Effect）の基礎理論として受け継がれている。詳しくはFrieden, Lake, and Schultz（2013: 137）および本書第Ⅰ部第6章を見よ。

▶▶ 本章の研究テーマを学ぶための基本文献

大村啓喬（2010）「天然資源と内戦の発生に関する研究動向」『国際公共政策研究』第15巻第1号、181～195頁。

吉川元・中村覚編（2012）『中東の予防外交』信山社。

窪田悠一（2013）「内戦の発生原因とメカニズム——計量分析を中心に」伊東孝之監修『平和構築のアプローチ』吉田書店。

クルーガー、アラン（2008）『テロの経済学——人はなぜテロリストになるのか』藪下史郎訳、東洋経済新報社。

コリアー、ポール（2010）『最底辺の10億人』中谷和男訳、日経BP社。

髙岡豊（2014）「「イスラーム国」とシリア紛争」吉岡明子・山尾大編著『「イスラーム国」の脅威とイラク』岩波書店。

中村覚（2014）「サウジアラビアのシリア政策での国内治安対策による制約」『国際政治』第178号、58～72頁。

浜中新吾（2009）「紛争、テロリズムと市民意識——パレスチナ市民の自爆攻撃に対する意識調査の計量分析」浜中新吾編『中東諸国家運営メカニズムの普遍性と特殊性の析出』京都大学地域研究統合情報センター。

Fearon, James. (1995) "Rationalist Explanation for War." *International Organization* 39: 379-414.

Fearon, James and David Laitin. (2003) "Ethnicity, Insurgency, and Civil War." *American Political Science Review* 97(1): 75-90.

Kydd, Andrew and Barbara F. Walter. (2002) "Sabotaging the Peace: the Politics of Extremist Violence." *International Organization* 56(2): 263-296.

Lake, David A. (2010) "Two Cheers for Bargaining Theory: Assessing Rationalist

Explanations of the Iraq War." *International Security* 35(3): 7-52.

Nye, Josef and David Welch. (2013) *Understanding Global Conflict and Cooperation: An Introduction to Theory and History*, 9th edition. Boston: Peason.（田中明彦・村田晃嗣訳（2013）『国際紛争——理論と歴史 原書第9版』有斐閣。）

Powell, Robert. (1999) *In the Shadow of Power: States and Strategies in International Politics*. Princeton: Princeton University Press.

Ross, Michael L. (2012) *The Oil Curse: How Petroleum Wealth Shapes the Development of Nations*. Princeton: Princeton University Press.（松尾昌樹・浜中新吾訳（2017）『石油の呪い』吉田書店。）

第6章
時間と空間を超えたネットワーク

見市 建

　本章のテーマとなるのは中東を超えたムスリムとイスラームのネットワークへのアプローチである。ネットワークという概念は、ムスリムの移動とイスラームの知識の伝播をめぐる研究において頻繁に登場する。複数の個人や集団といった点（ノード）間の関係を、両者を結ぶ1つの「線」（枝、リンク）だけではなく、それぞれに繋がる多様な関係の「網」（ネットワーク）として捉えようとするのである。ネットワークに共通する特徴を調べ、そこに潜む性質を解き明かすのがネットワーク理論である（増田 2007: 3-17）。ムスリムとイスラームのネットワークとして具体的に想定されるのは、旅行や経済活動、スーフィーやイスラーム主義者による宗教活動を目的としたムスリムの移動、それに伴うイスラームの知識や思想の伝播が対象となる。したがって扱う内容は広く、本書のいくつかの章と重複する。本章では、ネットワークという概念を通して、さまざまなテーマにどのようなアプローチが可能であるか、その一端を紹介し、課題を示したい。

　まず、ムスリムとイスラームのネットワークについてのテーマの広がりを確認するために、2冊の論集を取り上げる。両書では時間と空間を超えてムスリムが共通の規範や社会的コードを共有する「ウンマ」（グローバルなムスリム共同体）を形成するとの想定がなされていることを指摘する。こうした研究ではアンダーソンによるナショナリズム研究の古典『想像の共同体』がしばしば引用されるが、複数の「ウンマ」およびナショナリズムの想像力が安易に比較されがちである。多様なネットワークとそれがもたらす想像力の中身について、課題を提示したい。次に、地域を超えたムスリムとイスラームの移動が地域社会にいかなる変容をもたらしたのか、中東と東南アジアを結ぶ人や知識のネットワークについてのより詳細な研究を、大きく宗教と経済を目的とした移動にわけて検討する。最後に、細菌から電力網、インターネット、イスラーム主義の急進派まで、共通の法則を見出すネットワークの科学の発展を踏まえた、研

究動向から中東研究における課題を提示したい。

1．ネットワークと「ウンマ」の形成

　ムスリムとイスラームの多様な移動とそのネットワークを考えるうえで、旅先案内人になるのが、2冊の論集である。人類学者アイケルマンと政治学者ピスカトーリの編による『ムスリム・トラベラーズ――巡礼、移民と宗教的想像』(Eickelman and Piscatori eds. 1990) は「木をみて森をみない」叙述に偏りがちなムスリムの移動についての研究に対して、社会科学的なアプローチを提案し、序論でその方法論に言及している。第1に、ムスリムの移動を、自明のものではなく、歴史的社会的な構築物である「想像の共同体」としてのムスリム社会の境界を形成し、あるいはその境界を超越する社会的行為として捉えることである。つまり、移動によって彼らがムスリムとしての帰属意識を感じることができる空間が形成され、あるいはムスリムに限らない（例えば国民としての）帰属意識が生まれるといったことである。第2に、社会科学的なアプローチが必要であり、移動に伴う因果関係を、背景となる構造や移動者の合理的選択の結果として説明することである。こうしたアプローチの限界も指摘し、イスラームの教義理解（ただし多様な解釈が存在することを前提とする）の必要性を指摘している。巡礼を例にとれば、その社会的な意味はそれぞれの宗派や共同体によって異なりうるのであって、メッカ以外にも地域的な巡礼地が重要になるケースもある。第3にアイデンティティの形成といった移動による人々への影響に注目することである。

　クック／ローレンス編『ムスリム・ネットワークス――巡礼からヒップホップまで』(Cooke and Lawrence eds. 2005) は、アイケルマンとピスカトーリ編と類似した関心だが、インターネット時代に突入後のネットワークまで視野に入っている。14世紀に西アフリカから東南アジア、中国までを旅したイブン・バットゥータに始まり、現代音楽のヒップホップまで、共通の道徳や社会的コードを持つムスリムのネットワークを仲介して、想像の共同体たる「ウンマ」が形成されるという想定である。序論はそのときどきの政治的経済的な構造がネットワークの形成の前提となることを説く。11世紀から16世紀にかけてはムスリムの治世者をパトロンとする科学者や形而上学者たちのネットワークがグローバルな変化を牽引した。新大陸の発見と征服によって、ヨーロッパに政

治権力が移っても、ムスリムの商業ネットワークは重要な要素であり、イスラーム知識は広がり続けた[1]。時を超えて、インターネット時代の「ウンマ」は、ムスリム以外に共通点がない人々を、同じ共同体のなかにいると想像させる点で過去のそれと共通している。決定的に違うのは、インターネット上のネットワークはより広く開かれており、経済的な動機や階級の差異が小さくなっていることである。しかし、人や知識の広がりはどこでも同質の想像力や仲間意識を生むわけではない。同書所収のサラフィー主義についての章では、サラフィー主義の他の思想や運動との連続性を踏まえつつ、その内部でも戦略において深刻な対立があることが指摘されている（Wiktorowicz 2005）。イスラーム主義やサラフィー主義のネットワークの研究は、「ウンマ」の拡大というよりは、その分裂の側面に光を当てることになりそうである。

　以上のような議論の前提として、やはり宗教における巡礼をヒントにナショナリズムの形成を論じたアンダーソンの古典的名著『想像の共同体』（アンダーソン 2007）をまず踏まえておきたい。イスラームのネットワークが形成する「ウンマ」とナショナリズムの差異についてはアサド（2006）、とくにその第6章が多くのヒントを与えてくれる。アサドによれば、ムスリムのネットワークの拡大によって想像されるウンマには、ナショナリズムとの共通点もみられるが似て非なる想像力である。とりわけイスラーム主義は、一千年の古さをもつイスラームの言説的伝統に解釈を示す点において、不可避的にその解釈についての意見は分かれていく。したがって、イスラーム主義者が戦略的にナショナリストと手を結ぶことはあっても、「成員が同じ経験を共有する自明の統一体」として国家を描くナショナリズムとは統合され得ないという。ネットワークがもたらす想像力、とりわけイスラーム運動のそれについては、思想や教義解釈を踏まえた精緻な議論が必要である。地域研究においては、そうした思想や運動が特定の地域社会に、あるいは他の運動にどのようなインパクトを与えたのか、という問いがまず想定される。これに答えるためには教義研究に加え、注意深い史料の読み込みや社会の観察が必要である。

2．ネットワークと国家、地域社会

　では、地域を超えたムスリムとイスラームのつながりが地域社会にいかなる変容をもたらしたのか、主として中東と東南アジアを結ぶネットワークに注目

した、より詳細な研究をみてみよう。イスラームの知識の伝播と経済的なネットワークという2つのテーマに既存研究を整理して考えてみたい。

まずイスラームの地域を超えた知的なつながりを扱ったオーソドックスなものとして、Azra (2004) を挙げておきたい。よく知られている19世紀末以降の改革主義の広がりに先んじて、マレー・インドネシアから17、18世紀にメッカとメディナに留学したウラマーたちが中東と東南アジアを結んで形成したネットワークに注目し、東南アジアにもたらした宗教的な変化を明らかにしている。聖地にあった東南アジア出身のウラマーたちの様子を丁寧に描き、さらに彼らやその弟子が持ち帰った知識が東南アジアにおける学問の拠点で共有されることによって、宗教実践の改革がなされ、ネオ・スーフィズムと呼ぶべき潮流が生み出された。中東と東南アジア双方におけるウラマーのネットワークが宗教実践の変化の触媒になった。

中東と東南アジアの関係は、しばしば中東から（ときに南アジアを経由し）「辺境」の東南アジアへという一方向の伝達や影響が想定されている。また、東南アジアの研究においてもイスラームは土着文化を覆う「表層」に過ぎないという見方がある。こうした従来のイメージを覆そうとするのは、初期のイスラーム改宗から現在の諸運動まで、南アジアと東南アジアの相互交流をめぐる研究成果を集めた『イスラミック・コネクション——南アジアと東南アジアのムスリム社会』(Feener and Sevea eds. 2009)である。同書にも寄稿しているリッチは、その単行本『翻訳されたイスラーム』(Ricchi 2011) ではさらに南アジアと東南アジアにおけるアラビア語起源のイスラームに関わるテキストやアイディアの流通や翻訳の過程から、地域を超えたムスリム社会の歴史的な相互関係を描き出している。経済活動や留学などによって形成される人的なネットワークとともに、文語ネットワーク（literary network）——場所や文化の境界を超えてムスリムを結びつけ、ローカルおよびグローバルなイスラーム・アイデンティティを形成するのに不可欠な文書とその解釈の複雑な交錯を持ち込み、支えるネットワーク——に注目する。16、17世紀にアラビア語の翻訳とイスラームへの改宗によって、アラビア語が現地語に取り入れられ、それまでサンスクリットによって形成されていた共通の土台（コスモポリス）の重要な要素になったというのである。中東、南アジアと東南アジアを結ぶ知のネットワークを媒介に、「ウンマ」が拡大しただけではなく、地域独自の宗教的文化的な基盤が形成されたことを示す同書は、ネットワーク研究の新しい地平を開く研究といえ

るだろう。

　タグリアコッゾの『最も長い旅──東南アジア人とメッカへの巡礼』(Tagliacozzo 2013) はメッカ巡礼という古典的なテーマであるが、東南アジアからの巡礼の500年あまりの通史を描いた大著である。初期の巡礼から、植民地期、現代に至るまで、国家の管理に注目している。同書では、地域を超えた巡礼のありかたは従属変数であり、ときの政治権力がもたらす変容が明らかにされる。すなわち植民地支配によって、メッカ巡礼への国家の統制が強まり、他方で巡礼はより効率化された。東南アジア諸国の独立後は、国家管理の継続とともに、交通網や旅行業の発展によって個人による選択の余地が大きく広がった。こうした議論の骨子はいささか平凡ではあるが、同書の魅力は多数のメモワールやインタビューを通して多彩な巡礼の姿を描きだしていることである。なおタグリアコッゾには現代までのメッカ巡礼について学際的なアプローチを試みた編著 (Tagliacozzo and Toorawa eds. 2016)、中東から日本を含む北東アジアまでを視野にいれてグローバルな歴史に位置付けようとするシリーズもある (Tagliacozzo ed. 2015a, 2015b)。

　特定の地域社会を中心とした研究のモデルとして太田 (2014) を挙げておきたい。同書は18世紀にジャワ島西部からスマトラ島南部を支配したバンテン王国における、政治権力の変遷に加えて、地域社会の変容をグローバル経済に位置付けている。17世紀までの「商業の時代」にバンテンは港市国家として栄えたが、18世紀にはスルタンの権威衰退やオランダ東インド会社の不振により、これまで停滞の時期を迎えていたと考えられてきた。同書は、ときのイスラーム王権とオランダ東インド会社、植民地政府間の関係のみならず、地元の有力者や住民を主役に描き、その主体性を明らかにしている。ここで焦点になるのは海域貿易ネットワークである。バンテン王国の住民が中国やイギリスの商人と胡椒などを直接取り引きし、スルタンや植民地政府をバイパスしてグローバルな市場と結びつくのである。

　現代においては巡礼や留学よりはるかに大きな規模で中東と東南アジアを結ぶ人のネットワークを形成するのは、移民労働者である。細田編 (2014) は送り出し側の東南アジアと南アジア、受け入れ側の中東双方の事例を丹念に検討している。そうした人の移動が、それぞれの社会や国家に中長期的にどのような変化を生み出すのかは、これからの研究課題となろう。

3．ネットワーク理論の地平

　最後に、病原菌から就職活動、電力網、初期のキリスト教布教、アル＝カーイダまで、ネットワークに共通する法則を見出す、いわゆるネットワーク理論の中東やイスラーム研究における適用について考えてみたい。まずその扱う対象の広がりと基本的なアプローチについては、まずバラバシ（2002）、増田（2007）、ベンクラー（2013）を挙げておきたい。彼らはさまざまなネットワークに共通する、その拡大のメカニズム、強靭性や回復力、ネットワークが促す協力関係をその構造から説明する。

　イスラーム主義のなかでも急進的な勢力は、2001年の9.11事件以降、ネットワーク理論家たちの特別な関心を呼んできた。クレブス（Krebs 2002）は9.11事件のハイジャック犯間のつながりに注目して先駆的な分析を行った。バラバシはクレブスの分析を引用して、アル＝カーイダを分散型で自己組織化する「クモのいないクモの巣」と呼んでいる。ただ、こうしたネットワーク理論は、ネットワークの拡大や強靭性については雄弁だが、階層的な組織からネットワークへの変容については言及しておらず、質的な分析が必要である。急進派の専門家であるセイジマンはアル＝カーイダ中枢の手を離れた「指導者なきジハード」が展開されていると主張する（Sageman 2008）。階層的組織では治安当局に一網打尽にされてしまうところを、独立した小グループが個別に活動することで摘発を逃れることができる。こうしたネットワークは政治的目標が不明確だという欠点があったが、インターネット時代に入ると活動の指針はネット上で共有され、議論もできるようになった。こうした組織の転換は、アル＝カーイダの戦略家アブー・ムスアブ・アッ＝スーリーによる、1604ページにいたる『グローバル・イスラームの抵抗への呼びかけ』によって主張され、アフガニスタンでアル＝カーイダを迎え入れていたターリバーン政権の崩壊後に採用されるようなったことが知られている。スーリーの著作もまたインターネットから入手可能で、世界各地で翻訳され、アル＝カーイダの類似組織が生まれていった。こうした議論の入り口としては、池内（2015）が適当だろう。

　政治学や社会学では、より具体的なネットワークや社会関係資本（ソーシャル・キャピタル）が生み出す協力関係に注目し、実証研究が行われている。いわゆる「アラブの春」をきっかけに、中東研究においても、インターネットやソー

シャル・メディアの役割に注目が集まった。浜中（2015）はソーシャル・メディアと政治参加の相関関係を統計的に検証した先駆的な研究である。結社などの社会的つながりが民主主義を機能させると主張するパットナム（2001, 2013）や自然災害後の社会における回復力をテーマにしたアルドリッチ（2015）の研究対象は、これまでのところ欧米や日本に限定されているが、ムスリム社会の研究においても有用なヒントを提供しうるだろう。

【注】
1）19世紀末からのイスラーム改革思想、なかでもエジプトのムスリム同胞団指導者のラシード・リダーが1898年から発刊した『マナール（灯台）』誌とそのジャワを含む世界各地への伝播に着目し、ウンマの広がりを論じる小杉（2006）を基本書として挙げておきたい。

▶▶ 本章の研究テーマを学ぶための基本文献

アサド、タラル（2006）『世俗の形成——キリスト教、イスラム、近代』中村圭志訳、みすず書房。

アルドリッチ、D・P（2015）『災害復興におけるソーシャル・キャピタルの役割とは何か』石田祐・藤澤由和訳、ミネルヴァ書房。

アンダーソン、ベネディクト（2007）『定本　想像の共同体——ナショナリズムの起源と流行』白石隆・白石さや訳、書籍工房早山。

池内恵（2015）『イスラーム国の衝撃』文藝春秋。

太田淳（2014）『近世東南アジア世界の変容——グローバル経済とジャワ島地域社会』名古屋大学出版会。

小杉泰（2006）『現代イスラーム世界論』名古屋大学出版会。

パットナム、ロバート・D（2001）『哲学する民主主義——伝統と改革の市民的構造』河田潤一訳、NTT出版。

――――（2013）『流動化する民主主義——先進8カ国におけるソーシャル・キャピタル』猪口孝訳、ミネルヴァ書房。

浜中新吾（2015）「エジプト革命におけるソーシャル・メディアの役割」『年報政治学』2015-Ⅱ。

バラバシ、アルバート・ラズロ（2002）『新ネットワーク思考〜世界のしくみを読み解く〜』青木薫訳、NHK出版。

ベンクラー、ヨハイ（2013）『協力がつくる社会——ペンギンとリヴァイアサン』

山形浩生訳、NTT出版。
保坂修司（2014）『サイバー・イスラーム——越境する公共圏』山川出版社。
細田尚美編（2014）『湾岸アラブ諸国の移民労働者——「多外国人国家」の出現と生活実態』明石書店。
増田直紀（2007）『私たちはどうつながっているのか——ネットワークの科学を応用する』中央公論新社。

Azra, Azyumardi. (2004) *The Origins of Islamic Reformism in Southeast Asia: Networks of Malay-Indonesian and Middle Eastern 'Ulama' in the Seventeenth and Eighteenth Centuries*. University of Hawaii Press.

Cooke, Miriam and Bruce B. Lawrence eds. (2005) *Muslim Networks from Hajj to Hiphop*. Chapel Hill & London: University of North Carolina Press.

Eickelman and Piscatori. (1990) *Muslim Travellers: Pilgrimage, Migration, and the Religious Imagination*. Berkeley and Los Angeles: University of California Press.

Feener, R. Michael and Terenjit Sevea eds. (2009) *Islamic Connections: Muslim Societies in South and Southeast Asia*. Singapore: ISEAS.

Ricci, Ronit. (2011) *Islam Translated: Literature, Conversion and the Arabic Cosmopolis of South and Southeast Asia*. Chicago and London: The University of Chicago Press.

Tagiliacozzo, Eric. (2013) *The Longest Journey: Southeast Asians and the Pilgrimage to Mecca*. Oxford University Press.

第Ⅳ部

歴史的・思想的アプローチ

第1章
ナショナリズム論

私市正年

1．ナショナリズム研究の意義

　中東・北アフリカ地域（以下中東とよぶ）における独立運動、国家形成、独立後の国家構造の特徴、今日の地域内および国家間の紛争や衝突などには、ナショナリズム問題が深く関わっていることに異論はなかろう。またエスニックな共同体（ナショナリズム）を土台にした国家に対し、1970年代から中東地域ではイスラームが台頭し、イスラーム国家建設をめざすイスラーム主義運動が広がった。それにもかかわらず、同じイスラーム教徒間の対立はしばしば起こっている。イスラーム主義運動はナショナリズムを超えているのか否か。中東諸地域で起こる対立・衝突においてエスニックな共同体とイスラーム共同体の両者がどのように関係しているのか、関係していないのか。具体的に検討すべき課題が多いことからも、ナショナリズム研究が歴史的研究として重要なだけでなく、今日的な問題を理解する上でも重要なことがわかる。今日的課題に関しては、2011年の「アラブの春」とナショナリズムの関係がもっともわかりやすいだろう。エリソン（Ellison 2015）によれば、「アラブの春」で各国で異なる社会的反応や政治変革が起こったが、それには国家形成の基礎をなすナショナリズムの違いが大きな影響を与えているという。

　本論では最初にナショナリズムの代表的な理論の整理から始める（参照文献としてとりあえず、大澤・姜編（2009）、酒井・臼杵編（2005）、施・黒宮編（2009）の3つの編著書をあげておく）。続く個別のナショナリズム論は国ごとに多数あり、それらを1つ1つ取り上げることはできないので共通の問題となりうるトピック性のある論稿のみについて言及する。

（1）古典的ナショナリズム論
　ナショナリズム論は1930年代・40年代のころから体系的に論じられるよう

になった。それをここでは古典的ナショナリズム論とよぶ(コーンやE・ケドゥーリーなどがその代表)。たとえば、コーン（Kohn 1945）によると、ナショナリズムは２種類に分けられる。イギリスやフランスなど西欧の先進地域で発展した「西欧的」ナショナリズムと、ライン川の東側（非西欧地域）で発展した東欧（非西欧）型ナショナリズムの２種類である。前者は、一定の領域内に居住し、政府と法のもとに結びついた人々の共同体で、個人の自由が尊重されるリベラルで民主的な性格を持っている。後者は、過去の神話や民族的な夢、祖国愛をもとに結びつき、既存の国境を修正しようとする非合理的で排他的な民族意識を持っている。

　彼のナショナリズム論は、ケドゥーリー（Kedourie）の議論につながっている（ケドゥーリー2000およびKedourie 1970）。ケドゥーリーによれば、カントは人間の自由は自己決定をもって道徳に従うことによって得られると説いたが、カント学派のフィヒテらはそれでは不十分であり、人間の自由は国家に自己を没入させることによって完全となる、と主張し、集団（国家）の自己決定を重視する思想を説いた。それがナショナリズムの教義だという。そして、西欧の植民地支配下に置かれたアジア・アフリカはそうしたナショナリズムを受け入れたのであり、したがってアジア・アフリカのナショナリズムは、植民地支配への反発から形成されたのではなく、西欧のナショナリズムを受け入れ、それを実践した結果なのであるという。この考え方はその後のアジアやアフリカの停滞論や全体主義的体制の歴史的、社会的背景を説明するために現在でもしばしば利用されている。

　この二分法は、その後の諸地域のナショナリズムに対し、西と東、近代的と前近代的、リベラルと非リベラルといった価値判断の基準となった。そればかりか、民主主義論にまで使われ、西欧的な「シビック・ナショナリズム」がリベラル・デモクラシーの規範をなし、非西欧的な「エスニック・ナショナリズム」が全体主義的な政治の規範を作り出している、という議論を生み出した。このような問題を考えるのに、イグナティエフ『民族はなぜ殺し合うのか』（1996）とミラー『ナショナリズムについて』（2007）は参考になる。

（２）近代主義的ナショナリズム論

　1980年代になると、「ネイション（民族・国民）」を近代において社会的・政治的に形成・構築されたととらえる近代主義（ゲルナー、アンダーソン、ホブズボー

ムなど)の見解が発表された。それとともに、近代主義者と、ネイションを自明の存在、自然に存在する所与のものとする原初主義・本質主義者(Hastings, A., Shils, E. など)との間で論争が展開された。

　今日のナショナリズム論で支配的なのは近代主義の立場である。西欧の植民地支配を受けた多くの中東諸国の場合、ナショナリズムを議論する際に、この近代主義の考えを無視できない。代表的な近代主義者のゲルナー、アンダーソン、ホブズボームのうち、ナショナリズムを明確に定義しているのはゲルナーで、彼は、ナショナリズムは近代の産業社会化の産物であるとした上で、「ナショナリズムとは政治的単位と民族的単位とが一致しなければいけないとする政治的主張」と説明する。アンダーソンは、ネイションについて「近代になって生じた出版資本主義の伸長と、それに伴う世俗的言語で書かれた新聞、小説の登場によって可能になった、国民という共同性(イメージとして心に描かれた想像の政治的共同体)」だと言っていて、明確にナショナリズムを定義していないが、ゲルナーの定義と大きな違いはないと考えてよいだろう。ホブズボームもナショナリズムの定義については、ゲルナーに同意しているが、ナショナルな伝統とされるシンボルや儀礼が実は近代の発明(創造)であると主張する。

　別の視点からみれば、近代主義の特徴は、人間の集合体としてのネイションと、特定の領域の上に築かれた制度(政府、官僚制、議会、軍隊など)の集合体とを明確に分ける点にあると言える。しかし、現実のナショナリズムの中には特定のネイションへの愛着とそれを優先する志向性も根強く、ネイションと国家とが分かちがたい場合もみられる。そこで近代主義者(とくにナショナリズムを近代化の産物であることを強調する立場)に反対し、ネイション形成における神話や伝統文化などの原初的絆を重視するいわゆる「エスノ・シンボリズム」の立場をとったのがスミスである。スミスは、ナショナリズム論ではしばしば原初主義に分類されるが、彼のエスノ・シンボリズムという考えは原初主義と近代主義の中間的立場と言える。彼はナショナリズムを近代の産物とする近代主義の立場をとりながら、ネイションのルーツをエトニ(歴史の記憶や文化を共有する共同体)にあるとする原初主義の議論を取り込んだのである。

　近代主義者はナショナリズムの出現を近代としたが、中東諸国はまさにその時期に植民地支配下に置かれた。中東諸国におけるネイション形成が様々な困難を抱え込むのはこうした歴史状況が複雑に関わっている。今日の中東諸国のナショナリズム問題(政教分離、マイノリティ、民族紛争などを含めて)を考え

郵便はがき

101-8796

537

料金受取人払郵便

神田局
承認

8956

差出有効期間
2018年9月
30日まで

切手を貼らずに
お出し下さい。

【 受 取 人 】

東京都千代田区外神田6-9-5

株式会社 **明石書店** 読者通信係 行

||||i|i|ii|i||i|||i|i|i||ii|i|i|i|i|i||i|i|i|i||i||i|i|

お買い上げ、ありがとうございました。
今後の出版物の参考といたしたく、ご記入、ご投函いただければ幸いに存じます。

ふりがな		年齢	性別
お名前			

ご住所 〒　　-

TEL　　(　　)　　FAX　　(　　)

メールアドレス	ご職業(または学校名)

*図書目録のご希望	*ジャンル別などのご案内(不定期)のご希望
□ある □ない	□ある：ジャンル(　　　　　　　　　　) □ない

書籍のタイトル

◆本書を何でお知りになりましたか？
　　　□新聞・雑誌の広告……掲載紙誌名[　　　　　　　　　　　　　　　　　　　]
　　　□書評・紹介記事……掲載紙誌名[　　　　　　　　　　　　　　　　　　　]
　　　□店頭で　　□知人のすすめ　　　　□弊社からの案内　　□弊社ホームページ
　　　□ネット書店 [　　　　　　　　　] □その他[　　　　　　　　　　　　　]
◆本書についてのご意見・ご感想
　　■定　　　価　　　□安い（満足）　□ほどほど　　　□高い（不満）
　　■カバーデザイン　□良い　　　　　□ふつう　　　　□悪い・ふさわしくない
　　■内　　　容　　　□良い　　　　　□ふつう　　　　□期待はずれ
　　■その他お気づきの点、ご質問、ご感想など、ご自由にお書き下さい。

◆本書をお買い上げの書店
　[　　　　　　　　　　　市・区・町・村　　　　　　　　書店　　　　　　店]
◆今後どのような書籍をお望みですか？
　今関心をお持ちのテーマ・人・ジャンル、また翻訳希望の本など、何でもお書き下さい。

◆ご購読紙　(1)朝日　(2)読売　(3)毎日　(4)日経　(5)その他[　　　　　　新聞]
◆定期ご購読の雑誌 [　　　　　　　　　　　　　　　　　　　　　　　　　　　]

ご協力ありがとうございました。
ご意見などを弊社ホームページなどでご紹介させていただくことがあります。　□諾　□否

◆ご 注 文 書◆　このハガキで弊社刊行物をご注文いただけます。
　□ご指定の書店でお受取り……下欄に書店名と所在地域、わかれば電話番号をご記入下さい。
　□代金引換郵便にてお受取り…送料+手数料として300円かかります（表記ご住所宛のみ）。

書名

	冊

書名

	冊

ご指定の書店・支店名	書店の所在地域		
		都・道 府・県	市・区 町・村
	書店の電話番号	(　　　)	

図1　スミスのナショナリズム論の図式

エトニ（エスニック共同体）　➡　（西欧的近代革命）　➡　　　ネイション

| 出自や血統神話、歴史の共有、独自の文化、特定の場所（郷土）意識、連帯感 |

| エトニ的要素（出自や血統神話、歴史の共有、独自の文化、特定の場所〔郷土〕意識、連帯感） |
| 市民的要素（領域的概念・要素、共通の文化、市民的諸権利、法と法制度に基づく共同体） |

る手がかりを得るため、スミスの議論を発展的に整理しておこう。

　人間集団の最初の集団的意識・アイデンティティは、他者と区別するための集団の名称、出自や血統神話、歴史の共有、独自の文化、特定の場所（郷土）意識、連帯感などから構成されている。こうした集団をエトニ、またはエスニック共同体とよぶ。しかし西欧近代は3つの革命、すなわち第1に経済の分業化と労働力の流動化（個人の能力に応じた登用）、第2に軍事・行政の専門化、合理主義化、官僚化、第3に教育・文化・宗教の国家管理化、言語の統一、国家と教会の分離を体験した。

　こうした西欧近代の革命は人間集団のあらたな集団意識・アイデンティティを出現させた。それがネイションである。ネイションは、従来のエトニの構成要素に加えて、あらたに領域的概念・要素、共通の文化（生活様式や信念体系）、市民的諸権利、法と法制度に基づく共同体（構成員は共通の法で結ばれ、同一の義務と権利を有する）を兼ね備えている。つまりネイションとは、エトニ的要素と市民的要素の2つの不安定な集合体なのである。

　このような近代化過程で形成されたナショナリズムには2つのアイデンティティに関わる問題が存在していた。

　第1は、近代化過程で起こったアイデンティティの分裂という問題である。近代化は、人々のアイデンティティを、歴史と運命を共にする伝統的な共同体の成員としての正当性（特殊性の志向）と政治的市民としての正当性（普遍性の志向）の二重の正当性に切り裂いた。その切断されたアイデンティティを接合させる思想がナショナリズムであったのである。人々の思想と行動を基礎づけてきた伝統的社会の価値観が根本的に挑戦を受け、彼らは深刻なアイデンティ

ティの危機に直面した。その危機の解消に一定の答えを出したのがナショナリズムで、それは歴史と運命を共にする共同体の一員であると同時に、政治的な市民でもあるというアイデンティティのあり方（矛盾の解消）であった。すなわち、ナショナリズムは仮に近代の産物だとしても、その内部に伝統的共同体志向と近代的市民志向とを共存させているのである。

　第2は、近代ナショナリズムにおける世俗主義的性格、ないしは政教分離主義的特徴である。近代国家は西欧的ナショナリズムの時代でもあり、西欧諸国家だけでなく、その植民地支配から脱したアジアやアフリカの諸国家における政治的リーダーも西欧的ナショナリズムのイデオロギー、つまり世俗主義的、政教分離のイデオロギーのナショナリストであった。

　この第2の問題は、とりわけ西欧植民地支配を受けた国において、独立後のナショナル・アイデンティティの確立のために宗教的、文化的復興運動との緊張関係を生み出した。たとえば西欧植民地支配から独立したアラブ・イスラーム諸国家では、西欧的世俗主義的、政教分離主義的ナショナリズムからの脱却なしには、文化的独立を達成しえないとして、イスラーム化政策やアラビア語教育を重視した政策がとられた。そうした政策が文化的脱植民地化のためのアイデンティティ回復と結び付けて認識されたのである（Burgat 2005）。宗教はいうまでもなく文化的アイデンティティの核心的な象徴と結合している。したがって宗教的ナショナリズムは伝統と歴史を重視することになる（ユルゲンスマイヤー 1995）。

2．中東のナショナリズム研究の方向と可能性

（1）近代主義的ナショナリズム論に対する批判

　中東諸国の大部分の国が西欧の植民地支配を受けたため、ナショナリズム運動は脱植民地化闘争および国家建設運動と密接な関係を持った。西欧の近代革命をナショナリズム誕生の契機と考える近代主義の立場では、中東諸国における植民地支配に対する抵抗運動の中から出現する民族意識や祖国意識は軽視されがちであり、こうした視点から近代主義的ナショナリズム論を批判したのがシュエイリ（Choueiri 2000）である。

　シュエイリは、アラブ・ナショナリズムを論じる中で、文化的アラブ主義と政治的アラブ主義に分け、前者の出現を19世紀の文化的アイデンティティの

拡大の段階に設定している。19世紀前半に生まれた祖国（ワタン）や祖国愛の観念はワッハーブ思想の広がりやオスマン朝の衰退などと一緒になって、自決や独立や政治参加といった明確な政治目標として形成されていく。それが20世紀の初めには出現する政治的アラブ主義であると主張する。

同じような観点から議論したのがGerber (2003) で、彼も中東地域の実証研究によって、エジプトやシリアなどでは、領域意識とアラブ意識が一体となったアラブ・ナショナリズムの出現を1920年代に置くことに異をとなえている。これらのアラブ・ナショナリズム論を手際よくまとめた研究として北澤義之の『アラブ連盟』(2015) がある。

中東の実証的な事例研究によるナショナリズム論では、ネイション（人間の集団＝カウム）と特定の領域（ワタン）とが一致することは稀で、ネイションに政府、官僚制、議会、軍隊などの諸制度が備わることによって国家（ステイト）が出現するという議論を排し、意識とか言語という文化的ナショナリズムがしばしば説かれる。こうした諸問題を含めて中東におけるナショナリズム論を考える際に参考になるのが加藤博の論稿（「エジプトにおける「民族」と「国民国家」」）である。加藤は以下のように述べる。エジプトのナショナリズムの起源は、1871～72年のオラービー革命と1919年革命の間に、エジプト「民族」の形成とエジプト「国民国家」が形成されたことにある。言い換えると、この時期はエジプトの「民族」アイデンティティの模索過程で、たどりついたところが民族主義と国民主義であり、それは領域意識としてのワタン（祖国）とイスラーム的観念を内包したウンマ（共同体）に収れんした。当時、血縁的・民族的観念を持つカウムはイスラーム主義に包摂されていて表に出なかった。1919年革命後、「民族」概念の質的転換が起こった。すなわち、様々な政治的思想、エジプト（ファラオ）主義、イスラーム主義、アラブ主義（カウミーヤ）、地中海主義などが主張されるようになり、新しいエジプト「民族」アイデンティティが模索されるようになったが、結局1920年代から広がるパレスチナ問題の後押しを受けたアラブ主義（カウミーヤ）の勝利（1952年のナセルのエジプト革命）でもって終着する。しかし、それが、中東戦争の敗北などによって失墜すると、1970年代にサダトによる国民主義「ワタニーヤ」が台頭し、さらにイスラーム復興に伴い1980年代から「イスラーム国家」運動へと転換する。エジプトのナショナリズムにおける問題は、こうしたイデオロギーとは別に、バラド Balad（国）概念が底流として存在することである。それはワタン（祖国）と、

心理的・情緒的性格を持った運命共同体的人間集団とが合わさった概念である。心理的・情緒的性格を持った運命共同体的人間集団とは、スミスの言うエトニやE・J・ホブズボームの提示するプロト・ナショナリズムに近い概念とみてよいだろう。ナショナリズム議論におけるエトニ的要素と市民的要素の関係の重要性がここにも示されている。

　中東のナショナリズムについての事例研究の多くは、近代主義的立場をとらないが、国家はそこに存在するエトニ的要素をどのように国家統合に組み込もうとしているのか。あるいは組み込めないのか。たとえばエジプトにおいてはコプト・ナショナリズムの議論（とりあえずBahly（2002）と三代川（2015）を参照）は微妙な問題だけにエトニの議論を避ける傾向がある。それはこうしたテーマが国家と宗教の問題、国家統合におけるマイノリティ問題、国民のアイデンティティ問題、民族紛争などに関わっているからであるが、だからこそナショナリズムとエスニシティの関係についての個別の実証研究が必要である。

（2）ネイションとイスラーム・ウンマの関係

　中東のナショナリズム運動がイスラーム運動と結びつきやすいことから、エスニシティ（民族）とイスラーム・ウンマの関係が重要な問題になる。イスラーム・ウンマの樹立を掲げるイスラーム主義運動がエスニックなナショナリズムを超えているのか否かという問題である。しかし、歴史的には、エジプトのムスリム同胞団がめざすイスラーム・ウンマは、エジプト・ネイションを超えているのか否か。より新しいところでは、パキスタンのターリバーン運動はパシュトゥーン民族意識を超えることができたのか否か。こうした問題について必ずしも十分な議論がなされていない。古典的な見解では、中東諸国は西欧の植民地支配を受ける中でネイションを見出す必要が生じた。その結果、アラブ・ナショナリズムが生まれたが、その中心にイスラームが存在したとされる。この問題に関しては、アルジェリア・ウラマー協会の「アルジェリア・ムスリムのウンマ」概念が、イスラーム・ウンマとアルジェリアのワタンとをつなぎ、ナショナリズム運動とも接続する独自な概念であった、との分析（渡邊2011）は、植民地支配下のイスラーム思想とネイションとの関係を論じた研究として注目される。

　ナショナリズムが領域概念（ワタン）であるのに対し、イスラームは宗教的共同体（ウンマ）であるので、両者は本質的に矛盾する概念である（Vatikiotis

1987)。しかし、この当たり前のような問題が、実は現実の政治においては必ずしも簡単に片付いてはいない。アラブ連盟はイスラーム問題に深入りしようとせず、イスラーム諸国会議が設立（1970 年）されると、アラブ連盟としてはイスラーム問題に直接関与しないという姿勢をとった。イスラーム主義がナショナリズムを超えられなかった、という「ポスト・イスラーム主義」(Bayat 2007 と Roy 2004) もこの延長上の議論である。しかし中東諸国は多数派がムスリムの国が大半であり、常にナショナリズムとイスラームの関係は緊張関係にあると言える。1980 年代に誕生したとされるネオ・ナショナリズムは市民社会の形と理念を持つとされる（シュエイリ）が、その将来は全く未知数である。具体的な事例でもって検討するしかないだろう。

（3）ナショナリズムにおける「文化」と「アイデンティティ」の意味

　中東諸国における民族問題や国民統合の問題（植民地期から現在に至るまで）においてその中心にナショナリズムにおける「文化」と「アイデンティティ」の問題が存在している。植民地支配下に置かれた社会では、ナショナリズムは政治闘争を始める前に、自らの精神的、文化的領域における独立を達成しようとする。その文化は、当該地域ではイスラーム教徒が多数派であるため、イスラームという宗教と表裏一体となっている。ナショナリズム運動が、文化的領域（エトニ的要素）と政治的領域（武力闘争、政治組織）の2つから構成されているとして、独立後の国家への影響となると「文化」の方が深刻な問題になる。この問題に鋭く切り込んだのが McDougall (2006) である。彼は、アルジェリアのナショナリズム形成において、ナショナルな文化がいかに（歴史的事実ではなく）創造され、文化的権威がいかに確立したかを詳細に論じる。そこではアルジェリアの歴史は、アラブ民族の一貫性（フェニキア人もベルベル人もカナン人とつながるアラブ人の子孫、親族とみなす）と、イスラームによる文明的完成という歴史がナショナリズムの文化として（想像され）創られたことを描き出す。問題は、このようなナショナリズムの「文化」を創り出したのはウラマー協会のメンバーであったので、「文化」は宗教としてのイスラームと結びつき、"真正さ（アサーラ）" として規範性を有した。その結果、アラブ性（アラビア語）とイスラームが核をなし、文化的（言語的）多元主義を弾劾し、一元的で権威主義的な「文化」が形成され、独立後にやっかいな遺産として継承された。実はこのようなナショナリズムの「文化」問題は多くの中東諸国に共通している

問題である。各国の国民統合や民族問題などにナショナリズムの「文化」がいかに関わっているのか、研究する意義は大きい。

　同じくナショナリズムの文化に注目した研究者がLaroui（1977）である。しかし視点は異なる。彼はナショナリズムをイデオロギーであり、かつ政治運動でもあることを認めた上でその社会的、文化的起源を歴史的に詳細に分析する。すなわち、1830年から1912年までのモロッコ社会の運動は、①外国の介入に対する多様な形の反発、②社会的諸勢力の個別細分化、③伝統的文化価値の強化、の3つに集約され、モロッコの民族意識は、これら3つの枠組みの中で形成される。19世紀後半から、マフザン政府（スルタン）が進めた西欧的改革に対する反発は、諸勢力を伝統的価値へと向かわせた。かくして1907年8月から08年6月にウラマー、ザーウィヤ指導者、部族長、シャリーフなどすべてが新スルタンに個別にバイアを行い、伝統的バイアによる権威の正統化が再建された。保護領期（1912〜56年）にナショナリズム運動が出現するとしても、それは1830年から1912年のモロッコの社会システムの変化が原因となって生じたものである。すなわち、伝統的なバイアが重視され、それが限りなく個人化、多元化する形でモロッコ全土に広がり（諸勢力の個別化、細分化）、他方で伝統的文化と価値を正統化する任務を持つ都市ウラマーの権威が高まる（ここからサラフィー主義者主導のナショナリズム運動が発展）。しかしこのナショナリズムの文化は、ナショナリズム運動だけでなく、独立後の王権の確立にも関わっている。モロッコは他のアラブ諸国とは全く異なり、独立前から多数の政党が存在したが、政治文化の特徴は「分裂的で防御的性格（divisive and defensive nature）」（D. Mednicoff 1994）とされる。国王は伝統的文化の価値の尊重と分裂した諸勢力のシンボルとして存在する。これらの源はナショナリズムの文化に見ることができよう。他方、Lawrence（2013）は、アルジェリアとモロッコを事例にして反植民地闘争とナショナリズム運動との関係を分析し、ナショナル・アイデンティティとナショナリストの動員力は異なる別個の概念であるが、両者は互いに影響しあっていった、との新たな見解を示した。

　ナショナリズムの「文化」「アイデンティティ」研究は他の中東諸国のナショナリズムのあり方だけでなく、政治文化を考察する上でも参考になるだろう。

3. ナショナリズムの現代的復興について

　ナショナリズムを近代の産物だとした場合、20世紀末になってナショナリズムが復興した現象をどう理解したらよいのか。グローバル化に伴い、2つの動きが起こっていると考えられる。

　第1に、現代ナショナリズムは、近代に形成されたネイション（国民）を、民族化（エトニ化）する運動である。近代において生み出されたナショナリズムが局地的なエスニックな共同体を、ネイション（国民）という広範囲な単位へとまとめあげていく運動であったのに対し、今日のナショナリズムはちょうどその反対方向にネイション（国民）を「民族（エスニシティ）」というより小さい単位へと分解していく力として作用している。

　第2に、現代ナショナリズムは、民族化（エトニ化）とはまったく逆方向に向かう運動で、ネイション（国民）を共通の権利保有者に向かう運動（ネイションの市民化）である。その典型がヨーロッパ共同体である。それは、ヨーロッパの国民国家の主権の一部をより包括的な政治的単位に事実上委譲し、そのことで国民国家をその包括的政治単位に包摂しようとするものである。

　どちらも、グローバル化によってもたらされたネイションのアイデンティティ危機を解消する運動であるが、いずれの方向性をとるかはそれぞれのネイションの置かれた政治的、文化的、地勢的状況によって異なっている。

▶▶ **本章の研究テーマを学ぶための基本文献**

アンダーソン、B（1997）『増補 想像の共同体』白石さや・白石隆訳、NTT出版。
大澤真幸・姜尚中編（2009）『ナショナリズム論・入門』有斐閣。
加藤博（1992）「エジプトにおける「民族」と「国民国家」」『歴史学研究』633号、13～25頁。
ケドゥーリー、E（2000）『ナショナリズム』小林正之他訳、学文社。
ゲルナー、E（2000）『民族とナショナリズム』加藤節監訳、岩波書店。
酒井啓子・臼杵陽編（2005）『イスラーム地域の国家とナショナリズム』東京大学出版会。
スミス、アントニー・D（1999）『ネイションとエスニシティ』巣山靖司他訳、

名古屋大学出版会。
施光恒・黒宮一太編（2009）『ナショナリズムの政治学』ナカニシヤ出版。
ホブズボーム、E・J（2001）『ナショナリズムの歴史と現在』浜林正夫他訳、大月書店。
ユルゲンスマイヤー、M・K（1995）『ナショナリズムの世俗性と宗教性』阿部美哉訳、玉川大学出版部。
Choueiri Youssef. (2000) *Arab Nationalism: A History: Nation and State in the Arab World*. Oxford: Blackwell Publishers.
Hastings, A. (1997) *The Construction of Nationhood, Ethnicity, Religion and Nationalism*. Cambridge: Cambridge University Press.
Kedourie, Elie ed. (1970) *Nationalism in Asia and Africa*. New York and Cleveland: World Publishing Company.
Lawrence, Adria. (2013) *Imperial Rule and the Politics of Nationalism: Anti-Colonial Protest in the French Empire*. New York: Cambridge University Press.
McDougall, James. (2006) *History and the Culture of Nationalism in Algeria*. Cambridge: Cambridge University Press.

第2章
サラフィー主義とイスラーム主義

渡邊祥子

1．近代的現象としてのサラフィー主義とイスラーム主義

　サラフィー主義とは、イスラームが正しく実践されていた時代のモデルとして、サラフ[1]の時代を参照するイスラーム思想である。イスラーム主義はここでは、イスラームの教えに基づく社会や政治を実現しようとする運動やイデオロギーを指す。

　これら2つの主義は、原理的には中世以降存在しうる思想であり、運動であるが、どちらも近代以降の中東・イスラーム世界の政治や社会を分析するうえで重要な概念となっていった歴史を持っている。その背景には、近代において、西欧諸国による軍事的・政治的支配の危機に直面した中東・イスラーム世界の人々が、自らの社会や制度の「近代化」の方法を模索していく中で、サラフィー主義に基づく思想運動が、国民国家の形成や新しいテクノロジーの発達といった同時代の現実に見合ったイスラームの再解釈と結びつく形で発展したという事実がある。

　近代のサラフィー主義については、18世紀のアラビア半島においてムハンマド・イブン・アブドゥルワッハーブが主導したイスラーム改革思想と、その教えに基づく政治運動（いわゆるワッハーブ運動）をその先駆とする考え方もあるが、特に19世紀末から20世紀初めにかけて中東・北アフリカ地域において勃興した運動を指し、ジャマールッディーン・アフガーニーを起点と考える論者が多い。

　アフガーニーは、イスラーム復興の呼びかけと西欧の植民地主義に対する批判を繰り広げ、イスラームと近代科学は両立しないと議論したフランスの東洋学者エルネスト・ルナンとの論争などで、ヨーロッパでも注目を集めた（Keddie 1972: 189-199）。彼がパリで発刊した『固き絆（al-'Urwa al-wuthqā）』誌などのアラビア語印刷メディアを通じて、アフガーニーの思想はアラブ・イスラーム世

界の隅々にまで伝播した。弟子の一人でエジプト人のムハンマド・アブドゥは、エジプトにおいて師の運動を引き継ぎ、エジプトのシャリーア改革などを主導した。さらにその弟子でシリア出身のラシード・リダーがエジプトで発刊したアラビア語雑誌『マナール (al-Manār)』は、中東・北アフリカやイスラーム世界で広く読まれた。また、リダーの出した数々のファトワー（法的裁定）は同時代のウラマーたちに非常に大きな影響を与えた。シリアでは、アブドゥッラフマーン・カワーキビーが『マッカ会議 (Umm al-Qurā)』を出版し、ムスリムの政治的団結を呼び掛けた。レバノンのシャキーブ・アルスラーンは、『ムスリムはなぜ後進的となり、他の者たちは進歩したのか (Limādhā ta'akhkhara al-muslimūn wa taqaddama ghayr-hum)』などの著作で論争を巻き起こした。これら、『マナール』派と総括的に呼ばれる人々の思想的影響は、マグリブ地域やインド、東南アジアにも及んだ。

　イスラーム主義もまた、中東・イスラーム世界の近代化の反作用として理解されてきた。すなわち、20世紀の中東・イスラーム世界において、法的・政治的制度や生活様式の「西洋化」が進む一方で、アイデンティティのよりどころとしてのイスラームが強調されるようになり、特に1970年代以降、あごひげを伸ばす男性やヴェールを着用する女性の増加といった形で人々の生活の中に顕在化していったのである。大塚和夫は「イスラーム復興」という用語をこうした文化現象を指すものとして使用しているが、「復興」の語には一度衰退したものを復権させるという含意が込められている（大塚 2004: 13-15）。政治イデオロギーおよび政治運動としてのイスラーム主義が中東・イスラーム世界において重要な役割を果たすようになったのも1970年代以降とされており、特に1979年のイラン・イスラーム革命は、世界に大きな衝撃を与えた。1950年代や1960年代の支配的な考え方であった近代化論においては、経済開発が進み近代化が進展すると、宗教の政治や社会における役割は縮小するという世俗化論が受け入れられていた。後にこうした理論は経験的に誤りであり、実際には様々な宗教が様々な地域の社会や政治において、大きな役割を果たし続けていることが、研究者によって指摘されることになる（例えば、ケペル（1992）やカサノヴァ（1997）を参照）。特に近代化の進展と並行する形でイスラーム主義が台頭していったと理解されている中東・イスラーム世界は、近代化論の最も明らかな反証とされたのである。

　なお、イスラーム主義の語は多くの場合、運動やイデオロギーを担う人々の

自称ではなく、メディアや（多くは欧米の）研究者らによる他称であることにも注意が必要である。特に現代のイスラーム主義の政治運動を指して、ジャーナリズムなどで「イスラーム原理主義 (Islamic fundamentalism)」の語が用いられる場合があるが、エスポズィトはネガティブで差別的な響きのある「イスラーム原理主義」の語の使用に反対し、「イスラーム復興主義 (Islamic revivalism)」ないし「イスラーム行動主義 (Islamic activism)」の語の使用を提案した (Esposito 1992: 7-8)。また、後に紹介する通り、19世紀末以降の近代「サラフィー主義」運動についても、西欧の研究者が名指した他称であったという議論があることに注意したい。

以下では、近代のサラフィー主義運動の研究史を述べたうえで、これとイスラーム主義運動との関係をどう考えるかという問題について論じたい。

2. 思想史研究と歴史学研究

欧米におけるサラフィー主義研究は、まずは思想研究を中心に展開した。サラフィー主義運動をカバーしている思想史研究としては、スミス (1998[1957])、Hourani (1983[1962])、Enayat (2005[1982]) が挙げられる。個々の指導者については、アフガーニーに関する Keddie (1968; 1972)、アブドゥフとリダーに関する Kerr (1966) や Adams (1968)、シャキーブ・アルスラーンに関する Cleveland (1985) などが掘り下げている。これらの研究では、各々の指導者の個人史のみならず、サラフィー主義が強調したイジュティハード（新しい法的解釈の努力）、マスラハ（公共の利益）、理性主義といった重要事項についても論じられている。アフガーニーの著作については、1881年の著作『物質主義者への反駁』の日本語訳（平野 2007a; 2007b）があり、アブドゥの『神の全一性論講 (Risālat al-tawḥīd)』にも抄訳がある（アブドゥフ 1991）。雑誌『マナール』は京都大学が収集、デジタルデータ化しており (Kosugi 2003)、詳細なインデックスも作られている。リダーが提唱し、イスラーム地域に大きな知的影響を与えたカリフ制再興論にはフランス語訳 (Laoust 1986) と日本語の抄訳（小杉 1987）がある。サラフィー主義の代表的な論者を含む、近代のイスラーム知識人の著作の抜粋を英訳した読本も出版されている (Moaddel and Talattof 2000; Kurzman 2002) ので、導入によいだろう。

サラフィー主義運動の各地での展開を扱った個別の研究としては、マナー

ル派思想の世界各地における伝播を扱った論文集（Dudoignon, Komatsu, and Kosugi 2006）、シリアにおけるサラフィー主義運動を扱った Commins（1990）、イラクの事例研究（Litvak 1998）、アルジェリアの事例研究（Merad 1967; McDougall 2006）、インド・パキスタンの事例研究（Metcalf 1982; Zaman 2002）、インドネシアの事例研究（Noer 1973; Feener 2007）などが挙げられる。また、国境を越えたムスリムの連帯運動（Kramer 1986; Brunner 2004）、アラブ民族主義（Haim 1962; Tibi 1997）など、サラフィー主義運動と関連の深い同時代の運動についても、研究の蓄積がある。総じて、サラフィー主義の思想に関する研究が豊富であるのに比べて、各地でサラフィー主義運動が展開した歴史的・社会経済的要因や、運動の社会基盤までもを解明した実証研究は決して多くない。この分野におけるさらなる発展が望まれる。

3．近代サラフィー主義運動をどう位置づけるか

　サラフィー主義のような原点回帰的な宗教運動がなぜ、19世紀から20世紀にかけての中東・北アフリカで出現したのか。この問題に関して、多くの研究者は、サラフィー主義は「西洋の衝撃」すなわち、西欧諸国による中東・北アフリカ地域への経済的・政治的・軍事的進出や、その結果としての植民地支配に対するムスリム側の応答であると考えた（例えば、Lewis 1967: ch. 5）。サラフィー主義は、イジュティハードの奨励によって近代世界の新しい政治的、経済的、文化的現実に適応したイスラームの新しい解釈を可能にしたばかりでなく、イスラームの原点への回帰の呼びかけを通じて、西洋の覇権に対抗的なムスリム・アイデンティティを再構築するものだったとされた（Grunebaum 1962）。こうした認識を背景として、サラフィー主義は護教論であると論じられたり（Gibb 1947）、宗教を利用したナショナリズムだと論じられることもあった（Kedourie 1966）。

　サラフィー主義をこのような文明論ではなく、イスラーム地域の近代における政治経済変容によって説明しようとしたのが、文化人類学者のアーネスト・ゲルナーである。ゲルナーは、すべての宗教には多神教的なあり方と一神教的なあり方の両極があるとし、部族と都市という対極的な社会基盤がそれぞれに対応しているとした。宗教運動とはその両極の間の循環運動であったが、近代において中央集権化が進展し部族主義が衰退したことによって、一神教的で

ピューリタン的な宗教のあり方が支配的となった（振り子が振り切れた）と論じた（ゲルナー 1991: ch. 1）。これに従うと、サラフィー主義は、近代に特有のピューリタン的イスラームであることになる。ナショナリズム論の理論家でもあるゲルナーは、近代国家の成立の前提として産業化を挙げ、農耕社会が産業社会に移行する過程で、社会的流動性を妨げる伝統的な権威が挑戦を受ける「エントロピー」促進的な動きが現れ、その枠内において社会的流動性と均質な文化へのアクセスが保障されるような、「民族」を定義する運動となると論じた。その事例として、伝統的な宗教権威であった聖者への信仰を批判したアルジェリアの改革主義的聖典主義（アルジェリアのサラフィー主義運動のこと）は、こうしたナショナリズム的な性格を持つ宗教運動であったとゲルナーは指摘した（ゲルナー 2000: ch. 6）。

サラフィー主義の出現を、近代におけるナショナリズムの出現に関する議論にひきつけて論じたゲルナーの理論は、サラフィー主義を歴史的に位置づけ、説明する仮説として大変興味深い。しかし、ゲルナーはイスラーム社会を西洋・キリスト教社会と根本的に異なる社会とみなす視点を一貫して維持しており、そのイスラーム社会論に対しては批判も多い。例えばズバイダは、都市的でピューリタン的な信仰のあり方が、歴史を通じてイスラーム文明の正統とみなされてきたというゲルナーの前提は、中世以来のイスラーム世界の史的経験に必ずしも合致しないものであり、こうした枠組み自体に近代サラフィー主義思想の影響が見て取れると指摘した（Zubaida 1995: 166）。ゲルナー理論を乗り越えつつ、サラフィー主義の出現を歴史的文脈の中で説明する、新たな理論的試みが待たれる。

4．1970年代以降のイスラーム主義運動との関係

サラフィー主義の歴史的位置づけに関連するもう1つの大きな問題が、19世紀から20世紀初頭のサラフィー主義と、1970年代以降のいわゆるイスラーム主義運動との関係をどう捉えるかである。エジプトのムスリム同胞団（1928年創設）に見るように、イスラーム主義運動を担った組織の一部は、近代のサラフィー主義の思想的影響を受けており、イスラームの初期時代への回帰、正しいイスラームからの逸脱（ビドア）の排除といった基本的な考え方も共有している。しかし、1970年代以降のイスラーム主義運動は、大衆を巻き込んだ

大規模な動員力を有し、国家に対抗的な運動を展開したという 2 つの点におい
て、イスラーム知識人による思想運動の側面がより強く、ナショナリズムや国
家形成に親和的であったと考えられている 20 世紀初頭までのサラフィー主義
運動とは大きく異なっていた。

　イスラーム主義運動がなぜ大衆的な運動となりえたのかを説明するため、多
くの研究者は、近代以降のイスラームの知の権威の変容に注目した。中でも、
アイケルマンとピスカトーリの『ムスリム政治』は、近代以降のイスラーム主
義と、前近代的な宗教伝統との間の断絶を強調して、大きな影響を与えた。彼
らは、1980 年代後半までに起こった大衆教育の普及やコミュニケーション手
段の拡大などに伴う、イスラームの外部からの知識の伝播と、伝統的宗教権威
の失墜によって、イスラーム解釈が多様化し、人々がそれぞれ思い思いの基準
で「イスラーム」と「非イスラーム」を区分し、再定義する状況が生まれたと
し、これを「イスラームの客体化」(objectification) として議論した (Eickelman
and Piscatori 1996: 37-45)[2]。大衆教育の普及に伴い、ウラマー（イスラーム知
識人）の権威が衰退したことがイスラーム主義の大衆性の背景となったという
指摘は、オリヴィエ・ロワ (Roy 2004: 158-171) や、サダト時代のエジプトの
イスラーム主義を分析したスタレット (Starrett 1998: 187, 232) の議論にも見ら
れる。

　それでは、イスラーム主義運動が国家に対抗的な運動になったのはなぜなの
か。この問いに関し、多くの著者は、イスラーム主義運動は、サラフィー主義
運動かがかつて一翼を担った、イスラーム世界各地域の「近代化」の失敗の結
果として起こったと論じた。つまり、1970 年代の中東地域の政治的・経済的
行き詰まりによって、それまでの国家主導の、西洋を模範とする近代化が展望
を失ったことが、人々の失望を生み、宗教回帰をもたらしたというのである（ケ
ペル 1992）。

　同じ問題について、社会学者のモアッデルは、言説の登場の背景となった文
化・政治構造に注目した。彼は、言説界 (Discursive field) という概念を用いて、
サラフィー主義が登場した 19 世紀末から 20 世紀初頭と、イスラーム主義が顕
在化する 1970 年代以降の中東・北アフリカの言説界の構造の違いを指摘した。
すなわち、近代サラフィー主義が、国家からの統制を受けない多元的な言説界
の中で生まれたのに対し、1970 年代以降のイスラーム主義は、権威主義的な
国家が統制する一元的な言説界において、国家に対抗する形で政治的運動とし

て生まれた。こうした文脈の相違が、サラフィー主義とイスラーム主義の志向の違いを規定したと、モアッデルは議論した（Moaddel 2005）。

5.「サラフィー主義」の呼称は妥当か

ところで、2001年のアメリカ同時多発テロ事件（いわゆる9.11事件）以降大きな関心を集めるようになった今日の国際的なイスラーム運動の一部にも、「サラフィー主義」の呼称が用いられる。このため、本項で扱っている19世紀末から20世紀初頭にかけての運動と紛らわしい場合がある。さらに、イスラーム思想研究者のロジエルは、19世紀末から20世紀初頭にかけての運動が研究者によって「サラフィー主義」と呼ばれるに至った経緯について、この呼称が実はアブドゥフやリダーらの指導者による自称ではなく、当時のヨーロッパの東洋学者や、アラビア語出版業界によって次第に定着させられた他称であったと指摘した。イスラームの原点に帰る志向という意味でのサラフィー主義は、アブドゥやリダーの思想運動の一面でしかなく、例えばリダーは、近代化のための改革（イスラーフ）運動の側面をより強調したという（Lauzière 2010: 375）。19世紀末から20世紀初頭にかけての運動に「サラフィー主義」の呼称を用いることには以上のような問題があるため、「サラフィー主義」の代わりに、「イスラーム改革主義（Islamic reformism）」などの語を用いる論者もある。サラフィー主義を論じる場合、論じられている対象が何なのかを明確にしなければならないことに加え、こうした用語選択の問題にも注意を払う必要があろう。

6．イスラームは誰もが解釈できるものとなったのか

アイケルマンとピスカートーリらが論じた、大衆教育の普及に伴うウラマーの伝統的宗教権威の低下という議論についても、注意が必要であり、これを宗教権威が崩壊したとか、誰もが参入できる完全な自由競争があるといった意味で理解するべきではないだろう。識字率の進展やメディアの発展とともに、多くの人たちが宗教テキストに直接触れることができるようになった近代以降においても、前近代とは異なる形で、宗教権威は近代国家の内外で公的役割を果たし続けており、そこにウラマーも介在していることが指摘されている。

イスラーム地域において、近代国家制度の中にイスラーム的価値に基づく制

度が取り込まれている事例は数多く見られる。例えば、憲法や家族法などの法規制の中に、イスラーム的価値が盛り込まれている場合がある（小杉 1994）。また、世俗的な司法制度とは別に、ファトワーによる裁定が国家機関によって行われている場合もある。さらに、ウラマー養成機関としてのイスラーム学院が国家の庇護下に運営されている国も多い。代表的な例がエジプト・カイロにあるアズハル学院であり、アズハルは現在でも宗教学院の世界的権威として、エジプト内外の敬虔な学生たちを惹きつけ続けている。アズハル学院の近代における変容と、19世紀末のファトワー庁の成立を論じたスコヴガールド＝ペーターセンは、アブドゥが国家ムフティーという地位を通じて、サラフィー主義の理念を反映した数々のファトワーを出したことに注目している（Skovgaard-Petersen 1997）。また、アズハル学院とエジプトの政権の関係史を論じたゼガルは、アズハル学院が政治的にはナセル期以降の政権に従順でありつつも、宗教解釈と教育実践を継続して社会に影響を与え続けたことを指摘した（Zeghal 1996）。アルジェリアでは、フランスからの独立後の同国宗教省の思想に、独立以前のサラフィー主義ウラマーの運動が大きな影響を与え（Deheuvels 1991）、インド・パキスタンのウラマーも、教育機関や審議機関を持ち、国家権力と社会との相互関係の中から、独自の権威を保持し続けている（Zaman 2002; 2012）。

　そもそも伝統的宗教権威の失墜という議論には、前近代のイスラーム解釈が特権的集団（古典的教育を受けたウラマーなど）に独占されていたという前提がある。この前提自体が正しいものであるのかどうかについても、歴史を吟味することによって再検討する余地があろう。異なる時代、地域におけるイスラームの権威のあり方を扱った論文集として、Gaborieau and Zeghal（2004）、Krämer and Schimidtke（2006）がある。近代サラフィー主義運動やイスラーム主義運動が同時代のムスリムにとって持った意味も、運動が展開した歴史的文脈と、地域的文脈を踏まえて明らかにされるべきだろう。

【注】
1）al-salaf. 先人たち。すなわち預言者ムハンマドの教友、その次の世代とそれに続く世代を指す。
2）大塚和夫は objectification の語を、人間主体による宗教の客体化、対象化という意味合いだけでなく、宗教の物体化、物象化という意味合いを含めて、「オブジェクト化」と訳している（大塚 2000: ch.9）。

▶▶ **本章の研究テーマを学ぶための基本文献**

大塚和夫（2000）『イスラーム的——世界化時代の中で』NHK ブックス。
——————（2004）『イスラーム主義とは何か』岩波書店。
カサノヴァ、ホセ（1997）『近代世界の公共宗教』津城寛文訳、玉川大学出版部。
ケペル、ジル（1992）『宗教の復讐』中島ひかる訳、晶文社。
ゲルナー、アーネスト（1991）『イスラム社会』宮治美江子・堀内正樹・田中哲訳、紀伊國屋書店。
——————（2000）『民族とナショナリズム』加藤節監訳、岩波書店。
小杉泰（1994）『現代中東とイスラーム政治』昭和堂。
スミス、W・C（1998）『現代イスラムの歴史』（上・下）中村廣治郎訳、中央公論社。

Adams, Charles C. (1968) *Islam and Modernism in Egypt: A Study of the Modern Reform Movement Inaugurated by Muḥammad ʿAbduh*. New York: Russell and Russell.

Cleveland, William. (1985) *Islam against the West: Shakib Arslan and the Campaign for Islamic Nationalism*. Austin: University of Texas Press.

Eickelman, Dale F., and James Piscatori. (1996) *Muslim Politics*. Princeton: Princeton University Press.

Haim, G. Silvia, ed. (1962) *Arab Nationalism: An Anthology*. Berkeley: University of California Press.

Hourani, Albert. (1983[1962]) *Arabic Thought in the Liberal Age, 1789-1939*. Cambridge: Cambridge University Press.

Keddie, Nikki R. (1968) *An Islamic Response to Imperialism: Political and Religious Writings of Sayyid Jamāl ad-Dīn "al-Afghānī"*. Berkeley: University of California Press.

——————. (1972) *Sayyid Jamāl ad-Dīn al-Afghānī*. Berkeley: University of California Press.

Kedourie, Elie. (1966) *Afghani and ʿAbduh: An Essay on Religious Unbelief and Political Activism in Modern Islam*. London: Cass.

Kerr, Malcom. (1966) *Islamic Reform: The Political and Legal theories of Muḥammad ʿAbduh and Rashīd Riḍā*. Berkeley: University of California.

Kurzman, Charles, ed. (2002) *Modernist Islam, 1840-1940: A Sourcebook*. New York: Oxford University Press.

Moaddel, Mansoor, and Kamran Talattof, eds. (2000) *Modernist and Fundamentalist Debates in Islam: A Reader*. New York: Palgrave Macmillam.

Tibi, Bassam. (1997[1981]) *Arab Nationalism: Between Islam and the Nation-State*, 3rd edition. London: Macmillan.

第3章
イスラーム急進派とテロリズムの研究

髙岡 豊

　急進的なイスラーム主義者の活動や彼らの勢力の伸張、そして彼らの一部が引き起こすテロ行為は、中東地域だけでなく全世界の政治、報道、そして研究の場での関心事項となっている。第Ⅳ部第2章にて「イスラーム主義」の何たるかについて論じたが、本章で扱う「イスラーム急進派」とは「イスラーム主義」に則る運動の中でも特に暴力的な一形態といえよう。「イスラーム急進派」が注目される理由は、「イスラーム急進派」と呼ばれる個人や団体の活動がしばしば多数の犠牲を伴うテロ行為や紛争として表出することだけではなく、そうした過激な主張や行動にもかかわらず、それを支持し、合流しようとする者が後を絶たないからであろう。しかしながら、この問題を取り扱う際には、その入り口から重大な課題に直面する。そもそも、この現象を何と呼ぶべきなのか、そして、テロリズムやテロ行為をいかに定義づけるかという問題である。
　一方、議論を始める前に、確認すべきことがある。それは、イスラーム主義者、あるいはイスラームそのものが必ずテロリズムの源泉となるわけではないということだ。逆に言えば、テロリズムの背景に常にイスラーム主義者やイスラームがあるわけでもない。つまり、イスラーム主義者が常にテロリズムに訴えるわけでもなければ、テロリズムを正当化する論理はイスラームだけとは限らないということである。以下では、これを踏まえた上で、イスラーム急進派とテロリズムに関する研究上の諸課題について検討する。

1．何がイスラーム急進派か？　テロリズムとは何か？

　2001年に発生した「9.11」事件やその後の「テロとの戦い」や各国での「テロ被害」を受け、事件そのもの、その主体となる「テロ組織」、「テロ組織」を支持する者たちの社会的背景について様々な議論が巻き起こった。中でも、「9.11」事件後に国際的にも注目を集めたアル＝カーイダについては多数の著

述が刊行されたし、2014年に「カリフ制の樹立」を宣言した「イスラーム国」については "「イスラーム国」本" と称されるほど多数の著作が現れた。その一方で、問題の当事者を何と呼ぶかについては、報道機関はもとより、これを研究対象とする人々の間でも合意や定義づけができていないのが現状である。本書で用いるイスラーム主義、イスラーム急進派という用語の類似の用語として、「イスラーム原理主義」、「イスラーム過激派」などが用いられているが、これらの意味するところやそれが用いられるようになった経緯については、大塚（2004）、小杉（1994）が包括的な議論をしている。これらをはじめとする議論を経て、近年では報道場裏でも「原理主義」との用語はあまり用いられなくなっている。

　しかし、イスラーム急進派、またはイスラーム過激派と呼ばれる現象をどのように定義するかについては、世界的にも共通の合意事項が存在しているわけではないことも事実である。本章では、以下の議論を円滑にするため、あえて単純化してイスラーム急進派を、イスラーム主義者の中で「自らの行動を彼らなりの解釈・理解に基づくイスラームの論理で正当化する」、「政治目的の達成や広報の手段としてテロリズムを採用する」、「既存の国家・国境に対し否定的態度をとり、そうした枠組み下の政治体制や国際関係を拒否する」個人や団体と定義づけることとする。自らを取り巻く諸問題をイスラーム共同体全体の問題と認識し、活動に必要なヒト・モノ・カネなどの資源を、国境を無視・超越して動員する点も彼らの重要な特徴である。この定義に従えば、パレスチナのハマースやレバノンのヒズブッラーは既存の政治体制下での議会や内閣に参加するなどしているためイスラーム急進派に含まれなくなる。また、急進的な思想や主張を持つイスラーム主義者の中でも、非合法活動や暴力に訴えないものが存在する場合を想定できるが、そのような個人や団体は本章での議論の対象からは外すこととする。

　一方、テロリズムについても、様々な国家や機関、研究機関などが、暴力を行使する主体や暴力の文脈に応じ多くの定義をしている。その中には、「非国家主体」のみをテロ行為の主体とみなす定義や、イスラエルによる占領に対する抵抗運動などをテロリズムの範疇から除外する定義もある。ゲイロー（2008）は、テロ行為を取り締まる側からの視点で何がテロリズム、テロ行為なのかを定義づけることの困難さを論じつつ、「テロ」、「テロリスト」という用語が敵対者を貶めるために政治的に用いられることがあるとの重要な指摘をしている。

いずれにせよ、テロリズムに基づく暴力とは、衝動的かつ無計画なものではなく、何らかの政治的意図と効果を帯びるものだという点は否定できない。すなわち、テロリズムとは「暴力の行使、あるいはその威嚇によって政治的な目的を達成したり広めたりする」ものであり、それは政治行動の一形態である。

2．何がイスラーム急進派を伸ばすのか？

　近年、アル＝カーイダや「イスラーム国」に感化されたと思われる個人の犯行を含め、イスラーム急進派の「テロ」事件とされる事件とその犠牲者が増加している。その結果、イスラーム急進派の思想や影響力が世界的に拡大しているかのように感じられるかもしれない。このような現象の原因は、何に求められるだろうか？　経済的な格差や貧困、あるいは教育の欠如や欠陥がテロリズムの発生と拡大の要因として挙げられることが多いが、クルーガー（2008）はそれとは異なる立場をとる。同書は、テロリスト容疑者として取り調べを受けた者の捜査情報を量的調査の手法で分析し、貧困や教育水準とテロリズムとの因果関係が一般に信じられているほど強くはないと論じる。そして、テロリズムは政治行動の一形態であるがゆえに、テロリストとなる者は周囲の政治・社会問題を認識したり、自らの思想信条をよく理解して他者に伝えたりする知的能力があり、そうした能力を獲得するだけの経済的な余裕があると指摘する。そして、テロリズムの発生とより因果関係が強いのは、テロリストの出身地における市民的自由の抑圧の程度であると結論付けている。

　また、イスラーム急進派の組織が勢力を拡大した場合、その要因は当該のイスラーム急進派の活動家や組織だけに求めるべきものではない。ケペル（2006）はパキスタン、イラン、エジプト、アルジェリアなど様々な地域の事例を分析してイスラーム急進派の勢力の盛衰について論じている。個別の地域に焦点を当ててイスラーム急進派も含むイスラーム主義運動の消長を扱ったものとしては、エジプトのムスリム同胞団を扱った横田（2009）、北アフリカに焦点を当てた私市（2004）、サウディアラビアについてのHegghammer（2010）がある。特にテロリズムに基づいて行動するイスラーム急進派の場合、彼らの勢力の消長に活動する国や地域の政治状況、その時々の為政者がイスラーム急進派に対してどのような態度・政策をとるかという要因も、見逃してはならない。

3. イスラーム急進派とテロリズム

　冒頭で指摘した通り、イスラーム主義者が常にテロリズムに訴えるわけでもなければ、テロリズムを正当化する論理はイスラームだけとは限らない。しかしながら、「イスラームは平和の宗教であり、テロリズムとは無縁である」、「テロリストがイスラームを曲解している」との趣旨の護教論に没入しては、イスラーム急進派とテロリズムとの関係をいかに理解するかという研究上の課題に取り組むことにはならないだろう。重要なのは、イスラーム急進派はどのような局面でテロリズムに訴えるのか、イスラームがどのような文脈でテロリズムの大義名分となるのかを把握することである。これとの関連で、イスラーム急進派のテロリズムはイスラーム独特の終末論的・来世希求的な思想に基づき、現世での政治目的の達成ではなく実行犯の死そのもの、あるいは多数の民間人の殺傷を目的とした破滅的なテロリズムであるとの議論がある。ユイグ（2013）は、テロリズムの起源と歴史、発展を考察してテロリズムの何たるかを解明しようとしている中で、イスラーム急進派のテロリズムが共産主義やその他の思想・信条に基づくテロリズムとは異なる特殊な目的を持つものであるとの議論を紹介している。この問題にどのように答えるかは、やはりイスラーム急進派やテロリズムをいかに定義づけるかにかかってこよう。

　イスラーム急進派のテロ行為の特殊性を象徴する行為として、彼らが「殉教作戦」と称して多用する自爆攻撃が挙げられる。自爆攻撃についてのムスリムの政治家や知識人の間の議論を簡潔に取りまとめた論考が、タミーミー（2004）である。この論考が公刊された時期に焦点となっていたのは、イスラエルに対するパレスチナ人の武装闘争の中でハマースなどが実行した自爆攻撃である。ハマースは本稿の定義ではイスラーム急進派とはみなされない運動ではあるが、この論考はイスラーム急進派に固有の行動と考えられることもある自爆攻撃をムスリムがどのように論じているのかを知る上で貴重な論考であるため、あえて取り上げることとした。

　一方、イスラーム急進派の代表的な団体としてアル＝カーイダや「イスラーム国」が想起されるであろうが、これらの団体がどのような政治状況の下で生まれたのかについては小杉（2014）、保坂（2011）、吉岡・山尾（2014）を参照されたい。また、アル＝カーイダ自身が発信した論考やメッセージをまとめた

ものとしては Kepel etc. (2008) がある。イスラーム急進派のテロ行為や影響力が、ムスリムが多数を占める地域を超えて拡大し世界的なものとなっているとの問題意識に基づく分析としては、Lia (2013) のような業績がある。

4．イスラーム急進派を巡る古くて新しい課題

　2011年以降のアラブ諸国の政治的混乱を受けた「イスラーム国」の伸張のように、イスラーム急進派と彼らにまつわる様々な事象は近年新たに浮上した研究課題であるかのように思われるかもしれない。とはいえ、イスラーム急進派の組織や運動も社会運動、政治行動の一形態である。このため、イスラーム急進派の諸派がどのようにして生まれ、支持を獲得し、活動に必要な資源を動員するのかという問題は、第Ⅲ部第1章で取り上げた社会運動に関する研究で重要な関心事となってきた。また、テロリズムについても、これはイスラーム急進派に固有の思考・行動様式ではなく、政治行動の一形態として普遍的にみられるものである。すなわち、イスラーム急進派やテロリズムについての研究上の課題は、社会学や政治学の分野で以前から取り組まれてきた課題だといえる。

　その一方で、インターネットの利用や武装闘争のための資源動員のメカニズムなど、新たな技術や政治・社会環境の変化によって顕在化した研究課題もある。イスラーム急進派は広報活動でインターネットを積極的に利用するが、なぜイスラーム急進派がインターネットを積極的に利用するかについての考察としては髙岡・横田 (2011)、彼らとインターネットとの関係については保坂 (2014) が親しみやすい入門書となろう。また、イスラーム急進派が武装闘争のために資源を動員する際にどのようにインターネットを利用しているのか、彼らが資源動員でインターネットを利用する上での課題については、Hegghammer (2013) が詳細に分析している。イスラーム急進派のインターネットの利用については、SNS（ソーシャル・ネットワーキング・サービス）を通じて影響力が拡散し、資源動員が円滑化しているとの印象論が先行しているように思われるが、非合法活動を行うというイスラーム急進派の性質に鑑みれば、インターネットの利用や効能については検討すべき課題が多い。

　また、イスラーム急進派の諸派が戦闘員や資金を国境を越えて調達する問題も、ヒト、モノ、カネの越境移動の問題として、イスラーム急進派諸派の実態

解明という問題として重要な研究課題となっているといえる。髙岡（2015）は、戦闘員の越境移動のメカニズムについて、勧誘、越境移動の支援、受入などの過程に関与する様々なアクターの役割と彼らの活動場所に着目して分析したものである。戦闘員、あるいは「イスラーム国」に合流を希望する者たちの越境移動は、SNSを通じた「手軽な」移動が注目を集めているものの、実際には相当組織化された高度なメカニズムの中での諸アクターの相関によって営まれている。Takaoka and Mizobuchi（2016）も同様の問題に関する論考であるが、テロリズムについての先行研究レビューも含んだ包括的な構成となっている。

　イスラーム急進派については、イスラームやムスリムの思想、イスラーム急進派諸派が活動する諸国の歴史や社会・経済状況などの視点から、様々な手法を用いた研究があろう。歴史や思想分野の著述をよりどころにする研究や、現地調査を通じて特定の地域や活動家・組織の内情を描写する研究もその一端である。その上、イスラーム急進派の活動が社会運動として一定の影響力を持つ以上、それを社会運動の一形態としてより一般的な政治・社会現象として解明する営為も不可欠である。テロリズムについても、これは特定の思想・信条、地域、民族などに固有の現象ではないため、イスラーム急進派の論理や主張がいかにしてテロリズム、テロ行為を正当化しているのかを明らかにすることが重要である。イスラーム急進派のテロ組織による人員の勧誘、国境を越える活動、インターネットの利用などの近年顕在化した問題についても、個別の事例の詳述やその集積をより一般的なモデル、メカニズムについての研究へと発展させる必要があろう。イスラーム急進派とテロリズムの研究こそ、社会科学の出番となるといえる。

▶▶ **本章の研究テーマを学ぶための基本文献**

飯塚正人（2008）『現代イスラーム思想の潮流』山川出版社。
大塚和夫（2004）『イスラーム主義とは何か』岩波書店。
加藤博（1997）『イスラーム世界の危機と改革』山川出版社。
私市正年（2004）『北アフリカ・イスラーム主義運動の歴史』白水社。
────（2012）『原理主義の終焉か──ポスト・イスラーム主義論』山川出版社。
ゲイロー、J=F／D・セナ（2008）『テロリズム』私市正年訳、白水社。
小杉泰（1994）『現代中東とイスラーム政治』昭和堂。

（2014）『9・11 以後のイスラーム政治』岩波書店。

タウンゼント、チャールズ／宮坂直史（2003）『テロリズム』岩波書店。

タミーミー、アッザーム（2004）「自爆攻撃を巡るイスラーム世界での議論」『中東研究』485 号、2 〜 16 頁。

髙岡豊（2015）「「イスラーム国」とシステムとしての外国人戦闘員潜入」『中東研究』522 号、18 〜 31 頁。

髙岡豊・横田貴之（2011）「イスラーム運動におけるナショナリズムの拒否と動員」新井一寛他編『映像にやどる宗教――宗教を映す映像』せりか書房。

保坂修司（2011）『新版オサマ・ビンラディンの生涯と聖戦』朝日新聞出版社。

　　　　　（2014）『サイバー・イスラーム――越境する公共圏』山川出版社。

横田貴之（2009）『原理主義の潮流――ムスリム同胞団』山川出版社。

吉岡明子・山尾大編（2014）『「イスラーム国」の脅威とイラク』岩波書店。

Hegghammer, Thomas. (2010) *Jihad in Saudi Arabia: Violence and Pan-Islamism since 1979*. Cambridge: Cambridge University Press.

――――. (2013) "The Recruiter's Dilemma: Signaling and Rebel Recruitment Tactics." *Journal of Peace Research,* 50(3): 3-16.

Kepel, Gilles and Jean-Pierre Milelli ed. (2008) *Al Qaeda in Its Own Words.* Belknap Press of Harvard University Press.

Lia, Brynjar. (2013) *Globalisation and the Future of Terrorism Patterns and Prediction.* Routledge.

Takaoka, Yutaka and Masaki Mizobuchi. (2016, forthcoming) "How Does Muhajiroun Get to Go to Jihad? Foreign Fighters and the Geopolitics of the Conflict in Syria." In *The Syrian Uprising: Roots and Trajectories,* edited by Raymond Hinnebusch and Omar Imady, Routledge.

第4章
アラブ民族運動

北澤義之

　ここでアラブ人とは、アラビア語を日常的に使用し自らをアラブとしての歴史・文化を共有する共同体の一員と認識している人々とし、アラブ民族運動を近現代におけるアラブ人（民族）を主体とする自立／独立をめざす運動と考えよう。なお具体的には資本主義経済システムや帝国主義の支配への従属・自立のプロセスで生じる、エリート／大衆による文化・社会・政治的な運動を想定する。アラブ民族を一体とみなす運動では、オスマン朝末期のマシュリクを中心としたアラブの歴史的・文化的自立性を主唱する主にキリスト教知識人を中心とする運動、そしてアラブの独立運動をめぐる動きが注目される。民族運動の歴史的位置づけは他のアジアやアフリカの被植民地地域におけるこの問題の評価とも通底するものがあった。アラブ民族運動は、第2次世界大戦後はアラブの統合・協調を目指すアラブナショナリズムと実際にはアラブ諸国の主権維持との相互関係として展開し、第3次中東戦争までは前者の優位のもとに事態は推移し、後半においては前者への批判が高まる中、（多くの場合国家エリートや体制の根本的変化のないまま）後者の優位のもとに事態は推移した[1]。その一方で、アラブナショナリズムの衰退とイスラームをシンボルとする政治の隆盛の関係、アラブナショナリズムの意味の再検討が求められる[2]。

1．アラブ民族運動の歴史的展開

　中東アラブ地域の場合は、アラブ全体の独立か、サブリージョナルな単位（アラブ諸国家を含む）での独立を志向するかということが問題となる。ジョージ・アントニウスは、1882年の英国占領下のエジプトでは民族的覚醒がみられ、政治運動に発展したが、それは英占領軍の追放を要求する中からエジプト民族主義が発展したことで、その後エジプトの指導者たちはアラブ全般の運動とは違う方向をとるようになった、と指摘する（Antonius 1965）。他のアラブ地域、

特に英仏の委任統治下に置かれた地域においては、委任統治行政単位での独立志向が強まったが、アルバート・ホーラーニーやハンナ・バタトゥの研究からはその運動の担い手が特定の階級の利害を代表していたことがわかる（Hourani 1946; Batatu 1978）。アントニウスは委任統治制度が、アラブ民族を分裂させることを狙ったものだとの批判を寄せている（Antonius 1965）。またマイケル・バーネットは「1つの可能性としてアラブ世界が政治的に一体性を保っていたなら、そして個別の行政単位に分割されていなければ、アラブ独立運動はより汎アラブ的な性格を持っていただろう」と指摘している（Barnett and Solingen 2007）。ともかく、第1次世界大戦とオスマン帝国への「アラブ反乱」、オスマン帝国の解体後、委任統治の導入やパレスチナへのユダヤ人移民の増加によって地域の住民は、自らの政治的アイデンティティを模索することになる。ホーラーニーによると、まだ単一のアラブ民族主義が確立しない中でイラクやシリアやヨルダンのアラブ民族主義者たちは、アラビア語と文化的遺産を共有するあらゆるものによってアラブ民族を形成することが可能であり、そのアラブ民族が単一の独立した政体を構成すべきで、そのようなまとまりは自覚を持ったメンバーの育成を前提とすると考えていた（Barnett and Solingen 2007）。

2．第2次大戦後の民族運動

　戦後の日本におけるアラブ世界やアラブ民族運動への関心は、第1次石油危機の影響を契機にした（アラブ諸国と友好関係を築くための）プラグマティックな接近より前には、当事者として深くかかわり影響を受けた第2次大戦の経験を背景に、時として反動的・排他的な側面と、他方で解放や独立などにつながる民族運動をどうとらえ評価するのかという点に集中した。江口朴郎は帝国主義研究の文脈でアジアの民族運動を歴史的にどう位置づけるかについての議論を展開している。江口はアラブを含む被植民地地域の民族運動の歴史的評価が必要であるとして、アラブ民族運動が帝国主義的背景を持つシオニズム運動に対抗するものとしてどう位置づけられるかという視点を提示した（江口 2013）。
　他方、政治経済史の観点からアラブ世界の国家発展を研究した中岡三益は、中東の諸民族のうちで多数派であるアラブ民族の統合の問題について、「国民形成の点でもっとも困難に直面しているのは、アラブ民族であろう。アラブ民族は現在21の国家を形成しており（中略）アラブ民族が当面している困難は、

このような諸国家への分離分割が列強の介入によって達成されたというにとどまらない点にある。アラブ民族が分布する諸地方では、地方主義の傾向が色濃く、それぞれの地方における支配層が諸国家への分離分割を定着させる要素をつよく持っていた。アラブ民族は基層文化の異なる広大な地域の政治・経済・文化の担い手であることによって、多『地方主義』民族の性格をもたざるをえなかった。しかもアラブ民族が支配的な地域で、キリスト教徒やユダヤ教徒の少数者問題が政治的に重大化しているのである。そしてこのような条件が列強の介入・干渉を容易にしてきたといえよう」と指摘している（中岡1991）。

　戦後のアラブ諸国システムの特徴としては、戦後から1970年ぐらいまではアラブ諸国が域内関係をいかに組織するかに重点を置いていたのに対し（汎アラブ主義の域内的影響に関してはOwen（1983）参照）、それ以降は各国が主権に基づいていかに域内関係を調整するかに変化した（主権の拡大に注目した研究としてはGause（1992）参照）。

3．アラブナショナリズムの衰退と国家主権の強化

　転換点となる1967年以降にもアラブ諸国の体制が維持されたことが注目された。これ以降、急進派も保守派も含めて国家機構が強化されることになるが、国家構築の計画は新たな政治アイデンティティを構築し、国家の枠を超えるような忠誠心が拡大しないようにし、アクターが国家主権に沿って行動ができるような力を持たせることを目的としていた。そのために、物質的誘因や外的脅威やシンボルが利用された。

　物質的誘因に関して、ウイリアム・ブルームはアラブの指導者が市場経済ではなくエタティズムを選択し、国家を資源分配者にすることによって権力の基盤としたことを指摘した（Bloom 1990）。戦争や外的脅威の影響に関して、バーネットは国家権力の社会への影響力の拡大が見られるだけではなく、それがある種の「われわれ意識」を作り上げ、国民的アイデンティティの形成につながっていることを指摘した（Barnett 1992）。たとえばアラブ－イスラエルの対立でのアラブの団結はアラブナショナリズムのスローガンとなったが、逆にこの問題をめぐるアラブ諸国間の立場の違いを際立たせ、アラブ諸国の相違が意識されるようになった。湾岸戦争におけるサッダーム・フセインの汎アラブ的スローガンの主張がかえってクウェートをはじめとするアラブ諸国の国家意識を高め

たことが想起される。また非アラブ諸国との戦争においては各国の犠牲者はアラブの英雄としてよりは国家の英雄として顕彰されることによって、むしろ国家意識の強化につながったという指摘もある（Davis 1992）。

またアラブの指導者によるシンボルの利用による国家的アイデンティティ強化に関しては、リビアのカッザーフィーによるナセルの後継者としてのアラブ世界の指導者を目指す「リビア・アラブ」アイデンティティ形成の試みやサッダームによるメソポタミア文明の後継者イメージの利用などが知られている（Anderson 1991; al-Khalil 1991）。他方、バラムの言うところの「領土的ナショナリズム（territorial nationalism）」の強化によって、諸国民の帰属意識が高まり、正統性獲得のためにアラブ民族への言及が求められなくなった結果、むしろ国家指導者のガヴァナンスに対する国民の目が厳しくなる傾向が強まっている（Baram 1990）。

4．リアリストと制度論者の議論

アラブナショナリズムの評判を落とした事件として、エジプトとシリアというアラブナショナリズムの中心国家による連合国家形成の試みである1958年のアラブ連合共和国（UAR）の失敗がある。主にエジプトの影響力拡大をめぐるシリアの離脱の事情については、カーに代表される多くの研究がある（Kerr 1971; Taylor 1982）。また1967年の第3次中東戦争におけるイスラエルへの敗北の影響はさらに大きい。フアド・アジャミーはアラブの指導者が汎アラブ主義の主張によってイスラエルとの戦争を招いただけに、アラブ諸国だけではなく汎アラブ主義への打撃となったと辛辣に評した（Ajami 1992）。こうして（エジプト中心の）汎アラブ主義の衰退が、アラブ諸国の分裂を生んだとの解釈が広がった。

これに対し、バーネットらの制度論的アプローチをとる研究者は、平準化したアラブ諸国関係が新たな合意形成の機会を可能にしたとの見解を提示している。それは具体的には第3次中東戦争敗北への対応を協議するハルツームでのアラブ首脳会議において、アラブ急進派（エジプトなど）と保守派（サウディアラビアなど）の対立の象徴ともなっていたイエメン内戦の終結が決められたことや、ナセル大統領がそれまでの「アラブの隊列の統合」という主張から「目標の統合」や「新実利主義」といった消極的な主張に転換したことなどに表

れている。そのような「穏健化」が主権とアラブ協力の共存を可能にする状況を現出しているというものである（シリアの対応は除く）。これはさらに、パレスチナ問題をめぐる 1970 年のヨルダン内戦へのエジプトの不介入や、さらに 1990 年の湾岸戦争時のダマスカス宣言にもつながるアラブ諸国の安全保障面での協力にもつながっている。彼は「アラブナショナリズムの首尾一貫した意味はアラブの政治共同体を強化するという期待であるが、そのような欲求は必ずしもアラブの政治的統一の要求を伴うわけではなかった」と主張する（Barnett 1995）。

5．アラブ主義のとらえ方をめぐって

　ジェームズ・ゲルヴィンは「社会を構成するイデオロギーという決定的な範疇としてのナショナリズムは特定のナショナリストのグループや国境や学説に対する大衆の賞賛や批判によって計ることはできない」と論じている（Gelvin 2009）。すなわち特定のナショナリズム運動・思想に限定せず、より包括的なアラブナショナリズムの評価が必要であるということになる。また長沢栄治は、民族主義に対する一般的な批判に対し、ナセリズムやバアス主義などの体制イデオロギーとしてのカウミーヤとその思想的基盤となるアラブ主義（ウルーバ）とを区別する必要性を指摘し、「アラブ主義とは、小地域から国民国家、地域システム、さらにそれらの中間にあるさまざまな地域性の重層構造を貫く『地域の思想』としてとらえることができる」とした。そのうえでアラブ民族主義批判の構図について、それが「一部の外国人研究者による侮蔑と悪意に満ちた議論にみるように、アラブ民族主義に続いて、アラブ主義にまで死亡宣告を下すのはやはり早急ではないかと思いたい。なぜなら、アラブの知識人によるアラブ民族主義批判は、アラブ主義の否定というよりは、むしろ新しいアラブ主義の時代をもたらす動きだったからである」とし、パレスチナ問題解決への強力な縦糸となりうるアラブ主義の重要性とその危機を指摘しつつ、脱アラブ化をアラブ主義の危機ととらえるのである（長沢 2000）[3]。

　サミー・ズバイダは特異なイデオロギーの相互形成や諸国民国家内における何らかの組み合わせなどのナショナリズムと政治的イスラームには単純には切り離せない関係があるとする。地域研究者は多くの政治的事件の影響やイスラーム主義など他のイデオロギーの影響によって中東のナショナリズムは衰退

したとの立場をとる場合が多い。しかし、大衆的な形でのナショナリズムは地域に深く根を下ろしているだけではなく、時を経て絶えず強化されてきた。その結果、今日のイスラーム主義に対する大衆的支持を、民族主義的感情が衰退している兆候とみることはできない。特にイスラーム主義運動が多くの目立った属性を共有している。運動としてのイスラームとナショナリズムの関係に関して酒井啓子は「ナショナリズムにおいて、イスラームはその価値概念において正当性付与の側面に寄与し、信仰共同体のネットワークは動員機能において大きな役割を果たし、さらにイスラーム社会の秩序形成機能が一定の社会集団間の調整を行うことができる、という点で、重要な要素となりうる」と指摘している（酒井 2004）。

6．アラブ連盟について

　アラブ諸国の地域機構としてアラブ連盟はアラブの統合・協力の象徴であると同時にアラブ民族運動に関連する葛藤を経験してきた。1945 年アラブ連盟はアラブ諸国の主権維持を前提に設立されたが、この組織は主に 2 つの社会的役割を持つことになった。アラブ連盟の前提とする主権は、加盟国が相互の正統性、国境、不介入の原則を尊重することを要請する一方、地域的に影響力のある汎アラブ主義はアラブ諸国がアラブ民族を守るべきであり、一定の地域的な正統性を維持することを求めており、実質的には国際的問題と国内的問題の区別を否定するような部分があった。この問題は、アラブ連盟設立をめぐる準備過程でアラブの統合・協力の方向性をめぐり、積極的なヨルダンやイラクやシリアと消極的なサウディアラビアやレバノンの対立関係にみられた。この対立に関しては統合か協力かという相違だけでなく、共和制か王制かというような体制をめぐる相違が背景となっていた（北澤 2015）。汎アラブ主義によりアラブの指導者に相互の国内問題に介入する機会が多かったために、安定した期待や信頼できる共通の規範を探すのが難しかった。このようなアラブ諸国関係を背景としてカーなどの研究者は当初よりアラブ諸国間の国家主義による対立がアラブ諸国の政治を規定していたと見なしたのである。

　このようなアラブ連盟も、対イスラエル関係に関しては一定の協議の場となるとともに対外的には「アラブ世界」を代表するシンボルとしての一定の役割を果たし、対内的には地域的な協議の積み重ねにより、国際社会の共通問題

の理解を域内に浸透させたり、それに対する地域的な立場を国際社会にフィードバックしたりすることで仲介的な役割を果たした部分も認められる。例えばテロリズムに対する対応に関して、国際社会の動きに同調するだけではなく、何をテロと見なすのかといった微妙な問題についてのアラブの立場を表明し、国際社会がそれをアラブの立場として認識する役割を果たす可能性を見出すことも不可能ではなかろう（アラブ連盟の機能的役割やその限界などについてはBarnett（2007）を参照）。

7．社会学的アプローチ

ハリーリーの述べるように、アラブ政治研究をめぐる近年の顕著な特徴として「下からの政治」への注目がみられ、この変化は社会学や比較政治学の分野から展開している（Khalili 2009）。革命、民族主義的動員、大衆イデオロギーの台頭などが世界の権力地図を書き換えたことを背景にした一連の研究がある（政治的動員に関しては、Bayat（1997）、della Porta et al.（1999）、Fox（1977）、Giugni et al.（1999）、Singerman（1995）、McAdam et al.（1997, 2001）、Tarrow（1998）などを参照のこと）。このような政治動員に関する研究だけではなく、記号論やジェンダー研究の観点からナショナリズムや民族運動を検討する研究も増えている[4]。

アラブナショナリズムやアラブ民族運動を狭くとらえるのであれば（ドグマ化したアラブナショナリズムに限定した解釈）、それはすでに終焉を迎えているといえるだろう。しかし、長沢の指摘するようにアラブ主義を前提にしたアラブナショナリズムをより広くとらえるのであれば、アラブ民族運動はインティファーダの域内的影響、アラブの民主化運動の展開への共振現象、先進国主導のグローバル化への異議申し立て（アラブに限定されないが）、あるいはイスラーム的政治運動への支持といった現象とのかかわりの中に、改めて位置付けられる必要がある。そのためには、この問題をめぐる歴史学的研究や地域研究と最近の社会学や比較政治学の成果を架橋した総合的な議論が重要になるだろう。

【注】
1）転換点としては第3次中東戦争の敗北であり、湾岸戦争の勃発があった。
2）それにかかわる出来事としては、インティファーダ、アラブ諸国の民主化をめぐる共鳴

現象などであろう。
3）ドグマ化したアラブ民族主義への大衆の批判を、広い意味でのアラブ民族主義内部からの不満表明とみなす議論は北澤（1998）を参照。
4）例えばマサドとスウェデンバーグは、アラブの中でも特徴的なパレスチナの民族解放運動をとりあげた。スウェデンバーグのパレスチナ民族主義者の記号論研究は、パレスチナ人の象徴としての農民がパレスチナ民族主義者の統一的目標を提供し、民族的統一を引き裂くような根本の相違を打ち消す役割を果たすことを示した（Swedenburg 1990）。マサドの研究は、パレスチナ民族主義者の男らしさに基づく「新しく」しかし永遠の民族性の主張が植民地主義の刻印を負っていることを指摘した（Massad 1995）。

▶▶ 本章の研究テーマを学ぶための基本文献

江口朴郎（2013）『新版 帝国主義と民族』東京大学出版会。
北澤義之（2015）『アラブ連盟——アラブナショナリズムとイスラームの交錯』山川出版社。
中岡三益（1991）『アラブ近現代史——社会と経済』岩波書店。
長沢栄治（2000）「アラブ主義の現在」木村靖二・長沢栄治編『地域への展望』山川出版社。
Antonius, George. (1965) *The Arab Awakening*. New York: Capricorn Book.（ジョージ・アントニウス（1989）『アラブの目覚め——アラブ民族運動物語』木村申二訳、第三書館。）
Barnett, M. (1995) "Sovereignty, Nationalism, and Regional Order in the Arab States System." *International Organization* 49(3): 479-510.
Barnett, Michael and Etel Solingen. (2007) "Designed to fail or failure of design?: The origins and legacy of the Arab League." In *Crafting Cooperation: Regional International Institutions in Comparative Perspective*, edited by Amitav Acharya and Alastair Iain Johnston, 180-220. Cambridge: Cambridge University Press.
Kerr, Malcom. (1971) *The Arab Cold War*. New York: Oxford University Press.
Tarrow, Sidney. (1998) *Power in Movement: Social Movements and Contentious Politics*. Cambridge: Cambridge University Press.
Zubaida, Sami. (2009) "Islam and Nationalism: Continuities and contradictions." In *Politics of the Modern Arab World: Critical Issues in Modern Politics*, Vol.III *Political and Social Movements*, edited by Laleh Khalili, 73-87. London: Routlede.

第5章
マイノリティ問題と研究

三代川寛子

1．「マイノリティ」とは

　マイノリティという語の代表的な定義としては、「ある社会のなかで人種、民族、言語、宗教などの点で、多数派をしめている優勢者の集団にたいして数のうえで少数であるだけでなく、社会的に劣勢の地位や待遇をうけ、またそうした意識をもたされている集団」であり、「かならずしも少数者という規模の面で問題となるのではなく、社会的に劣勢の立場におかれ、差別的な待遇をうけているところに問題がある」（秋元 1991: 960）というものが挙げられる。現在の日本の中東地域研究においても、このような、人口比の上で少数であるとは限らないが、政治・社会的に劣勢の立場にある宗教・民族・言語集団をマイノリティとする理解が受け入れられていると言えるだろう（鈴木 2007: 194-195; 斎藤 2006: 60）。ただし、鈴木（2007: 195）は、政治的な優越・従属関係と人口比における多数・少数を分けて考えるため、前者については「優越的 dominant ／従属的 subordinate」集団、後者については「多数 majority ／少数 minority」集団とする用法を提示しており、今後は「マイノリティ」という語が含む優越・従属関係と人口比の問題を切り離す用法が普及する可能性もある。

　マイノリティに関する国際的な議論の場においては、1992年12月に国連総会で採択された「ナショナル又はエスニック、宗教的及び言語的マイノリティに属するものの権利に関する宣言」がガイドラインとして参照されている。これに準拠して、マイノリティという概念は、「ナショナル national [1] ／エスニック ethnic ／宗教的 religious ／言語的 linguistic」の4つの特性を基に捉えることで大方の意見の一致がある（小林 2007: 73）。しかし、この民族的・宗教的・言語的マイノリティという語が意味する内容および対象は国や時代によって異なり、それには、その国の民族構成や各国政府が重視する統合の理念、国際情

勢などの歴史的社会的諸条件が反映される（岩間・ユ 2007: 3）。

また、日本の社会学では、「マイノリティ」という語が意味する範囲を、上記の4つの特性に限らず、女性、子ども、LGBT、障がい者、被差別部落民などをも含む「弱者」として幅広く捉える傾向にある。そのため、使用される国、学問分野や問題関心によってこの語の意味する内容が異なることを意識する必要がある（岩間 2007: 26-27, 50-51）。

ところで、歴史的に見て、このマイノリティという概念は、国民国家システムと「一民族一国家」の理念、すなわちナショナリズムと共に中東・北アフリカ地域にもたらされた。このナショナリズムの到来によって、中東に暮らす人々の間で民族意識が高まり[2]、それがクルド人の国家樹立を目指す動きや、トルコの「一民族一国家」化を目指す動き、すなわちギリシアとの住民交換や「アルメニア人問題」[3] などにつながった。

このようなナショナリズム運動の勃興のみならず、植民地主義もまた中東のマイノリティ問題の発生に甚大な影響を与えた。19世紀以降、ヨーロッパ列強が中東を植民地化していく中で、宗主国側は現地社会の人々を宗教・民族などの指標を基に分断し、分断された集団の処遇に格差をつけて支配した。被支配者側に共通の利害を持たせず、団結させないための「分割して統治せよ」の原則である。特にマイノリティ集団は、植民地支配の道具として利用される場合が多かった。例えばフランスは、アルジェリアのカビール人（カビリー地方に住む「ベルベル人」）について、「怠け者で野蛮なアラブ」とは異なる、「勤勉で禁欲的な、純粋な白色人種の農耕民」であるとする言説を構築して彼らを優遇し、アラブ人とフランス人の仲介者としての役割を担わせようとした（宮治 2006: 44-45）。あるいは、マイノリティ集団は「保護すべき対象」であるとして、ヨーロッパ列強による内政干渉の口実に利用された。例えばエジプトでは、1922年の独立に際して宗主国イギリスから4つの留保事項を設定されたが、その第3項において、外国人およびマイノリティを保護するためにエジプト国内政治に介入する権利がイギリスに与えられていた[4]。

さらに根本的な問題として、中東では国境の画定が自律的に行われなかったことを指摘しておく必要があるだろう。1916年のサイクス・ピコ協定による東アラブ地域分割に見られるように、中東の国境の大半は、ヨーロッパ列強の権益に沿う形で植民地支配のために列強が画定した境界線を引き継いだものである。例えばレバノンは、フランスが肩入れするマロン派教会が最大宗派とな

り、なおかつ他の宗派も含めたキリスト教徒の人口がムスリムの人口よりも多い地域となるように境界が画定された例として知られている[5]。植民地支配のために画定された境界であっても、一度引かれた国境線は既成事実化し、独立後も基本的には維持された。そのため、多くの中東諸国は、植民地期に作り出された枠の中に暮らす、宗教・民族的に多様な住民を国民として統合するという課題を背負うことになった（宮治 1987: 7）。

このように、中東のマイノリティ問題は、現地のナショナリズム運動のみならず、列強の植民地主義政策によって形作られてきた歴史がある。

2．先行研究と主要な議論

中東のマイノリティ研究は、大まかに 2 つの種類に分けられる。1 つは宗教・民族・言語的マイノリティ集団そのものを対象とし、彼らの歴史、宗教思想、言語などの文化的特徴を扱う研究であり、もう 1 つは各国民国家におけるマイノリティ集団とマジョリティ集団との関係、政府のマイノリティ政策、マイノリティの統合／排除を支える思想、マイノリティ集団のアイデンティティの変容などを扱う研究である。前者は文化的多様性に、後者は集団間関係に主要な関心があると考えられ、両者を含めて中東のマイノリティ研究には豊富な蓄積がある。

（1）事典と先行研究

最初に、中東のマイノリティ研究を行うにあたって、そもそもどのようなマイノリティ集団が存在し、どのような状況にあるのか、基礎的な情報を収集する必要がある。その際役に立つのが『新訂増補世界民族問題事典』（松原正毅／総合研究開発機構編 2002）、『世界のマイノリティ事典』（マイノリティ・ライツ・グループ編 1996）等の事典である。『世界のマイノリティ事典』に関しては、アップデート版がウェブサイト上で検索可能なディレクトリーとして公開されている（Minority Rights Group International 2017）。他には、住民の宗教・民族構成が複雑なシリア・レバノンについての概説（黒木 2013）、イラクについての概説（酒井・吉岡・山尾 2013）などが参考になる。

中東のマイノリティは、大まかに、宗教的マイノリティと民族的／言語的マイノリティに分けることができる。宗教的マイノリティには、イスラーム教の

中の非主流派[6]、例えばシーア派の一派であるイスマーイール派、あるいは輪廻思想を持つドゥルーズ派など、そして主に東アラブ地域に暮らす各宗派のキリスト教徒、イスラエルに移住しなかった中東のユダヤ教徒、主にイラク北部に暮らすヤズィーディー教徒、マンダ教徒、シャバクと呼ばれる人々、19世紀半ばに成立したバハーイー教の信徒などが挙げられる。

　また、中東諸国における民族的マイノリティは、同時に言語的マイノリティである場合が多い。なぜならば、アラブ人、トルコ人、イラン人などの民族を弁別する重要な指標の1つが言語であるからである。主要な民族的／言語的マイノリティとしては、イラン、イラク、トルコ、シリアにまたがって暮らすクルド人、北アフリカ諸国に暮らすアマズィグ（いわゆるベルベル人）、エジプトからスーダンにかけて暮らすヌビア人、イスラエル／パレスチナに暮らすアラブ人などが挙げられ、彼らの大半がムスリムである。ただし、特にクルド人の例に見られるように、1つの民族集団の中にも宗教的多様性があることを忘れてはならない。また、民族的アイデンティティよりも宗教的アイデンティティの方がその集団にとって重要である場合や、両者が複雑に絡み合っている場合もある。例えば、シリア正教会およびアッシリア東方教会を中心とするシリア語を使用する教会の信徒らは、民族／言語集団として「アラム人」「シリア人(Syriac)」「アッシリア人」などと名乗っている[7]。

（2）マイノリティ集団に関する研究の論点

　以上に見てきたように、中東の多様なマイノリティ集団についての研究には様々な切り口があり得るが、さしあたり政治学的な関心からエスニシティと政治の関係についてアプローチするにはロスチャイルド（1989）などが参考になるだろう。同書は、主にエスニック集団が政治的に組織化されるパターン、民族間関係のモデル、民族対立を指導／抑制するリーダーシップの類型などを簡潔にまとめている。また、政治社会学的な関心からマイノリティの統合問題にアプローチするには関根（1994）、あるいは差別問題に関心がある場合は佐藤（2005）が参考になるだろう。前者は、人種・民族・エスニシティの定義を提示した後、人種主義、同化主義、多元主義、多文化主義など、マイノリティ問題に関する基本的な議論の歴史的な流れを追っている。後者は、差別の定義から始まり、排除、スケープゴーティング、他者化、偏見などの概念を用いつつ差別という行為についての論点をまとめている。また、シティズンシップ、公

共圏、多文化主義などの概念を用いて政治哲学的な関心からアプローチするのであれば、キムリッカ（1998）、ケニー（2005）などが、国際安全保障の観点からマイノリティ問題にアプローチするのであれば、吉川（2009）が参考になる。

　このように、マイノリティ研究には多様なアプローチが存在するが、いずれの関心からマイノリティ問題に取り組むのであれ、宗教や民族／言語の違いはそれ自体が対立をもたらすのではなく、それが政治化され、一定の条件が整った時に「マイノリティ問題」あるいは「宗教・民族対立」として立ち現れてくることを忘れてはならない。この点に関して、ロスチャイルド（1989: 126-128）は、「民族的従属者」の政治的な集団的連帯が確立されているか否か、優位側と従属側の権力差の大きさ、優位側と従属側で価値観が共有されているか否か、民族文化的な特性と特徴の差にどれだけ重大な意義があるとみなされているか、などの要素が民族間関係に影響を与えると指摘している。マイノリティ研究にあたっては、対立の発生を前提とするのではなく、こうした観点から分析する視点を持つことが重要である。

　また、中東のマイノリティ問題に特化した観点から言えば、同地域の特徴として、権威主義体制の下でマイノリティ問題が治安問題として扱われる傾向があることが指摘できる。一般に、植民地支配の下では、自由主義的かつ民主的な政治文化が育成されず、かつ独立後は急速な国家建設のために権力を集中させる必要があったことから、多くの脱植民地国家は権威主義体制に移行した。また、脆弱な政治・経済状況のまま独立し、国家建設を推進した脱植民地国家にとって、マイノリティ集団はしばしば国家の統一に対する脅威として認識された（吉川 2009: 169-173）。そのため、現在も内戦やクーデタなどにより国家体制が揺らいでいる国が多い中東・北アフリカ地域においては、マイノリティ問題に関してはまず「国家の統一」あるいは「国民統合」の維持が優先され、多様性の尊重などの概念は軽視される傾向にある。

　また、もう１つの特徴として、中東・北アフリカ地域では宗教的帰属の重要性が大きく、政教関係のあり方が宗教的マイノリティの地位や権利に大きな影響を与えている点を指摘できるだろう。宗教的マイノリティであるキリスト教徒を多く抱える東アラブ諸国では、彼らを国民として統合するために、国民国家建設期に宗教色を排した統合理念が掲げられた。例えばエジプトでは「祖国（＝ナイル川谷）」、シリアやイラクなどでは「アラブ性」である。しかし、1970年代以降の宗教復興の流れの中でイスラームの政治・社会的重要性が増したこ

とにより、政教関係および宗教的マイノリティの位置づけに揺らぎが生じている。こうした状況は、「イスラーム＝排外主義」という図式で単純化されて理解されがちであるが、上述のようにマイノリティ問題は政治的・経済的・社会的要因が複雑に関与した結果発生するものであるため、1つの要因に注目するのではなく、より複合的な視点から分析する必要がある。

3．今後取り組むべき研究課題

　今後取り上げるべき課題としてまず挙げられるのが、各国のナショナリズム思想・運動とマイノリティ集団の帰属意識のあり方である。ナショナリズム研究は古典的に思われるかもしれないが、国民国家形成期のナショナリズム以降、各国のナショナリズムが時代と共にどのような変化を遂げたのか、1970年代以降の宗教復興や、戦争、内戦、革命が各国のナショナリズムにどのような影響を与え、それがマイノリティの包摂・排除にどのような影響を与えたのか、変遷を追って整理していく上で重要である。特に、今後中東諸国で政治的混乱が沈静化した後、どのような形で国家再建が進められていくのか、戦後のイラクのように、マジョリティ・マイノリティ集団の立場の逆転が起きた場合の国民統合のあり方はどのようなものになるのか、注意していく必要がある。

　次に、中東諸国におけるマイノリティの法的地位、マイノリティをめぐる法的問題、法の支配のあり方など、法制度とその運用状況に焦点を当てた研究が今後の課題として挙げられる。エジプトの例で言えば、議会選挙や内閣組閣の際、コプト・キリスト教徒枠のクオータ制は公的には導入されていないが、実際には大統領任命枠の議席にコプトの議員を指名し、組閣時には1人以上のコプトの大臣を任命するという慣行が存在する。さらに、宗派対立発生時には、「慣習的調停」と呼ばれる既存の法的枠組みによらない方法で調停を行う慣行も存在する。こうした法律の枠の内外両方を含めたマイノリティの法的地位と権利に関する研究は、今後研究の蓄積が待たれる分野である。

　最後に、文化の継承と変容に関する問題が挙げられる。ある集団の宗教・民族・言語的特質は固定的なものと考えられがちであるが、宗教は改宗することで変更可能であるし、第1言語は1世代で変わり得る。民族的帰属意識についても、そもそも民族意識とは構築されたものであり、再構築され続けている。そこから、昨今のイラク、シリアなどにおける戦乱が、マイノリティ集団の文化の継

承と変容にどのような影響を与えるのかという研究課題が浮かんでくる。戦乱を避けるため、国内避難民になったり、難民として近隣諸国や欧米に渡る人々が増えている中で、彼らの文化はどのように維持・継承され、どのような変容を迎えるのであろうか。また、中東のマイノリティに限らず、欧米へ移民・難民として移住した中東出身のムスリムの間で、出身国の文化・価値観と受入国の文化・価値観はどのように折り合いをつけられるのか、また、ムスリム移民の急進主義、「テロリズム」が注目される中で、こうした移民・難民の統合はいかにして進められるのであろうか。今後さらに重要性を増すと思われる課題である。

【注】

1）ナショナル・マイノリティとは、「国境にまたがる民族」とされている（岩間・ユ 2007: 7）。中東の例で言えば、クルド人がこれに該当する。本稿では、紙幅の制約上、ナショナル・マイノリティとエスニック・マイノリティを合わせて民族的マイノリティとする。
2）それ以前のイスラーム世界では、ズィンミー制度に見られるように、宗教的帰属が最も重要視されており、民族的帰属意識は存在したものの、政治的に重要な意味を持たなかった（鈴木 2007: 50）。
3）アルメニア人虐殺をめぐる論争および研究状況については、佐原（2014: 18-31）が詳しい。なお、一連の虐殺ではアルメニア人のみならず、ギリシア正教徒およびシリア正教徒、アッシリア東方教会などの信徒も多数犠牲となった。最も大規模な虐殺が発生した 1915 年は、シリア正教徒らの間で「サイフォー（剣）の年」として記憶されている（高橋 2013: 163-164）。
4）ここでのマイノリティとは、コプト・キリスト教徒を指している。ただし、当のコプトはこの条項に反対し、コプトはエジプト社会に十分統合されており、保護が必要な「マイノリティ」ではないと主張した。加えて、イギリス側は実際にはコプトの「保護」に積極的ではなかった（Carter 1986: 72-75）。
5）ちなみに、政府の要職や議席、公務員職を宗派ごとに割り振るレバノンの宗派主義体制は、マロン派教会の信徒が優位に立てる制度としてフランスによって設計された（黒木 2013: 102, 143, 188-190）。
6）イスラーム教の中の非主流派としては、シリアのアラウィー派やオマーンのイバード派、イエメンのザイド派なども存在する。これらの宗派は、各国民国家の枠内では支配者集団が奉じる宗派であるが、一方でイスラーム世界全体から見ると信徒数が少なく、特にアラウィー派はその教義が異端視される場合もあるので、宗教上の主流派・非主流派という観点からマイノリティとして扱われる場合もある。
7）この呼称については現在も当事者間で論争が続いている。Atto（2011）参照。

▶▶ 本章の研究テーマを学ぶための基本文献

綾部恒雄監修、松井健・堀内正樹編（2006）『中東』（講座世界の先住民族 04）明石書店．

岩間暁子／ユ・ヒョヂョン編著（2007）『マイノリティとは何か』ミネルヴァ書房．

吉川元（2009）『民族自決の果てに――マイノリティをめぐる国際安全保障』有信堂．

キムリッカ、ウィル（1998）『多文化時代の市民権――マイノリティの権利と自由主義』角田猛之・石山文彦・山崎康仕訳、晃洋書房．

黒木英充編著（2013）『シリア・レバノンを知るための 64 章』明石書店．

ケニー、マイケル（2005）『アイデンティティの政治学』藤原孝・山田竜作・松島雪江・青山円美・佐藤高尚訳、日本経済評論社．

酒井啓子・吉岡明子・山尾大編（2013）『現代イラクを知るための 60 章』明石書店．

佐藤裕（2005）『差別論――偏見理論批判』明石書店．

佐原徹哉（2014）『中東民族問題の起源――オスマン帝国とアルメニア人』白水社．

鈴木董（2007）『ナショナリズムとイスラム的共存』千倉書房．

関根政美（1994）『エスニシティの政治社会学――民族紛争の制度化のために』名古屋大学出版会．

宮治一雄編（1987）『中東のエスニシティ――紛争と統合』アジア経済研究所．

レモン、ルネ（2010）『政教分離を問いなおす――EU とムスリムのはざまで』工藤庸子・伊達聖伸訳、青土社．

ロスチャイルド、ジョーゼフ（1989）『エスノポリティクス――民族の新時代』内山秀夫訳、三省堂．

Minority Rights Group International, "World Directory of Minorities and Indigenous Peoples." URL: http://minorityrights.org/directory/ （最終アクセス日 2017 年 2 月 28 日）

第6章
パレスチナ問題をめぐる研究

鈴木啓之

　パレスチナ問題は、1948年に起きたパレスチナ人の故郷喪失（ナクバ）から始まり、現在まで続く紛争だ。アラブ諸国とイスラエルとの間で行われた戦争（4つの中東戦争）、パレスチナ人の故郷解放運動、そして中東和平まで、大きなトピックがいくつも並ぶ。パレスチナ問題の入門書としては、エリヤス・サンバー『パレスチナ——動乱の100年』や臼杵陽『中東和平への道』、奈良本英佑『パレスチナの歴史』などが手頃だろう。さて、このパレスチナ問題について、これまでの研究はどのように取り組んできたのだろうか。より専門的な文献紹介は、『イスラーム世界研究マニュアル』や『イスラーム研究ハンドブック』のパレスチナ問題の項目に譲り（臼杵 1995, 2008）、ここでは「どういったテーマに、どのような論争があるのか」に焦点を絞ってみたい。つまり、研究を始めるに際しての見取り図を示すのが、ここでの狙いだ。以下では日本語の文献、とくに書籍に重点をおいて研究を紹介していくが、最新の研究動向については、『日本中東学会年報』や *Journal of Palestine Studies*（*JPS*）の書評欄を参照して欲しい。

1. パレスチナ問題をめぐる議論

(1) 史的事実の評価
(a) パレスチナ問題はいかに始まったのか？——新しい歴史家論争
　もっとも熱い「論争」は、パレスチナ問題の始まりを扱ったものだ。具体的には、パレスチナ難民発生の契機、ホロコーストとパレスチナ問題の関連性などが議論された。学術的にこうした議論が盛んになったのは、イスラエルで「新しい歴史家」（New Historians）と呼ばれる研究者があらわれてからのことである。ベニー・モリスやイラン・パペ、ヒレル・コーヘン、トム・セゲフ、アヴィ・シュライムなどの名前を挙げれば十分だろう（シュライムとセゲフのみ邦訳があ

り、パペは日本での講演録が刊行されている)。彼らは公開が始まったナクバの頃のイスラエル国内のアーカイブ資料に依拠して、1980年代末から次々と新しい事実を提起した[1]。新しい歴史家のあいだでの論争も存在し、その点に関しては金城美幸による論考が参考になる（金城 2011）。いずれにしても、こうした歴史家たちが提唱した新たな歴史像は、現在ではかなり広く知られたものになっている。例を挙げれば、アラブ人（パレスチナ人）の離散は強制されたものであったこと、絶対的不利のなかイスラエルが奇跡的勝利を挙げたとされてきた第1次中東戦争においてイスラエルが当初から軍事的に有利な立場にあったこと、これに関連してシオニスト指導部とヨルダンとのあいだに密約が存在したことが提起された（Morris 1987; Shlaim 1988; Pappé 1992）。

「新しい歴史家」が示した新たな歴史像は、日本国内ではむしろイスラエルにおける言説の変化として捉えられた。これは、日本のパレスチナ問題研究が、パレスチナ難民の視点から多くを借りて展開されてきたことと無関係ではない。この点に、日本語で行われてきたパレスチナ問題研究の特色があるのだが、これについては後ほど改めて言及する。

(b) パレスチナ人とは誰か

イスラエル首相ゴルダ・メイアが、「パレスチナ人など存在しない」と発言したことはよく知られている。彼女の論理に従えば、イスラエルが建国された土地に住んでいたのは「アラブ人」であって、「パレスチナ人」などというものは後からの創造物に過ぎない、ということになる。しかし、逆説的なことではあるが、イスラエルという他者に排除されることによって、またその他者に奪われた故郷を取り戻そうと決意することによって、パレスチナ人が誕生したと述べるのが妥当であろう。そうしたパレスチナ人のアイデンティティーの目覚めを、レバノンに暮らす難民を事例に明らかにしたローズマリー・サーイグの研究は、最近また新たに再版され、長年にわたって参照され続けている（Sayigh 2008）。サーイグは、故郷を追われた難民たちが、故郷解放運動に参加することによってパレスチナ人として目覚めていく様を描き出した。この着眼点は、藤田進による研究にも色濃く認めることができる。藤田は、アラビア語の一次資料を豊富に参照し、パレスチナ難民が記憶にとどめるかつてのパレスチナ社会の姿を明らかにした（藤田 1989）。

「パレスチナ人」とは誰かという問題は、ことにオスロ合意（1993年）[2]が

結ばれてからさらに深刻さを増している。というのも、パレスチナ自治区の中に住む人々が「パレスチナ人」と自明視される一方で、この外に住む難民やイスラエル国籍のパレスチナ人の地位が改めて議論されているためである。イスラエル国内のパレスチナ人に関しては、イスラエル国内で生活してきた（そして自治区ができてもそこに移住せず、今後もイスラエル国内で生活するであろう）パレスチナ人のアイデンティティーに着目した研究が精力的に発表されている（一例として Kanaaneh and Isis 2010; Govin 2012）。ラップ・ミュージックや芸術、料理など新たな観点も提起され、さながら活況を見せている研究トピックの1つである。さらに、パレスチナ人アイデンティティーの根源に迫ろうと、オスマン帝国期にまでさかのぼる研究も行われている。ラシード・ハーリディーによる研究は、ベネディクト・アンダーソンの『想像の共同体』などアイデンティティー研究の成果に着想を得ながら、パレスチナ人アイデンティティーの起源を探るものである（Khalidi 1997）。また、日本語では、錦田愛子によるヨルダンのパレスチナ人に着目した研究が発表された（錦田 2010）。ヨルダンは、ナクバで自国内に流入したパレスチナ人に国籍を与えた歴史を持つ国家である。難民が世代を重ねても故郷への帰属意識を失わずにいることを明らかにしたこの研究は、難民の視点からパレスチナ問題を検討するためのヒントを与えてくれるだろう。

　(c) パレスチナにおけるイスラーム、宗教、文学

　パレスチナ問題では、イスラームという要素も無視できない。具体的にはハマース（「イスラーム抵抗運動」の略称）の持つ影響力を挙げれば十分だろう。ハマースは、イスラエルにとっての安全保障との関連、政治的イスラームの具体例としての関心、さらにはパレスチナ人の新たな政治運動のあり方として注目されてきた。「反主流」、「反和平」、「非妥協的」といった観点から論じられることも多かったが、2006 年の立法評議会選挙（パレスチナ自治政府の議会選挙）への参加以降は、合理的判断を行う政治集団と捉える研究も増えている。著名な研究者としてはアッザーム・タミーミー、ハーリド・フルーブを挙げることができるが、最近では中東での社会運動に着目するイェロン・ガンニングや、パレスチナ問題を政治経済学の立場から分析するサラ・ロイもハマースに関する研究を発表している（Hroub 2000; Tamimi 2007; Gunning 2008; Roy 2011）。ガンニングの研究については、清水雅子による書評も参照して欲しい（清水

2010)。

　本節が着目する「論争」というテーマからは外れるが、現状分析においてイスラームへの注目が高まる傍ら、歴史研究においてはパレスチナのクリスチャンを扱った研究も息長く行われてきた。新しいものとしてはイギリス委任統治期に着目した Haiduc-Dale（2013）が挙げられるが、日本語では菅瀬晶子による研究が最もまとまっている（菅瀬 2009）。菅瀬は、とくにイスラエル領内におけるアラブ人キリスト教徒の信仰と生活に着目して研究を発表した。こうした文化面、生活面に着目した研究は、残念ながら日本語ではまだ数少ない。今後さらに発展が望まれるテーマの1つである。この文脈で紹介するのは適切ではないかもしれないが、日本語でのパレスチナ問題研究において、奴田原睦明に代表される文学研究者による貢献も忘れてはならないだろう。奴田原はパレスチナ人作家ガッサーン・カナファーニーの邦訳により、日本語読者にパレスチナ問題をより身近な形で示すことに成功した（カナファーニー 2009）。カナファーニーの作品は、先ほど述べたパレスチナ人のアイデンティティーの目覚めを同時代的に書き残したものとしても貴重である。こうした試みは、山本薫による作家エミール・ハビービーの邦訳に引き継がれている（ハビービー 2006）。ハビービーはイスラエル国内に残ったパレスチナ人として、自らの境遇を寓話のような作中に表現した。文学研究の蓄積は、岡真理によるフェミニズム研究にも見いだすことができよう（岡 2008）。岡は、パレスチナを出発点として、第三世界におけるフェミニズム全体へと思考を広げている。

（2）和平──和平交渉はなぜ始まり、またなぜ崩壊したのか？

　1993年のオスロ合意は、研究の潮流を大きく変えた。具体的に述べれば、それまでの難民や紛争に着目した研究にかわって、和平交渉に着目したものが登場し、これにともなって方法論も歴史学や人類学ではなく、政治学や国際関係論のものが多用されるようになっている。ネイサン・ブラウンやロバート・フリードマン、ジェフリー・ワトソンといった北米の政治学者、法学者による著作は、同時代的に進行する和平交渉の発展と停滞を分析した良著である（Watson 2000; Rothstein, Ma'oz and Shikaki 2002; Brown 2003）。こうした研究においては、ハマースを筆頭として和平交渉に反対する勢力が交渉を崩壊へと導いたとするもの、また交渉の枠組みそのものが問題を抱えていたとするものなど、同じ編著のなかでも異なる視点が示される点が興味深い。また、交渉当事

者のなかには、アメリカの中東和平担当特使デニス・ロスを典型として、アラファート[3]の頑迷さが和平を崩壊させたと述べるものもある（この言説に対しては、すでに少なからぬ批判が論文で発表されている）。先に見た「新しい歴史家」のように、将来公開されるだろうアーカイブ資料に基づいた史的研究の登場が待ち遠しい。ただ、和平交渉に関しては、これが国際的に注目された事象であったため、関係者による回想録や論考がすでに数多く出版されている。次々と刊行されるこうした書籍の内容を比較検討した研究の登場も待たれるところである。

　和平交渉の始まりから展開については、新書という手軽さながら立山良司による著作が詳しい（立山 1989, 1995）。また、池田明史が編者となってアジア経済研究所から刊行された書籍は、幾人もの研究者による同時代的な分析を参照するのに最適である（池田 1990, 1994）。パレスチナ問題に政治学的観点から分析をくわえた人物としては他に浦野起央がいるが、浦野は和平交渉の時期までを考察に収めることはなかった。最近の研究では、和平のはじまりと崩壊を検討した江﨑智絵によるものが特に参考になるだろう（江﨑 2013）。江﨑は「スポイラー理論」に依拠して和平交渉の開始と崩壊の両方を説明した。日本語によるもので、オスロ和平プロセスの期間をすべて扱った研究は、この江﨑によるものがほぼ唯一と述べて構わない。こうして和平交渉に関する研究が発展する一方で、量的データの分析から西岸・ガザ地区に住むパレスチナ人の政治意識に迫る浜中新吾の研究も発表された（浜中 2002）。浜中の研究は、日本語で行われるパレスチナ問題研究の新たな展開として注目に値しよう。西岸・ガザ地区に自治区が成立し、自治政府も存在する現在、一般の領域国家に適用されてきた分析枠組み、分析手法を用いた研究が、さらに発展していくことになるだろう。

（3）理解の枠組みの問い直し――二項対立的理解を超えて

　最後に、日本語で行われてきたパレスチナ問題研究がもっとも特徴としてきた点を指摘しておきたい。日本のパレスチナ問題研究の嚆矢となった板垣雄三は、その著作の巻頭辞で、「アラブとかイスラエル市民とかにかかわりなく〔……〕ともかくパレスチナの土地との結びつきの中で生き抜いていこうとしている『パレスチナの民衆』」という観点の重要性を説き、「アラブとユダヤ人の宿命的な確執」というとらえ方を批判した（板垣 1974）。実はこの理解は、

先に紹介した「新しい歴史家」の一人、イラン・パペが好んで使う「パレスチナ／イスラエル」という表現とも根底で通じるものがある。地理的な領域として「パレスチナ」を考えた場合、そこには必然的にイスラエルという国家が含まれる（有名なバルフォア宣言に「パレスチナにおけるユダヤ人の民族的郷土の建設」と書かれていたことを思い起こして欲しい）。パペはこれを意識した上で、2つの名称をスラッシュ「／」でつなぎ、1つのものとして提示した。パレスチナへのユダヤ人入植活動の歴史を、イスラエルという国家のイデオロギー（シオニズム）の成立過程として示した大岩川和正の研究も、イスラエル（またはユダヤ）とパレスチナを分ける立論のあり方に批判的であった（大岩川 1983）。大岩川は、現代イスラエルへの関心のなかに、ユダヤへの全般的関心（文化や歴史）とアラブ・イスラエル紛争への関心（国際政治）の乖離があることを認めつつ、この2つの体系化にくわえてアラブ研究、パレスチナ研究との有機的な結合が必要であると説いた（『アジア経済』第 19 巻 1・2 号）。

　二項対立的な理解を徹底的に批判する視点は、臼杵陽の研究にも色濃く認めることができる。臼杵は、イスラエル国内で「ユダヤ人」として暮らすオリエント系ユダヤ人（中東出身のアラビア語を母語としたユダヤ人）に焦点を当てた研究で、やはり「ユダヤ人対アラブ人」という二項対立に挑んでいる（臼杵 1998）。臼杵はその後もパレスチナを巡る二項対立的理解（対テロ戦争やイスラモフォビアなど）を徹底的に批判する形で研究を展開している。こうした日本の地域研究が得意としてきた理解枠組みの問い直し、再提示、転換などの試みは、今後も継続されていくべきだろう。

2．今後の研究課題

　2000 年代の混乱期を経て、パレスチナ問題をめぐる研究は、また多様な発展を見せている。そのすべてを紹介することは筆者の力量をはるかに超えるため、やや抽象的ではあるものの、いくつかの注目すべき傾向を述べて筆を置きたい。

　約言すれば、筆者はパレスチナ問題の研究は、「地域の広がり」と「時代の深まり」を軸に発展すると考えている。すでに述べたとおり、1993 年のオスロ合意から、パレスチナ問題に関する研究は大きく変わった。具体的に述べれば、暫定自治区が設立されることによって、パレスチナ問題研究は他の地域研

究と同じように対象とする具体的な「地域」を獲得することになった。この自治区を対象として、他の地域研究、またディシプリン系の研究との架橋、相互参照を目指す取り組みが行われている。一方で、2011年の「アラブ革命」の残滓のなかで、シリアに住むパレスチナ難民の窮状が取り上げられるなど、再び「パレスチナ人」という人々、または集団への注目も高まっている。オスロ合意より以前の研究は、まさに故郷を追われた人々である「パレスチナ人」に着目することから、イスラエルや西岸・ガザ地区のみならずヨルダン、シリア、レバノンへと広がりをもってなされていた。それを想起すれば、パレスチナ人や難民に着目することによって得られる地域の広がりは、自治区成立以前のパレスチナ問題研究と対話する糸口ともなろう。JPSの書評欄で紹介されたDiana Allanによる Refugee of the Revolution は、レバノンのパレスチナ難民に着目した最新の人類学による研究として気概を見せている（Allan 2014）。中東各地、さらには世界各地に広がるパレスチナ人という集団の多様性、差違、画一性などを論じる研究に、今後も大いに注目したい。

　また、「時代の深まり」と述べたのは、イギリス委任統治期やオスマン帝国期などを扱う研究が確実に行われ続けている点に期待を寄せてのことである。もちろん、パレスチナ問題に関する研究は、現状分析を1つの柱として展開している。パレスチナ問題が2017年現在も未解決のままにある以上、現状に関する研究は不可欠である。一方でさまざまな史資料にアクセスし、丹念な読み解きに基づいた研究も確実に蓄積されている。たとえば、Andrea Stantonによる This is Jerusalem Calling は、新しい視点として委任統治期のラジオ放送に着目した意欲作である（Stanton 2013）。また、Nur Masalhaによる The Bible and Zionism は、考古学がシオニズム運動においていかなる役割を果たしているのかに迫る新たな視点を提示している（Masalha 2006）。日本語でも鶴見太郎のロシアに着目したシオニズム研究（鶴見 2012）など、若手の研究者による歴史を丹念に読み解く取り組みが見られる。パレスチナ問題に関する研究は、こうした対象とする時代の深まりのなかで、現状を捉える視点をさらに鋭くしていると言えるだろう。

　研究の新たな展開のなかで、別の論争も姿を見せ始めた。日本語でジェフリー・ハーフの『ナチのプロパガンダとアラブ世界』の訳書が刊行されたのは2013年のことだが、第1次世界大戦から第2次世界大戦にかけてのパレスチナ人指導者（具体的にはエルサレムの大ムフティー、ハーッジ・アミーン・フサイニー）

とナチズムの接近について、学問的事実と政治的評価の両側面から多くの研究者が成果を発表している。2015 年 10 月にはイスラエルのビンヤミン・ネタニヤフ首相が演説でフサイニーを取り上げ、彼がホロコーストの実行をヒトラーに示唆したとする内容が物議を醸した（演説の訳文はイスラエル首相府のウェブサイトから参照できる／PM Netanyahu's Speech at the 37th Zionist Congress）。こうした政治的意図を持った歴史の利用に抗するためにも、パレスチナ問題をめぐる研究が参照すべき研究分野は数多い。この最後の例で述べれば、架橋する相手はドイツ近現代史やホロコースト研究、ナチズム研究ということになろう。こうした他（多）地域、他（多）分野にわたる方法論や知見を結合し、パレスチナ問題を新たな形で提示していく研究が、今度も引き続き求められている。

【注】
1) イスラエルでは、公文書が一般公開されるまでの期限を 30 年と定めており、1948 年当時の資料公開とともに「新しい歴史家」による研究が始められた。
2) オスロ合意は、イスラエルとパレスチナ解放機構（Palestine Liberation Organization: PLO）の相互承認合意であり、これを契機としてヨルダン川西岸地区の一部地域とガザ地区でパレスチナ暫定自治が開始された。
3) ヤースィル・アラファートは、PLO 議長（在任 1969 ～ 2004 年）、パレスチナ自治政府大統領（在任 1994 ～ 2004 年）。

▶▶ **本章の研究テーマを学ぶための基本文献**

板垣雄三編（1974）『アラブの解放』（ドキュメント現代史）平凡社。
臼杵陽（1998）『見えざるユダヤ人——イスラエルの〈東洋〉』（平凡社選書）平凡社。
———（1999）『中東和平への道』（世界史リブレット）山川出版社。
臼杵陽・鈴木啓之編（2016）『パレスチナを知るための 60 章』明石書店。
江﨑智絵（2013）『イスラエル・パレスチナ和平交渉の政治過程——オスロ・プロセスの展開と挫折』（MINERVA 人文・社会科学叢書）ミネルヴァ書房。
大岩川和正（1983）『現代イスラエルの社会経済構造』東京大学出版会。
岡真理（2008）『アラブ、祈りとしての文学』みすず書房。
カナファーニー、ガッサーン（2009）『ハイファに戻って／太陽の男たち』黒田寿郎・奴田原睦明訳、河出書房新社（新装新版、初版 1978 年）。
サンバー、エリアス（2002）『パレスチナ』福田ゆき・後藤淳一訳、飯塚正人監修、

創元社。

菅瀬晶子（2009）『イスラエルのアラブ人キリスト教徒——その社会とアイデンティティ』溪水社。

セゲフ、トム（2013）『七番目の百万人——イスラエル人とホロコースト』脇浜義明訳、ミネルヴァ書房。

鶴見太郎（2012）『ロシア・シオニズムの想像力——ユダヤ人・帝国・パレスチナ』東京大学出版会。

錦田愛子（2010）『ディアスポラのパレスチナ人——「故郷」とナショナル・アイデンティティ』有信堂。

ハビービー、エミール（2006）『悲楽観屋サイードの失踪にまつわる奇妙な出来事』山本薫訳、作品社。

浜中新吾（2002）『パレスチナの政治文化——民主化途上国への計量的アプローチ』大学教育出版。

藤田進（1989）『蘇るパレスチナ』東京大学出版会。

Allan, Diana. (2014) *Refugees of the Revolution: Experiences of Palestinian Exile*. Stanford: Stanford University Press.

Kanaaneh, Rhoda Ann and Isis Nusair, eds. (2010) *Displaced at Home: Ethnicity and Gender among Palestinians in Israel*. New York: State University of New York Press.

Rothstein, Robert L., Moshe Ma'oz and Khalil Shikaki, eds. (2002) *The Israeli-Palestinian Peace Process: Oslo and the Lessons of Failure, Perspectives, Predicaments and Prospects*. Brighton: Sussex Academic Press.

Sayigh, Rosemary. (2008) *The Palestinians: From Peasants to Revolutionaries*. London: Zed Books (reprinted, first print in 1979).

第7章
ムスリム同胞団をめぐる研究

横田貴之

1. ムスリム同胞団の概略

　本章で取り上げるムスリム同胞団は、現代中東最大のイスラーム主義運動として知られる。イスラームに基づく社会改革を目標とし、我々が通常想定するような宗教分野のみならず、政治・経済・社会・文化など多様な分野で活動を行っている。

　1928年、同胞団はハサン・バンナーによって、イスラーム法施行とイスラーム国家樹立を目的に創設された。同胞団は20世紀前半のエジプトで急速な発展を遂げた。1940年代末には当時人口約2000万人のエジプトにおいて、約50万人のメンバーと同数の支持者を擁する同国最大のイスラーム主義運動になったとされる（Mitchell 1969: 328）。しかし、同胞団は1952年革命後にナセル率いる革命政権との権力闘争に敗れ、苛烈な弾圧を受け壊滅状態となった。続くサダトおよびムバーラク政権下で、非合法組織ではあったが活動を黙認された同胞団は、社会活動を通じて強固な支持基盤を再構築し、大きな動員力を誇る実質的な最大野党となった。2011年の「アラブの春」によるムバーラク政権の崩壊以降、同胞団はこの動員力を活用し、国政選挙を通じて立法権と行政権を掌握するに至った。2013年7月の「事実上のクーデタ」[1]によって、同胞団出身のムルスィー大統領は失脚し、同胞団は再び非合法化された（横田 2016）。しかし、今なおエジプトで最重要のイスラーム主義運動であることは否めない。

　同胞団の発祥地はエジプトだが、その活動はエジプト一国のみにとどまっていない。1940年代以降、パレスチナ、ヨルダン、シリアなどアラブ諸国で同胞団・同胞団系組織が結成され、現在も多くが主要なイスラーム主義運動として活動している。また、その思想的な影響は、アラブ諸国を越え、イスラーム世界全体にも及んでいる[2]。

こうした重要性ゆえに、本書ではイスラーム主義運動の1つに過ぎない同胞団のために1章が設けられた。ここでは、初学者へ同胞団研究の最前線を紹介することを念頭に、比較的入手しやすい書籍を中心に解説を行いたい。具体的には、エジプトの同胞団、同胞団思想、同胞団の国際ネットワークについて解説する。紙幅の都合上、研究論文など全ての研究を紹介できないが、本章を手掛かりに読者諸賢が見つけて欲しい。

2．エジプトのムスリム同胞団に関する研究

　ムスリム同胞団発祥の地であるエジプトは、長年にわたって同胞団活動の一大中心地となってきたこともあり、先行研究が比較的充実している。それゆえ、各国の同胞団を研究する際の「ロールモデル」として位置づけることができる。しかし、エジプトのムスリム同胞団は非合法組織として弾圧下にある期間が長く、研究者にとって同胞団の実態調査は困難であった。そのため、研究蓄積はその重要性に比して必ずしも十分なものとはいえず、さらなる研究発展が望まれる状況にある。エジプト以外の中東諸国の多くにおいても、同様の問題を指摘することができる。

　1950～60年代、20世紀前半のエジプト同胞団を対象とする先駆的な研究がいくつか発表された。Husaini (1956) は、1955年に発表されたアラビア語版を英訳して刊行されたものであり、最初の本格的な同胞団研究として知られる。Harris (1964) は19世紀以降のエジプト史の中に同胞団を位置付けて詳しく述べている。ミッチェル（Mitchell 1969）は、1953～55年に彼がエジプトで行った現地調査を基礎に、創設からナセルによる「解体」までの同胞団を対象としている。これは、20世紀前半の同胞団に関する最も代表的な研究とされており、当該時期の同胞団に言及する際には、必ずと言えるほど参照されている。また、日本においても、板垣雄三による先駆的な同胞団研究（板垣 1961; 1963）や同胞団創設者バンナーの論考の邦訳（バンナー 1969a; 1969b）が発表された。

　1950～60年代、エジプト同胞団研究は空白期を迎える。この背景には、ナセル政権の苛烈な弾圧によって同国の同胞団が「解体」したと広く信じられていたことを指摘できる。ミッチェルも同様の認識を有していた（Mitchell 1969）。しかし、弾圧下の同胞団は社会活動を中心に組織を温存させ、1970年代に本格的な組織再建に乗り出した。それに伴い、1970年代後半～80年代にエジプ

ト同胞団研究が再び発表されるようになった。たとえば、Kepel（1985）はエジプトのイスラーム主義に関する研究の中で、イスラーム過激派の他に組織再建期の同胞団に言及した。この時期には、バンナーの論考集から重要な論考を抜粋する形で英訳も発表されている（al-Bannā 1978）。また、小杉編（1989）は邦語による本格的な同胞団研究の出発点であり、以降の日本における同胞団研究に大きな影響を与えた。

　ムバーラク政権下の1990年代～2010年頃はエジプト同胞団に関する調査が比較的容易だったこともあり、Pargeter（2010）など複数の同胞団研究が発表された。Lia（1996）は、20世紀前半の同胞団を対象に、ミッチェルの時代的限定性の克服を目的として、空白期に刊行された新資料を用いた研究である。20世紀前半の同胞団を本格的に扱い、かつ再評価を行った研究として重要である。日本においては、横田（2006）が一次資料と現地調査に基づいて、エジプト同胞団の歴史・思想・活動実態に関する総合的な研究を行った。横田（2009）はそれを初学者向けに書き直したものである。

　2011年の「アラブの春」に伴うエジプト同胞団の政治的台頭は、Tadros（2012）など多数の同胞団研究が発表される契機となった。中でも特筆すべき研究としては、Wickham（2013）を挙げられる。これは著者がエジプトで長年実施した現地調査に基づき、草創期にも言及しつつ近年における同胞団の全体像を描き出した研究である。最近では、研究書ではないが元同胞団員らによる自伝記（Nada 2012; Kandil 2014）も発表されており、同胞団の内情を知る上で有益な資料となっている。

　エジプト同胞団が有する動員力の基礎は、彼らが社会慈善活動を通じて構築してきた支持基盤である。同胞団はエジプト社会において、モスク建設、無料医療奉仕、貧困家庭救済、相互扶助組織の運営から、スポーツクラブ、輸入代理店、中古車販売などの企業経営に至るまで、多種多様の社会活動を展開している。こうした社会活動については、川上（2012）やClark（2004）が現地調査によって実態解明を試みている。

3．ムスリム同胞団の思想研究

　ムスリム同胞団を論じる上で忘れてはならないのは、イスラーム世界に深く広く影響を与えるその思想である。現在に至るまで、同胞団思想は重要な研究

テーマとして注目を集めている。同胞団の代表的思想家としては、バンナーとサイイド・クトゥブがしばしば挙げられる（たとえば、Rahnema ed. 1994）。

バンナーは同胞団を創設した後、初代最高指導者として活躍した。彼の思想は当時の同胞団の活動指針となり、組織の発展を理論面で支えた。現在の同胞団においても、バンナー思想は活動の主柱として重視されている。しかし、主要な同胞団研究（Mitchell 1969; Lia 1996; Wickham 2013）は歴史的記述が中心であり、Krämer（2010）など一部の研究を除き、バンナー思想の詳細な分析にまでは至っていない。

このような研究史上の空白を埋める試みとしては、むしろ日本の方が研究の蓄積が進んでいるように思われる。たとえば、小杉編（1989）や小杉（1994）は、「マナール派」が同胞団やバンナーに与えた思想的影響について詳しく論じた。横田（2006）はバンナーの「ジハード論」を手掛かりに、その思想構成について明らかにした。福永（2013）はバンナーの自伝記を手掛かりに、バンナー思想や初期同胞団の活動を考察した。最近では、『ハサン・バンナー論考集』の日本語への全訳（バンナー 2015; 2016）が出版された。論考集の全訳はインドネシア語などでは見られるが、欧米諸語では今なお行われておらず、その研究的意義は大きい。

1950〜60年代における同胞団の代表的思想家であるクトゥブは、バンナーに比べて先行研究が豊富である。彼の思想が後のイスラーム過激派に大きな思想的影響を与えたと考えられているためである。クトゥブ自身が示した思想は穏健な改革を志向したとされるが、彼がナセル政権によって処刑された後、彼の思想に基づきより過激な「クトゥブ主義」が登場し、それが過激派の思想的基礎となった（横田 2009: 54-56）。クトゥブ思想（あるいは彼の死後に独り歩きした「クトゥブ主義」）とイスラーム過激派の関係性を論じる代表的な研究としては、Moussalli（1992）やCalvert（2010）などが挙げられる。また、クトゥブの代表的著作『道標』の邦訳としては、クトゥブ（2008）がある。ややセンセーショナルな副題ではあるが、邦語で彼の著作を読むことができる。なお、1970年代以降の同胞団では、バンナー以降の同胞団思想の中でクトゥブ思想を再評価する試みがなされている（小杉・横田 2003）。バンナーやクトゥブの思想を現代イスラーム思想の大きな潮流の中で理解する上で、飯塚（2008）は有益な視座を提供してくれる。

他の著名な同胞団思想家に関する研究にも言及したい。カタルを拠点に活

動するウラマーであるユースフ・カラダーウィーは著作活動を行うだけでなく、衛星放送やインターネット上でも積極的な発言をしており、現在の同胞団で最も著名な思想家である。彼に関する研究としては、小杉（2006）、Gräf and Skovgaard-Petersen（2009）を挙げられる。元同胞団メンバーで著名なウラマーであるムハンマド・ガザーリーに関する初めての本格的研究としては、Moussa（2015）がある。同胞団第２代最高指導者ハサン・フダイビーの思想と活動については Zollner（2009）が詳しい。エジプト以外の同胞団思想については研究があまり進んでいないが、シリア同胞団の創設者・初代最高監督者ムスタファー・スィバーイーや代表的思想家サイード・ハウワーについて、末近（2005）が鋭い分析を行っている。

4．ムスリム同胞団の国際ネットワークに関する研究

　上述したように、同胞団の活動はエジプトのみならず中東諸国に広がっており、多くの国で同胞団・同胞団系組織が主要なイスラーム主義運動として存在している。たとえば、同胞団系組織であるパレスチナのハマース（Tamimi 2007）やヨルダンのイスラーム行動戦線（吉川 2007）は、選挙を通じて政権与党となった経験を持つ。シリア同胞団は同国最大のイスラーム主義運動としての歴史を有し（末近 2005）、現在はアサド政権に対する反体制派の有力組織として一定の存在感を示している。多くの中東諸国で重要な政治的主体として活動している同胞団は、各国政治に関する先行研究でしばしば言及されているため、その詳細については本書第Ｖ部の該当章を参照して欲しい。
　ここでは、各国同胞団の活動というよりも、同胞団の国際ネットワークを中心に研究を紹介したい。エジプトで誕生した同胞団は、20世紀前半から各国の同胞団・同胞団系組織との連携を図ってきた。ミッチェル（Mitchell 1969）によれば、エジプト同胞団には各国との連絡窓口となる「国際局」が設けられていた。しかし、ナセル政権の弾圧によってエジプト同胞団が「解体」状態になると、その各国間の連携も低調となった。1980年代、組織再建を果たしたエジプト同胞団は各国同胞団間の協力関係の再構築を目指し、「同胞団国際機構」を設立したとされる。国際機構は、エジプト同胞団の最高指導者を議長に14カ国・2地域からの代表各2名からなる評議会で運営された（小杉 2006: 297-298）。最近では Rubin ed.（2010）のように、論集という形で各国同胞団の

活動実態を明らかにし、同胞団の国際ネットワークについて議論する研究が発表されている。Milton-Edwards（2015）は、エジプト、パレスチナ、ヨルダン、チュニジア、イエメンの同胞団・同胞団系組織について分析した上で、「国際同胞団」について論じている。また、欧米諸国における同胞団のネットワークや活動については、Vidino（2010）やMeijer and Bakker eds.（2012）などが詳しく述べている。

なお、筆者が2000年代前半に各地で同胞団メンバーにインタビューをした際、同胞団はアラブ諸国のみならず南アジア・東南アジア諸国にも広がっており、年次大会が行われていると説明された。また、1990年代に制定された『国際同胞団憲章』がエジプト同胞団の公式ウェブサイトに掲示されていた。しかし、2011年の「アラブの春」以降、「国際機構」は存在しないとする同胞団メンバーが急増した。恐らくは、「アラブの春」後の同胞団台頭を警戒する声や「同胞団の陰謀」論が強まる中で、国際機構に関する発言を控えようとしていたのではないかと考えられる。真相は不明ではあるが、「国際機構」の存在を否定したメンバーも、国境を越えた同胞団メンバーの個人的ネットワークや精神的紐帯は否定しなかった。仮に組織として公式なネットワークはほぼ機能していないとしても、それに代わるものとして個人的なネットワークが各国同胞団間の連携を可能にしていると理解することはできるだろう。最近では、ロンドンやイスタンブルが亡命同胞団メンバーの活動拠点となっており、各国同胞団の枠を超えた交流の場となっている。

5．今後の研究の課題

「アラブの春」後の中東諸国において、政府による抑圧政策などによって同胞団の活動は低迷している。同時に、各国で同胞団を含む反体制派に関する調査を行うことは、研究者にとっていっそう困難になっている。逆境の時期ではあるが、同胞団研究は今後の発展に関して大きな岐路に立っているといっても過言ではない。このような時こそさらなる研究の発展が望まれるのであり、読者諸賢には是非とも同胞団研究に関心を抱いていただきたいと筆者は願う。今後の同胞団研究における課題としては、次の3点を挙げることができよう。

第1に、同胞団の社会活動の実態解明である。同胞団の社会活動は動員力の源であるにもかかわらず、研究がほとんど進んでいない。その理由は、同胞団

の社会活動があまりも広範であること、そして反体制派ゆえの閉鎖性にある。こうした困難を乗り越えるには大きな困難を伴うが、現地調査に基づく本格的な研究が望まれる。

　第2に、同胞団思想研究の発展である。すでに指摘したように、まず研究蓄積の不足という現状を打破することが重要である。そして、「アラブの春」を契機に政治的台頭と失脚を経験した同胞団がその思想をどのように実践した／しているのかを分析する必要がある。これによって、同胞団思想の意義を検討することが可能となり、研究のさらなる深化に貢献ができよう。

　第3に、同胞団の国際ネットワークの実態解明である。本稿執筆現在、中東諸国の同胞団・同胞団系組織の多くは逆境にあり、「国際機構」など国際ネットワークに関する調査はますます困難となっている。しかし、国際的なネットワークが公的であれ個人的であれ何らかの形で存在することは否定できない。その解明により、各国単位の分析にとどまってきた同胞団研究に連関性が生まれ、さらなる総合的な研究が可能となる。

　いずれも困難な課題ではあるが、取り組むべき価値のあるものと筆者は強く信じている。

【注】
1）エジプト軍支持者や世俗主義者などは、この出来事を 2011 年のムバーラク政権崩壊をもたらした「1月 25 日革命」に続く「第 2 の革命」と位置付け、ムルスィー政権崩壊の契機となった大規模デモの実施日にちなみ「6 月 30 日革命」と呼ぶ。他方、同胞団支持者らは「クーデタ」と呼んでいる。
2）たとえば、インドネシアではバンナーの著作の翻訳版が多数発行されており、同胞団の思想的影響を受けた「福祉正義党（PKS）」が有力政党の1つとして活動している。

▶▶ **本章の研究テーマを学ぶための基本文献**

吉川卓郎（2007）『イスラーム政治と国民国家』ナカニシヤ出版。
小杉泰編（1989）『ムスリム同胞団——研究の課題と展望』国際大学国際関係学研究科。
末近浩太（2005）『現代シリアの国家変容とイスラーム』ナカニシヤ出版。
バンナー、ハサン（2015）『ムスリム同胞団の思想——ハサン・バンナー論考集』（上巻）北澤義之・高岡豊・横田貴之編訳、岩波書店。

────── (2016)『ムスリム同胞団の思想──ハサン・バンナー論考集』(下巻) 北澤義之・高岡豊・横田貴之・福永浩一編訳、岩波書店。

横田貴之 (2006)『現代エジプトにおけるイスラームと大衆運動』ナカニシヤ出版。

────── (2009)『原理主義の潮流』山川出版社。

Harris, Christina Phelps. (1964) *Nationalism and Revolution in Egypt: The Role of the Muslim Brotherhood*. Hague: Mouton.

Husaini, Ishak Musa. (1956) *The Muslim Brethren: The Grand Modern Islamic Movements*. Beirut: Khayat.

Lia, Brynjar. (1996) *The Society of the Muslim Brotherhood: The Rise of an Islamic Mass Movement 1928-1942*. Reading, UK: Ithaca Press.

Milton-Edwards, Beverly. (2015) *The Muslim Brotherhood: The Arab Spring and its Future Face*. London and New York: Routledge.

Mitchell, Richard P. (1969) *The Society of the Muslim Brothers*. London: Oxford University Press.

Rubin, Barry ed. (2010) *The Muslim Brotherhood: The Organization and Policies of a Global Islamist Movement*. New York: Palgrave Macmillan.

Wickham, Carrie Rosefsky. (2013) *The Muslim Brotherhood: Evolution of an Islamist Movement*. Princeton and Oxford: Princeton University Press.

第8章
イスラーム政治思想研究

福永浩一

　イスラーム政治は、預言者ムハンマドが中心となり622年にアラビア半島のメディナにムスリムの共同体を建設したときに始まったといえる。ムハンマドはメディナに「ヒジュラ（聖遷）」した後、その地を統治する問題に直面した。それ以来、政治・軍事や社会規範など宗教の範疇に収まらない諸問題が、イスラームに基づく法によって制御されるようになった。イスラーム政治思想とは、イスラーム世界で宗教と政治・国家が明確に区分されなかった歴史的背景から生まれ、イスラーム法学（フィクフ）のもとで両者を一体とみなす概念を軸に展開される思想である。

　近代に入り政教分離を基調とする西洋思想が流入し、伝統的なイスラーム国家が崩壊すると、イスラームと政治の関係をめぐっても多様な潮流が現れ、世俗主義を掲げる国家も生まれた。しかし1970年代以降、イスラーム世界各地で宗教復興運動が高まりを見せると、政治の領域にもイスラーム法の施行を求める動きが再生・顕在化して、イスラーム政治は国際的な広がりを持つ主要なテーマの1つとなっている。

　本章は、イスラーム政治の理論化・体系化に役割を果たした政治思想の研究の紹介を目的とする。最初に、現代におけるイスラーム政治の特徴と多様性を説明し、研究に有益な事典類、論文集等を取り上げる。続いて、イスラーム世界の主要な政治思想家に焦点をあて、彼らの思想とそれに関連する研究について概観する。その上で、同分野において今後取り組むべき課題の若干の提示を試みる。

1．イスラーム政治思想の展開

　現代イスラームの政治的活力の特徴については、第1に全世界にムスリムの居住地域が広がり、著しい人口の増加傾向が続いている事実に由来する、国際

社会における存在感の高まりがある。第2に拡大を続けるムスリムの社会において宗教、社会、政治に対する意識の高まりが見られ、それらの主張が肯定的、否定的両側面で無視できない影響力を有していることが挙げられる。第3にイスラームは7世紀に始まって以来の長い歴史を持ち、中東・北アフリカの文化や伝統の形成と発展に大きな役割を果たして現在も同地域に住む人々の価値観や「栄光の歴史」に対する誇りの源泉となっている。これらの重要性を踏まえた上で、イスラームは目下、革命、急進派と武装闘争、テロリズムに象徴される破壊的、暴力的なイメージと、民衆レヴェルでのテレビやインターネット等マスメディアを通じた平和的な宣教、社会奉仕や福祉事業に見られる平和的なイメージとが並列して語られる。さらに中東、北アフリカ諸国では、政権が自身の正統性や支持獲得のためにイスラーム化政策、イスラーム的イメージの強化を行う傾向が広がり、一方でイスラーム主義系団体が政治組織を形成して体制に対抗する勢力となる等、総体的に政治の場におけるイスラームの主張は多様性を持ちつつ強化されている。

　近年の活力と摩擦、問題点を包含するイスラーム「復興」を考察する際、イスラームの思想や政治理念がどのように形成され、展開してきたかはイスラームの特質に関する理解と歴史的文脈を無視して語ることはできない。

　イスラーム政治思想の包括的な概説として、エスポズィト、シャヒーンが編集したハンドブック（Esposito & Shahin eds. 2013）およびバウリング編の百科事典（Bowering 2013）は、シャリーア、モダニズム、カリフ制の議論、民主主義、ジェンダーの問題等、イスラーム政治が直面する主要なテーマの他、著名な思想家、現代社会におけるイスラームに関する項目が充実しており、参照の価値がある。また9・11以後のイスラーム政治を概観するために重要な論文集は、フレデリック・ヴォルピのVolpi（2011）が挙げられる。

　さらに後述する近代思想家の代表的な著作を英訳したアンソロジーのKurzman（1998）からは、当時のイスラーム思想の多様性をうかがうことができる。

　イスラーム政治の最初期は、ムハンマドがアラビア半島のメディナで、ムスリムの共同体を建設した時期にさかのぼる。彼の死後、預言者の代理人（カリフ）を中心とする国家が成立した。その後アラブの大征服によってイスラームはウマイヤ朝、アイユーブ朝という広大な版図を擁する帝国を形成した。初期のイスラームの共同体では、カリフは政治的・宗教的権威を兼ね備えた存在とされ、

彼らの支配下でイスラーム法（シャリーア）の体系の整備、諸法学派の発展が見られた。特に法学規定はカリフの権限、指導者選出にあたっての問題、社会的危機といった現実と理念の乖離が生じた折にしばしば問題となり、法学者による法学（フィクフ）の体系化を促した（湯川 1995: 2-4）。

マーワルディーは、アッバース朝が9世紀末〜10世紀以降、国家財政の破綻や軍人階級の台頭により衰退し、ブワイフ朝、セルジューク朝がバグダードを占領してカリフの政治的権威が形骸化した時代に活躍したスンナ派法学者である。主著『統治の諸規則』は邦訳がなされているが（アル＝マーワルディー 2006）、その中でカリフの統治のための規定に関する学説を展開し、カリフの権威の正統性の根拠の提示、選任の資格と合意の必要性、契約の定式化を行った。マーワルディーのカリフ論は当時のカリフが有した権力の実態とは大きな隔たりがあったが、イスラーム共同体の指導者の職務を考察、明文化した点に後世の規範となる意義があった。彼の理念や指導者の資格に関する議論は、後のガザーリーの学説にも多くの共通点が見出される（ローゼンタール 1971: 49-50）。両者はカリフとシャリーアの実践に対し理想主義をなお抱いていたが、モンゴル帝国によるバグダードの陥落とアッバース朝の滅亡、それと同時代の各地域におけるカリフの承認を経ないスルタンによる支配の常態化に伴い、ハンバル派法学者イブン・タイミーヤは、カリフ論を考慮したスンナ派法学・政治論を否定し、シャリーアをイスラーム政治制度の中核とする学説を唱えた。また彼は神秘主義やギリシア哲学等イスラームに対する「外来的」要素を批判し排斥した。著作はイブン・タイミーヤ（1991）として邦訳されている。イブン・タイミーヤは後述する近代以降のサラフィー主義者によって再評価され、彼らの理論的支柱となった。

上記のイスラーム政治思想に関する古典的研究としては、代表的なものとしてローゼンタール（1971）があり、歴史的イスラームの政治や分派を扱った研究としてCrone（2005）が挙げられる。

2．近代以降のイスラーム政治思想・先行研究

イスラーム政治思想を語る上で、18世紀から19世紀にかけての「西洋との邂逅」は大きな転機である。それはイスラーム世界内部からの危機意識の高まりと並んで、近代イスラーム史の始まりをなしている。後者の内在的危機意識

については18世紀に急進的イスラーム改革思想を唱導し、アラビア半島でサウード家を勃興させたムハンマド・イブン・アブドゥルワッハーブによるワッハーブ運動がある。ワッハーブ運動と同派の国家建設の概観、国家体制の変容に伴う政治と理念の相克を批判的に扱った議論としては、中田（1995）が詳しい。アブドゥルワッハーブはイブン・タイミーヤの思想の影響を受けたとされており、神秘主義と他法学派を否定し、異端排斥のための軍事的ジハードを訴えた。彼の思想を建国理念として、現在のサウディアラビア王国が成立した。

一方の西洋の植民地化による衝撃、それに対応したイスラーム改革思想は後にイスラーム復興運動を形成する。近代イスラーム思想の研究書としてはHourani（1983）が代表的著作として挙げられる。

西洋列強のイスラーム世界の植民地化、政教分離や世俗主義といった近代的価値観のイスラーム世界への浸透という事態に直面して、西洋近代文明に適応しながら、イスラームの側の思想改革を訴えたのがアフガーニーである。アフガーニーは各地でイスラーム世界の団結を訴える汎イスラーム主義、旧来の専制的支配の打破を主張した。そして啓示と理性・科学は調和できるとし、クルアーンやスンナの原典解釈の行使の自由（イジュティハード）を訴えた。彼は弟子のムハンマド・アブドゥフと共にパリで雑誌『固き絆』を発行した。そこではイスラームが近代科学と矛盾しないとする議論を展開、さらに帝国主義を批判すると同時にスンナ派・シーア派の和解を促し、イスラーム世界各地に強い影響を与えた（栗田 2002: 35-36; 飯塚 2008: 56-6-; Hourani 1983: 137-140）。アフガーニーに関する日本での研究はなお数が少ないが、平野（2007）では彼の初期の主張を端的に窺うことができる。

アブドゥフは師であるアフガーニーの死後、思想をより学問的な営為として具体化した。パリから故郷であるエジプトへの帰国後、法学者としてアズハル大学とイスラームの思想の改革に専念する。「サラフィー思想」と呼ばれる彼の思想の特徴は、イスラーム世界の中で西洋近代思想に傾斜してイスラームの価値観を軽視あるいは否定する勢力と、保守的なイスラームの論理に固執する勢力が分裂した知的状況下で、西洋文化の模倣、硬直化した伝統主義的イスラーム解釈を同時に批判して、近代社会と矛盾しないイスラームの真のあり方を考察した（小杉 2008: 117-118）。

アブドゥフは多くの弟子を育成した。その一人ラシード・リダーは、アフガーニーとアブドゥフの生み出した思想を法学的に理論化・厳格化した。彼は雑誌

『マナール』を発刊し、同誌上でイスラーム改革思想の宣伝に努め、自身の死まで 40 年近くにわたり刊行を続けた。初期イスラームの正統性、シャリーア（イスラーム法）施行の重要性を訴えた彼の改革思想は共鳴者を多数生み出し、それらの人々は「マナール派」と呼ばれた。1922 年のオスマン帝国の崩壊を受け、『カリフ制または最高イマーム職』を執筆し、近代におけるカリフ制度を構想し、国家の正統性をシャリーアとイスラームに置くことを試みた。日本における近代イスラーム思想家の紹介として優れた著作は、中村（1997）である。

それに対して、やはりアブドゥフの弟子の一人であるアリー・アブドゥッラーズィクは、1925 年『イスラームと統治の諸原則』を出版した。同書の内容はカリフ制度が原理的にシャリーアに基づく政体であることを否定するものであり、シャリーアを国家の法とするか否かはムスリムの選択に任される、とする議論でリダーとは対照をなすものであった。アブドゥッラーズィクの議論は当時のアズハルのウラマーを激怒させ、公職から追放されたが、彼の思想は近代におけるイスラームの政教関係の議論を考察する上で欠くことのできない重要性を持っている。その特徴については飯塚（1992）に詳しい。

マナール派、イスラーム改革思想の影響を受け、エジプトでハサン・バンナーが実践的なイスラーム運動組織として「ムスリム同胞団」を創設した。バンナーの個人的な伝記と思想の概略についての近年の研究は Krämer（2010）である。バンナーは生前著作を残さなかったが、彼の死後その演説や雑誌への寄稿が論考集としてまとめられ、現在邦訳が刊行されている（バンナー 2015; 2016）。

また同胞団の主要なイデオローグとなったサイイド・クトゥブの思想は、後に「クトゥブ主義者」と呼ばれる急進主義者を生み出すが、Bergesen（2008）は彼の著作の抄訳である。

日本でのイスラーム政治理論と思想の研究については、小杉泰の多数の研究がある（小杉 1994; 2006）。小杉は現代イスラームの政治・宗教関係の本質の定義とイスラーム主義運動に関する幅広い探究を行っており、イスラーム政治の動態について「政教一元論」や「イスラーム復興」といった概念を用いて説明している。また現代イスラーム政治思想をイスラーム主義の主張とは切り離し、リベラリズム等の立場を援用しつつ批判的に分析した研究として池内（2016）が挙げられる。

小杉が提唱する「イスラーム復興」の概念は、1979 年のイラン・イスラーム革命により顕在化した。革命の中心的指導者となったのがホメイニーである。

彼はパフラヴィー王政時代から体制批判の活動を継続したが、彼が提示した「法学者による統治」理論は、革命後のイラン体制の基礎をなす原理となった。ホメイニーの生涯については富田（2014）、著作についてはホメイニー（2003）を参照されたし。

　イラン革命はイラン一国に留まらず広範な影響をイスラーム世界各地に及ぼした。レバノンのシーア派イスラーム主義組織ヒズブッラーは、同地の内戦とイスラエルの軍事介入を契機に設立され、イスラエル軍に対する抵抗運動を組織してイスラエルが当時占領していた同国南部からの撤退に大きな役割を果たした。組織は内戦終結後も福祉・政治活動を継続して存続しているが、革命後イランの強い影響下にもあるその理念と思想を理解するには、髙岡・溝渕（2015）は必読であろう。

　なお「アラブの春」後の民主化の試みと中東政治の混迷に関しては、議論のさらなる深化が望まれている。チュニジアでの政変後、イスラーム政党が一時的に躍進し、「ナフダ党」が政権を握ったが、その創設者ラーシド・ガンヌーシーの思想に注目する必要がある。現代のイスラームと民主主義、市民社会の関連性を論じてきた彼の思想については、ロンドンでイスラーム政治思想研究所を運営し、世俗主義研究でも知られるタミーミーの研究（Tamimi 2001）が詳しい。

3．今後の研究課題

　これまでの思想研究では、実証的な歴史研究、特に文献史料の読解と分析を中心とした解釈が中心であり、政治学的な分析の枠組みや理論を援用した研究、その状況に対する問題提起の議論はなお希少である。イラン・イスラーム革命や9・11、「アラブの春」等時代を画する契機となる事件が起こるごとにイスラーム政治の問題は歴史の範囲を超えた現実的な問題として関心が高まる。イスラームという宗教・政治をめぐる概念を理解し、アラブ諸国の政治状況の変遷を説明するためには、政治学と歴史学双方の立場からの問題提起と幅広い関心に対応した、新しい分析枠組みが必要とされている。日本比較政治学会編（2002）所収の論文に見られるような宗教政治思想と民主化、政党その他に関わる議論の更なる活発化が望まれる。

　加えて、イスラーム政治を「前近代」と「近現代」に区分することが多かった従来の枠組みに対しても疑問が投げかけられている。ローゼンタール（1971）

と Crone（2005）の研究は前近代の初期イスラームおよび王朝時代の歴史的研究であり、近現代史はほぼ扱われていない。さらに Hourani（1983）においてもその題名中に期間が示される通り、近代アラブ世界の思想について詳説するが、40 年代以降の「イスラーム復興運動」や他の思想潮流については議論がなされていない。イスラーム政治思想を通史的に捉えた著作としては Black（2011）や Watt（1998）が存在するが、政治思想史の分野で、時代区分を超えた形で共通性や相違点、連続性を見出すことを目的とした研究により、議論を発展させていく努力が求められる。

またイスラーム政治の包摂する領域の広がりは現在進行形で続いており、多様化する議論の題材に応じた新しい研究分野と知見の開拓が急務である。イスラーム政治は現在国際社会の間での存在感を増しており、多極化する国家・社会情勢の中で政治思想の解明は不可欠である。しかしイスラーム政治思想はその内部に世俗主義、自由主義、人権問題、穏健性の程度などで地域や国家により価値観の相違を抱えており、地域ごとの深い分析や比較研究が今後重要性を持つであろう。小杉（2014）は現代までの思想状況の総括と将来の展望について、多くの有益な示唆を与えるものである。

▶▶ **本章の研究テーマを学ぶための基本文献**

飯塚正人（1992）「アリー・アブドッラーズィクの「政教分離」思想」『イスラム世界』通号 37・38、1 〜 23 頁。
――――（2008）『現代イスラーム思想の源流』山川出版社、56 〜 60 頁。
池内恵（2016）『イスラーム世界の論じ方』（新増補版）中央公論新社。
小杉泰（1994）『現代中東とイスラーム政治』昭和堂。
――――（2006）『現代イスラーム世界論』名古屋大学出版会。
――――（2014）『9・11 以後のイスラーム政治』岩波書店。
髙岡豊・溝渕正季（2015）『ヒズブッラー――抵抗と革命の思想』現代思潮新社。
富田健次（2014）『ホメイニー――イラン革命の祖』（世界史リブレット人 100）山川出版社。
中田考（1995）「ワッハーブ派の政治理念と国家原理――宣教国家サウディ・アラビアの成立と変質」『オリエント』第 38 号、79 〜 95 頁。
中村廣治郎（1997）『イスラームと近代』岩波書店。

日本比較政治学会編（2002）『現代の宗教と政党——比較のなかのイスラーム』早稲田大学出版部。

ホメイニー（2003）『イスラーム統治論・大ジハード論』富田健次編訳、平凡社。

ローゼンタール（1971）『中世イスラムの政治思想』福島保夫訳、みすず書房。

Bowering G. ed. (2013) *The Princeton Encyclopedia of Islamic Political Thought*. Princeton, N.J.: Princeton University Press.

Crone, P. (2005) *Medieval Islamic Political Thought*. Edinburgh: Edinburgh University Press.

Esposito, John L. and Emad Eldin Shahin eds. (2013) *The Oxford Handbook of Islam and Politics*. Oxford: Oxford University Press.

Hourani, A. (1983) *Arabic Thought in the Liberal Age, 1798-1939*. Cambridge: Cambridge University Press,

Kurzman, C. ed. (1998) *Liberal Islam: a sourcebook*. New York: Oxford University Press.

第Ⅴ部
地域事情と研究課題

第1章
エジプト

金谷美紗

1．中東の地域大国、エジプト

　中東地域におけるエジプトを一言で特徴づけるならば、「地域大国」になるだろうか。その理由には、第1に中東地域でエジプトが果たしてきた歴史的役割がある。ムハンマド・アリー朝時代（1805〜1953年）に中東域内でいち早く政治経済の近代化に着手し、中央集権国家を築き上げた。1950年代、エジプトのナセル大統領は域内に進出していた欧米列強やイスラエルとの対立において、アラブの団結、反植民地主義、社会主義的発展から成るアラブ民族主義（ナセル主義とも言う）を掲げ、周辺アラブ諸国はこの思想とナセルを熱狂的に支持した。そのため、ナセルがアラブ民族主義に基づき推し進めた社会主義的開発モデル（輸入代替工業化）は他のアラブ諸国でも採用され、「アラブ民族主義」と名の付く政党も結成された。さらに、4度にわたる中東戦争でエジプトがアラブ陣営の中心としてイスラエルや欧米列強と戦ったことも、地域大国としてみなされる理由である。

　地域大国といわれる第2の理由は、イスラエル・パレスチナ関係の仲介役を担っていることである。中東地域の根深い亀裂であるイスラエル・アラブ対立において、エジプトは1979年、イスラエルと戦争する国から和平を結ぶ国に変わった（イスラエル・エジプト和平条約）。友好的な関係になったとは到底言えないが、もはや戦火を交えない関係となったことで、エジプトはイスラエル・アラブ対立の再燃を防ぐ重要な役割を果たすようになった。イスラエル・パレスチナ間の緊張が高まると双方の代表団をカイロに呼んで仲介会合を開いたり、米国と共に和平交渉について協議したりしてきた。アメリカが親イスラエル的な仲介者であるならエジプトは親パレスチナ的な仲介者として、イスラエルとも交渉に応じながら和平交渉の推進を支持してきた。

　第3に、東洋と西洋のつなぎ目にあるエジプトの地理も、諸外国がエジプト

を重要な国とみなす理由である。フランスはアラビア海と地中海を結ぶ地点にあるエジプトを国際海運の戦略拠点とみなし、スエズ運河を建設した。これがエジプトの国際的重要性を高めた。スエズ運河の戦略的重要性ゆえに、19世紀から20世紀にかけてはイギリスの進出を招き、第2次中東戦争（スエズ動乱）の原因にもなった。現在もスエズ運河を有するエジプトの国際的重要性は変わらず、諸外国はスエズ運河の航行に影響が及ぶことを避けるため、エジプトの政治的安定を何よりも望む傾向にある。

　第4の理由は、中東最大の人口規模である。2016年、エジプトの人口は9000万人を突破した。人口の多さは単純に地域におけるその国の存在感を高める。また徴兵制を採るエジプト軍は、この人口規模ゆえに中東で最大規模の兵員数を誇る。一方、人口の多さは労働力の多さでもあり、経済発展に貢献できる人的資源を提供しうるはずだが、生産性の高い労働力に育成することには失敗している。

　以上のような地域大国エジプトを、エジプト国民はたいへん誇りに思い、強い愛国心を持っている。エジプトにはムスリムのほかコプト教徒（キリスト教徒）もいるが、彼らは宗派を超えて強固なエジプト人意識を築いている。エジプト人はしばしば自国のことを「ウンム・アル＝ドンヤ」という。直訳すると「世界の母」、意味するところは「すべての文明を生んだ世界の母」である。ここにエジプト人の単なる愛国心を超えた大国意識が垣間見られる。ところが、現実にはエジプトは経済発展に失敗している。外交面では湾岸戦争（1991年）以降、域内紛争に目立ったイニシアティブを発揮しておらず、経済面では2011年政変（「アラブの春」）以降、湾岸諸国の援助に依存している。この現状にエジプト人はジレンマを抱き、自国を真の大国にすることができない政府に不満を持っているように思われる。

2．研究課題

　さて、現代エジプト研究において、今もっとも求められている研究課題は、2011年政変とその後の政治変動の理解であろう。これは2011年周辺の時期にのみ注目することを意味しない。以前の権威主義体制がどのように維持されてきたのか、また体制内にどのような変化が生じていたのか——例えば社会経済的変化や諸アクターの利害関係の変化——を理解することも必要になる。し

がって、ここでは、2011年とその後の政治変動を理解するための研究課題を挙げてみたい。

(1) 権威主義体制の研究

まずは、1952年から2011年2月まで続いた権威主義体制の研究である。エジプトの権威主義体制は国民民主党（NDP）を支配政党とする一党支配型で、複数の政党が選挙に参加する競合的権威主義体制（competitive authoritarianism）または選挙権威主義体制（electoral authoritarianism）に該当する（Levitsky & Way 2010）。これは与党の覇権的地位と弱い野党を特徴とする。Lust-Okar（2005）は、権威主義体制における与党と野党の競合構造が包括的か分断的かによって体制の安定性が異なると論じたうえで、エジプトの場合は、野党の一部に政治参加を許可する分断的競合構造であるために、政治参加が許された野党は参加の権利を剥奪されないように体制への挑戦行動をとらないと説明した。Brownlee（2007）は様々な危機を乗り越えてNDPが覇権を維持できる理由として、NDPが不満を持つ集団をエリート連合に組み込むことで、危機が与党分裂や与党の敗退に繋がるのを防いでいると指摘した。Blaydes（2011）は、そもそも権威主義体制はなぜ選挙を行うのかという問いに取り組んだ。体制は選挙を通じて諸地域の政治勢力について情報を収集し、これに基づき、体制維持のためにどの地元エリートに利益を分配すべきかを決定しており、選挙は与党の覇権維持に必要な制度であると指摘している。このような与党支配の構造と反対勢力の抑制は、2011年政変前のエジプトの政治体制を理解する第一歩となる。

エジプトの権威主義体制は、一党支配型であると同時に軍部の政治的影響力も強い（Abdel-Malek 1968; Springborg 1989）。共和制成立を導いた1952年革命は実際はクーデタであったし、歴代の大統領は第1代ナギーブ、第2代ナセル、第3代サダト、第4代ムバーラク、みな軍部出身者である。2013年には軍がクーデタでムスリム同胞団出身のムルスィー大統領を解任し、民主化は完全に停止した。その後、クーデタ当時の軍総司令官であったスィースィーは、2014年の大統領選において90％以上の得票率で大統領に選出された。軍の経済活動も大きい。基幹インフラ（幹線道路、橋梁など）の工事は軍が請け負う場合が多く、軍関係者が経営陣に入っている国営企業は多数存在する。これまでのエジプトの政軍関係研究では、サダト大統領時代に政権中枢はテクノクラート

が多数派となり、軍は非政治化され（Hinnebusch 1988）、軍は体制の守護者として広範な政治・経済的利権を有するが統治には手を出さないと考えられていた（Cook 2007）。しかし 2011 年政変後に軍が政治の中心に躍り出たことを踏まえると、軍が完全に非政治化されていたとは考えられない。ムバーラク期に体制内で軍の位置づけが変化していたことを指摘する研究には Kandil（2014）がある。内務省（警察）依存型の統治が進み、軍が周辺化されたことを実証した。また、ムバーラク末期には現地新聞が、新自由主義的な経済政策を推進するガマール・ムバーラク（ムバーラク大統領の次男）らと国営企業に利権を有する NDP 保守派や軍が対立関係にあったことを報じていた。ムバーラク期における体制と軍の関係は、今後入手可能となる様々な資料からさらなる分析が待たれる研究課題である。

（2）2011 年政変と体制崩壊

　2 つ目の研究課題として挙げたいのは、2011 年政変における体制崩壊の分析である。当然ながら、上記の権威主義体制研究の延長線上に体制崩壊研究が存在する。よって、政変に関与した様々なアクターがムバーラク末期に互いにどのような政治的立場にあり、利害関係にあったのかを把握し、中長期視点から体制崩壊の研究に取り組むことが望まれる。体制崩壊過程そのものを分析する場合、分析レベルの一例として、社会運動（民衆の抗議行動）、政治エリート、国際的要因が挙げられる。社会運動のレベルでは組織労働者のストライキや若者による民主化運動「4 月 6 日運動」（金谷 2012a,b）が分析対象になる。政治エリートのレベルでは、体制派アクターである NDP や軍部、反対勢力としてムスリム同胞団やその他野党が（鈴木 2012, 2013; Kandil 2014）分析対象となり、国際的要因については、チュニジアでのベン・アリー体制崩壊の影響やアメリカの外交政策が重要となるだろう。

　特に軍は 2011 年以降の政治過程における最重要アクターであることから、今後、研究の蓄積が進むことが期待される。軍が政治介入しなければムバーラク大統領は辞任しなかったかもしれない。移行過程の政治のルールを決定したのは軍であるし、スィースィー政権において軍は政治・経済・社会・治安すべての最終政策決定者である（鈴木 2016）。軍の政治的役割に関する研究課題をさしあたり列挙すると、軍が重要な政治的アクターとなった歴史的背景、国民が軍に絶大な信頼を置く理由、軍と体制の関係の時代的変化、軍の政治的・経

済的権益の変化などであろう。

　また、軍と同様に研究の進展が望まれるのはムスリム同胞団である。非合法組織から事実上の合法野党になり、体制崩壊後は政権党にまで上り詰めたものの、クーデタで排除され、非合法化され、厳しい弾圧に晒され、「テロ組織」に指定された。ムバーラク期までの非合法組織時代に様々な戦略で組織の生き残りと拡大を実現してきたムスリム同胞団が、苛烈な弾圧を経て、今後組織面でどのような展開をみせるのか、思想的改革を遂げるのか。ムスリム同胞団は社会運動組織としても政治組織としても現実に適応する戦略を採ることで発展を遂げてきた（横田 2006）。今後も新たな現実適応戦略をみせるのかどうか注目される。

（3）社会・経済構造

　3つめの研究課題は、エジプトの社会や経済の構造的問題の分析である。2011年政変で抗議運動に参加した民衆が口々に叫んだのは、低い賃金水準などの経済的不満や社会に蔓延する腐敗の問題だった。具体的な問題としては、輸入依存、製造業の未熟さ、観光業への依存、賃金水準の低さ、それゆえに継続せざるをえない補助金政策、労働市場が必要とする人材を輩出できない教育システム、など枚挙にいとまがない。こうした問題はエジプト社会・経済が慢性的に抱える構造的問題であり、経済発展を阻害する要因でもある。Waterbury（1983）とHinnebusch（1988）は、ナセルからサダト期におけるアラブ社会主義から門戸開放への経済政策の転換と政治体制内部の変化を分析した名著である。経済構造や開発政策については、Waterbury（1993）が公共部門の肥大化や輸入依存の経済構造を中心に詳しく論じており、山田編（2008）では貧困問題、労働政策、貿易政策、農業政策など各論ごとに政策の発展と問題点が議論されている。岩崎（2012）や加藤・岩崎（2013）は、ムバーラク期の人口構造、失業構造、地方と都市の貧困などの社会経済指標から、2011年の反体制抗議運動に参加した人々の特徴を抽出している。

▶▶ **本章の研究テーマを学ぶための基本文献**

岩崎えり奈（2012）「エジプトにおける1.25革命の社会経済的背景——人口、失業、貧困」鈴木恵美編著『現代エジプトを知るための60章』明石書店。

加藤博・岩崎えり奈（2013）『現代アラブ社会——アラブの春とエジプト革命』東洋経済新報社。

金谷美紗（2012a）「革命に至る抗議運動の火付け役——マハッラ・クブラーの労働運動」「民主化運動——キファーヤ運動、4月6日運動、そして革命へ」鈴木恵美編著『現代エジプトを知るための60章』明石書店。

———（2012b）「2000年代後半における抗議運動と1.25革命——労働運動と民主化運動の発展過程に注目して」伊能武次・土屋一樹編『エジプト動乱——1.25革命の背景』アジア経済研究所。

鈴木恵美（2012）「体制移行期における宗教政党の躍進——2012年人民議会選挙の考察」鈴木恵美編著『現代エジプトを知るための60章』明石書店。

———（2013）『エジプト革命——軍とムスリム同胞団、そして若者たち』中央公論社。

———（2016）「スィースィー政権の権威主義化にみるエジプト国軍の役割」酒井啓子編著『途上国における軍・政治権力・市民社会——21世紀の「新しい」政軍関係』昇洋書房。

山田俊一編（2008）『エジプトの政治経済改革』アジア経済研究所。

横田貴之（2006）『現代エジプトにおけるイスラームと大衆運動』ナカニシヤ出版。

Abdel-Malek, Anouar. (1968) *Egypt: Military Society: The Army Regime, the Left, and Social Change under Nasser*. Random House.

Blaydes, Lisa. (2011) *Elections and Distributive Politics in Mubarak's Egypt*. New York: Cambridge University Press.

Brownlee, Jason. (2007) *Authoritarianism in an Age of Democratization*. New York: Cambridge University Press.

Cook, Steven A. (2007) *Ruling but Not Governing: The Military and Political Development in Egypt, Algeria, and Turkey*. Baltimore: The Johns Hopkins University Press.

Hinnebusch, Jr., Raymond A. (1988) *Egyptian Politics under Sadat: The Post-Populist Development of an Authoritarian-Modernizing State*. Boulder and London: Lynne Rienner Publishers.

Kandil, Hazem. (2014) *Soldiers, Spies, and Statesmen: Egypt's Road to Revolt*. London and New York: Verso.

Lust-Okar, Ellen. (2005) *Structuring Conflict in the Arab World: Incumbents,*

Opponents, and Institutions. New York: Cambridge University Press.

Springborg, Robert. (1989) *Mubarak's Egypt: Fragmentation of Political Order*. Boulder: Westview Press.

Waterbury, John. (1983) *The Egypt of Nasser and Sadat: The Political Economy of Two Regimes*. Princeton: Princeton University Press.

――――. (1993) *Exposed to Innumerable Delusion: Public Enterprises and State Power in Egypt, India, Mexico, and Turkey*. New York: Cambridge University Press.

第2章
ヨルダン

清水雅子

1．歴史と現在

　ヨルダン・ハーシム王国（アル＝マムラカ・アル＝ウルドゥンニーヤ・アル＝ハーシミーヤ、以下、ヨルダン）は、シリア、イラク、サウディアラビア、イスラエル・パレスチナに囲まれた東アラブの小国である。面積は約8万9000平方キロメートル、2014年時点で人口は約660万7000人、名目GDPは約358億2626万ドルである（World Bank 2015）。

　国土のトランスヨルダン地域、そして預言者ムハンマドの曽祖父を名祖とするハーシム家の支配は、第1次大戦後の英国委任統治に起源を持つ。オスマン帝国下メッカの首長（アミール）であった同家のフサイン・イブン・アリーは、英国と協力し1918年にパレスチナ・トランスヨルダン地域から同帝国を駆逐した。21年に委任統治下トランスヨルダン首長国首長となったのが、息子アブドゥッラー1世である。第2次大戦後の46年、同首長国はトランスヨルダン王国として独立し、同首長が国王となった。48年の第1次中東戦争でパレスチナのヨルダン川西岸地区（以下、西岸）を併合し、翌年に現在の国名に改称した。51年に息子タラール1世、53年にはその息子フサインが即位した。58年にイラクと共にアラブ連邦を宣言したが、イラクの君主政崩壊で解消された。67年の第3次中東戦争で西岸がイスラエル占領下に入り、88年にヨルダンは同地区への領有権を放棄した。99年に息子のアブドゥッラー2世が即位して現在に至る。

　ヨルダンは、2010年末以降の一連の抗議運動「アラブの春」において、制度変更を行いつつ体制を維持した国の1つである。以下では、断続的な政治経済危機を経て変容してきた同国の研究課題と文献を紹介する。

2．研究課題

（1）国家建設

　まず、国家として国際社会に承認されることを対外主権の確立とすると、1946年の独立および55年の国際連合加盟によりヨルダンはこれを確立したと言える。独立の背景に、国際的規範が委任統治という統治形態を許容しなくなったことがある。西岸併合は英国とパキスタン以外の国に承認されなかったが、西岸放棄によりこの問題は解消された。他方、軍事力、徴税能力、官僚制に見られる対内主権（実効支配）の確立は、委任統治期から段階的に進められた。1920年に結成された国軍の前身は23年にアラブ軍（Arab Legion）と命名され、独立後も英国と共同で支配を確立し、57年の英国軍完全撤退によりヨルダン軍へ改称された。徴税は、当初は各部族との関係により恣意的に行われ、アブドゥッラー1世による税収の私物化が目立ったが、1920年代後半～30年代前半に行われた財政調査を基に土地への課税など統一的な徴税システムが形成された。20年代半ばまでに官僚制が形成され、当初は英国人やパレスチナ人が要職に就いたが、独立後（70年のパレスチナ解放機構PLOと国軍の内戦「黒い9月」以降は特に）トランスヨルダン地域出身者が中心となってきた（Wilson 1987）。

（2）国民形成と部族・難民・少数派

　人工的な境界の中に多様な住民を持つヨルダンの国民形成政策は環境により変化してきた。民族的にアラブ人約98％、チェルケス人とアルメニア人各約1％、そしてチェチェン人等の少数派が存在し、宗教的にはスンナ派イスラーム教徒が約92％、キリスト教徒が約6％、その他が約2％を占める。委任統治期、英国は主要な部族（父系出自集団）の他、各少数派を行政や軍に徴用した（Brand 2014）。また、部族が伝統的に強いヨルダンでは、近代化の一環として1929年部族監視法・36年部族法により部族の定住、独立後の73年の部族長会議閉鎖・88年の部族法廃止により部族の影響力低下が進んだ（北澤 2005）。加えて、54年改正国籍法によって委任統治期に西岸住民であった者に国籍を認め、こうしたパレスチナ系はヨルダン（トランスヨルダン地域）の人口の半数以上を占める（Brand 1988）。しかし、51年のパレスチナ人による国王暗殺や70年の内戦を経て、軍や閣僚を含む公職者からパレスチナ系が排除され、トランスヨルダ

ン性の象徴である部族国家としてのヨルダンが強調されるようになった（北澤 2005）。他方、パレスチナ系の中ではヨルダンへの帰属意識も生まれている（錦田 2010）。イラク難民（錦田 2009）やシリア難民（今井 2014）の処遇も課題となっている。

（3）政治体制

民主主義体制を執政府と立法府が競争的選挙で満たされる体制とすると、執政・立法権を有する国家元首が非民選のアブドゥッラー1世の男子直系世襲で占められるヨルダンは、君主政の非民主主義／権威主義体制と理解される。修正を経た現在の1952年憲法は、国王権限として上院議員の指名（33条）、上院と（民選の）下院の解散（34条）、首相・閣僚の指名・解任（35条）等を規定する。法案成立には両院での可決ののち国王の承認が必要であり、国王は拒否できるが、両院の各々3分の2以上の賛成によりそれは覆される（93条）。制度的起源として、委任統治期の1921年の首長国設立時から首相職が存在し、28年の基本法により、21名の民選議会が設置され（Wilson 1987）、委任統治当局および非民選のハーシム家と対峙した。独立後はこの委任統治当局が外れた形で、50年に国家元首たる国王と非民選の上院に対し、20名の下院が民選された。国王が政府首班を務めず首相を置くことの機能として、政策の結果責任を首相に追わせ解任することを可能にすることがある。ヨルダンの場合、全ての内閣が国王の政策委任状による特命内閣であり、アブドゥッラー1世・フサイン期に首相は平均約1年で交代している（吉川 2014）。

（4）選挙と政党

ヨルダンは首長国期以来の選挙の伝統を持つが、権威主義体制下の選挙一般の課題や、部族社会や政党法の影響で政党の発展は低調である。1947年からの20年間に総選挙が8回行われ、西岸と東岸で同数の議員が選出された。67年に西岸が占領下に入ると選挙が停止され、西岸放棄後の89年に再開された。ヨルダンは多数制の選挙制度をとり、その中でも89年には完全連記制が用いられた。この時イスラーム運動のムスリム同胞団（以下、同胞団）系の候補が88議席中22議席を獲得し最大勢力となった。政治改革の一環として92年政党法で政党が認可されたが、93年新選挙法に基づき同年以降の選挙は単記制非移譲名簿方式（SNTV）で行われた。同胞団系のイスラーム行動戦線（IAF）

は議席を減らし、その後の同党のボイコットも影響して（吉川 2007）、93 年以降、無所属議員が当選者の 8 〜 9 割強を占め、その多くが政府寄りであった。権威主義体制下の選挙は政策より利益供与をめぐる競争になりがちだが、単記制により利益供与や部族の重要性が増した他、選挙区割りによりパレスチナ系や野党支持者の多い都市部が過小代表されている（Lust-Okar 2006）。イスラーム系の他、左派、アラブ民族主義、リベラル、保守など各潮流の政党が存在するが（北澤 2011）、IAF 以外は比例代表制を追加した 2013 年までいずれも 0 〜 2 議席にとどまっていた。全国 25 区の比例代表・非拘束名簿式を定めた 2015 年選挙法下での政党の動向が注目される。

（5）市民社会

ヨルダンの市民社会の活動空間は、政治的自由化が進んだ 1980 〜 90 年代に対して（Brand 1995）、治安が重視されたその後は 96 年第 33 法、2004 年公的集会法、2008 年社会関係法等を通じて縮小し、組織の多くは現体制の受益者となっている。まず、1000 以上存在する NGO の多くは、国家が撤退した社会事業の提供を担う。政治を扱う数少ない組織も王族の後ろ盾で運営される。同じ目的の組織が限定的空間をめぐり競争する結果、国家との個人的なつながり（wasta）に依存しやすい（Cavatorta and Durac 2011）。そして、医師組合等の職能組合は、国王側と譲歩し合う関係にある。定期的な組合選挙は、政党に代わる反対派の活動領域となってきた。国王側は、安定に寄与する中間層の利益代表および経済的不満の緩衝剤としての組合の必要性を認識し、政治活動制限の法制化を強行してこなかった。他方、組合側も政治危機に大規模な動員を行わないなど行動を自制している（Clark 2013）。また、NGO・組合等で活動する同胞団は、対イスラエル和平や「テロとの戦い」等の対立点もあるが、57 〜 89 年の戒厳令下でも汎アラブ主義者やパレスチナ組織への対抗勢力として活動を許されるなど、基本的に国王との良好な関係を維持してきた。（吉川 2007; Boulby 1999; Wiktorowicz 2001）。

（6）外交・経済

ヨルダンは、豊富な天然資源や基幹産業を欠き、同国を「緩衝国家」として重視する大国や中東諸国からの支援等の外部収入や貿易関係に依存し、外交上の不和が国内の財政・政治危機につながってきた。財政・軍事・開発支援

援は、独立前の英国に始まり、1948年以降の国連パレスチナ難民救済事業機関、アラブ産油国、冷戦期の米国へと続いた。70年のPLOとの内戦・90年の湾岸危機への対処で産油国の支援が停止した際、それぞれPLO承認により支援再開・対イスラエル和平により米国の支援獲得にこぎ着けた（Brand 1994; al O'ran 2009）。米国のイラク戦争への支持と「テロとの戦い」への協力も同様である。他方、これら関係再編の目的には、国内の反体制派の周辺化と現体制の基盤強化も含まれた（Ryan 2009）。貿易の面では、ヨルダンはイラクを主な相手国としてプラスチック、鉄鋼製品、医薬品等を輸出し、輸出額に占める同国への輸出割合は81・82年には35％を超えた（今井2012）。そのため、湾岸危機によるイラクへの経済制裁はヨルダンに深刻な影響を与え、アブドゥッラー2世下で米国など貿易相手国の多様化、99年のEUとの連合協定、2000年に世界貿易機関加盟など国際的枠組みへの参加が促進された。国内政策に関しては、アブドゥッラー1世・フサイン期に国家部門が増大し続けた。88年に債務不履行に陥り、翌年に国際通貨基金の支援受入に伴い燃料補助金削減等を行うと、物価暴動が広がり91年に政治改革の道筋「国民憲章」が起草された（北澤2000）。財政改革を目指すアブドゥッラー2世下でも、高い失業率や格差拡大を背景に社会の反発は強く、改革が順調とは言い難い（Brand 2014）。

▶▶ 本章の研究テーマを学ぶための基本文献

今井静（2012）「ヨルダンの対イラク貿易と経済社会構造の変容――1970年代から80年代を中心に」『日本中東学会年報』第28-1号。
――――（2014）「ヨルダンにおけるシリア難民受入の展開――外交戦略としての国際レジームへの接近をめぐって」『国際政治』第178号。
北澤義之（2000）「構造調整とヨルダンの「民主化」」『国際政治』第125号。
――――（2005）「「人工国家」のナショナリズム――ヨルダン「国民」形成について」酒井啓子・臼杵陽編『イスラーム地域の国家とナショナリズム』（イスラーム地域研究叢書5）東京大学出版会。
吉川卓郎（2007）『イスラーム政治と国民国家――エジプト・ヨルダンにおけるムスリム同胞団の戦略』ナカニシヤ出版。
――――（2014）「「生存の政治」における政府－イスラーム運動関係――2011年民主化運動とヨルダンのムスリム同胞団」『アジア経済』第55巻第1号。

錦田愛子(2009)「ヨルダン政府とイラク難民——イラク戦争後の難民の動態」『文教大学国際学部紀要』第 19 巻 2 号。
――――(2010)『ディアスポラのパレスチナ人——「故郷(ワタン)」とナショナル・アイデンティティ』有信堂高文社。
Boulby, Marion. (1999) *The Muslim Brotherhood and the Kings of Jordan, 1945-1993*. Atlanta, Georgia: Scholars Press.
Brand, Laurie A. (1988) *Palestinians in the Arab World: Institution Building and the Search for the State*. New York: Columbia University Press.
――――. (1994) *Jordan's Inter-Arab Relations: The Political Economy of Alliance Making*. New York: Columbia University Press.
――――. (1995) "'In the Beginning was the State…': The Quest for Civil Society in Jordan." In *Civil Society in the Middle East*, Volume 1, edited by Augustus R. Norton. Leiden: E.J. Brill.
Cavatorta, Francesco, and Vincent Durac. (2011) *Civil Society and Democratization in the Arab World: The Dynamics of Activism*. New York: Routledge.
Clark, Janine A. (2013) "Relations between Professional Associations and the State in Jordan." In *Civil Society Activism under Authoritarian Rule*, edited by Francesco Cavatorta, New York: Routledge.
Lust-Okar, Ellen. (2006) "Elections under authoritarianism: Preliminary lessons from Jordan." *Democratization* 13 (3): 456-471.
al O'ran, Mutayyam. (2009) *Jordanian-Israeli Relations: The Peacebuilding Experience*. London and New York: Routledge.
Ryan, Curtis R. (2009) *Inter-Arab Alliances: Regime Security and Jordanian Foreign Policy*. Gainesvill: University Press of Florida.
Wiktorowicz, Quintan. (2001) *The Management of Islamic Activism: Salafis, the Muslim Brotherhood, and State Power in Jordan*. New York: State University of New York Press.
Wilson, Mary C. (1987) *King Abdullah, Britain and the Making of Jordan*. New York: Cambridge University Press.

第3章
レバノン

溝渕正季

シリアの西方、イスラエルの北方に位置するレバノンは、面積1万452平方キロメートル(日本の岐阜県ほど)、人口およそ390万人の小国である。首都はベイルート。公用語はアラビア語であるが、英語やフランス語も多くの地域で通じる。宗派・エスニシティの観点からすれば、レバノンは18の公認宗派、エスニック・グループが共存するモザイク国家である。まず人口の約90％を占めるアラブ人がいて、これ以外にアルメニア人、クルド人、カルディア人、アッシリア人、チェルケス人、およびその他の小さなエスニシティ・グループが存在している。宗派ごとに見ると、相対多数派としてマロン派(東方典礼カトリック教会の1つ)、スンナ派、シーア派が存在し、その他の少数派として、ギリシア・カトリック、アルメニア教徒、ドゥルーズ派、アラウィー派、などが存在する(宗派ごとの人口比に関しては表1参照)。

1. 現代史の概観

レバノンは、マロン派の指導者ビシャーラ・フーリー大統領とスンナ派の指導者リヤード・スルフ首相の間に交わされた口頭合意(「国民協約」)に基づき、1943年11月、仏領委任統治からの独立を達成した(Firro 2002; Zisser 2000)。それ以降、1970年代初頭に至るまで、レバノンはアジアとヨーロッパをつなぐ中継地としての地政学的重要性、外国語を自由に操る貿易商の存在、「レッセ・フェール(laissez-faire)」を基礎とした政治経済体制、そして風光明媚な自然環境も相まって、中東と欧米諸国をつなぐ要衝国家であった(El-Khazen 2000; Hudson 1985)。だが、1975年から15年もの長きにわたった凄惨な内戦の影響で、国土は極度に荒廃し、経済は破綻し、知識や技術を持った貴重な多くの人材が国外へと流出した(Fisk 2002; Hanf 1993)。

内戦終結以降、1990年から2005年までの期間、レバノンは隣国シリアによ

る実効支配を受けることになる。内戦の最中であった1976年、シリアはレバノンに対して大規模な軍事介入に踏み切っており、内戦終結以降もレバノンが国防能力と治安維持能力を回復するまでという名目で軍と治安部隊を引き続き駐留させ、レバノンの制度的・法的枠組みを超越する（無視する）かたちで絶対的権限を行使した（青山・末近 2009; El-Husseini 2012）。2005年2月にレバノンの大富豪で元首相のラフィーク・ハリーリーが暗殺されたことを契機としてレバノン国内で反シリアを掲げる国民運動、通称「杉の木革命」が盛り上がり、同年5月、シリアはレバノンから完全撤退を決断する（Blanford 2006）。その後、一時的に政局は安定を取り戻し、経済的にも復興の兆しが見え始めた時期もあったが、2011年以降はシリア危機の影響を強く受けるかたちで再び深刻な混乱に陥っている（末近 2014; 溝渕 2013）。

2．政治経済の基本構造

　地域のその他の権威主義諸国とは対照的に、レバノンでは独立以降一貫して「レッセ・フェール」、すなわち「国家は可能な限り小さいものであるべきで、市場や社会への介入は最小限とすべきである」とする理念が強固に維持されてきた（Gates 1998）。こうした理念は元々、マロン派キリスト教徒の銀行家・法律家であり、「レバノン建国の父」とも称されるミシュル・シーハーによって打ち出されたものである。シーハーはレッセ・フェールに関して、開放的で貿易に基盤を置く経済を発展させるために不可欠であり、かつ、レバノンの国家アイデンティティの主要な構成要素であると考えていた（Chiha 1965）。

　独立以降、現在に至るまで、レバノン政治の基本構造は概ね次の2点に集約される。第1に、ザイーム（zaʻīm）と呼ばれる地方名士・封建領主による国家機構内外の権力の独占、すなわち少数の政治エリートによる寡頭制支配と、そうしたザイームが自身の勢力下の人々との間で垂直的に構成する封建的パトロン・クライアント関係である。ザイームは国民議会議員や閣僚といった公的ポストを継続的に占有し続けることで行政府において影響力を行使し、クライアントに政府・行政サービスを優先的に提供したり、あるいはビジネスマンとしてクライアントに雇用や就労の機会を提供したりする。他方でクライアントは、そうしたザイームを選挙において支持したり、あるいは有事の際には民兵としてザイームに報いるのである（Johnson 1986; Khalaf 1987）。

表1　レバノンの公認18宗派の人口比と議席配分

宗派名		人口比		議席数	
		1932年	2010年(1)	1960〜92年	1992年〜
キリスト教諸派	マロン派	28.2	18.25	30	34
	ギリシア正教	9.7	8.0	11	14
	ギリシア・カトリック	5.9	4.5	6	8
	アルメニア正教	3.2	2.75	4	5
	アルメニア・カトリック	0.7		1	1
	プロテスタント	0.9		1	1
	マイノリティ（アッシリア正教、カルディア正教、ラテン教会、シリア教会、シリア・カトリック、コプト教）	−	1.0	1	1
	小計	50.8	34.5	54	64
イスラーム諸派	スンナ派	22.4	29.0	20	27
	シーア派	19.6	33.0	19	27
	ドゥルーズ派	6.8	5.63	6	8
	イスマーイール派	−	−	0	0
	アラウィー派	−	0.89	0	2
	小計	48.8	65.5	45	64
ユダヤ教		0.4	−	0	0
合計				99	128

出所：筆者作成

　第2に、レバノンは18もの公認宗派集団によって構成されるモザイク国家であるが、同国は歴史的に、国家権力・利権をある特定の派閥が独占するのではなく、そうした主要派閥間で共有しなければならないとする政治理念、すなわち「宗派主義（ターイフィーヤ）」が基本理念として保持されてきた（Hudson 1985; Ziadeh 2006）。そして、この政治理念が制度化されたものが「宗派主義制度」と呼ばれる現行の権力分有型政治システムであり、それはやや単純化して定義すれば、あらゆる公的機関のポストを予め各宗派に定数配分するという政治的取り決めである。例えば、大統領はマロン派、首相はスンナ派、国会議長はシーア派とすると憲法には明記されており、総議席128の国民議会議席数も宗派ごとに予め定数配分されている（表1を参照）。

　また、その他の中東諸国においては最も重要な政治主体である国軍や治安機関についても、レバノンにおいてはきわめて小規模・脆弱であり、かつ、宗派によって分断され、組織としてのまとまりを欠いたものとなっている（末近 2016; Barak 2009）。これは、「レバノンの脆弱性こそが、すなわち強靭性である」

という建国の理念にも現れているように、レバノンの政治エリートたちは伝統的に、強力な軍隊を創設することによって逆に他国から脅威と認識されるという事態を最も恐れてきたからである (Gemayel 1985)。

経済については、1975年に内戦が勃発するまでの期間において、一貫して自由な貿易・資本移動を維持し続け、変動為替相場制を採用し、政府の役割はインフラ整備や金融システムの安定性維持など部分的なものに限られていた。また、中東地域でこの時期に開放経済体制を敷いていたのはレバノンくらいであり、その地位を生かして中継貿易のハブとして、あるいは地域の金融センターとして繁栄を享受していた。しかし、長期にわたった内戦（1975～90年）とイスラエルによる南部占領（1978～2000年）はレバノン全体に大きな傷跡を残すことになった。政府は内戦終結以降、荒廃した社会経済インフラを再建するために大規模再建計画に着手し始めたが、宗派間の微妙な均衡の上に成り立つ社会と腐敗し形骸化した政府組織は経済復興の主要な障害となった(Gaspard 2004; Leenders 2012)。

それでも2006年夏の第2次レバノン戦争を経て、2007年から2010年には主に湾岸産油国からの投資によって高い経済成長率（平均8％）を記録し、ようやく内戦前の活気を取り戻せるかに思われた。だが、2011年夏以降に本格化し始めた隣国シリアにおける内戦の影響で、2016年現在は再び苦境に陥っている。

3．今後、取り組むべき課題

レバノンについては、欧米諸国における研究の層の厚さとは比較にならないほどに、邦語での研究は手薄である。これは言い換えれば、レバノン研究においては依然として未開拓の分野が広大に存在しており、取り組むべき課題も山積している、ということである。とりわけ、（1）レバノン国内の政治経済構造、（2）社会構造と市民社会の動態、（3）「宗派」をめぐる問題、という3点について、今後もさらなる研究が期待される。

第1のレバノン国内の政治経済構造について、近年では比較政治学の理論や定量的手法を用いた興味深い研究がいくつか発表されてきてはいるが（Barak 2009; Cammett 2014; Leenders 2012; 浜中・高岡・溝渕 2016）、依然として事実関係の解明を目指したジャーナリスティックな研究が多数を占めている。しかしながら、既存の比較政治学理論に依拠して演繹的な説明を試みることで、問い

がより明確になるとともに、因果関係に関するより深い洞察が得られる。加えて、レバノンは本書の他の章で様々に論じられているような比較政治学の理論や仮説（民主化論、投票行動論、ナショナリズム論など）を検証するための格好の素材であり、レバノンの事例を詳細に検討することで理論に対するフィードバックも見込めよう。

　第2に社会構造と市民社会の動態について、近年ではシーア派コミュニティやヒズブッラーに関する研究は多く発表されているが（末近 2013; Blanford 2011）、その一方でその他の宗派集団に関して、内部の社会構造や権力関係についての研究は非常に手薄である。とりわけスンナ派コミュニティ内部における権力関係やサラフィー主義者の位置付けなどについては、隣国シリアのイスラーム過激派勢力との関連も含めて、近年注目が集まっているが、まだまだ研究が追いついていない状況である（一応、この分野に関する数少ない先行研究としては Rabil（2014）と Rougier（2015）を挙げることができる）。

　最後に「宗派」をめぐる問題もある。2003年のイラク戦争以降、中東政治を「宗派」という言葉によって説明する場面を――レバノンではかねてより「お馴染み」の言説ではあるが――しばしば目にするようになった（Gause 2014）。しかしながら、果たして「宗派」あるいは「宗教」はレバノン、そして中東の政治的現象を説明する上でどれほど有意な変数なのだろうか。社会学的観点から言えば、人々の宗派意識については原初主義、道具主義、そして歴史的構築主義という3つの説明があるとされているが（スミス 1999）、どの説明に依拠するかによってこの問いに関する答えも大きく変わってこよう。レバノンの事例は「宗派」の政治社会的意義を考察する上できわめて重要な事例である。

▶▶ 本章の研究テーマを学ぶための基本文献

青山弘之・末近浩太（2009）『現代シリア・レバノンの政治構造』岩波書店。
黒木英充編著（2013）『シリア・レバノンを知るための64章』明石書店。
末近浩太（2013）『イスラーム主義と中東政治――レバノン・ヒズブッラーの抵抗と革命』名古屋大学出版会。
浜中新吾・髙岡豊・溝渕正季（2016）「紛争地帯での国内政治と国際政治の連関」『レヴァイアサン』58号。
堀口松城（2005）『レバノンの歴史』明石書店。

安武塔馬（2011）『レバノン――混迷のモザイク国家』長崎出版。

Ajami, F. (1986) *The Vanished Imam: Musa al-Sadr and the Shi'a of Lebanon*. London: I.B. Tauris.

Binder, L. ed. (1966) *Politics in Lebanon*. New York: John Wiley & Sons.

El-Husseini, R. (2012) *Pax Syriana: Elite Politics in Postwar Lebanon*. Syracuse, NY: Syracuse University Press.

El-Khazen, F. (2000) *The Breakdown of the State in Lebanon 1967-1976*. London and New York: I.B. Tauris in association with the Centre for Lebanese Studies.

Fisk, R. (2002) *Pity the Nation: The Abduction of Lebanon*, 4th edition. New York: Nation Books.

Gaspard, T. K. (2004) *A Political Economy of Lebanon, 1948-2002: The Limits of Laissez-faire*. Leiden-Boston: Brill.

Harris, W. (2006) *The New Face of Lebanon: History's Revenge*. Princeton, NJ: Markus Wiener.

Hamzeh, A. N. (2004) *In the Path of Hizbullah*. Syracuse, NY: Syracuse University Press.

Hanf, T. (1993) *Coexistence in Wartime Lebanon: Decline of a State and Rise of a Nation*. London: Centre for Lebanese Studies in association with Tauris.

Hanf, T. and N. Salam. eds. (2003) *Lebanon in Limbo: Postwar Society and State in an Uncertain Regional Environment*. Baden-Baden: Nomos Verlagsgesellschaft.

Hudson, M. C. (1985) *The Precarious Republic: Political Modernization in Lebanon*, 2nd edition. Boulder, CO: Westview Press.

Johnson, M. (1986) *Class and Client in Beirut: The Sunni Muslim Community and the Lebanese State 1840-1985*. London: Ithaca Press.

Khalaf, S. (1987) *Lebanon's Predicament*. New York: Colombia University Press.

Leenders, R. (2012) *Spoils of Truce: Corruption and State-Building in Postwar Lebanon*. Ithaca, NY: Cornell University Press.

Norton, A. R. (1987) *Amal and the Shi'a: Struggle for the Soul of Lebanon*. Austin, TX: University of Texas Press.

Salibi, K. (1988) *A House of Many Mansions: The History of Lebanon Reconsidered*. London: I. B. Tauris.

Winslow, C. (1996) *Lebanon: War and Politics in a Fragmented Society*. New York: Routledge.

第4章
シリア

髙岡　豊

　本章は、1946年に独立したシリア・アラブ共和国（以下シリア）の地域事情と研究上の課題について論じる章である。地中海東岸からチグリス・ユーフラテス川の沿岸にかけての地域は、古くから多くの文明、民族、宗教・宗派、部族、その他さまざまな集団や政治権力の興亡の地となってきた。その一方で、現在のシリアの政治、経済、社会の状況、そしてシリアという存在そのものが第1次世界大戦後に形成されてきたという事実に鑑みれば、本章での議論は20世紀以降に限定すべきであろう。シリアの面積はおよそ18万5000平方キロメートルで、そこに約2150万人（2012年推計）が暮らす。西部の地中海沿岸にヌサイリー山地、東部にはシリア砂漠と呼ばれる土漠が広がる一方、チグリス川、ユーフラテス川、オロンテス川、バラダ川など古くから流域で農耕が行われた河川が流れる。民族的観点から住民の内訳を見ると、アラブ人が約8割を占め、他にクルド人（約1割）、アルメニア人、トルクメン人、チュルケス人、ダゲスタン人などの諸民族からなる。宗派的な内訳は、イスラームのスンナ派（約7割）、シーア派の一派とされるアラウィー派（約1割）のほか、ドゥルーズ派、イスマーイール派などの諸宗派、アルメニア正教、シリア正教、ギリシア正教、をはじめとするキリスト教の諸派の信徒も暮らしている。

　独立後のシリアは、相次ぐクーデターや累次の中東戦争、エジプトとの合邦（1958～1961年）の失敗など政情が不安定だったが、1963年のバアス党による政権奪取、1970年のハーフィズ・アサドの政権掌握を経て一応の安定を見た。その後は第4次中東戦争、レバノン内戦への介入、ムスリム同胞団の反政府武装闘争などの戦乱や危機に見舞われたがアサド政権は長期化し、2000年にハーフィズ・アサドが死去すると同人の次男バッシャール・アサドへの大統領位の「世襲」がなされた。バッシャール・アサド政権も、「ダマスカスの春」と呼ばれた民主化・自由化機運の高揚に加え、イラク戦争（2003年）、イスラエルによるレバノン攻撃（2006年）などの地域の紛争などの危機の中での国政運営を

強いられた。とりわけ、シリア国内でも 2011 年にアラブ諸国で発生した「アラブの春」と呼ばれる政治変動に端を発する抗議行動が近隣諸国やアメリカ・ロシアなどの大国の干渉を招く地域紛争へと発展し、21 世紀最悪とも言われる人道危機を伴う事態に至った。シリアについて近年刊行された通史的な書籍として、Machugo（2014）がある。シリアについて研究上関心が高い課題としては、以下を挙げることができる。

1．シリアの政治・社会の構成——「宗派政権」、「宗派社会」なのか？

　シリアの社会は、民族や宗教・宗派のモザイクと評されるほど、多様な構成要素を内包している。これに部族や階級などを加えると、シリア社会の構成は一層複雑に感じられ、社会の構成要素の各々がその帰属によって政治・社会的な振る舞いを予め定められているかのように思われるかもしれない。しかし、社会の構成要素が多様だからと言って、シリアの政治・社会情勢の全てが問題の当事者の民族や宗教・宗派的帰属によって解説可能とは限らない。Khoury（1987）がしばしば指摘するように、こうした帰属が政治的に強調されるようになった契機としてフランスによる委任統治を見逃すことはできない。
　また、アサド政権やムスリム同胞団のような、時の為政者とその対立者の性質や行動についても、宗教・宗派的帰属という視点以外の分析が不可欠である。シリアの現代史やその政治・社会構造についての代表的な研究である Batatu（1999）、Perthes（1995）、van Dam（1996）が、いずれもシリアの政治体制や政治情勢を宗派主義的なものではないとの立場をとっている点が重要である。末近（2005）は、シリアのムスリム同胞団が、現在のシリアが成立し、その存在を確固たるものとしていく過程でいかにその思想を発展させていったのかを主題としている。ムスリム同胞団も、その思想や行動は宗派的帰属によって予め決まっているのではなく、組織や活動を取り巻く環境に応じて発展を遂げてきたのである。国家形成における名望家の役割に注目した木村（1986）、シリア東部の諸部族の政治的役割に注目した髙岡（2011）、経済界の人的関係に焦点を当てた Haddad（2012）も、シリアの政治・社会を理解する上での1つの視点を提示したものである。それ故、名望家事典や部族に関するフィールドノートなどの資料も、対象となる社会集団が機能する／しない局面とはどのようなものか留意しつつ用いることによって、研究の意義が増すであろう。

2. シリア紛争とアサド政権

　2011年以来のシリア紛争は、21世紀最悪の紛争とみなされるほどに深刻化している。紛争勃発と深刻化の原因を解き明かすことは、シリア紛争とその解決についての時事的関心を満たす上でも、シリアの政治・社会をよりよく理解する上でも重要な課題である。これについて、アサド政権、とりわけ紛争の直接の当事者であるバッシャール・アサドの政権がどのような構造を持ち、どのようにシリア社会に関与してきたのかという観点から取り組んだ業績としてHinnebusch (2001)、Perthes (2004) がある。また、アサド政権の成立の過程と政治構造の解明に取り組むだけでなく、シリア紛争の勃発と激化の原因として国際的な衛星放送による扇動などを指摘した青山 (2012)、国枝 (2012) が貴重な存在である。また、シリアの政治・社会の中でのスンナ派ウラマーの役割に注目する中でアサド政権とスンナ派宗教界との関係の解明を試みた研究として、Pierret (2013) がある。

　アサド政権の成立の過程と、同政権とシリア社会との関係という観点からは、ハーフィズ・アサドの伝記である Seal (1988) が貴重な情報を多く含んでいる。これ自体はシリア紛争と直接関係のない期間を扱っているものの、紛争の背景について示唆するところが多い。重要なのは、一連の研究においてアサド政権の成立、構造、政策を決定づける要因として政権要人の宗派的帰属が最重要の要因として位置付けられていない点である。学術的にシリア紛争について考察する際には、「宗派紛争」のような紛争当事者が自己を正当化し支持を動員するための言辞や、「独裁対民衆」のような善悪好悪についての主観的判断に囚われない観察と考察が肝要である。

3. 国際関係の中でのシリア――中東和平、レバノンとの関係

　現代のシリアについての研究課題として、アラブ・イスラエル紛争、いわゆる中東和平、レバノン内戦（1975～1990年）、内戦後のレバノンの政情をはじめとする、地域の安全保障秩序や国際関係も重要な課題である。特に、中東和平プロセスが頓挫し、パレスチナをはじめとするアラブ・イスラエル紛争に妥結のめどが立たないこと、シリアの隣国レバノンの政情が混迷を極めているこ

と、そしてシリア紛争そのものが、イスラーム過激派の問題として中東だけでなく国際的な安全の問題となっていることに鑑みれば、国際関係の中でのシリアという課題は今後一層重要性を増すであろう。

　1990年代は、ソビエト連邦と東欧の社会主義諸国の崩壊を受け、これらの諸国と友好関係にあったシリアについても、内政・外交政策の変化や体制の動揺が予想された。また、1990年代後半はイスラエルとの和平交渉が行われた期間であり、交渉の過程や交渉妥結後のシリアの将来像についての議論も盛んだった。これらの研究上の課題についての論集がKienle edit. (1994)である。レバノン内戦と内戦後のレバノン政局へのシリアの介入も、東地中海地域の国際関係における重要な関心事項である。シリアとレバノンとの関係は、内戦への介入、「パックス・シリアーナ」と呼ばれたシリアの力を背景としたレバノンの一時的安定、2005年の「杉革命」後のレバノン駐留シリア軍の撤退など様々な局面を経る。Osoegawa (2013)は国際関係の理論的枠組みに沿って両国の関係を分析している。青山・末近（2009）は、シリアとレバノンの両国の政治構造を図示し、それが不可分に結びついているとの立場から両国の政治と国際関係を論じている。シリアの政情が、東地中海沿岸地域、欧米諸国、イラン、ロシアなどとの国際関係によって強い影響を受けるという視点は、シリア紛争を分析する際にも欠かせないであろう。髙岡（2014）は、欧米諸国がアサド政権を「独裁」と非難する一方で、同政権との取引や協調を通じて外交的な利益を得ていた点を指摘している。

　シリアは、内には多様な社会集団を内包し、外には様々な国の利害が交錯する舞台である。このような状況は、シリアが外部からは理解が難しい複雑な社会、国際関係の中にあると思われがちである。しかし、様々な方法や理論を用いたり、他の事例と比較したりするなど柔軟な発想と多面的な観察を通じ、そうした「複雑さ」を解き明かすことこそが求められているのである。

▶▶ 本章の研究テーマを学ぶための基本文献

青山弘之（2006）「シリア——権威主義体制に対するクルド民族主義勢力の挑戦」間寧編『西・中央アジアにおける亀裂構造と政治体制』アジア経済研究所。
————（2012）『混迷するシリア——歴史と政治構造から読み解く』岩波書店。

青山弘之・末近浩太（2009）『現代シリア・レバノンの政治構造』岩波書店。
木村喜博（1986）『東アラブ国家形成の研究』アジア経済研究所。
国枝昌樹（2012）『シリア―アサド政権の四十年史』平凡社。
末近浩太（2005）『現代シリアの国家変容とイスラーム』ナカニシヤ出版。
髙岡豊（2011）『現代シリアの部族と政治・社会――ユーフラテス河沿岸地域・ジャジーラ地域の部族の政治・社会的役割分析』三元社。
――――（2014）「シリア――「真の戦争状態」が必要とする「独裁」政権」青山弘之編『アラブの心臓に何が起きているのか――現代中東の実像』岩波書店。
Batatu, Hanna. (1999) *Syria's Peasantry, the Descendants of Its Lesser Rural Notables, and Their Politics*. Princeton University Press.
Haddad, Bassam. (2012) *Business Network in Syria: The political Economy of Authoritarian Resilience*. Stanford University Press.
Hinnebusch, Raymond. (2001) *Syria: Revolution from Above*. London: Routledge
Khoury, Philip S. (1987) *Syria and French Mandate: the Politics of Arab Nationalism 1920-1945*. Princeton University Press.
Kienle, Eberhard edit. (1994) *Contemporary Syria*. British Academic Press.
Machugo, John (2014) *Syria: a Recent History*. Saqi.
Osoegawa, Taku (2013) *Syria and Lebanon International Relations and Diplomacy in the Middle East*. I.B. Tauris.
Perthes, Volker. (1995) *The Political Economy of Syria under Asad*. I.B. Tauris.
――――. (2004) *Syria under Bashar al-Asad: Modernisation and the Limits of Change*. Oxford University Press for International Institute for Strategic Studies.
Pierret, Thomas (2013) *Religion and State in Syria the Sunni Ulama from Coup to Revolution*. Cambridge University Press.
Seal, Patrick. (1988). *Asad of Syria: The Struggle for the Middle East*. I.B Tauris.
van Dam, Nikolas. (1996) *The Struggle for Power in Syria*. I.B. Tauris
Sawwāf, Muḥammad Sharīf. (2003) *Muʻjam al-Usar wa al-Aʻlām al-Dimashqīya*.（ダマスカスの名家事典）Bayt al-Ḥikma.
Zakariyā, Aḥmad Waṣfī. (1997) *ʻAshāʼir al-Shām*.（シャームの諸部族）Dār al-Fikr.

第5章
イスラエル

浜中新吾

1．歴史と現在

　イスラエル国（メディナット・イスラエル、以下イスラエル）は地中海に面したユダヤ人国家である。北はレバノン、シリア、東にヨルダン、南でエジプトと国境を接している。面積は約2万2000平方キロメートル、2014年時点で人口は約821万6000人、名目GDPは約3056億7483万ドルである（World Bank 2015）。

　1948年5月14日、この地に委任統治政府を置いていたイギリスが撤退する前日に、初代首相ダビッド・ベングリオンは建国の宣言を行った。その翌日、エジプト・シリア・トランスヨルダン（現在のヨルダン王国）・イラクのアラブ4カ国による連合軍がイスラエルに攻め込み、第1次中東戦争（独立戦争）が勃発した。以降、第2次中東戦争（スエズ戦争）、第3次中東戦争（6日戦争）、第4次中東戦争（ヨム・キプール戦争）という国家間戦争を戦い抜き、さらに非国家武装組織との戦闘・戦争を続けた（第1次・第2次レバノン戦争、第1次・第2次インティファーダ、ガザ戦争など）。イスラエルの歴史の一面は戦争の歴史である。

　1978年9月にアメリカのキャンプ・デービッドで当時のエジプト大統領アンワル・サダトとイスラエル首相メナヘム・ベギンがカーター大統領と会談し、キャンプ・デービッド合意が成立した。この合意に沿って1979年にエジプト・イスラエル平和条約が締結され、エジプトはイスラエルの敵国ではなくなった。

　1993年9月13日、ノルウェーの仲介によってパレスチナとの秘密交渉が実を結び、オスロ合意が成立した。オスロ合意の流れを受けて翌1994年10月にはイスラエルとヨルダンの平和条約が締結された。パレスチナではオスロ合意に基づく自治が行われるようになり、将来的な国家独立に向けたイスラエルとの交渉が期待された。しかしながら、和平路線を進めていたイツハク・ラビ

ン首相が1995年に暗殺されたことがきっかけとなり、以後のイスラエル・パレスチナの関係は悪化し、交渉による和平を実現する路線は事実上頓挫している。前史であるシオニズム（世界中に離散しているユダヤ人の帰還を促す思想）運動の潮流から説き起こしているイスラエルの通史としてはギルバート（2008, 2009）がよいだろう。

2．現代政治分析の総説・政治思想史

Arian（2005）はイスラエル現代政治の基本書として長く読まれてきた。著者のアシェル・アリアンはイスラエルを代表する選挙政治の専門家で、本書の初版は1989年に出版されている。近年これに代わって登場したのがMahler（2016）である。Arian（2005）が選挙や議会政治など国内政治過程の分析と解題に焦点を当てているのに対し、Mahler（2016）は宗教ならびにシオニズムと国内政治の連関、および外交とパレスチナ問題にそれぞれ一章を裂いて論じている点に特徴がある。複数の研究者によって今日的トピックを集積した著作としてはFreedman ed.（2009）がある。

イスラエルの国家原理であるシオニズムの思想史では、現代政治分析に比べて邦語の研究が比較的多く出されている。シオニズム思想のさまざまな潮流を概観する上で定評のある研究がラカー（1994）である。イスラエル建国に至るまで運動の主流を成したシオニストの多くはロシア帝国出身であるため、ロシアのシオニズムにフォーカスした研究が鶴見（2012）である。初代首相ベングリオンと彼の属する社会主義シオニズムに、パレスチナとの共存を模索する論点を持ちながら挫折した歴史の過程が存在した。これを分析した労作が森（2002）である。同じ著者による森（2008）は前著と比べてコンパクトだが、1970年代以降のイスラエル社会で重要な政治的役割を担う修正主義シオニズムの起源、ウラディミール・ジャボティンスキーの思想を論じている。

3．選挙と政党政治

イスラエルの選挙制度は全国一区の比例代表制であり、拘束リスト方式であるため、有権者は政党に対して一票を行使する。この選挙制度は実際に援用される方式では世界的に最も比例性が高く、有権者の政治的志向を反映す

る。その一方で小党が乱立する多党制を引き起こしやすく、統治効率の観点からは必ずしも望ましい方式ではないかもしれない。冒頭に紹介したアリアンは1969年のクネセット（イスラエル議会）選挙から2010年に没するまで、The Elections in Israel シリーズの編著者を務めた。イスラエルの選挙政治に関心を持つのであれば、まず紐解くべきシリーズである。1984年選挙より Michael Shamir が共編者として加わっており、アリアンの死後はシャミールが The Elections in Israel のプロジェクトを引き継いでいる（Shamir 2015）。直近である2015年選挙時の世論調査データも併せて全てのデータがホームページで公開されている。

　日本の政治学者がイスラエル選挙政治に関心を持つとすれば、1996年から2001年の選挙まで採用されていた首相公選制についてであろう。この制度が執政制度にもたらした影響を論じたものとしてハザン（2014）が、首相公選制を含めた選挙制度改革がイスラエル民主政治にもたらした現象を包括的に議論した研究として Rahat（2008）がある。ハザンとラハトはヘブライ大学政治学科の教授としてイスラエル民主政治を講じる中核的な研究者であり、両者の共著も数多い。また彼らの議論を踏まえた上で、日本の政治学における問題関心を反映した議論として浜中（2013）がある。

　1977年選挙までクネセットはマパイおよびその後継であるイスラエル労働党に支配されていた。建国前から1960年代までのマパイについては Medding（1972）が一級の資料である。マパイが労働総同盟（ヒスタドルート）を支配してヘゲモニー政党化した状況については Shalev（1992）に詳しい。ライバルであるリクード党についてはヘブライ語になるが Diskin ed.（2011）としてまとめられている。それぞれの選挙ごとに採った各政党の対応や政治行動については、The Elections in Israel を参照するとよい。政党組織や政治指導者のリーダーシップではなく、政党システムとしての議論は Hazan and Maor（2000）や Mendilow（2003）においてみることができる。

4．執政制度と民主政治

　イスラエルの民主主義を比較政治学の視点から包括的に検討するシンクタンクが Israel Democracy Institute（IDI）である。Sprinzak and Diamond eds.（1993）はイスラエル政治が制度疲労を起こしているとの観点から歴史・制度・

政治行動と態度・政治文化と社会亀裂の4パートに分けて当時の政治状況を分析した「診断書」である。Arian, Nachmias, and Amir（2002）もまた IDI の研究者によって書き下ろされた執政制度に関する初の研究書である。この研究においてもイスラエルの民主政治を阻害する要因の特定とその除去に関心が集中している。

IDI の附属機関に著名な社会学者の名をとった Guttman Center があり、ここが継続的にイスラエル市民の民主主義意識を調査している。このプロジェクト Israel Democracy Index はイスラエル国の成立理念のひとつとしての民主主義を研究するために重要な世論調査データをホームページから提供している。世論調査のトピックは毎年異なっており、例えば本稿執筆時の最新版である 2015 年度のテーマは「ラビン元首相暗殺後の 20 年」である（Herman, et al. 2015）。

世論調査データの分析ではなく、民主政治に対して歴史的にアプローチしたものも紹介しておきたい。社会の側から民主政治を分析するものとしてはHorowitz and Lissak（1989）を、政治制度に着目して建国時から民主政体が安定したと考えられる 1967 年までを中心に論じた Medding（1992）が基本文献だといえる。Horowitz and Lissak（1989）は社会の「多重亀裂性」によってイデオロギー的に分極化した政治が生じる様相を説得的に論じている。Medding（1992）は初代首相ダビッド・ベングリオンの構想した Mamlakhtiut（国家主義）に一章を裂いて詳しく解説しており、民主主義と国家主義の相克について理解が深まるだろう。

5．安全保障と外交・国際関係

この分野はイスラエル地域研究というよりは国際政治学からの関心が強いため、学術研究も豊富である。外交史料とインタビューで構成された伝統的な研究としては独立戦争から6日戦争までの政策決定過程を分析した Brecher（1974）が代表的である。また Peri（1983）もイスラエル政軍関係論の古典として頻繁に引用される。計量分析を活用した研究では Maoz（2006）が歴史的な議論も踏まえており、読みやすいものだと思われる。最新の議論ではヘブライ大学国際関係学科に提出された博士論文を刊行した Resnick（2013）が優れている。同書は最新のゲーム理論や計量分析を駆使してイスラエルとパレスチナ

の非対称な領土紛争にアプローチしている研究成果である。

　シュライム（2013）はシオニズムに批判的なユダヤ人歴史家「ニューヒストリアン」の手による、イスラエルとアラブ諸国との国際関係史研究である。イスラエルとパレスチナの和平交渉については、オスロ合意とその後の挫折に至るまでの交渉過程をイスラエル政府内部、およびパレスチナ自治政府とハマースの政治過程に分け入って分析した江﨑（2013）が有用であろう。

▶▶ **本章の研究テーマを学ぶための基本文献**

江﨑智絵（2013）『イスラエル・パレスチナ和平交渉の政治過程――オスロ・プロセスの展開と挫折』ミネルヴァ書房。

ギルバート、マーティン（2008, 2009）『イスラエル全史』（上・下）千本健一郎訳、朝日新聞出版。

シュライム、アヴィ（2013）『鉄の壁――イスラエルとアラブ世界』（上・下）神尾賢二訳、緑風出版。

ハザン、ルーバン（2014）「大統領制化した議院内閣制の失敗」笈川博一訳、T・ポグントケ／P・ウェブ編『民主政治はなぜ「大統領制化」するのか』岩崎正洋監訳、ミネルヴァ書房、414〜443頁。

森まり子（2002）『社会主義シオニズムとアラブ問題――ベングリオンの軌跡 1905〜1939』岩波書店。

―――（2008）『シオニズムとアラブ――ジャボティンスキーとイスラエル右派 1880〜2005年』講談社。

ラカー、ウォルター（1994）『ユダヤ人問題とシオニズムの歴史』髙坂誠訳、第三書館。

Arian, Asher. (2005) *Politics in Israel: The Second Republic*. Washington D.C.: CQ Press.

Arian, Asher, David Nachmias and Ruth Amir. (2002) *Executive Governance in Israel*. Hampshire: Palgrave.

Brecher, Michael. (1974) *Decisions in Israel's Foreign Policy*. Oxford: Oxford University Press.

Herman, Tamar, Chanan Cohen and Ella Heller. (2015) *The Israeli Democracy Index 2015*. Jerusalem: the Guttman Center of the Israel Democracy Institute.

Horowitz, Dan. and Moshe Lissak. (1989) *Trouble in Utopia: the Overburdened Polity of Israel*. New York: SUNY.

Mahler, Gregory S. (2011) *Politics and Government in Israel: The Maturation of a Modern State*. Lanham: Rowman and Littlefield publishers.

Maoz, Zeev. (2006) *Defending the Holy Land: A Critical Analysis of Israel's Security and Foreign Policy*. Ann Arbor: University of Michigan Press.

Medding, Peter Y. (1972) *Mapai in Israel: Political Organization and Government in a New Society*. Cambridge: Cambridge University Press.

―――. (1992) *The Founding of Israeli Democracy 1948-1967*. Oxford: Oxford University Press.

Mendilow, Jonathan. (2003) *Ideology, Party Change, and Electoral Campaigns in Israel, 1965-2001*. New York: SUNY.

Peri, Yoram. (1983) *Between Battles and Ballots: Israeli Military in Politics*. Cambridge: Cambridge University Press.

Rahat, Gideon. (2008) *The Politics of Regime Structure Reform in Democracies: Israel in Comparative and Theoretical Perspective*. New York: SUNY.

Shamir, Michael ed. (2015) *The Elections in Israel 2013*. New Brunswick: Transaction Publishers.

Sprinzak, Ehud, and Larry Diamond eds. (1993) *Israeli Democracy under Stress*. Boulder: Lynn Rienner Publishers.

第6章
サウディアラビア

辻上奈美江

　アラビア半島の真ん中に位置するサウディアラビアは、正式にはサウディアラビア王国と呼ばれ、面積214万9690平方キロメートル（日本の5.7倍）、人口3100万人を誇るアラブの大国のひとつである。公用語はアラビア語であるが、外国人労働者が人口の33％を占めており、英語も広く通じる。国教はイスラームで、スンナ派が多数派である。東部州を中心にシーア派が居住しており、シーア派が人口に占める割合は10〜15％程度とされている。

1. 現代史の概観

　1932年のサウディアラビア王国建国は、のちに初代国王となるアブドゥルアジーズ・アール＝サウードが1902年から始めた建国運動の成果であった。この頃のアラビア半島は、メッカの巡礼税と、アラビア湾岸における漁業・真珠業からわずかな収入を得ていた程度で、人びとは概して貧しい生活を送っていた。だが、1930年代、アラビア湾岸で油田が発見されると、石油の生産・輸出によりサウディ政府は莫大な富を手にすることになり、1950年代には「イスラームの盟主」と呼ばれる地域大国へと成長していく。この時期からサウディアラビアでは、石油の輸出によって得た富を公共投資や雇用創出などを通じて国民に還元する方法で国家が運営されるようになった。天然資源の所有権に対する報酬「レント（不労所得）」が優位な経済は「レント依存国家（レンティア国家）」と呼ばれる。レント依存国家では、政府がレントを管理し、国民に税を課すことなく、レントを国民の福祉や公共事業に利用することが多い。サウディアラビアは1973年、第4次中東戦争が勃発したことをきっかけに、イスラエル友好国への石油禁輸措置を取った。この措置によって原油価格は高騰し、この後サウディアラビアはオイルブームを迎える。サウディアラビアはまさにレンティア国家の代表的なケースとなっていく。

この時期までには、かつて遊牧生活を送っていた人びとの定住化も進んだ。好景気を迎えたサウディアラビアではインフラ整備のために多くの労働力が必要とされたが、その労働力を確保するために海外から大勢の外国人労働者を呼び寄せた。外国人労働者が経済を支える構造も、この時期には明確になっていった。

　だが、経済的な豊かさがもたらされたことで、逆にサウード家に反発する人びとも出現した。1979年、救世主を名乗るジュハイマーン・アル゠ウタイビーらのグループがメッカのモスクを占拠する「メッカ襲撃事件」が起きた。ジュハイマーンらによるこの事件は、イスラーム暦の新世紀における救世主の到来と位置付けられたが、急速な近代化を進めるサウード家の支配の正当性への異議申し立ても含まれていた。同年初頭には、イラン・イスラーム革命が起きており、サウード家にとっては一連の出来事は大きな脅威となった。

　ところで18世紀にアラビア半島で起きたイスラーム改革運動を起こしたムハンマド・イブン・アブドゥルワッハーブは、経典に厳格なハンバル学派の法学者である。このため、現在のサウディアラビアで国家が採用する解釈は、この人物の名前の一部をとって通称「ワッハーブ派」や「ワッハーブ主義」と呼ばれることが多い。1980年代は、いわゆるワッハーブ主義が強化された時代であった。ワッハーブ主義の強化は、メッカ襲撃事件へのシンパシーを抱くような保守的な人びとへの懐柔策であったともされている。宗教教育により重点が置かれるようになり、女性が外出時に着用する黒いアバーヤと呼ばれる上着が一層普及していった。経済は、石油市場における供給過剰となるオイルグラット状態となり、停滞期を迎えた。

　1990年にイラクがクウェートに侵攻すると、サウディアラビア政府はイラクの脅威に備え米軍の駐留を要請するが、国内では米軍駐留への反発が高まった。さまざまな方面から改革を要求する動きが起きた。サウディアラビアの財政は、80年代以降の不況の煽りを受け、政府はこれまでのようにカネで民心を買うことはできなかった。このため、政治改革を余儀なくされた。一連の改革には、統治基本法、諮問評議会法、地方評議会法の制定が含まれた。1993年には勅選による諮問評議会および地方評議会が発足した。だが、1990年代を通じて反体制派が主に国外で育成されることを阻止することはできなかった。

　2001年のアメリカで起きた同時多発テロは、そのような潮流と無関係ではない。首謀者ウサーマ・ビン・ラーディンと、テロ実行犯19人のうちの15人

がサウディ出身であったために、サウディアラビアはテロの巣窟として国外から批判を浴びることになる。国内でもこれをきっかけに請願書を通じた政治改革要求が起きるが、地方評議会議員の一部の選出に選挙を導入するなどの消極的な改革に留まった。他方で、2000年代は原油価格が高騰し、サウディアラビアには再びオイルブームが到来する。この頃には急速な人口成長のために若者の失業が問題となってきていたため、政府は、石油によって得た富を若者の教育や人材育成、雇用対策に投じた。教育と人材育成分野への予算は毎年拡大し、2015年には予算全体の4分の1を占めるほどになった。特に高等教育は重点分野として扱われ、地方都市にも大学が設置されたため、地方出身者が大学に進学する機会が拡大した。

2010年代「アラブの春」が起きると、サウディアラビアにも抗議行動が波及した。政府が講じた措置は、若者の失業対策や住宅政策の拡充など、人口増加に対応するものであったが、女性の政治参加を初めて認めたことは女性の社会進出が遅れたサウディアラビアにおいては画期的な出来事であった。

2015年初頭にアブドゥッラー国王が逝去し、皇太子だったサルマーンが王位に就くと、対外的に強硬な姿勢へと転換していく。サウディアラビアは、イランとの対抗姿勢を強化し、GCC加盟国などを中心に有志連合軍を結成し、イランの支援を受けていると主張するイエメンのホーシー派を攻撃した。また2016年初頭にはイランとの断交を決定するに至った。2016年4月からはホーシー派との和平協議がクウェートで行われているが、和解のための出口はまだ見えていない。また2014年後半以降、石油価格が急落し、財政が逼迫する事態となった。これを受けて政府は2016年4月、『2030年に向けた展望』を発表し、2030年までに達成すべき、経済・社会分野の目標を掲げたが、実現可能性については疑問視する声も上がっている。

2．現代の問題と研究課題

サウディアラビアに関する研究は、これまでいわゆる「ハイ・ポリティクス」に関するもので占められていた。米サ関係などの国家間関係・首脳間関係（Lippman 2004; Unger2004 など）、王族と統治に関する研究（Kostiner 1991; 小串 1996; Kechichian 2001 など）は、数多く蓄積されてきた。その背景のひとつに、サウディアラビアをはじめとする湾岸産油国が「レンティア国家」として注目

を集めたことが挙げられる。本書の第Ⅱ部第2章でも明らかにされているように、レンティア国家論は多くの批判を受けつつも、権威主義体制研究において重要な地位を確立してきた。サウディアラビアの地域研究者の間でも、レンティア国家論を援用して、石油収入を得るようになった同国政府は介入主義化したと論じる研究（Krimly 1993）や、それとは対照的に徴税機能が失われたために国内経済について把握することができなくなったと論じる研究（Chaudhry 1997）などが現れた。

　第Ⅱ部第2章でも指摘されているように「レンティア国家論」は、注目を集めると同時に、本質主義的であることや、変化を説明できないなどの批判を招いた。特に1990年代以降の政治経済情勢の変化を指摘しているのが、グレイ（Gray 2011）である。グレイはグローバル化を経験した湾岸諸国は、もはや古典的なレンティア国家論では捉えられないと主張し、1990年代以降の湾岸諸国を説明するために「後期レンティア主義」を提唱している（Gray 2011）。この「後期レンティア主義」の議論を援用しながらサウディアラビアの社会勢力間の関係を論じているのがハートグ（Hertog 2010）である。ハートグは、石油収入に支えられたサウディアラビアでは国会や政党、その他の圧力団体が存在しないという意味で水平のつながりが弱く、他方でレントに基づく公式・非公式の封建的システムが機能する点で垂直のつながりの強い、分節化されたクライエンタリズム（segmented clientelism）が確立したと論じる。

　だが、これらの修正レンティア国家論も、社会情勢の変化に応じて、新たな議論の構築が求められている。若者の失業率は高い。なかには自発的な失業者も含まれるものの、国民であれば自動的に良い就職先を手に入れることができる時代は過ぎた。原油価格の下落や人口増加、あるいはその両方によって1人当たりレントが擦り減る現象が起きている。国家の役割、国家と国民との関係を捉え直す時が来ている。

　その際に重要な社会勢力が、これまで富の分配を十分に享受してこなかったグループだろう。これらのグループに分類されるのが、シーア派、女性、外国人労働者である。人口の10％程度を占めるシーア派は、「二級市民」として扱われてきたために、レント依存国家においてスンナ派の国民が受けてきたような恩恵を十全に受けることができなかった（Matthiesen 2015）。

　サウディ人女性は、これまでいわゆる「男女隔離」のために極めてアクセスが難しい研究対象とされてきた。そのようななかで1960年代に人類学調査を

行った片倉の研究の意義は大きい。片倉は、遊牧民の女性らの価値観や、遊牧社会における女性の役割などに関する重要な研究を行った（片倉 2002）。また、近年では、サウデイ人男女による女性の地位と権利に関する言説の分布についての調査・研究がある（辻上 2011）ほか、宗教ナショナリズムのもとで女性たちが信仰と近代化という相反する2つの方向性のシンボルとして位置づけられた現実を指摘する研究（Al-Rasheed 2013）がある。

　最後に外国人について、ロングヴァは「エスノクラシー」の概念を導入して、湾岸諸国における自国民と外国人との間に設けられた権利や地位における明確な差異を指摘している（Longva 2005）。とりわけ労働市場における二重構造を指摘しているのが松尾（2010）である。松尾は、民間部門よりも賃金が高い傾向にある公務員職を自国民が優先的に確保できることなどを「自国民プレミア」と呼び、この構造に変化が起きにくいことを指摘している。

▶▶ **本章の研究テーマを学ぶための基本文献**

小串俊郎（1996）『王国のサバイバル——アラビア半島300年の歴史』日本国際問題研究所。
片倉もとこ（2002）『アラビア・ノート』ちくま学芸文庫。
辻上奈美江（2011）『現代サウディアラビアのジェンダーと権力——フーコーの権力論に基づく言説分析』福村出版。
保坂修司（2005）『サウジアラビア——変わりゆく石油王国』岩波新書。
松尾昌樹（2010）『湾岸産油国——レンティア国家のゆくえ』講談社。
Abir, Mordechai. (1993) *Saudi Arabia: Government, Society and the Gulf Crisis.* London and New York: Routledge.
Al-Rasheed, Madawi. (2013) *A Most Masculine State: Gender, Politics, and Religion in Saudi Arabia.* New York: Cambridge University Press.
Beblawi, Hazem. (1987) "The Rentier State in the Arab World." In *The Rentier State*, edited by H. Beblawi et al., 49-62. New York: Croom Helm.
Beblawi, Hazem, and Giacomo Luciani. (1987) "Introduction." In *The Rentier State*, edited by H. Beblawi et al., 1-21. New York: Croom Helm.
Chaudhry, Kiren Aziz. (1997) *The Price of Wealth: Economies and Institutions in the Middle East.* Ithaca and London: Cornell University Press.

Cordesman, Anthony. (2003) *Saudi Arabia Enters the Twenty-First Century*. Washington D.C.: Center for Strategic and International Studies. (中村覚監訳 (2012)『21 世紀のサウジアラビア』明石書店)

Gray, Matthew. (2011) "A Theory of "Late Rentierism" in the Arab States of the Gulf." *Occasional Paper* No. 7, Center for International and Regional Studies.

Hertog, Steffen. (2010) *Princes, Brokers, and bureaucrats: Oil and the State in Saudi Arabia*. Ithaca and London: Cornell University Press.

Keichichian, Joseph. (2001) *Succession in Saudi Arabia*. New York: Palgrave.

Kostiner, Joseph. (1991) "Transformation Dualities: Tribe and State Formation in Saudi Arabia." In *Tribes and State Formation in the Middle East*, edited by P. Khoury et al., London: Tauris.

Krimly, Rayed. (1993) *The Political -Economy of Rentier States: A Case Study of Saudi Arabia in the Oil Era, 1950-90*. Unpublished Ph.D. dissertation, George Washington University.

Lippman, Thomas. (2004) *Inside the Mirage: America's Fragile Partnership with Saudi Arabia*. Boulder: Westview Press.

Longva, Anh Nga. (2005) "Neither Autocracy nor Democracy but Ethnocracy: Citizens, Expatriates and the Socio-Political System in Kuwait." In *Monarchies and Nations: Globalisation and Identity in the Arab States of the Gulf*, edited by P. Khoury et al., London: I.B. Tauris.

Matthiesen, Toby. (2015) *The Other Saudis: Shiism, Dissent and Sectarianism*. New York: Cambridge University Press.

Perthes, Volker. (2004) "Politics and Elite Change in the Arab World." In *Arab Elites: Negotiating the Politics of Change*, edited by V. Perther, 1-32. Boulder and London: Lynne Rienner Publishers.

Unger, Craig. (2004) *House of Bush, House of Saud: The Secret Relationship between the World's Two Most Powerful Dynasties*. New York: Scribner.

第7章
イエメン

松本　弘

1．地域事情

　2016年6月現在、イエメンは内戦状態にあり、残念ながらさまざまな研究が大きな障害に見舞われている。しかし、イエメンはアラビア半島で唯一といっていい豊かな歴史を有し、地域研究の対象として非常に魅力的なポテンシャルを持っている。

　アラビア半島の南西角に位置するイエメンは、砂漠の国ではない。その内陸には2000メートル級の山岳地帯が存在し、その山々の合間には大きな盆地平野が南北に連なっている。この山脈にアラビア海からの季節風が当たって年2回の雨季をもたらし、山岳地帯南部では年降水量が1500ミリに達する。これにより大規模な農業が可能となり、山岳地帯では天水を用いた段々畑が、海岸平野ではワーディー（涸れ川）を用いた畑が広がる。

　また季節風は、インド亜大陸西岸とアラビア半島南岸を結ぶ海上交易も可能とした。冬から春にかけては北東の風が、春から夏にかけては南西の風が吹く。小型の帆船であるダウ船がその風を用いて往来し、アジア・ヨーロッパ間の海上交易である「香料の道」の要となった。この農業と交易により古代から文明が栄え、海岸平野と盆地には多くの都市が築かれた。古代史で有名なシバの女王伝説や、中世に名を馳せるイエメン商人は、交易による繁栄を象徴している。

　しかし、外界との交通が困難な山岳地帯は、イエメンに保守的、排他的な側面ももたらした。この国の最大の特徴として、部族社会を挙げる評価は多い。中東において部族の存在は決して珍しくないが、イエメンは他の国々に比して、その社会や慣習がより強く残っている事例であるといえる。イエメン諸部族の伝説的系譜によれば、彼らの大半は南アラブの祖カフターンの子孫であるサバという人物を共通の祖先としている。彼らの多くは遊牧民ではなく定住農耕民であるため、各部族はテリトリーを持っており、一般に他者の進入を嫌う。現

在なお、彼らは銃器で武装してテリトリーを自衛し、村々に警察が常駐することはない。なかでも、山岳地帯北部に分布するハーシド部族連合とバキール部族連合は、峻険な山々と強い民兵力が相まってイエメン諸王朝の支配をはねのけ、中世まで自立を続けてきた。

　交易やイエメン商人といった外向的な側面と、保守的な部族社会という内向的な側面とが折り重なって、イエメンに固有の歴史や文化が醸成された。

2．研究課題――歴史

　1990年代後半から2000年代にかけて、古代サバ王国のマーリブ遺跡を中心に発掘調査が行われた。考古学の研究は未だ年代記の特定もされていない状態だが、さまざまな発見が相次ぎ、興味深い解釈もいくつか可能となった。古代史研究の進展には大きな期待が寄せられたが、発掘調査は2011年以降の政治的混乱で中断されたままとなっている。

　イエメンには、アラビア半島随一の豊富な写本資料がある。しかし、時代により差が激しく、その研究の多くはラスール朝（1229～1454年）に集中している。ラスール朝は、エジプトのアイユーブ朝がイエメンに派遣した遠征軍が自立してできた王朝で、北イエメンとアデンを支配し、アラビア海から紅海にかけての海上交易によって栄えた。家島（2006）や栗山（2012）はインド洋交易のなかのイエメンの位置付けを、馬場（2014）は宮廷生活を扱い、Smith（2008）はアデンの税関などを、Varisco（1994）は農業やそこでの生活を紹介している。インドとエジプト・シリアとの中間に位置するアラビア海とイエメンは、「香料の道」に関わる研究において、いわばミッシング・リンクの状態にあった。ラスール朝研究は、その空白を埋める貴重な作業であるといえる。

　しかし反面、ほかの王朝や時代については資料的な制約が大きく、不明な点が多い。無論、王朝の変遷などは明らかであるものの、その内容や社会については断片的な情報が多く、イエメン史研究は未だ通史の把握までに至っていない。

3．研究課題――社会

　イエメン地域研究の中心は、やはり部族社会とその政治との関わりであろう。

その代表格である Dresch（1989）は、上記したハーシド、バキール両部族連合の歴史を追いながら、北イエメンにおける政治と部族社会の関係を論じている。また、Caton（1990）は詩をテーマに部族の政治的、社会的行動を分析し、Weir（2007）は部族社会の法的・政治的秩序に関するフィールドワークを提示している。松本（1999）は、地域区分の歴史と部族との関係について考察している。

これらは人類学や歴史学の部族研究であるが、その内容は王朝や中央政府との関係に波及していく例が多い。中世であれ近現代であれ、地方の部族勢力に比して国家権力や軍が相対的に弱く、伝統の維持にも社会変容にも両者の対抗関係が大きく影響するため、部族研究は必然的に政権との関係を扱うこととなる。現代における政治と部族の関係については、次項「研究課題——政治」に含めることとする。

そのほかの社会研究では、カートとハドラマウトが大きな特色をなしている。軽度の覚醒作用を伴う嗜好品であるカート（同名の常緑樹の葉）は、カート・パーティーといった社交と相まって、イエメン社会の特徴のひとつに挙げられる。大坪（2005）はその消費活動から、近年の社会変容を指摘している。また、ハドラマウトはイエメンのなかでも独特の歴史と社会を有し、加えてイスラームの東南アジアへの伝播や近代におけるアラブ人の東南アジアへの移住に関して欠かすことのできない、ハドラミー・ネットワークの本拠地でもある。新井（2005）は、その研究状況を整理したものである。ハドラマウト研究は資料の制約や現地調査の困難さ、東南アジアを含めた課題の大きさなどから未だ発展途上の状態にあるが、魅力的な研究対象であり続けている。

4．研究課題——政治

1872 年のオスマン帝国イエメン州設置によって北イエメンが、1937 年の大英帝国アデン直轄植民地および東西アデン保護領設置によって南イエメンが形成された。北イエメンでは、第 1 次大戦後のオスマン帝国撤退に乗じてムタワッキル王国（1918〜62 年）が建国され、その後 1962 年北イエメン革命（王制打倒のクーデタ）によってイエメン・アラブ共和国（1962〜90 年）が樹立された。南イエメンでは、1963 年の南イエメン革命（反英武装闘争の開始）により 1967年に独立が達成され、その後イエメン民主主義人民共和国（1970〜90 年）が誕生した（中東で唯一マルクス・レーニン主義を掲げるソ連の衛星国）。しかし、南

北イエメンでは大統領の暗殺や内戦が繰り返され、政情不安が長く続いた。この間の政治史は、Bidwell（1983）および Gause III（1990）に詳しい。

冷戦の崩壊を背景として、1990 年 5 月 22 日に南北イエメン政府は統合を発表し、現在のイエメン共和国が成立した。それ以降、イエメンは他の途上国が長い時間を要して経験したさまざまな政治変化を、短期間ですべて経験することになる。それらは、南北統一という国家統合、1990 年湾岸危機時の大量の帰還民（実質的難民）受け入れ、複数政党制と普通選挙の導入による民主化、イスラーム主義の政党と過激派の出現、旧南イエメンの再分離独立派と統一維持の政権との 1994 年内戦（政権の勝利）、IMF・世界銀行の構造調整受け入れなどである。東西冷戦期の旧南北イエメンでは近代化が遅々として進まず、統一以降にようやく近代化は本格化したが、それはまた新たな問題や軋轢を生みだした。

そのようななか、統一以降の政治変化と部族との関係にさまざまな評価が示された。Carapico（1998）が部族社会の伝統（慣習法の遵守、調停機能、弱者保護など）がイエメンの市民社会形成に寄与していると積極的に評価したのに対し、Phillips（2008）は部族勢力がサーレハ政権による権威主義体制強化の背景にあると批判している。また、松本（2006）は民主化後の総選挙結果と部族との関係を考察し、続く松本（2012）では、近年における部族の政治的影響力低下を指摘している。

さらに 2011 年「アラブの春」において、イエメンでも大きな政治変化が生じた。混乱は政権交代後も続き、2015 年にはホーシー派のクーデタと内戦が勃発して、現在に至っている。イスラーム過激派の拡大や 2011 年政変以降の混乱から、破綻国家論のなかでイエメンが扱われる例も増えていった。上記ホーシー派のクーデタと内戦により、現在ではイエメンを破綻国家とする評価が一般的となっている。イエメンのイスラーム過激派についての考察は Bonnefoy（2011）に、ホーシー派に関する考察は Salmoni et al.（2010）および松本（2016）に示されている。

▶▶ **本章の研究テーマを学ぶための基本文献**

新井和広（2005）「ハドラマウト及びハドラミー移民研究展望」『イスラム世界』第 65 号、28〜36 頁。

大坪玲子（2005）「イエメン　サナアにおけるカート消費の変化」『日本中東学

会年報』第 20-2 号、171 ～ 196 頁。
栗山保之（2012）『海と共にある歴史――イエメン海上交流史の研究』中央大学出版部。
佐藤寛（1994）『イエメン――もうひとつのアラビア』アジア経済研究所。
蔀勇造（2006）『シェバの女王――伝説の変容と歴史との交錯』山川出版社。
馬場多聞（2014）「13 世紀ラスール朝期における食材分配と王権」『東洋学報』第 96 巻第 1 号、1 ～ 26 頁。
松本弘（1999）「北イエメンにおける伝統的地域区分と部族」『オリエント』第 41 巻第 2 号、114 ～ 153 頁。
――――（2006）「イエメン――政党政治の成立と亀裂」間寧編『西・中央アジア諸国における亀裂構造と政治体制』アジア経済研究所。
家島彦一（2006）『海域から見た歴史――インド洋と地中海を結ぶ交流史』名古屋大学出版会。

Bidwell, R. L. (1983) *Two Yemens*. Upper Saddle River: Prentice Hall Press.

Carapico, S. (1998) *Civil Society in Yemen: the Political Economy of Activism of Modern Arabia*. Cambridge: Cambridge University Press.

Dresch P. (1989) *Tribes, and Government, and History in Yemen*. Oxford: Clarendon Press.

―――― (2000) *History of Modern Yemen*. Cambridge: Cambridge University Press.

Phillips, S. (2008) *Yemen's Democracy Experiment in Regional Perspective: Patronage and Pluralized Authoritarianism*. London: Palgrave Macmillan.

Smith, G.R. (2007) *A Medieval Administrative and Fiscal Treaties from the Yemen: The Rasuld Mulakhkhas al-Fitan al-Hasan b. Ali al-Husayni*. Oxford: Oxford University Press.

―――― (2008) *A Traveler in Thirteenth-Centuries Arabia: Ibn Mujawir's Tarikh al-Mustasibr*. Surrey: Ashgate Pub Co.

Varisco, D.M. (1994) *Medieval Agriculture and Islamic Science: the Almanac of a Yemeni Sultan*. Seattle: University of Washington University.

Weir, S. (2007) *A Tribal Order: Politics and Law in the Mountains of Yemen*. Austin: University of Texas Press.

第8章
イラク

山尾　大

1．輝かしい過去と現在の混乱

　古代文明発祥の地であり、イスラーム史でも重要な位置を占めてきたイラクは、世界有数の原油埋蔵量を誇る中東の重要国家である。古代メソポタミア文明を涵養したチグリス・ユーフラテス川や、かつてイスラーム帝国の中心であったアッバース朝は、今でも人々のアイデンティティの拠り所となっている。

　イラクには多様な民族・宗教・宗派集団が混在する。民族別に見ると、多数派のアラブ人に加え、国を持たない最大民族のクルド人が2割弱いる。その他、トルクメン人もわずかだが重要な油田地帯に集住する。宗教別には、多数派のムスリムに加え、キリスト教徒やごく少数のサービア教徒、ヤズィード派の人々が住んでいる。宗派別に見ると、イスラーム世界全体では少数派のシーア派が、イラクでは6割弱と多数を占める。シーア派の中心は、ナジャフやカルバラーなど4つのシーア派聖地である。イランと繋がるシーア派世界に加え、唯一の港町バスラを拠点にインド洋に繋がる南部地域、そして、シリアのアレッポを中心とする経済・文化圏と連続する北西部と、地域ごとに歴史や文化に多様性が見られるのもイラクの魅力だ。

　現在の近代国家イラクは、オスマン帝国の3州（モスル、バグダード、バスラ）が英国の委任統治下で合併されたことで形成された。その後、一部の政治エリートや名望家への権限集中が軍事クーデタを誘発し、不安定な軍事政権が続いた。最終的に、1968年のクーデタでアラブ民族主義を掲げるバアス党が政権を奪取し、35年続く長期政権が確立した。同政権は、イラン・イラク戦争、湾岸戦争とその後の経済制裁を生き延びたが、03年のイラク戦争で崩壊した。これによって、制度的民主主義体制が成立し、凱旋帰国したシーア派イスラーム主義政党を中心とする新政権が作られたが、政治不安定と治安の悪化が進んだ。そして、「アラブの春」後にはISが台頭し、14年にはモスルなどの諸都市が

陥落した。
　適度な人口規模と国土を持ち、農業や伝統産業に加え、原油確認埋蔵量世界5位を誇る地下資源、そして豊かな歴史・文化も有するイラクだが、度重なる戦争によってそのポテンシャルを発揮できていない。そのイラクを、政治から文化や環境まで広く概観するためには、まずは酒井啓子・吉岡明子・山尾大編著『現代イラクを知るための60章』（2013年）が有益だ。

2．政治をどのように語るか

　次に政治史を見てみよう。イラクの近代は英国委任統治と共に始まる。Sluglett（2007）は、近代国家に必要な機構や行政システムのほとんどがこの委任統治期に英国主導で作られたことを明らかにし、外部から持ち込まれた官僚制、軍隊、教育制度などが現地の諸アクターとの競合や調整を繰り返して変容・定着していった点を明らかにした。同時に、南部の農業分野の成長などの社会変容にも目配りがなされており、近代国家の形成を知る基本文献だ。
　その後の歴史で主役となるのは、バアス党の長期政権である。多くの研究の中でも Sluglett and Sluglett（1990）は、権威主義体制の強健な支配メカニズムに着眼した最も基本的な通史だ。その他に、イラクを民族と宗派集団が混在する人工国家と捉え、その支配体制を分析した Marr（2004）も重要である。反対に、民族・宗派集団を前提とせず、フセイン大統領とその親族を基軸とするパトロン・クライエント関係に注目した通史を書いたのが、トリップ（2004）である。

3．変容する社会をどう捉えるか

　社会とその変容をめぐる論点は、さらに多様だ。イラクでは、宗派や民族に加えて部族が重要な役割を果たしてきた。それが近代化以降どのように変容したのかという問題は、イラク社会を考えるうえで重要な論点となってきた。
　この分野の金字塔となる大著が、Batatu（1978）である。同書は、20世紀半ばに生じた貧富格差と左派思想の拡大、軍内のアラブ民族主義者の増大といった政治社会変容の中で、部族などの伝統的社会紐帯が維持され、そこから共産党を中心とする新勢力が台頭したことを明らかにした。千頁を超えるこの実証

研究は、当時の社会変容を知るための必読書となっている。同様に、近代化の過程で部族や宗派などの共同体意識がどのように変化してきたのかを実証的に解明した歴史研究の代表が、al-Wardī（1974）である。特に、中南部の部族社会とシーア派宗教界との関係を分析した部分は興味深い。

ところで、イラクでシーア派が多数を占めるようになったのは、多数の南部部族がシーア派に改宗した19世紀半ばのことに過ぎない。この点を歴史資料によって緻密に明らかにしたNakash（1994）は、シーア派コミュニティが巡礼や商業ルートによってイランとの繋がりを強めていった過程を論じた。

4．権威主義体制はどのように支配されたのか

こうした多様性の高い社会は、いかに統治されてきたのだろうか。多くの研究が、暴力装置を用いた強権的支配、政治エリートの登用パターン、象徴を利用した支配に着目し、バアス党政権の支配メカニズムを明らかにしようとしてきた。順にみていこう。

第1の強権的支配体制をめぐる研究では、バアス党政権下のイラクが多数の秘密警察を駆使した「恐怖の共和国」となったことを強調したMakiya（1998）や、より多角的な視点からバアス党政権の支配構造を抉り出したCARDRI（1986）が重要である。これらの研究は、軍や警察などの暴力装置を用いた支配に加え、監視や密告を用いた巧妙な支配体制が構築されたことを明らかにしている。つまり、社会の末端にまでめぐらされた党組織や秘密警察のネットワーク、そして街中に配置された大統領の肖像などによって、常に監視されているという錯覚が植え付けられた結果、あらゆる社会組織が破壊され、バアス党政権の安定化に繋がったというわけだ。イラク戦争後には、これまで開示されることがなかった秘密文書を用いて支配の実態を明らかにする研究（Faust 2015）も上梓され始めている。

第2の政治エリートの登用をめぐる研究は、厳格な情報統制下で唯一公開される議員・閣僚・党幹部の出自を分析する手法である。オスマン帝国下でスンナ派の官僚や軍人が多数登用されてきたため、人口比ではシーア派が多数派であるにもかかわらず、その後も国家の要職に占める割合はスンナ派の方が多かった。だが、この少数派のスンナ派による支配という通説に対し、宗派・民族的偏りよりも部族や地縁関係が重要な役割を果たした時期があったことを明

らかにしたのが、バラムと酒井の仕事である。Baram（1989）は、バアス党幹部と議員の出自を膨大な資料から分析し、宗派や民族が常に重要な社会単位であったわけではない点を強調した。酒井（2003）は、1980年代後半には有力部族からの登用が増加したが、その後は党主導の制度的支配が復活したことを明らかにしている。宗派・民族・部族などの社会集団は決して固定的ではなく、その重要性は政治社会状況に応じて変化し得るというわけだ。

　第3の象徴に着目する研究は、バアス党の党是であったアラブ民族主義が有効性を失った後、政権が古代メソポタミア文明をシンボルにしたイラク国民主義によって国民統合を図ろうとしたことを明らかにしたBaram（1991）が代表的である。この点をさらに進化させたDavis（2005）は、新聞や雑誌などの資料を渉猟し、フセイン政権が植え付けようとした記憶や歴史が国民統合に繋がっていく過程を詳細に描いた。

5．戦後イラク──紛争・国家建設・アイデンティティ

　他方、バアス党政権崩壊後に政治の中心に躍進したのは、シーア派イスラーム主義政党であった。彼らはバアス党政権下で地下活動や亡命を余儀なくされ、注目を集めることもなかった。ゆえに、実態はほとんど知られていなかったが、ウラマーと商人の強い関係に焦点を当てて社会史的に全体像を描いたのが、Jabar（2003）である。さらに、最大勢力のダアワ党に着目し、思想・イデオロギー・組織・運動の変化を多角的に分析した山尾（2011）がそれに続く。いずれも地下活動期のパンフレットや機関誌などの膨大な資料を解析し、イスラーム主義運動が政権党に躍進するまでの過程を仔細にわたって明らかにしている。

　戦後イラクについては、大量の出版物があるが、なかでも重要な研究は、多様な政治勢力が軍や警察、官僚組織に浸透した結果、新家産型国家となったことを論じたHerring and Rangwala（2006）である。同様に、政治エリート間のバーゲニングからスンナ派を排除した排他的な交渉が進んだことによって混乱や内戦が惹起され、最終的に権威主義化が進んだと論じたのは、ドッジ（2013）である。これに対して、山尾（2013）は、戦後の政治プロセスを混乱と権威主義化の過程と捉えず、国内の様々なアクターが米軍などの外部アクターによる国家建設政策を換骨奪胎し、利用していった結果だと論じた。ここでは、国家機構の再建と民主化を同時に進めたことが混乱の要因であったとの結論が導か

れている。

　さて、「アラブの春」以降、スンナ派とシーア派の宗派対立が国境を越えて地域に広がるようになった。イラクでも宗派対立が盛んに論じられたが、政治対立の結果であり原因ではないとの議論が大勢を占めている。この宗派対立が、人々にどのような影響を及ぼしてきたのかという問題を、歴史を紐解く形で明らかにしたのが Haddad（2011）である。この他、旧体制の歴史や記憶の扱い方、イラク戦争がイラク人のアイデンティティに与えた影響などを包括的に解明しようとするプロジェクトが進行している。こうした点は、IS 後のイラクを考える重要な研究テーマになるだろう。

▶▶ 本章の研究テーマを学ぶための基本文献

酒井啓子（2003）『フセイン・イラク政権の支配構造』岩波書店。
ドッジ、トビー（2013）『イラク戦争は民主主義をもたらしたのか』山岡由美訳、みすず書房。
トリップ、チャールズ（2004）『イラクの歴史』大野元裕監訳、明石書店。
山尾大（2011）『現代イラクのイスラーム主義運動——革命運動から政権党への軌跡』有斐閣。
―――――（2013）『紛争と国家建設——戦後イラクの再建をめぐるポリティクス』明石書店。
Baram, A. (1989) "The Ruling Political Elites in Ba'thi Iraq 1968-86: the Changing Features of a Collective Profile." *International Journal of Middle East Studies* 21(4): 447-493.
―――――. (1991) *Culture, History and Ideology in the Formation of Ba'thist Iraq: 1968-89*. London: Macmillan Press.
Batatu, H. (1978) *The Old Social Classes and Revolutionary Movements in Iraq*. New Jersey: Princeton University Press.
CARDRI (Committee Against Repression and for Democratic Right in Iraq). (1986) *Saddam's Iraq: Revolution or Reaction?*. London and New Jersey: Zed Books.
Davis, E. (2005) *Memories of State: Politics, History, and Collective Identity in Modern Iraq*. Berkeley, Los Angeles, and London: University of California Press.
Faust, A. (2015) *The Ba'thification of Iraq: Saddam Hussein's Totalitarianism*. Austin:

University of Texas Press.

Haddad, F. (2011) *Sectarianism in Iraq: Antagonistic Visions of Unity*. London: Hurst.

Herring, E. and G. Rangwala. (2006) *Iraq in Fragments: The Occupation and its Legacy*. Ithaca and New York: Cornell University Press.

Jabar, F. A. (2003) *The Shi'ite Movement in Iraq*. London: Saqi Books.

Makiya, K. (1998) *Republic of Fear: The Politics of Modern Iraq*. Berkeley: University of California Press（初版 1989）.

Marr, P. (2004) *Modern History of Iraq*, 2nd edition. New York, London: Westview Press.

Nakash, Y. (1994) *The Shi'is of Iraq.* New Jersey: Princeton University Press.

Sluglett, P. and M. F. Sluglett. (1990) *Iraq since 1958: from Revolution to Dictatorship*. London: I.B. Tauris.

Sluglett, P. (2007) *Britain in Iraq: Contriving King and Country*. London and New York: I.B. Tauris（初版 1976）.

al-Wardī, A. (1974) *Lamaḥāt Ijtimā'īya min Tārīkh al-'Irāq al-Ḥadīth.*（近代イラク史における社会の描写）6 vols. Baghdad: n.p.

第9章
湾岸諸国

石黒大岳

1. 湾岸諸国の成り立ち

　湾岸諸国は、歴史的・文化的な表象として、真珠採りや漁業、ダウ船を用いた海上交易と商人気質に代表される共通性が認められる。しかしながら、現在の国家の成り立ちは、17世紀から18世紀にかけてアラビア半島中央部・南部から移住した諸氏族が支配を確立する過程と、19世紀にこの地域に進出し保護領化したイギリスとの関係に規定されている。その影響は、現在の国内社会のあり方や地域内および周辺国との関係にも及んでいる。

　イギリスは、インドとの連絡の中継拠点として湾岸地域を保護領化した。沿岸部の有力な支配者たちは、保護条約によって外交権をイギリスに委ねる代わりに、首長としての地位を獲得し、商人層を取り込む形で統治機構を整えていった。また、彼らは、一族の後継争いや首長国間の紛争の仲裁、地域大国であるペルシア帝国やオスマン帝国、サウード朝（サウディアラビア）からの防衛のため、イギリスの介入を積極的に求めた（Onley 2007; Zahlan 1998）。イギリスは、1930年代の石油の発見を契機に、石油利権の確保と取引の必要から首長国間の国境線を画定させた。これによって、各首長国の主権と領域を公式化させ、イギリス帝国の重層的な枠組みの中にありながら、湾岸諸国を主権国家体制に組み込み（Sato 2016）、独立後の地域安全保障の枠組みも形づけた（Ulrichsen 2011）。

　湾岸諸国は、財政上の理由でスエズ以東からの撤退を決定したイギリスの都合で1971年に独立（クウェートは1961年独立）した。国民国家としての歴史が浅く、国民意識を涵養し、君主および支配一族と国民の関係を定式化し、君主制として統治の正当性を確立する「建国の物語」を模索している段階にある。政府による伝統の創造や、統治の正当性を脅かすため語られることのないタブーの問題、イギリス統治時代に、イギリスの都合による歴史記述の改変と流

布の過程が建国の物語の形成に及ぼした影響について、一次史料の活用によって明らかにされている（松尾 2013; Rich 2009; Valeri 2008）。

2．政治と社会

　石油時代が到来するまで、湾岸諸国の君主は経済基盤を商人たちの経済活動による利益に依っていた。1920 年代に商人層を中心とした議会開設要求運動が起こり、1938 年には一時的ではあったが、クウェートとバハレーン、ドバイで市政評議会が設置され、選挙が実施された。1950〜60 年代はアラブナショナリズムの影響もあり、クウェートで議会政治が始まったが、石油収入の増加によって君主は商人層への経済的依存から抜け出して独裁化し、近代化政策を進め、高福祉国家を実現させた（Crystal 1990）。教育の普及による新興中間層の台頭とイスラーム主義の浸透は、1980 年代末以降の新興国での民主化や欧米の外圧に呼応し、内発的な民主化の動きとして顕在化した。地方レベルも含めれば各国で選挙が実施されるようになり、政治参加が拡大した（石黒 2013; Tétreault 2000）。2011 年の「アラブの春」では、若者による改革要求が沸き起こったが、結果的には政治的自由の後退と、政府に批判的な言動への抑圧を強化させた。また、バハレーンでは国民の多数派でありながら政治的・社会的に抑圧されているシーア派の状況を中心に、改めて宗派主義への問題関心も高まった（Potter 2013）。

　湾岸諸国の君主制は、体制の危機に直面しながらも、政治的な安定性を見せており、その頑強性と石油との関係に問題関心が注がれてきた。1980 年代には、近代化に伴う「王のジレンマ」問題や、経済成長と民主化の相関を論じた「リプセット仮説」からの逸脱に対し、レンティア国家仮説による説明が加えられた。初期のレンティア国家仮説は、膨大な石油輸出収入を原資に公共サービスをほぼ無償で提供することによって、国民を経済的に満足させ、政治的要求の表出を抑制させるというものであった。1990 年代には、初期のレンティア国家仮説の過度な単純化への批判から、支配エリート（王族）間の権力分有に着目した王朝君主制論（Herb 1999）や、外国人労働者の抑圧が自国民を特権的な地位に位置づけて、自国民内の格差を隠蔽することに着目したエスノクラシー論（Longva 1999）による説明が加えられた（松尾 2010）。

　1990 年代から 2000 年代にかけて、湾岸諸国の急速な経済発展や国際金融で

の影響力の拡大を反映して、レンティア国家仮説は、「資源の呪い」の影響や、王族と有力商人層が結合し、国家主導で国際金融を取り込む開発モデルを論じた「国家資本主義」や「新家産制」などの論点から検討が加えられ、国家機構における地位と権力、開発に関わる権益などの政治的・経済的な資源（リソース）の分配も包含した理論の精緻化が進んでいる（Herb 2014; Grey 2011）。また、「アラブの春」の影響に対し、湾岸諸国を含むアラブの君主制国家が体制の転換に至らなかったことは、新君主制例外論（New Monarchical Exceptionalism）を提起させた（Yom and Gause III 2012）[1]。新君主制例外論は、君主制の存続を、石油や外国からの援助といったレント収入と、体制に対する国内の横断的な支持を調達するべく社会に張り巡らされたネットワーク、外国からの支援の有無を変数として説明する。しかし、これらの変数では君主制とそれ以外の体制との差異が明確ではないとう問題がある。とはいえ、政治的・経済的な資源の分配も含めたレント分配の仕組み（制度）と方法やその効用についてさらなる検討が、今後の研究課題として示されているといえよう。

3．グローバル・エコノミーへの統合と新たな課題への対応

21世紀に入り、湾岸諸国は、ドバイに代表される新興都市の隆盛や国際金融・経済における影響力と認知度の高まり、経済力と政治的安定性を背景とした中東の地域秩序再編への関与、メディアと文化の発信拠点としての役割の拡大などで世界の注目を集めるようになった。これらの現象について、進展する経済のグローバル化への対応と、それに伴う国内の政治的・社会的な変化という両面を捉えた研究が進められている（Grey 2013; Hanieh 2011; Davidson 2005）。とりわけ、急速な開発の進展とともに、それを支える移民労働者の労働環境や人権、ホスト国の社会への統合、あるいは国際的な労働力の移動における湾岸諸国の位置づけの変化や各国における労働力の自国民化政策に伴う労働市場の変化への対応などについての研究が進展している（細田編 2014; Gardner 2010）。湾岸諸国では、移民労働者（外国人）が人口構成で圧倒的に多数を占めており、もはや湾岸諸国の政治と社会、経済については移民労働者の存在を無視して論じることはできない状況にある。

湾岸諸国は、脱石油依存と産業多角化に向けて若年層の人材育成を図るため、高等教育の充実化を進めており、欧米はもとよりアジア諸国の学術研究機関と

提携して、持続可能な開発（sustainable development）を追求し、自国や地域が直面している様々な課題対応型の研究開発を促進している。取り組まれているテーマは、気候変動や環境問題の影響、再生可能エネルギー開発への取り組み、水問題、食糧安全保障とランドグラブ問題、ビジネスと人権の問題、政府のガバナンス向上とアカウンタビリティーの問題など多様である。いずれにおいても、湾岸諸国が関連する国際レジームへの関与を強める中で生じる外交や国際関係上の問題、国際合意を国内政策へ反映し執行する過程で生じる国内政治の問題が、これからの研究上の分析対象として扱われつつある。

　研究動向をフォローするにあたっては、英語ではエクセター大学とジョージタウン大学カタル校が共同で刊行している *Journal of Arabian Studies*、アラビア語ではクウェート大学湾岸アラビア半島研究センターが刊行している *Majallat dirāsāt al-Khalīj wa-al-Jazīrah al-ʻArabīyah* 等のジャーナルが参考になる。また、湾岸各国の政府や財団をスポンサーとして、現地や英米系のシンクタンク、有力大学の寄付講座が主催するワークショップ（例えばエクセター大学で開催される Gulf Conference やケンブリッジ大学で開催される Gulf Research Meeting、ドーハの The Arab Center for Research and Policy Studies が主催する Gulf Studies Forum など）も参考になる。

【注】
1）新君主制例外論には、対象事例としてヨルダンとモロッコも含まれている。

▶▶ 本章の研究テーマを学ぶための基本文献

石黒大岳（2013）『中東湾岸諸国の民主化と政党システム』明石書店。
細田尚美編（2014）『湾岸アラブ諸国の移民労働者──「多外国人国家」の出現と生活実態』明石書店。
松尾昌樹（2010）『湾岸産油国──レンティア国家のゆくえ』講談社。
────（2013）『オマーンの国史の誕生──オマーン人と英植民地官僚によるオマーン史表象』御茶の水書房。
Crystal, Jill. (1990) *Oil and Politics in the Gulf: Rulers and Merchants in Kuwait and Qatar*. Cambridge: Cambridge University Press.
Davidson, Christopher M. (2005) *The United Arab Emirates: A Study in Survival*. Lynne Rienner.

Gardner, Andrew. (2010) *City of Strangers: Gulf Migration and the Indian Community in Bahrain.* Cornel University Press.

Gray, Matthew. (2011) *A Theory of "Late Rentierism" in the Arab States of the Gulf* (Occasional Paper No. 7). Center for International and Regional Studies, Georgetown University School of Foreign Service in Qatar.

――――. (2013) *Qatar: Politics and the Challenges of Development.* Lynne Rienner.

Hanieh, Adam. (2011) *Capitalism and Class in the Gulf Arab States.* Palgrave Macmillan.

Herb, Mich. (1999) *All in the Family: Absolutism, Revolution, and Democratic Prospects in the Middle Eastern Monarchies.* State University of New York Press.

――――. (2014) *The Wages of Oil: Parliaments and Economic Development in Kuwait and the UAE.* Cornel University Press.

Longva, A. Nga. (1999) *Walls built on Sand: Migration, Exclusion, and Society in Kuwait.* Boulder: Westview Press.

Onley, James. (2007) *The Arabian Frontier of the British Raj: Merchants, Rulers, and the British in the Nineteenth-Century Gulf.* Oxford University Press.

Potter, Lawrence G. ed. (2013) *Sectarian Politics in the Persian Gulf.* Hurst & Co.

Rich, Paul. (2009) *Creating the Arabian Gulf: The British Raj and the Invasions of the Gulf.* Lexington Books.

Sato, Shohei. (2016) *Britain and the Formation of the Gulf States: Embers of Empire.* Manchester University Press.

Tétreault, Mary Ann. (2000) *Stories of Democracy: Politics and Society in Contemporary Kuwait.* Columbia University Press.

Ulrichsen, Kristian. (2011) *Insecure Gulf: The End of Certainty and the Transition to the Post-Oil Era.* Columbia University Press.

Valeri, Marc. (2008) *Oman: Politics and Society in the Qaboos State.* C. Hurst & Co.

Yom, Sean L., F. Gregory Gause III. (2012) "Resilient Royals: How Arab Monarchies Hang On." *Journal of Democracy* 23(4): 74-88.

Zahlan, Rosemarie Said. (1998) T*he Making of the Modern Gulf States: Kuwait, Bahrain, Qatar, the United Arab Emirates and Oman* (Revised and Updated Edition). Reading: Ithaca Press.

第10章
スーダン

飛内悠子

　本章におけるスーダンとは、現スーダン共和国領域を示す。なぜわざわざこのような説明を施すのかというと、現在スーダンの名を冠する国家が2つあるためである。1つが本節で取り上げるスーダン共和国（The Republic of the Sudan）であり、もう1つが南スーダン共和国（The Republic of South Sudan）である。両国は1889年から2011年まで1つの国家であったが、2011年7月9日に南スーダン共和国が独立したことによって、スーダンの名を持つ国家が2つ誕生することになった。本章で主に取り上げるのはスーダンであるが、一国家として南スーダン領域と共に歩んだ長い歴史を考慮せずにスーダンを理解することは不可能である。

1. 概　要

　スーダンはアフリカ大陸の北東部、中東・北アフリカとサブサハラ・アフリカとの境界に位置する。その面積はスーダン政府の公式発表によれば約188万6000平方キロメートル、18州（ウィラーヤ）から成り、現在の人口は3500万人を超えていると予想される。多民族国家であるが、マジョリティはアラブ系ムスリムであるとされる。だがその地理的、歴史的な事情により、スーダンにおいて誰が「アラブ」なのかというのはたいへん難しい問題である[1]。政治体制は共和制であり、現在の大統領はオマル・ハサン・アフマド・アル＝バシール（在任1989～）である。公用語は標準アラビア語と英語であり、住民の9割以上がムスリムであるとされ、イスラーム法が適用されている。
　国土の中心部をナイル川が貫いており、白ナイルと青ナイルの合流地点である首都ハルツームを含めたその領土の多くは乾燥地帯で、年間平均降雨量は少なく、ナイル川沿いでは灌漑農業が発達した。一方、南部の白ナイル州、南コルドファン州、青ナイル州などでは一定量の降雨があり、人びとは天水農耕を

行っている。また、全土において気温は一年中かなり高い。

2. 略　史[2]

　現南北スーダン領域が一国家として歴史上に現れるのは、1820年のムハンマド・アリー朝による侵略以降である。それまではヌビア人による諸王朝による支配を経て、フンジュ・スルターン国やダール・フール・スルターン国といったイスラームを奉じる国がスーダン領域を支配していた。そこにムハンマド・アリー朝が侵略を図り、ハルツームを拠点として植民地化に着手した。ナイル川を通じて南部へとその勢力を拡大させ、それと並行して奴隷交易が活発化していった。1881年に始まったマフディー運動によって一旦は植民地勢力を追い出すことに成功するが、マフディー運動が倒れたのち、1899年にイギリス・エジプト共同統治下に入ることとなった。イギリスは南部、ダール・フール等の地域をも次々とその支配下に置いた。

　こうして創り上げられたイギリス＝エジプト領スーダンをイギリスは植民地支配上の都合により南北に分断して統治した。南北間の人の行き来を禁じ、北部ムスリムたちには系譜を整備し、イスラームを認め、高等教育を行うことによって人材育成を図ったのに対し、南部にはキリスト教宣教師団を送り込み、基礎的な教育しか施さなかった。それによって、南北間の、さらに言えば北部中心部にいる人びととそれ以外の人びととの間の格差が拡大した。この格差はのちの南北内戦、そしてダルフール紛争、さらには2011年以降の青ナイル州、南コルドファン州における紛争勃発の背景の1つとなった。

　こうした格差を背負ったまま、1947年のジュバ会議によって南部と北部が1つの国家としてイギリスから独立することが決定した。独立の準備として官僚のポストをイギリス人からスーダン人へと委譲する「スーダン化」が行われたが、その主人公となったのは北部スーダン人たちであり、それは当然のことながら南部人の反感と恐怖を引き起こした。そして1955年、南部のトリットでの蜂起をきっかけに第1次スーダン内戦が開始された[3]。内戦は1972年にアディス・アベバ協定によって一旦終結し、南部は自治領となったが、その後北部政府の政策転換、南部の経済開発の遅れへの不満等があいまった結果、1983年に南部人主体のゲリラ軍、スーダン人民解放軍／運動（Sudan People's Revelation Army/Movement: SPLA/M）が蜂起したことによって第2次内戦が

開始された。

　スーダンの国内政治も安定とはほど遠かった。イギリスからの独立後、民主的政治体制が軍事クーデターによって覆されることが繰り返された。そしてこの国内政治の展開に影響を与え、かつ利用もされたのが宗教である。ムスリム同胞団の流れをくむイスラーム憲章戦線[4]はその後の政治展開に大きな影響を及ぼした。1989年に軍事クーデターによって成立したバシール政権は、南北内戦がイスラームの聖戦であると宣言し、スーダンのさらなるイスラーム化を進めようとした。そしてそれはスーダン政治の中枢を担う人びとをますます富ませる結果となり、周辺地域、民族のさらなる周縁化を招いたのである。

　それに対し、北部対抗勢力はSPLAと連携し、バシール政権を倒そうとしたが、この試みは失敗に終わった。世界最長といわれ、いつ終わるとも知れなかった内戦は、アメリカ、政府間開発機構（Inter-Governmental Authority on Development：IGAD）、周辺諸国の仲介によって2000年代初頭に急速に和平交渉が進展し、2005年7月、遂に包括的和平協定（Comprehensive Peace Agreement：CPA）がスーダン与党である国民会議党（National Congress Party：NCP）とSPLMとの間で締結された。CPAは南北間の権力分有を明記すると共に、南部スーダン政府の設立と6年間の暫定統治期間ののちの南北統一もしくは分離独立を決定する南部スーダン人による住民投票を行うことを規定していた。

　2011年1月に行われた住民投票では98％以上の人が独立に票を入れた。そして7月9日、南スーダン共和国がスーダンからの独立を果たした。この独立を受け、オマル・バシールはスーダンが「イスラーム国家」となることを宣言し、国内にあるキリスト教教会への弾圧を強めた。そうした政府の姿勢に不満、不安を覚えた周辺地域においては新たに紛争が起きている。

　また、2003年に開始されたダルフール紛争は、アクターの複雑化、政府が裏で糸を引いているとされるジャンジャウィードらの暗躍によって長期化し、停戦協定も締結と破棄を繰り返している。

3．スーダン研究の課題

（1）歴史・政治

　スーダンを研究するにあたって、誰もが最初に手に取るのはHoltとDaly

による『スーダンの歴史――イスラームの到来から現在まで』（Holt and Daly 2000）である。題名の通り、イスラームの到来から現在までの歴史をバランスよく描いている。植民地支配がスーダンに与えた影響、そして第2次スーダン内戦への道筋とその過程をよく描いているのは Douglas H. Johnson の『スーダンにおける複数の内戦の複数の根本的原因』（Johnson 2012）である。さらに2011年に南北両スーダンの重要なテーマが手際よくまとめられた『スーダン・ハンドブック』（Ryle et al. 2011）が出版された。ダルフール地方、およびダルフール紛争に関しては一定の研究蓄積があるが、基本的知識をおさえるには Alex De Waal と Julie Flint による『長い戦争の短い歴史』（Waal and Flint 2005）が適している。また、南スーダンの独立、そして相次いで起こった紛争等を背景として、近年の南北スーダンの政治的動態についてを論じた著作、論集が次々と刊行されている（Young 2012; Copnall 2014; Carkins & Ille 2014）。

（2）宗教・文化・人びとの生活

　スーダンはそこに生きる人びとすら「暑い」、「何もない」と文句を言うほどであり、決して暮らしやすい場所ではないが、その魅力の1つはひとであるように思う。人類学者の関心は主に南スーダンにあり、スーダンを舞台とした人類学的著作は多いとは言えないが、スーダン研究者であるならば、女性たちが行うザールと呼ばれる憑依儀礼を描いた Janis Boddy の『子宮と異邦霊』（Boddy 1989）を避けて通るわけにはいかないだろう。また、スーダン南部、南スーダンとの国境地帯の民族を描いた Wendy James の一連の著作は、激動のスーダンの「辺境」に生きた人びとの生活をあざやかに見せてくれるうえに、彼らの人間観を理解することを通して人類学そのものを揺さぶろうとする（James 1980, 1988, 2007）。さらにスーダン政庁が出版元となって刊行が開始された雑誌『スーダン・ノーツ・アンド・レコーズ（*Sudan Notes and Records*）』は歴史的資料として、そして人類学の発展にとっても大きな価値がある。スーダンの宗教、特にイスラームに関しては Spencer Trimingham の著作が古典となる（Trimingham 1949）。

（3）日本におけるスーダン研究

　日本にはスーダン研究者が少ない。だがどの研究者もスーダンにおける長い調査経験、世界的ネットワークと豊富な知識を持つ。栗田禎子の『近代スーダ

ンにおける体制変動と民族形成』(2001) は南北両スーダンを射程に入れ、その政治と民族形成の相関性を膨大な量の歴史資料から辿った壮大な著作である。また、大塚和夫の『テクストのマフディズム』(1995) はマフディー運動の現代的意味を問うと同時に、文字と人間の生活の実態との関わりを描いている。縄田浩志はスーダン東部に生きる人びとの生活を生態的にとらえようとしている。栗本英世の『民族紛争を生きる人びと――現代アフリカの国家とマイノリティ』(1996) は主に南部スーダンに焦点を当てているが、スーダンを見ていくうえで欠くことのできないスーダン内戦への理解を深めるための必読書といえるだろう。また、第2次スーダン内戦終結により現地調査が可能になったこともあり新たな研究者も育ちつつある。雑誌『上智アジア学』31号 (2013) には筆者を含めたそうした研究者の研究の成果の一部が特集として載せられている。ここからスーダン研究に従事する日本人研究者の現在の関心を垣間見ることができるだろう。

2011年の南スーダン独立後も南北間関係がよいとは決して言えないうえに、スーダン南部における紛争も、南スーダンでの紛争も収まる気配がない。だがそうした厳しい環境の中でも人びとはスーダンで、避難した先で自分の人生を生き続けている。スーダンの歴史・政治・文化への深い理解を背景としながら、そうした人びとと向き合う必要がある。スーダン研究者に残された課題は少なくない。

【注】
1) スーダンにおける「アラブ」の意味に関しては 栗田 (1993) を参照のこと。
2) 本章を執筆するにあたっては 主に栗田 (2001)、大塚 (1995)、栗本 (1996)、Johnson (2012) を参照した。
3) 第1次スーダン内戦の開始年には諸説ある。
4) のちに民族イスラーム戦線 (National Islamic Front：NIF) と改称した。

▶▶ 本章の研究テーマを学ぶための基本文献

大塚和夫 (1995)『テクストのマフディズム』東京大学出版会。
栗田禎子 (2001)『近代スーダンにおける体制変動と民族形成』大月書店。
栗本英世 (1996)『民族紛争を生きる人々―― 現代アフリカの国家とマイノリ

ティー』世界思想社。

Akahori, M. ed.（2013）『上智アジア学』31 号、上智大学アジア文化研究所。

Boddy, J. (1989) *Womb and Alien Spirits*. Madison: The University of Wisconsin Press.

Carkins, S. and J. Ille. (eds.) (2014) *Emerging Orders in the Sudans*. Langaa RPCIG.

Copnall, J. (2014) *A Poisonous Thorn in Our Hearts: Sudan and South Sudan's Bitter and Incomplete Divorce*. Kampala: Fountain Publishers.

Johnson, D. H. (2012) *The Root Causes of Sudan's Civil Wars*. Oxford: James Currey.

Holt, P. M and M. W. Daly. (2000) *A History of the Sudan: From the Coming Islam to the Present Day,* 5th edition. Essex: Pearson Education.

James, W. (1980) *Kwanim Pa: The Making of the Uduk People: An Ethnographic Study of Survival in the Sudan-Ethiopian Borderlands.* Oxford: Oxford University Press.

―――. (1988) *The Listening Ebony: Moral Knowledge, Religion, and Power among the Udok of Sudan*. Oxford: Oxford University Press.

―――. (2007) *War and Survival in Sudan's Frontierlands: Voices from the Blue Nile*. Oxford: Oxford University Press.

Ryle, J. et al. (2011) *The Sudan Handbook.* Suffolk: James Currey.

Trimingham, S. (1949) *The Islam in the Sudan*. London: Oxford University Press.

Young, J. (2012) *The Fate in Sudan: The Origins and Consequences of a Flawed Peace Process*. London & New York: Zed Books.

Waal, D. A and J. Flint. (2005) *Darfur: the Short History of Long War*. New York: Zed Books.

第11章
リビア

小林　周

1．地域事情

　リビアは地理的に中東、アフリカ、環地中海の結節点に位置し、紀元前から東西南北の交流の要衝となってきた。紀元前にはフェニキアや古代ギリシア、ローマ帝国の都市が築かれ、7世紀にはアラビア半島からのアラブ人の侵攻によりイスラームが繁栄し、16世紀以降はオスマン帝国が地中海沿岸部を支配した。また内陸部も、サハラ交易の要衝として栄えた。そのため、リビアではアラブ・イスラームの文化を軸に、地中海やサブサハラの文化が混じり、さらに食や建築には旧宗主国であるイタリアの影響も見られる。

　1911年にイタリアがリビア入植を開始した当時、まだリビアという国家は成立していなかった。現在のリビアの国土は、英・仏の植民地に挟まれた北アフリカの「空隙地」であり、小規模の地域社会が点在しているだけであった。イタリアによる植民地支配と第2次大戦を経て、1949年に国連はリビアの独立を決議、1951年にはリビア連合王国が成立した。同国は西部のトリポリタニア、東部のキレナイカ、南西部のフェザーンという3つの自治州から構成され、各州の内政は事実上それぞれの地域の有力者に委ねられた。政府は1964年に連邦制を廃止し、単一国家リビア王国として中央政府の権限を強化した。

　近現代のリビアは、1969年から2011年までムアンマル・カッザーフィー政権の統治下にあり、2011年の内戦による同政権の崩壊以降は、民主化への努力が進められているものの、政治と治安情勢が流動化している。現在のリビアは、人口約650万人、国民の97％はアラブ人であり、残りをベルベル人と少数民族のトゥアレグ（アザワド）、トゥーブが占める。主要言語はアラビア語、主要宗教はイスラーム教スンナ派である。約471億バーレルともいわれる石油埋蔵量により、GDPは約736億ドル（2013年）、1人当たりGDP 1万1300米ドルとアフリカ諸国の中では高位にあるが、2011年の内戦とその後の情勢流

動化により石油産出量も低下し、石油資源に依存した経済産業は停滞している。

２．重要な研究課題

（1）カッザーフィー政権下のリビアの政治、経済、社会

　1969年から2011年まで42年間にわたって存続したカッザーフィー政権下でのリビアの政治、経済、社会についての研究は質・量ともに十分ではない。独裁的な政治体制や国際社会との対立から、リビア国内での学術的な調査や資料収集に多くの制約が伴ったこと、石油資源や大量破壊兵器開発計画、諸外国の反政府組織支援を除き国際的な注目を集めることも多くなかったことがその要因である。

　1969年9月1日、当時青年将校であったカッザーフィーが王国政府に対するクーデターを実行した。王政は廃止され、「革命指導評議会（Revolutionary Command Council）」を最高政治機関とするリビア・アラブ共和国が樹立された。1973年にカッザーフィーは「ジャマーヒーリーヤ（人民主義）体制」の確立を掲げ、直接民主制の採用、反帝国主義、アラブ・ナショナリズムの推進など、独自の政策を打ち出した。カッザーフィーの政治思想は『緑の書』にまとめられた。カッザーフィーがいかにして政治基盤を確立し、42年間にわたって政権を維持したかという点については、政治機構や治安維持機関といった統治システムを分析した研究、地域や部族といった国内のパワーの調整に焦点を当てた研究、産油国であるリビアのパトロン－クライアント関係を「レンティア国家論」から分析した研究、国際関係論の枠組みを用いてリビアの対外政策や諸外国との関係を検証した研究がある。

　1970年代後半から1990年代には、諸外国の反政府組織やテロ組織を支援し、大量破壊兵器を開発しているとして、リビアの国際的な孤立が高まった。特に、米国は経済制裁を1986年に実施し、また同年にリビアへの空爆も行うなど圧力を高めていく。その中で1988年12月、スコットランドのロッカビー村上空で米系パンナム機が爆発する「ロッカビー事件」が発生し、リビア政府の関与が濃厚だとして1992年から国連による経済制裁が科されることになった。

　2000年代に入り、リビアが国際社会との融和姿勢を明確にしていくと、それに伴ってリビアの政治・経済改革に焦点を当てた研究が増えていく。2003年には国連の経済制裁が解除され、リビア政府も大量破壊兵器開発計画の放棄

を宣言する。リビア国内においても、カッザーフィーの親族や改革派の政権幹部を中心に政治・経済改革や欧米との関係改善が進められた。また、1990年代以降は外交の軸足をアラブからアフリカに移し、アフリカ統一機構（現アフリカ連合）の設立などを通じたプレゼンス強化を目指した。カッザーフィー政権崩壊後の混乱の中で調査の機会や資料はさらに損なわれているが、リビアの近現代史に関する研究蓄積を増やし、今後のリビア情勢に関する知見を深めるためにも、カッザーフィー政権に関する研究には今後も多くの余地と意義がある。

（2）カッザーフィー政権崩壊以降の不安定化

いわゆる「アラブの春」が波及する形で、2011年2月17日からリビア東部を中心に反政府デモが発生した。反政府運動は首都トリポリを含む全国に展開し、政権や軍部からも離反が起き、カッザーフィー政権と反体制派「リビア国民評議会（National Transitional Council）」との間で内戦状態となる。また、同年3月には国連安保理において経済制裁や飛行禁止区域の設定、空爆が承認され、北大西洋条約機構（NATO）を主体とする軍事介入が行われた。これにより、当初はカッザーフィー軍が優勢であった戦況は逆転し、2011年8月下旬には首都トリポリが反体制派によって制圧され、10月20日にはカッザーフィーが拘束、殺害された。これにより、1969年から42年間続いた独裁体制が終焉した。

リビア内戦における1つの大きな特徴は、諸外国の大規模な軍事介入である。これは、いわゆる「アラブの春」においては最初の事例であり、その後の中東・北アフリカ情勢のみならず国際政治にも大きな影響を与えた。また、リビアへの軍事介入を承認した「国連安保理決議1973号」は、国際社会が「保護する責任（Responsibility to Protect）」を履行した事例として注目された。この点について、人道的介入などの政治規範の面から研究が進められている。

カッザーフィー政権の崩壊以降、リビアの国家（再）建設は進まず、治安情勢は流動化している。その理由は、①カッザーフィー政権崩壊以降に権力配分をめぐる政治対立が激化し、中央集権的な政治制度構築が阻害されているため、②内戦時に誕生した民兵組織が非国家武装主体となり、新政権の平和構築・治安維持を阻害しているため、③国内の過激派を封じ込めてきたカッザーフィー政権の崩壊によりイスラーム過激派組織が活発化しているため、④北アフリカ～サヘル地域全体の政治・治安の流動化により、リビアを出発点・通過点・目的地とするヒト・モノ・カネの不法な移動が増加しているため——という4点

に集約できる。

2012年夏、国民選挙により暫定立法機関「国民議会（General National Congress）」が発足し、民主化に向けて一歩を踏み出したかに見えたリビアだが、政権内部での対立や東部地域の独立要求により政治プロセスが難航している。政権幹部は出身地域や部族など特定集団の権益の最大化を図り、民兵組織と組んで対抗する勢力の排除に走るなど、カッザーフィー政権打倒という共通目的を失った各勢力の対立は深まった。2014年には国民選挙を経て「代表議会（House of Representatives）」が発足、国民議会に代わって正式な立法府として機能していく予定であった。しかし、国民議会が正統性を主張して解散を拒んだため、リビアに2つの政治主体が並存し、勢力下の軍事組織や民兵による武力衝突を招き、政治・治安情勢はいっそう流動化した。国連などの仲介により、2016年からは統一政権「国民合意政府（Government of National Accord）」が発足したものの、政治対立の解消には至っていない。政変後のリビア情勢は極めて流動的であり、現状の理論化や定量的分析には様々な制約があるものの、崩壊／破綻／脆弱国家のガバナンス、紛争後の復興開発（Post-conflict Reconstruction and Development）などの観点からの比較研究が可能であろう。また、新政権が42年間に及ぶカッザーフィー政権の人権侵害とそれに関与した組織や個人をどのように裁き、免責し、今後のリビア社会において取り扱われていくのかについては、例えば移行期正義（Transitional Justice）の枠組みが有用となるだろう。

また、内戦時に反カッザーフィー勢力としてリビア国内各地に誕生した民兵組織が、政変後も国軍・警察機関に吸収されずに都市部や国土の周縁部の実効支配、主要都市や戦略的要衝の占拠を行い、リビアの平和構築を阻害している。政変後のリビアにおける非国家武装主体の活発化と治安の流動化については、平和構築、治安部門改革（Security Sector Reform）、武装解除・動員解除・社会復帰（Disarmament, Demobilization, Reintegration）の観点からの分析が深められる必要がある。

さらに、政変後のリビア情勢の不安定化を考察する上では、北アフリカ地域情勢全体をマクロに捉える視座が必要となる。カッザーフィー政権の崩壊は北アフリカ～サヘル地域（サハラ砂漠南縁部）に「力の空白」を生み、また、内戦によって戦闘経験者や銃火器が地域内に拡散した。これにより、域内諸国では国境地帯が不安定化し、広大な「統治されない空間（Ungoverned Spaces）」に犯罪組

織や過激派組織の活動拠点、移動経路が構築されている。また、サブサハラ・アフリカから欧州を目指す移民も、国境管理の脆弱なリビア南部から北上し、地中海を越える経路を利用するケースが増加している。この広大な地理空間における様々な主体のトランスナショナルな活動がリビアに与える影響についての検証も、リビア情勢を理解する上で大きな意義を持つ。そのためには、現地調査に基づいた国連機関や国際 NGO などの報告書も重要な資料となるだろう。

（3）リビアにおけるイスラーム主義・過激派組織の歴史と展開

　リビアは建国当時から、イスラーム主義組織（第Ⅳ部第 2 章を参照）と深い関わりを持つ。イタリアによる植民地支配への抵抗運動を主導したのは、イスラーム神秘主義教団「サヌーシー教団」であった。各地のゲリラを組織してイタリアに抵抗した当時の指導者ウマル・ムフタールは、現在も「独立の父」としてリビア国民の尊敬を集めている。リビア王国独立の際には、サヌーシー教団創始者の子孫であるムハンマド・イドリース・サヌーシーが国王となった。イドリース国王は、出自であるサヌーシー教団の宗教的権威を、政治的権威の確立のために利用した。リビア東部は特にイスラーム主義組織の影響力の濃い地域であり、またカッザーフィーのクーデターによって政権の座を追われたサヌーシー王朝の政治基盤でもあったため、カッザーフィー統治下の 42 年間において、急進的なイスラーム主義と反政府思想が融合しながら高まっていった。2011 年 2 月にリビアで反政府デモが最初に行われた場所が東部都市ベンガージーであることは、リビア東部の政治風土を端的に表しているといえよう。

　リビアにおけるイスラーム主義についての学術的・政策的関心が高まったのは、1980 年代後半以降、中東諸国で活動する過激派組織にリビア人が多く参加していることが明らかになってからである。特にアル＝カーイダとその関連組織では、リビア出身とされる者が重要な任務を担っていたことが明らかになっており、テロリズム研究や過激派研究の観点から、リビアにおけるイスラーム主義組織の歴史と展開が分析されるようになる。他方で、「なぜリビア、特にリビア東部から多くの過激派や原理主義者が輩出され続けるのか」という根本的な問いに対して客観性と説得力を持つ検証を行った研究は、まだ発表されていない。

　リビアでは、内戦中から多数のイスラーム過激派が反カッザーフィー勢力に参入し、外国からの支援獲得、戦闘訓練に貢献した。カッザーフィー政権

の崩壊後、過激派組織は政治、経済、軍事の3つの資源を獲得しながらリビア国内に伸張した。2012年のベンガージーの米国領事館襲撃事件や、2014年から2016年末にかけての「イスラーム国」による領域支配など、内戦以降は過激派がリビアの政治・治安情勢を揺るがす事件が発生している。また、過激派組織はリビアの治安・国境管理が脆弱化する中で、リビア国内に活動拠点や移動経路を構築してきた。リビア国内のイスラーム過激派組織についての分析は、(2)で示した北アフリカ〜サヘル地域全体の政治・社会情勢を視野に入れながら進める必要がある。

▶▶ 本章の研究テーマを学ぶための基本文献

アル・カッザーフィ、ムアンマル (1993)『緑の書（増補新版）』藤田進訳、第三書館。
塩尻和子 (2006)『リビアを知るための60章』明石書店。
福富満久 (2011)『中東・北アフリカの体制崩壊と民主化——MENA市民革命のゆくえ』岩波書店。
宮治一雄 (1978)『世界現代史17 アフリカ現代史Ⅴ《北アフリカ》』山川出版社。
Ahmida, Ali Abdullatif. (2009) *The Making of Modern Libya: State Formation, Colonization, and Resistance,* 2nd edition. Albany: SUNY Press.
Anderson, Lisa. (1986) *The State and Social Transformation in Tunisia and Libya, 1830-1980.* Princeton: Princeton University Press.
―――. (1990) "Tribe and State: Libyan Anomalies." In *Tribes and State Formation in the Middle East*, edited by P.S. Khoury and J. Kostiner, University of California Press.
Chivvis, Christopher S. (2013) *Toppling Qaddafi: Libya and the Limits of Liberal Intervention.* Cambridge: Cambridge University Press.
Davis, John. (1987) *Libyan Politics: Tribe and Revolution.* London: I.B. Tauris.
El-Kikhia, Mansour. (1997) *Libya's Qaddafi.* Florida: University Press of Florida.
Kersten, Mark. (2014) "Justice After the War: The ICC and Post-Gaddafi Libya." In *Transitional Justice and the Arab Spring*, edited by Kirsten J. Fisher and Robert Stewart. New York: Routledge.
Pack, Jason. (2013) *The 2011 Libyan Uprisings and the Struggle for the Post-Qadhafi Future.* London: Palgrave Macmillan.
Obeidi, Amal. (2001) *Political Culture in Libya.* New York: Routledge.

St. John, Ronald Bruce. (1998) *Historical dictionary of Libya*, 3rd edition. Lanham: The Scarecrow Press.

―――― . (2008) *Libya: From Colony to Independence*. Oxford: Oneworld Publications.

Vandewalle, Dirk. (1998) *Libya Since Independence: Oil and State-Building*. New York: Cornell University Press.

――――. (2011) *Libya since 1969*, 2nd edition. New York: Palgrave Macmillan.

――――. (2012) *Libya Since Independence*, 2nd edition. Cambridge: Cambridge University Press.

Wright, John. (2010) *A History of Libya*. New York: Columbia University Press.

第12章
チュニジア

若桑 遼

1. 地域事情

　正式名称はチュニジア共和国である。人口は、およそ1100万人（2014年7月現在）で、面積は日本の5分の2程度の16万3610平方キロメートルである。エスニック集団は、アラビア語を母語とするアラブ人が多数派（約98％）で、アルジェリアやモロッコなど、他のマグリブ諸国と比べてベルベル系住民の人口の割合は著しく少ない。チュニジアの国語は、憲法第1条で定められているとおり、アラビア語である。旧宗主国の言語であるフランス語も、報道、商業、学問、外交の分野で広く用いられている。国教はイスラームで、スンナ派住民が多数派であるが、南部のジェルバ島には少数のハワーリジュ派も居住する。1881年、チュニジアはバルドー条約によりフランス植民地統治下に組み入れられた。やがて現地エリートのなかから青年チュニジア人運動が起こり、のちにネオ・ドゥストゥール党（1934年結党）が独立運動を指導した。独立を達成したのは1956年3月である。

　チュニジア地域研究の導入としては、以下の文献を勧める。近現代チュニジアの史的展開を把握するには、日本のマグリブ史研究の先駆者である宮治一雄の概説書（宮治 1994）がよい。人類学者の鷹木（2000a）の研究も勧めたい。この研究は、臨地調査に基づいて書かれた村落共同体内の民間信仰をめぐる歴史民俗誌であるが、独立以降の国家建設の過程やその後の社会変容に関する深い考察を行っており、チュニジア研究の道標となる。鷹木（2000b）も合わせて読むとなおよい。米国人歴史研究者による通史（パーキンズ 2015）は、革命後の動向が加筆された英語原書第2版（Perkins 2014）の日本語訳である。英語の原書巻末には詳細な文献案内が付されているので、自分の興味のあるテーマを深めるための導入として役に立つ。

2．研究課題

(1)「権威主義体制」の再考

　1956年の独立から、「アラブの春」の発端となった2011年のいわゆる「ジャスミン革命」が起こるまで、チュニジアはわずか2人の大統領しか輩出していない。現在のチュニジアの政治や政治制度の特徴および問題点をより深く把握するためには、ブルギバ、ベン・アリーと続いた2人の大統領による「権威主義体制」の検討からスタートしたほうがよいだろう。

　①ブルギバ体制（1956～1987）：ネオ・ドゥストゥール党の党首としてフランス植民地統治からの独立運動を指導した元弁護士のハビーブ・ブルギバは、「建国の父」であり、今日でも共和国のなかで象徴的な位置づけを占める。ブルギバは、初代大統領に就任し、国のあらゆる分野の「近代化」を推し進め、現在の国の礎を築いた（Micaud, Brown and Moore 1964）。ネオ・ドゥストゥール党は、1964年に立憲社会党（PSD）に改称して、ブルギバ指導の下、中央集権的で強固な一党支配体制を構築し、その過程で他の政治勢力を排除した（Moore 1965）。Camau/Geisser編（2004）は、現代チュニジアに大きな痕跡を残したブルギバ体制を多角的に検討した研究で、この時期のチュニジア政治を知るうえでの基本文献である。Temimi編（2000; 2001）は、チュニジア人歴史研究者によるブルギバ体制の再考の試みである。Charrad（2001）は、男女平等を規定した身分法の制定（1956年8月）をはじめとする国家の法制度整備の観点から女性の権利について論じた。数多く出版されたブルギバ個人の伝記は、Bessis/Belhassen（2012）がよい。

　②ベン・アリー体制（1987～2011）：ブルギバ体制末期のチュニジアは政治的、社会的、経済的危機を迎えた。このときに台頭したのが、第2代共和国大統領のザイヌルアービディーン・ベン・アリーである。国の経済政策を優先したベン・アリーは、「変革」のスローガンを掲げて、世界銀行とIMFの介入による国内経済の再建を目指した。チュニジアは、マクロ経済のパフォーマンスにおいては良好な成長を記録した。その一方、権威主義的な体制の下で、政治活動および社会生活は厳しく規制された。政権は、1999年に名目的な複数政党制を導入し、定期的に議会選挙と大統領選挙を実施して、権威主義的側面を巧妙に隠蔽した。ベン・アリー政権の支配構造について政治・経済学的視点から詳細な

分析を行ったのは、Hibou (2006) である。1980 年代末以降、チュニジアの支配形態の特徴として、政治的性格をもつ警察組織が碁盤状のネットワークを張り巡らせていること、そして立憲民主連合（RCD）の細胞組織が国の全土の基礎自治体にまで配置されて中央権力の仲介役として機能したことを挙げた。このような体制下で政権に批判的な活動家たちは訴追・拷問の弾圧を加えられ、しばしば国外への亡命を余儀なくされた（Lamloum/Ravenel 2002 参照）。ブルギバからベン・アリーに至るチュニジアの権威主義体制については Camau/Geisser (2003) が深い洞察を提供しており、重要かつ基本文献である。Murphy (1999) は、ベン・アリー期のチュニジアを事例として経済の自由化と政治変動とが両立しえないとする。Bellin (2002) は、労働と資本とが権威主義体制を支えると論ずる。これらの研究は、「アラブの春」以降、現在のチュニジアの国家体制を知るうえでも依然として有効な視点を提示している。日本語では、国際関係のなかでアラブ・マグリブ諸国の政治・経済的状況の分析を試みた吉田 (2005)、「アラブの春」以後の動向を射程に入れた福富 (2011) を参考にできる。

　1970 年代末からイラン革命の影響を受けて、イスラーム法（シャリーア）に忠実な統治を行おうとするイスラーム主義的な政治運動がチュニジアでも起こった。「イスラーム志向運動（MTI）」が創設され、同団体は、1989 年に「覚醒」を意味する「ナフダ（Ennahda）」に改称した。ナフダは 1989 年の議会選挙に独立候補者を擁立したものの、他の政治団体よりもいっそう激しい弾圧にさらされた。チュニジアにおけるイスラーム主義運動の起源と展開については、Burgat (1988) が基本文献である。日本語では私市 (2004) がある。ナフダ党は、今日のチュニジア政治においても主要なアクターとなっている。

(2)「アラブの春」以降の民主化プロセス

　「アラブの春」後、それを経験した国々の大半が混迷の只中にあるが、民主主義体制への移行に成功したチュニジアは例外的な事例だといえる。2010 年 12 月 17 日、チュニジア中部の町スィディ・ブーズィードで抗議行動が起こり、体制に対する不満と結びついて周辺の町々、次いで主要都市に拡大した。2011 年 1 月 14 日、ベン・アリー大統領は国外に亡命し、体制が崩壊した。これが中東・北アフリカ地域の政治変動である「アラブの春」の発端となった。大統領の亡命から約 9 カ月後の 2011 年 10 月 23 日、制憲議会選挙が実施されたが、このときチュニジアは建国以来の初となる「自由で公正な選挙」であった。2014

年1月に制憲議会で可決された新たな憲法は、革命の「精神」を体現しているといってもよい。この憲法に基づき、2014年10月に議会選挙が、次いで11月および12月に大統領選挙が実施され、4年弱に及ぶ民主主義体制への移行期が正式に終了した。米国の非営利団体フリーダム・ハウスの指標は各国の自由度を図る物差しとして広く用いられているが、同団体の発行する2015年調査報告書では、チュニジアは中東・北アフリカ諸国のなかではイスラエルを除き、唯一「自由」であるという評価を得るに至った（Freedom House 2015）。

　市民社会は、民主主義体制への移行において非常に効果的な機能を果たした。市民社会は、路上の抗議デモにいち早く連帯を表明しただけでなく、政治が機能不全に陥った際に「国民対話」を通じて各政治勢力の合意形成を図った。「国民対話」の4者（カルテット）は、チュニジアの民主化プロセスに果たした役割を評価され、2015年のノーベル平和賞を授与された。権威主義体制下の市民社会の役割および機能についてはBellin（1995; 2002）、Camau/Geisser（2003）などの研究から入ることができる。最近ではチュニジア労働総同盟（UGTT）を扱ったYousfi（2015）、植民地統治期以降の弁護士の役割を社会史的視点から考察したGobe（2013）の研究が出版された。

（3）開発、貧困、失業、地域間格差

　誉れ高い革命は直ちに経済の不均衡や社会的不平等を解決したわけではない。チュニジアは、マクロ経済の比較的良好なパフォーマンスを維持してきたが、2011年から2015年までの国内経済は、2011年以前の水準を下回った。Escribano（2016）は、チュニジアを含む北アフリカ諸国を比較検討し、民主化の維持に可能な経済的条件を論ずる。

　雇用問題は、チュニジアの大きな社会問題である。2010年暴動の要因ともなった高い失業率は、2010～11年の革命前後で大きな変化はみられない。失業者の割合は男性よりも女性に多く、ジェンダー間の格差が指摘される。高等教育を受けた青年層の失業率が高いのも特徴である。2016年1月から3月まで高等教育修了者の失業率は、国の平均失業率のおよそ2倍に上る[1]。失業者の割合の地域間格差も特徴的である。国の経済活動は、地中海沿岸部の諸都市に集中しており、革命後も沿岸部の都市部と内陸の農村部との地域間格差が広がる。失業者はとくにチュニジア北西部、中西部、南部の低開発地域に集中する（World Bank 2014: 283）。Merone（2016）は、このような社会的に「疎外さ

れた」下層階級の存在がイスラーム急進派の活動に加わる要因のひとつであるとみている。

　チュニジアにおける開発や貧困は主要な課題のひとつである。統計データは、チュニジア国立統計学研究所（INS）のほか、世界銀行、IMF などの調査レポートを参考にできる。ただし Hanieh（2016）が指摘するとおり、これらの国際金融機関が地域において市場優位の政策を推進する役割を果たしていることに十分に留意しなければならない。民主化プロセスを完了させたチュニジアであるが、経済的・社会的問題の解決がされない限り、その基盤は脆弱なままである。チュニジアは、中東・北アフリカ域内政治においては小国であり、研究においてもほとんど注目されてこなかったが、「アラブの春」以後の民主化の成否という観点からも、今日ますます研究の必要性が高まっているといえるであろう。

【注】
1 ）失業率の統計データは、チュニジア国立統計学研究所のホームページを参照。L'Institut National de la Statistique（INS）: http://www.ins.tn/fr/themes/emploi（最終閲覧日 2016 年 8 月 19 日）。

▶▶ **本章の研究テーマを学ぶための基本文献**

私市正年（2004）『北アフリカのイスラーム主義運動の歴史』白水社。

鷹木恵子（2000a）『北アフリカのイスラーム聖者信仰——チュニジア・セダダ村の歴史民族誌』刀水書房。

――――（2000b）「北アフリカ・マグリブ地域の文化人類学的研究——その成果と動向」加納弘勝・奥山真智編『中東・イスラム社会研究の理論と技法』文化書房博文社。

パーキンズ、ケネス（2015）『チュニジア近現代史——民主的アラブ国家への道程』鹿島正裕訳、風行社。（Kenneth Perkins [2014] *A History of Modern Tunisia*. 2nd ed. Cambridge: Cambridge University Press.）

福富満久（2011）『中東・北アフリカの体制崩壊と民主化——MENA 市民革命のゆくえ』岩波書店。

宮治一雄（1994）『世界現代史 17 アフリカ現代史Ⅴ《北アフリカ》』（第 2 版）山川出版社。

吉田啓太（2005）『北アフリカ地域統合と民主化——アラブマグレブの選択』彩流社。

Bellin, Eva. (1995) "Civil Society in Formation: Tunisia." In *Civil Society in the Middle East*, edited by Augustus Richard Norton, 120-147. Leiden; New York: Brill.

―――――. (2002) *Stalled Democracy: Capital, Labor, and the Paradox of State-Sponsored Development*. Ithaca: Cornell University Press.

Bessis, Sophie and Souhayr Belhassen. (2012) *Bourguiba*. Tunis: Elyzad.

Burgat, François. (1988) *L'Islamisme au Maghreb: la voix du Sud (Tunisie, Algérie, Libye, Maroc)*. Paris: Karthala. (英語訳 François Burgat and William Dowell [1993] *The Islamic Movement in North Africa*. Austin, Tex.: Center for Middle Eastern Studies and the University of Texas at Austin.)

Camau, Michel and Vincent Geisser. (2003) *Le Syndrome autoritaire: politique en Tunisie de Bourguiba à Ben Ali*. Paris: Presses de sciences po.

―――――― ed. (2004) *Habib Bourguiba: la trace et l'héritage*. Paris: Karthala & Aix-en-Provence: Institut d'études politiques.

Charrad, Mounira M. (2001) *States and Women's Rights: The Making of Postcolonial Tunisia, Algeria, and Morocco*. Berkeley: University of California Press.

Freedom House. (2015) https://freedomhouse.org/report/freedom-world/2015/tunisia.

Hibou, Béatrice. (2006) La force de l'obéissance*: économie politique de la répression en Tunisie*. Paris: Découverte. (英語訳 Béatrice Hibou [2011] *The Force of Obedience: the Political Economy of Repression in Tunisia*, translated by Andrew Brown. Cambridge: Polity.)

Lamloum, Olfa and Bernard Ravenel. (2002) *La Tunisie de Ben Ali: la société contre le régime*. Paris: L'Harmattan.

Murphy, Emma C. (1999) *Economic and Political Change in Tunisia: From Bourguiba to Ben Ali*. London: Macmillan.

Temimi, Abdeljelil ed. (2000) *Actes du Premier Congrès qui s'est tenu du 1 à 3 décembre 1999 sur Habib Bourguiba & l'établissement de l'État national: approches scientifiques du Bourguibisme*. Zaghouan: Fondation Temimi pour la recherche scientifique et l'information.

―――――. (2001) *Actes du IIe Congrès sur Bourguiba, les Bourguibiens et la construction de l'État national*. Zaghouan: Fondation Temimi pour la recherche scientifique et l'information.

第13章
アルジェリア

渡邊祥子

1．概　観

　アルジェリアは北アフリカ・マグリブ（西アラブ）地域の大国であり、アラブ・イスラーム世界、アフリカ世界、地中海世界が交わる地点に位置する。人口の多数を占めるアラビア語話者に加え、先住民の言葉タマズィグト（ベルベル語）を話す人々が居住している。マグリブ入門書としては宮治・宮治編（2008）、特にマグリブ近現代史については宮治（1978a）が参考になる。また、アルジェリアについての基本的な情報を得るには私市編著（2009）が役立つ。

2．植民地史、アルジェリア独立戦争史

　アルジェリアの国家形成に大きな影響を与えたのが、アラブの国としては極めて長い（1830～1962年）フランスによる植民地支配の経験である。アルジェリア近現代の通史としては、アージュロン（2002）、ストラ（2011）が参考になる。日本語による貴重な貢献としては、フランスによる植民地化前後の19世紀アルジェリアを扱った工藤（2013）を挙げておく。
　アルジェリアの近現代に関する研究の関心は、大多数が植民地期に集中しているといっても過言ではない。とりわけ、1954年11月から7年半に及ぶアルジェリア独立戦争（現地では「アルジェリア革命」と呼ばれる）は、アルジェリアの国家形成の方向を決定づけた経験として、歴史研究ばかりでなく、政治や社会に関する研究においても重要視されてきた。アルジェリア独立戦争に関する日本語の文献としては、さしあたり、淡（1972）、ホーン（1994）、ペルヴィエ（2012）を挙げておく。また、アルジェリア独立戦争を中心とする植民地期のアルジェリアの研究を志す方々に参照してほしいのが、フランスのアルジェリア史研究者ジルベール・メイニエによる詳細かつ的確なテーマ別の文献リス

トである。このリストは、エルゼンハンス（Elsenhans）による研究書のフランス語訳の序文の一部として出版されている（Meynier 1999）。このリストは、アルジェリア戦争期を中心にしてはいるが、およそ20世紀の初め以降の植民地時代のアルジェリアに関する重要文献（ヨーロッパ語とアラビア語によるもの）がテーマ別に広くカバーされているので、アルジェリアの植民地期、特にアルジェリア北部の民政移管（1870年）以降の歴史に関心のある読者には、大変役に立つリストである。なお同リストは、アルジェリアの人文社会科学の雑誌 *Naqd* 誌の14/15号（2001年秋冬号）（Meynier 2001）にも記事として再出版されている。この記事は、フランス語の学術出版ポータルウェブサイト Cairn.info（https://www.cairn.info）で購入できる。

3．アルジェリア・ナショナリズム運動史

アルジェリア独立戦争に関する膨大な文献の数には及ばないが、同戦争開始以前のアルジェリア・ナショナリズム運動史も、重要な研究課題となっている。アルジェリアの人々による権利要求運動をフランス人行政官や研究者たちが明確に認識し始めたのは、両世界大戦間期以降であった。ナショナリズム運動は、当初は名望家層や、フランス語およびアラビア語の教養を持つ知識人たち、のちに労働運動家などの草の根の活動家たちに担われた。1950～60年代のナショナリズム運動研究としては、Julien（1952）、Berque（1962）、Le Tourneau（1962）があり、同時代のマグリブをよく知るフランス人研究者によって、客観的立場から書かれた報告として、史料的にも価値が高い。

アルジェリア人によるナショナリズム研究は、アルジェリア独立後の1960年代に始まり、1970年代以降に本格化した。この時代のアルジェリア人研究者たちの多くは、自らナショナリズム運動に身を投じた人々であった。先駆的な研究として Lacheraf（1965）、Kaddache（1970）、Harbi（1975）を挙げておく。これら独立後第1世代の研究について特徴的なのは、アルジェリア独立戦争を率いる民族解放戦線（Front de Libération Nationale: FLN, 1954年設立）に系譜的に連なる運動、すなわち、北アフリカの星（Étoile Nord-Africaine: ENA, 1926～37年）、アルジェリア人民党（Parti du Peuple Algérien: PPA, 1937～39年）、民主的自由のための勝利の運動（Mouvement pour le Triomphe des Libertés Démocratiques: MTLD, 1946～54年）のラインが強調されたことであ

る。例えば、アルジェリア・ナショナリズム研究の古典とされる Kaddache (1981) は、1954 年以前のナショナリズム運動を、合法的な手段による地位向上運動である「改良主義 (réformiste)」の運動と、アルジェリア独立を目指し大衆動員を伴う直接行動を志向する「革命的ナショナリスト (nationaliste révolutionnaire)」の運動に大別した。前者を代表するのが、現地人ムスリムの議員による運動や、アルジェリア・ウラマー協会 (Association des Uléma Musulmans Algériens: 在野のイスラーム知識人によって 1931 年に結成) による運動であり、これに対し後者の革命派を代表するのが上記の FLN につながる一連の運動であるとされた。こうした見方においては、両大戦間期から 1954 年に至るまでのナショナリズムの歩みは、改良主義の挫折と革命的ナショナリスト運動の台頭に集約される。

しかしながら、この分類は大きな問題を孕んでいた。そもそも「改良主義 (réformisme)」の語は、ムスリム議員らが議会活動を通じて、現地人の地位の漸進的向上を目指した運動と、ウラマー協会のイスラーム改革 (réforme) 主義運動という二重の意義に、言葉遊びのように用いられている。このうちウラマー協会の人々は、アラビア語によるイスラーム諸学の教育を受け、マシュリク (東アラブ) のイスラーム改革主義運動 (サラフィー主義運動、本書第IV部第 2 章を参照) の思想的影響を強く受けた宗教運動の提唱者であり、ムスリム議員らとは運動の性質も、社会的位相も異なる人々であった。こうした 2 つの運動を「改良主義」とでひとくくりにする分類は、政治運動と宗教運動の間にある質的な違いをも覆い隠してしまっていた。

ウラマー協会を「改良主義」の一部門であり、このためにナショナリズム運動において大きな役割を果たさなかったと位置付ける見方に対して、一部の歴史家たちは、ウラマー協会がアルジェリアのイスラーム的なナショナル・イデオロギーの最初の担い手として歴史的に再評価しようと試みた。その先駆者である Merad は、ウラマー協会の運動をアルジェリア・ナショナリズム運動とマシュリクの影響を受けたイスラーム改革主義の交錯する地点に位置づけた著作 (Merad 1967) と、ウラマー協会の中心人物であるイブン・バーディースの宗教思想研究 (Merad 1971) で知られる。

アルジェリアの歴史学においては、教育のアラビア語化の進展する 1980 年代以降、より若い世代のアラビア語話者の歴史家の活躍が見られるようになった。こうした歴史家である Sa'd Allāh [Saadallah] (1983; 1992) や Būṣafṣāf (2009)

は、ウラマー協会がナショナリズムにおいて大きな役割を果たしたことを強調する立場を採っている。とりわけ、Sa'd Allāh は『アルジェリア文化史』全10巻など膨大な著作を通じ、アルジェリアの歴史学会に大きな影響を与えた。その特徴は、ナショナリズム運動の形成期と言われた両世界大戦間期よりも以前の時期に、ムスリム知識人を主体とする文化復興運動があり、それがナショナリズム運動の先駆となったという主張である（Sa'd Allāh 1983; 1998–2007）。フランス語に加えアラビア語資料を用いたこうした研究は、アルジェリア史に新たな領域を切り開いたが、支配者に対する被支配者の抵抗という枠組みを強調しすぎるあまり、被支配者による諸運動の間、あるいは社会集団の間の差異を軽視してしまう問題もそこには孕まれているだろう。

　また、宗教運動、文化運動の研究が急速に進展している一方で、これらの運動を、植民地支配がもたらした社会経済の構造的変化の中に位置づけようとする研究や、他地域との比較を可能にする理論的貢献を志向する研究がまだ少ないのも事実である。最後の理論的展開について言えば、アルジェリアやマグリブのナショナリズム運動の事例は近年、英語圏のアラブ・ナショナリズム研究において、マシュリクの事例を下敷きにしたこれまでの古典的議論を修正するものとして注目されている（Gershoni, Israel, Sara Pursley, Beth Baron, and Peter Wien（2011）収録のマグリブ関連論文を参照）。

4．独立後のアルジェリア

　1962年に独立したアルジェリアは、豊かな地下資源を利用しつつアラブ社会主義路線に沿った開発を進め、外交的には冷戦構造の中でどちらのブロックにも属さない「非同盟諸国」の主要国の1つとして、独自の存在感を発揮した。しかしながら、アラブ社会主義の実験は、当初のもくろみ通りには進まなかった。国営企業と大規模な公共事業による国家主導の開発政策は、非効率的な経営と腐敗の蔓延、国庫収入の炭化水素収入へのほぼ全面的依存という構造的な問題に苦しみ、1980年代までにアルジェリアは経済危機に陥った。経済政策、経済変容の側面から独立後のアルジェリアを検討した研究として、宮治（1978b）および福田（2006）がある。また、独立前後のアルジェリア外交史、とくに冷戦構造と新生国家アルジェリアとの関係、そしてアルジェリアとアジア・アフリカ諸国との関係（南・南関係）は、近年新しい史料の発掘とともに、研究が

次々と発表されており、注目される研究分野である（Connelly 2003; 藤井 2013; Byrne 2016）。

1980年代末の経済危機は、現政権に対する国民の不満を背景にイスラーム主義運動が台頭した1990年代のアルジェリア内戦の前史でもあった。経済危機から内戦までの経緯については、福富（2011: ch.6）の該当章に詳しい。また、1990年代になぜイスラーム主義が台頭したのかについては、概説書であるが、渡辺（2002）や私市（2004）が参考になる。アルジェリア内戦は、経済危機と、独立以来の文化的問題が複雑に絡み合って起こった。これについての代表的研究はフランス語の研究書が多いが、Martinez（2000）、Burgat（2003）などは英語の翻訳で読むことができる。また、イスラーム主義の起源を独立以前の歴史に遡って検討したLaremont（2000）も一読に値する。

▶▶ **本章の研究テーマを学ぶための基本文献**

アージュロン、シャルル＝ロベール（2002）『アルジェリア近現代史』私市正年・中島節子訳、白水社。
私市正年編著（2009）『アルジェリアを知るための62章』明石書店。
工藤晶人（2013）『地中海帝国の片影——フランス領アルジェリアの19世紀』東京大学出版会。
ストラ、バンジャマン（2011）『アルジェリアの歴史——フランス植民地支配・独立戦争・脱植民地化』小山田紀子・渡辺司訳、明石書店。
淡徳三郎（1972）『アルジェリア革命——解放の歴史』刀江書院。
ペルヴィエ、ギー（2012）『アルジェリア戦争——フランスの植民地支配と民族の解放』渡邊祥子訳、白水社。
ホーン、アリステア（1994）『サハラの砂、オーレスの石——アルジェリア独立革命史』北村美都穂訳、第三書館。
宮治一雄（1978a）『世界現代史17 アフリカ現代史Ⅴ 北アフリカ』山川出版社。
宮治一雄・宮治美江子編（2008）マグリブへの招待——北アフリカの社会と文化』大学図書出版。
Berque, Jacques. (1962) *Maghreb entre deux guerres*. Paris: Seuil.
Burgat, François. (2003) *Face to face with political Islam*. London: I.B. Tauris.
Harbi, Mohammed. (1975) *Aux origines du FLN: Le populisme révolutionnaire en*

Algérie. Paris: Christian Bourgois.

Julien, Charles-André. (1952) *L'Afrique du Nord en marche: Nationalismes musulmans et souveraineté française*. Paris: Julliard.

Kaddache, Mahfoud. (1981) *L'Histoire du nationalisme algérien, 1919–1951*, 2nd ed. Algiers: SNED.

Lacheraf, Mostefa. (1965) *L'Algérie: Nation et société*. Paris: Maspero.

Martinez, Luis. (2000) *The Algerian Civil War, 1990-1998*. London: Hurst.

Merad, Ali. (1967) *Le réformisme musulman en Algérie de 1925 à 1940*. Paris and The Hague: Mouton.

Meynier, Gilbert. (1999) "Bibliographie" in the preface of *La guerre d'Algérie 1954-1962: La transmission d'une France à une autre; Le passage de la IVe à la Ve république*, Hartmut Elsenhans, 19-57. Paris: Publisud.

―――. (2001) "Bibliographie systhètique de la guerre d'Algérie annotée et commentée". *Naqd*, no. 14/15: 97-162.

Saʻd Allāh, Abū al-Qāsim [Fr: Saadallah, Abou al-Kacem]. (1983) *La Montée du nationalisme algérien*. Algiers: ENA.

第 14 章
モロッコ

白谷　望

　モロッコ王国（アル＝マムラカ・アル＝マグリビーヤ、以下、モロッコ）は、北は地中海、西は大西洋に面しているアラブ世界の最西端の国である。南には、未だ解決していない西サハラ（サハラ・アラブ民主共和国）の領土問題を抱えている。面積は約44万7000平方キロメートル、2015年時点で人口は約3438万人、名目GDPは約1003億6000万ドルである（World Bank 2015）。

　モロッコが位置するアフリカ大陸の北西端は、同地域のイスラーム化以降いくつかの王朝によって統治されてきたが、現モロッコの国土の大部分は同じ王朝の統治下に組み込まれ、その統治体制が非常に脆弱なものであったとしても、基本的に国土が大きく分断された経験を持たない。16世紀には隣国アルジェリアまでがオスマン帝国領に組み入れられたが、モロッコはその支配を逃れ、また、フランス・スペインによる分割保護領となった際にも、17世紀に確立されたアラウィー朝の王家が統治する政治体制が形式的にではあるが存続した。こうした歴史は、独立後のモロッコにおいて、国民国家の枠組みや国民の忠誠心を育みやすい土壌を提供したと考えられる。モロッコの近現代史はWaterbury（1970）やLaroui（1979）を嚆矢とし、またMiller（2013）は通史を手際よくまとめている。また、モロッコのナショナリズムの歴史的・文化的背景を鋭い視点で分析しているLaroui（1977）も必読である。邦語では、モロッコの概要を知るためには私市・佐藤編（2007）、その歴史は佐藤編（2002）がまず必読となる。また池田（2013）は、モロッコとチュニジアが独立を獲得するまでの過程を、宗主国フランスの政策の変遷から分析している。

1. 伝統か近代か——モロッコ王制を支える制度

　モロッコ政治研究を始める人にまず薦めたいのが、Sater（2010）である。保護領期以前から独立後の権力闘争や支配戦略の変遷、経済や外交政策まで、伝

統と近代化の間で揺れ動く独立後モロッコの史的展開を詳論している。こうした現代モロッコ政治に関する多くの研究は、モロッコ王制とその長期にわたる安定的支配のメカニズムを解明することに力を注いできた。とりわけ2011年の「アラブの春」により、その安定性が再確認され、新たな研究も数多く登場してきている。

これらの研究は、主に2つの潮流に分類できる。第1に、歴史的・宗教的シンボルのポリティクスによる支配を分析する議論、言い換えれば、王国の歴史的連続性や文化、そして国王の宗教的正統性からアプローチするものである。Hammoudi (1997) や Daadaoui (2011) が、その代表と言える。2つ目の潮流は、議会や選挙などの近代的な政治制度から、モロッコ王制の安定を比較政治学的に説明する。例えば、Boukhars (2011) は、モロッコの政治的多元主義や野党の役割から、同国の権威主義体制の頑健性を分析しており、とりわけ現国王ムハンマド6世即位以降の国家主導の改革に注目している。白谷 (2015) は、権威主義体制であるモロッコにおいて、選挙を通じた政権交代が起こる状況に注目し、擬似的な民主主義を装う制度として政党制と選挙の機能を分析している。しかし、これら2つの視点は相反するものでなく、むしろモロッコ王制の特徴として、独立後の国家建設の過程で、①伝統的な支配構造と、②西洋的民主主義の基本概念の融合が試みられたという考えが一般的になっている。

一方で、「アラブの春」を経てもなお、モロッコを含む全ての王制諸国が相対的に安定している状況を受け、アラブ王制8カ国を比較することにより、その安定メカニズムの解明を試みる研究も近年増えている。

2. 政治参加と政治アクターの多様性

モロッコは、アラブ諸国の中で最も長い多党制の歴史を持つ国の1つであり、独立後初の1962年憲法において、議会が設置され複数政党制が採用されることが明記された。それ以降、モロッコでは多くの政党が政治活動に参加している。また、市民社会組織の活動も非常に活発で、その数は現在11万を超えており、労働組合や宗教組織、女性のアソシエーションなど、分野も多岐に渡っている。

(1) 市民社会

　モロッコの市民社会に関する研究の嚆矢は el Aoufi ed.（1992）であり、その全体像を摑むことができる。より最近の研究では、Sater（2007）と Vairel（2014）を参照してほしい。Sater（2007）は、80 年代以降の新たな市民社会組織の登場に注目し、それによって形成された「公共圏」（public sphere）が、モロッコにおいては国王が介入することのできる新たな空間となっており、結果的に王制の覇権を広範なものとしたと分析する。Vairel（2014）は、「社会運動」という括りで市民社会を扱っており、各組織の歴史や構成に加え、「座り込み（sit-in）」やデモという新たな政治的意思表明の手法の登場とその影響について、綿密な現地調査を通じてまとめている。他方、アラブ諸国間比較という形で各国の市民社会の特徴を明らかにする Cavatorta and Durac（2011）は、モロッコにおける市民社会組織は、政治領域からの独立という本来のあり方を取らないと指摘する。そして、それらの市民社会組織は、積極的に国王の庇護下に入った場合の方が、実利的に、その傘下の NGO 活動の許認可が迅速に行われ、活動の成果が効率的であることを証明している。

(2) イスラーム主義組織

　現在のモロッコ政治を理解する上で注目すべき政治アクターの１つは、間違いなくイスラーム主義組織であろう。「アラブの春」直後には、様々な国でイスラーム主義系政党が躍進したが、政権獲得を果たし、その後も安定した政治運営を行っているのは、モロッコの「公正開発党」だけである。モロッコのイスラーム主義運動研究は、他のアラブ諸国と比べたら蓄積は少ないが、良著が多く存在する。例えば、その歴史や思想を詳細に分析した私市（2004）、Burgat（1995）や Tozy（1999）、またイスラーム主義組織を１つの政治アクターとし、体制との関係からその政治参加までの過程を明らかにした Daadaoui（2011）、Wegner（2011）、Zeghal（2005）が挙げられる。今後は、イスラームに正統性を求める政治体制（ここではモロッコ王制）の下で活動するイスラーム主義組織のあり方や戦略という視点から、研究が発展していくと思われる。

(3) アマズィグ（ベルベル）

　人口の 98％以上がスンナ派ムスリムであるモロッコは、社会的亀裂が比較的小さいと考えられているが、民族的には人口の４割程がアマズィグである。

ただ、独立後の国家建設の過程で、独立運動を率いてきたアラブ人指導者らに対抗するため、国王がアマズィグを優遇する政策を取ってきたこともあり、隣国アルジェリアのように、アマズィグの民族問題が政治的に顕在化することはなかった。しかし、過去20年間で、アマズィグの言語や文化の容認を求める運動が高揚している。こうした運動に対し、前国王のハサン2世は、その晩年から積極的に対応する姿勢を示した。例えば、タマズィグト（ベルベル語）での学校教育や国営テレビでのタマズィグト放送が開始された。こうした方針は現国王にも引き継がれ、2001年には王立アマズィグ文化機構（IRCAM）が設立された。また、2011年の憲法改正では、タマズィグトがアラビア語と並んで国語として認められた。

今後一層注目されるであろうアマズィグの問題に関しては、Gellner and Micaud（1973）、Hoffman and Miller eds.（2010）が必読となる。しかしこうしたアマズィグに関する研究のほとんどが、歴史や人類学的手法を用いたものであることから、その政治参加や市民社会組織に関する研究の発展が待たれる。

3. 経済、開発、教育、地域間格差

上述の通り、政治的には安定を維持し、アラブ諸国では最も「民主化」が進んでいると評されることの多いモロッコだが、その社会や教育に関しては、非常に根深い問題を抱えている。モロッコは、グローバリゼーションの下、米国やトルコとのFTA、EUとの連合協定等を締結し、観光業、建築、製造業下請け、オフショアリングなど、アラブ諸国や欧州からの投資受け入れを伸ばしてきた。また、自らもアフリカ諸国に投資するなど、着実に自国の経済・産業面での充実を進めてきた国である。歴史的には、80年代にIMFの構造調整政策を積極的に推進した経験を有するほか、様々な努力はしているものの、今なお多くの貧困、地域間・社会的格差といった大きな社会的負債を抱えている。

こうした貧困や格差を数字で概観するには、世銀の『貧困レポート』（World Bank 2004）や、独立50周年の機会にモロッコ政府によって発表された『モロッコの人間開発の50年の回顧と2025年に向けた展望』（RDH 2005）が参考になる。後者は、多くの分野の有識者を巻き込んで実施されたモロッコ初の貧困に関する壮大な研究報告書である。なお、この報告書をもとに、2005年から貧困・格差対策を目指した国家主導の大規模プロジェクト「人間開発に係る国家イニ

シアティブ（INDH）」が進められている。

　しかし、この分野の研究蓄積は極めて少なく、未だ上記のレポートを通じた現状把握に留まっている。それはひとえに、モロッコが隣国アルジェリアや湾岸の王制諸国のように豊富な天然資源を有していないため、経済的な関心が集まりにくく、また、モロッコを対象とした研究が歴史や人類学、そして近年の政治学的アプローチに集中していることによる。ただ研究の数は少ないものの、その中でも、EUとの経済協力関係から、モロッコとチュニジアの独立以降の経済開発を比較したWhite（2001）や、モロッコを事例としてグローバリゼーションに伴う中間層の拡大を分析するCohen（2004）は、同国経済に関する優良な研究書である。他方、経済発展の負の側面とも言える貧困や格差の問題は、テーマそのものに関する著名な先行研究が数多くあるので、近年詳細なデータを開示し始めたモロッコを事例に、今後更に研究が深化していくであろう。

　加えて、こうした分野で主要な研究主題であるジェンダーに関しては、マイクロクレジットの調査によってマグリブ諸国の農村女性の社会開発に問題提起を行った鷹木（2003; 2005）の研究が注目に値する。

▶▶ 本章の研究テーマを学ぶための基本文献

私市正年（2004）『北アフリカ・イスラーム主義運動の歴史』白水社。
私市正年・佐藤健太郎編（2007）『モロッコを知るための65章』明石書店。
佐藤次高編（2002）『西アジア史Ｉ――アラブ（新版世界各国史8）』山川出版社。
白谷望（2015）『君主制と民主主義――モロッコの政治とイスラームの現代（ブックレット《アジアを学ぼう》別巻11）』風響社。
鷹木恵子（2005）「マグリブ三国におけるマイクロクレジット普及の背景とその現状――〈開発とジェンダー〉の考察に向けて」加藤博編『イスラームの性と文化』（イスラーム地域研究叢書6）東京大学出版会。
Boukhars, Anouar. (2011) *Politics in Morocco: Executive Monarchy and Enlightened Authoritarianism*. New York: Routledge.
Cavatorta, Francesco and Vincent Durak. (2011) *Civil Society and Democratization in the Arab World: The Dynamics of Activism*. New York: Routledge.
Cohen, Shana. (2004) *Searching for a Different Future: The Rise of a Global Middle Class in Morocco*. Durham and London: Duke University Press.

Daadaoui, Mohamed. (2011) *Moroccan Monarchy and the Islamist Challenge: Maintaining Makhzen Power.* New York: Palgrave Macmillan.

Gellner, Ernest and Charles Micaud eds. (1973) *Arabs and Berbers. From Tribe to Nation in North Africa.* Lexington: Lexington Books.

Hammoudi, Abdellah. (1997) *Master and Disciple: The Cultural Foundations of Moroccan Authoritarianism.* Chicago: University of Chicago Press.

Hoffman, Katherine E. and Susan G. Miller eds. (2010) *Berbers and Others: Beyond Tribe and Nation in the Maghrib.* Bloomington and Indianapolis: Indiana University Press.

Laroui, Abdeallah. (1979) *The History of the Maghreb: An Interpretive Essay.* (translated by Ralph Mahheim) Princeton: Princeton University Press.

Miller, Susan G. (2013) *A History of Modern Morocco*, New York: Cambridge University Press.

Sater, James N. (2007) *Civil Society and Political Change in Morocco.* New York: Routledge.

―――. (2010) *Morocco: Challenges to Tradition and Modernity.* London: Routledge.

Waterbury, John. (1970) *The Commander of the Faithful: The Moroccan Political Elite: A Study in Segmented Politics.* London: Weidenfeld and Nicolson.

Wegner, Eva. (2011) *Islamist Opposition in Authoritarian Regimes: The Party of Justice and Development in Morocco.* Syracuse: Syracuse University Press.

White, Gregory. (2001) *A Comparative Political Economy of Tunisia and Morocco: On the Outside of Europe Looking In.* New York: State University of New York Press.

Zeghal, Malika. (2005) *Islamism in Morocco: Religion, Authoritarianism, and Electoral Politics.* Oxford: Markus Wiener.

第15章
トルコ

岩坂将充

1．地域概要

　トルコは、第1次世界大戦におけるオスマン帝国の敗北と滅亡、そして1923年の共和国建国を経て、国民国家としての歩みを始めることとなった。そして今日のトルコを理解するうえで不可欠な前提も、この時期にアタテュルク（後の初代大統領）と共和人民党による一党独裁が強力に推進した、上からの改革によって形づくられた。その前提とはすなわち、政治・社会の近代化（事実上の西欧化）およびその重要な一要素としての世俗主義（ラーイクリキ）、そして現在のおおよその国土とそこに居住する「トルコ国民」、である。これらは、共和国建国にいたる独立戦争を含む「トルコ革命」の成果とされ、一種の神格化がなされてきた。

　こうした「革命」の成果を礎としつつ、1946年に複数政党制を導入したことで、トルコは民主国家への道を選択した。1950年には初の政権交代により民主党が単独与党となったが、経済政策の失敗や言論弾圧を背景として1960年に軍によるクーデタが発生、軍事政府が約1年5カ月にわたって実権を掌握した。軍事政府はクーデタの遺産として1961年憲法を制定したが、これは各種自由を認める一方で、国家安全保障会議の設立などにより軍の政治への関与を制度化したものであった。この憲法に象徴されるように、軍の後見がありながらも一定の民主政治が機能するという状況が、以後トルコでは繰り返されることとなる。

　1960年代は政治的自由の拡大により左派・右派ともに活発化したが、政党政治は連立を繰り返す不安定なものとなった。軍内部でも左派クーデタの計画が発覚するなど亀裂が見られ、1971年には軍首脳らが最後通牒によって間接的に政府を主導する「書簡によるクーデタ」が発生した。しかし、左右両派によるテロが激化し社会が混迷を極めたことで、1980年には再度クーデタが発

生した。ここでは軍事政府は、1961年憲法よりも抑圧的な1982年憲法を制定し、後見としての軍の権限をさらに強めた。約3年2カ月の軍政を経て実現した民政移管後は、オザル首相（後に大統領）のもとで経済自由化が成功したものの、汚職の蔓延や親イスラーム政党の躍進、少数民族であるクルド民族主義・分離独立運動の高まりなどにより、1990年代を通して混乱が続いた。また、1995年総選挙で福祉党が親イスラーム政党として初の第一党となり、翌年に連立政権の首班となったことは、共和国史に大きな足跡を残した。福祉党連立政権は、1997年に軍の圧力によって辞任に追い込まれたが（「2月28日過程」）、その存在はトルコの民主政治のあり方に重大な問題を提起したといえる。

　この問題に対する回答のひとつが、福祉党の流れを汲み、2002年総選挙において単独与党となった公正発展党である。公正発展党政権は、その現実路線とエルドアン首相（後に大統領）の強力なリーダーシップのもと、従来の親イスラーム政党とは一線を画し、近代化／西欧化を肯定することで保守・中道右派政党への転換に成功するとともに、順調な経済成長を実現した。また、高い支持率と社会的安定を背景に、軍の政治への関与を弱めることにも成功、長年の懸案であったクルド人の権利拡大も達成し、民主政治のさらなる進展が期待された。しかし、2013年に生じた大規模な反政府抗議運動とそれに対する抑圧を契機に、エルドアンの強権的な政治手法が顕著となり、報道機関や野党などへの圧力が強まっている。公正発展党は、2015年6月総選挙によって単独政権の維持に初めて失敗したものの、2016年7月に生じたクーデタ「未遂」事件も乗り越えたことで、現在はさらに力を増したエルドアンのもとでの政治運営が継続している状況である。

2．今後の研究課題

　このようなトルコにおいて、現在とりわけ重要と考えられる問題ならびに研究課題は、大きく、①政治動向、②世俗主義・イスラームのあり方、③マイノリティ問題、の3つに分けられる。もちろん、これらは互いに深く結びついており、ここではあくまでも便宜的に分類したにすぎないが、以下、それぞれについて解説を加えたい。

　まず政治動向については、直近の内政・対外政策および国際関係の分析はもとより、その背景をどのように理解するのか、また「革命」をどのようにとら

えるのかも、重要な課題である。とりわけ、公正発展党政権のもとで民主政治が大きく変容した現在、そこにいたる過程の再検証は喫緊の課題であるといえよう。

現在までのトルコ政治および政治史に関する研究では、オスマン帝国末期からの連続性も視野に入れた新井（2001）、Zürcher（2004）といった良著に加え、政党政治の動きに注目した Ahmad（1993）、親イスラーム政党に焦点を当てた澤江（2005）、民主化と政軍関係を取り上げた Özbudun（2000）や岩坂（2014）などが挙げられる。これらの研究は、今後生じるであろうトルコの政治的変化を考える際に必要な知見を提供するものである。また、対外政策や周辺諸国との関係については、松谷（1987）が依然もっとも包括的であるが、より詳細な分析としては Oktav ed.（2011）や今井（2015）の登場が目を引く。さらに、テーマ別に編纂された全9巻の Bora and Gültekingil eds.（2001-2009）も、トルコ政治の全体像を理解するうえで大いに役立つものである。他方、経済を含むかたちでの分析は全体的に乏しく、トルコ国内外の研究者の質の高い成果が待たれる。

世俗主義やイスラームのあり方については、福祉党や公正発展党以前／以後といった親イスラーム政党の変化に注目が集まりがちであるが、「革命」以降世俗主義を支えてきた体制やその政策の変遷にも留意が必要であろう。また、世俗主義やイスラームが、人々の生活にどのように根ざしてきたのか、そして政治的な動きにどのように影響を受けてきたのかについても、様々な角度からの検証が求められている。

たとえば、国家による世俗主義政策の変遷については Berkes（1999）などが良く知られており、ある種古典となっているが、世俗主義を推進してきた各時代・政治主体の分析は粕谷編（2011）が詳しい。また、日常生活における世俗主義の浸透に関しては、Özyürek（2006）が多くの具体例をもとにした分析を行っている。社会におけるイスラームやその政治へのかかわりについては Mardin（2006）が詳しいが、ヨーロッパのトルコ系移民社会で調査を実施した内藤（1996）も、今後のトルコやヨーロッパにおけるイスラームを考えるうえで示唆的である。このほか、ギュレンを精神的指導者とするヒズメト運動に関する研究も、2013年頃から公正発展党政権との関係が悪化したことで注目を集めたが、客観性が担保しにくいテーマであり、いまだ発展途上である。網羅的なものとしては Yavuz（2013）が挙げられるが、日本では幸加木（2011）が

先駆であり、今後の進展が期待される。

　そしてマイノリティ問題については、1990年代にピークを迎え近年再燃しているクルド民族主義が引き続き中心的なトピックである。その中でも分離独立運動は、テロや安全保障を含む政治社会的な最重要課題であり、今後多くの成果を生み出す可能性を有している。しかし、「トルコ国民」という枠組みの再検討の視点からは、アルメニア人やその他の宗教的・民族的マイノリティについての研究も進められる必要がある。

　分離独立運動に限らないクルド民族主義に関する研究は、近年急速に増加の傾向にあるが、代表的なものとしてAydın and Emrence（2015）が挙げられる。また、アルメニア人をめぐる諸問題についての最新の成果としてはSuciyan（2016）があるが、歴代トルコ政府が欧米諸国と見解を異にする「アルメニア人虐殺」を扱う性質上、佐原（2014）などを同時に参照しバランスに配慮することが必須である。さらに、宗教的・民族的マイノリティであるアレヴィーに関する研究も進展しつつあるものの、発展的な分析は人類学的な視点からの若松（2011）に留まっている。

　先に述べたように、ここでの分類は便宜的なものにすぎない。これら3つの課題に関する研究がそれぞれ互いに結びついていることに注意しながら、より横断的・複合的に見ていくことが求められる。

▶▶ **本章の研究テーマを学ぶための基本文献**

新井政美（2001）『トルコ近現代史』みすず書房。
今井宏平（2015）『中東秩序をめぐる現代トルコ外交――平和と安定の模索』ミネルヴァ書房。
岩坂将充（2014）「トルコにおける「民主化」の手法――文民化過程にみる「制度」と「思想」の相互作用」『国際政治』第178号、132～145頁。
粕谷元編（2011）『トルコ共和国とラーイクリキ』上智大学イスラーム地域研究機構。
幸加木文（2011）「現代世界の動向とイスラーム――現代トルコにおけるフェトゥッラー・ギュレンとその運動の位置付け」『イスラム世界』第76号、33～50頁。
佐原徹哉（2014）『中東民族問題の起源――オスマン帝国とアルメニア人』白水社。

澤江史子（2005）『現代トルコの民主政治とイスラーム』ナカニシヤ出版。
内藤正典（1996）『アッラーのヨーロッパ——移民とイスラム復興』東京大学出版会。
松谷浩尚（1987）『現代トルコの政治と外交』勁草書房。
若松大樹（2011）「トルコにおけるアレヴィーの人々の社会変化——宗教的権威と社会範疇に関する人類学的考察」『文化人類学』第76巻2号、146～170頁。

Ahmad, Feroz. (1993) *The Making of Modern Turkey*. Routledge.

Aydın, Ayşegül and Cem Emrence. (2015) *Zones of Rebellion: Kurdish Insurgents and the Turkish State*. Cornell University Press.

Berkes, Niyazi. (1999) *The Development of Secularism in Turkey* (Reissue Edition). Routledge.

Bora, Tanıl and Murat Gültekingil eds. (2001-2009) *Modern Türkiye'de Siyasî Düşünce* (Cilt 1: Tanzimat ve Meşrutiyet'in Birikimi; Cilt 2: Kemalizm; Cilt 3: Modernleşme ve Batıcılık; Cilt 4: Milliyetçilik; Cilt 5: Muhafazakârlık; Cilt 6: İslâmcılık; Cilt 7: Liberalizm; Cilt 8: Sol; Cilt 9: Dönemler ve Zihniyetler). İletişim.

Mardin, Şerif. (2006) *Religion, Society, and Modernity in Turkey*. Syracuse University Press.

Oktav, Özden Zeynep ed. (2011) *Turkey in the 21st Century: Quest for a New Foreign Policy*. Routledge.

Özbudun, Ergun. (2000) *Contemporary Turkish Politics: Challenges to Democratic Consolidation*. Lynne Rienner.

Özyürek, Esra. (2006) *Nostalgia for the Modern: State Secularism and Everyday Politics in Turkey*. Duke University Press.

Suciyan, Talin. (2016) *The Armenians in Modern Turkey: Post-Genocide Society, Politics and History*. I.B. Tauris.

Yavuz, M. Hakan. (2013) *Toward an Islamic Enlightenment: The Gülen Movement*. Oxford University Press.

Zürcher, Eric J. (2004) *Turkey: A Modern History,* 3rd edition. I.B. Tauris.

第16章
イラン

貫井万里

1. はじめに——多様な民族と宗教の織りなすイランの社会と政治

　イランは、日本の4.4倍にあたる約165万平方キロメートルの国土を有し、人口約7911万人を有し、ペルシア人61％、トルコ系アゼリー人16％、クルド人10％、ペルシア系ロル族6％、アラブ人2％、バルーチ人2％、トルコ系トルクメン人2％と多様な民族から構成される。宗派構成は、シーア派90〜95％、スンナ派は5〜10％と、ムスリム人口が圧倒的多数を占めるが、ゾロアスター教徒、ユダヤ教徒、キリスト教徒、バハーイー教徒など少数宗派も存在する。20世紀初頭の石油発見以来、イランの主要産業は石油関連産業である。確認石油埋蔵量が、ヴェネズエラ、サウディアラビア、カナダに次ぐ第4位であり、天然ガスの埋蔵量は第1位を誇るイランは、世界有数のエネルギー資源国である。入門書として岡田恵美子編著『イランを知るための60章』（2004）や桜井（2001）がお勧めである。興味を持ったトピックをより深く知るためには、コロンビア大学イラン研究所が編纂している『イラン百科事典』（*Encyclopaedia of Iranica*）のウェブサイトが便利である。

2. 1979年イラン革命——パフラヴィー王政からイスラーム体制へ

　現代イランのユニークな点は、世界で初めて革命によって「イスラーム共和制」を敷いた近代国家であり、アメリカと30年以上にわたって敵対関係を維持してきたことにある。王政からイスラーム体制への転換を、背景やコンテキストを踏まえて歴史学的観点から理解するには、吉村（2011）やダバシ（2008）等が良い。Abrahamian（1982）は、現代イラン研究を志すには避けて通ることのできない古典的名著である。イラン革命研究では、近現代の諸革命と比較分析し、世界政治システム全体の中での位置づけを試みたシーダ・スコッチポ

ルの歴史社会学的研究に加え、運動のアクターや体制との関係に注目した社会運動論の枠組みでの充実した研究成果がある（Parsa 1989; Foran1994 など）。各論では、宗教ナショナリズムを掲げて、革命に参加しながらも権力から排除されたイラン自由運動を含む世俗的な政治組織の研究（Chehabi 1990）や、権力を掌握したシーア派宗教勢力やそれを可能にした、シーア派宗教界の経済的・政治的パワーについて分析がなされてきた（Akhavi 1980; 嶋本 2011）。また、革命思想を理解するためには、ホメイニー（2003）やシャリアティー（1997）を参照のこと。イランとアメリカの国交断絶の原因となったアメリカ大使館占拠事件は、カーター大統領の右腕として人質解放交渉にあたった元米国家安全保障評議会スタッフのゲーリー・シックによる実録（Sick 1991）やベン・アフレック監督主演映画『アルゴ』（2012年）に克明に綴られている。

3．イラン・イスラーム共和国の外交政策

「革命の輸出」政策をとってきたイラン政府は、イラン・イラク戦争（1980～88年）が深刻化する中、現実主義外交に転換した。戦後は、経済復興という最重要課題を達成するために、諸外国との友好と貿易拡大を目指したが、2002年のイラン核開発問題の発覚により、深刻な外交的な危機を迎えた。イランの外交政策を理解するための必読書は、Hunter（2010）である。イランとアメリカの関係は、Bill（1988）や、両国の外交交渉の内幕を鮮やかに描き出している、元イラン国家安全最高評議会スタッフのMousavian（2014）の著書等を参照のこと（高橋 2013; Levrett 2013）。アメリカの対イラン政策に大きな影響を与えているアクターが、米国内のイスラエル・ロビーであり、イスラエルの外交政策である（Parsi 2008）。

4．イラン・イスラーム共和国の内政

革命後の権力闘争の中で、イスラーム体制が構築されていった過程は、富田（1993）に詳しい。Arjomand（2009）は、体制を支える権力機構（最高指導者、大統領、議会、監督者評議会、選挙制度等）について解説している。イラン内政および経済は駒野（2014）やMaloney（2015）を参照のこと。2000年代になって、イスラーム革命防衛隊（IRGC）がイランの経済や政治シーンで大きな役

割を果たすようになった（Alfoneh 2013）。IRGC の支持を得て権力を拡大したアフマディーネジャード大統領の再選に抗議し、2009 年に革命後最大の抗議運動「緑の運動」が起きたが、当局の弾圧で収束に向かった。報道であまり取り上げられることのないイランの地方都市や農村の変化に関する研究は、地理学者大野盛雄の流れを汲む、フィールドワークに基づく精緻な研究の蓄積がある（大野 1990; 鈴木 2011; 後藤 2015）。

5．イスラーム体制下の文化と家族

　革命後、イスラーム体制が成立すると、政治だけではなく、文化から、教育、社会、女性の服装に至る生活すべてをシャリーア（イスラーム法）によって規定しようとするイスラーム化政策が推進された。「腐敗堕落」した欧米文化を象徴するハリウッド映画が発禁となったことにより、イラン独自の映画文化が栄えた（Naficy 2011-12; 貫井・杉山 2014）。1990 年代になるとイランでも衛星テレビやインターネットが利用できるようになったために、政府によって禁止された欧米のテレビ番組や映画を市民が秘密裏に楽しめるようになり、社会に大きな変化をもたらした（Semati ed. 2008）。若者が人口の半数を占めるイランでは、若者文化や教育も重要なテーマである。革命後の女性と家族を取り巻く環境の変化については Afary（2009）に概説されている。一夫多妻制や女性の離婚問題など法的な側面からは、ミール＝ホセイニー（2004）などの研究がある。ノーベル平和賞受賞者シリン・エバディの自伝（2007）は、女性と子どもの権利擁護のために闘い続けてきた女性人権活動家の不屈の精神を鮮やかに描き出している。

6．今後の課題
——ポスト・ハーメネイー体制の行方と少数民族や環境問題

　今後、イランが抱える最大の課題は、現在 77 歳の最高指導者ハーメネイー師の後任の選出、ポスト・ハーメネイー体制の行方にある。どのような人物が選ばれるかによって、イスラーム体制の存続の如何、そして、その体制がより軍事的あるいは民主的色彩が濃くなるか、場合によっては他の政体への移行など、大きな変化の可能性も否定できない。また、2015 年 7 月 14 日に国連安保

理5カ国およびドイツ（P5+1）とイランの間で包括的共同行動計画（JCPOA）が締結されたことよって、12年にわたるイラン核問題は、外交的な解決に至った。経済制裁解除後のイラン社会・政治・外交がどこに向かうのかも、国際社会が注目する重要なテーマである。イランへの海外からの投資や貿易の拡大と生活水準の向上への国民の期待は高まっているが、核関連の制裁以外のテロや人権に関するアメリカの独自制裁は続いており、イランへの再制裁や米議会による追加制裁の懸念から、外国企業によるイランとの大規模な取引や投資はいまだ本格化していない。海外企業にとってイランでのビジネスを進める上でのリスクは、上記の国際的要因に加え、イランの国内要因も懸念材料となっている（Alizadeh 2014; ケイワン 2013, 2016）。経済制裁下で構築された複雑で不透明な経済構造と、経済権益を巡る政争についての研究は、公開資料が少ないため、研究が進んでいないが、現在、最も需要の高い研究テーマの1つである。

　2014年以降、「イスラーム国（IS）」によるイラクやシリアのクルド居住地への猛攻により、イラン在住のクルド系住民の間でも同胞支援の機運が高まった。イラン政府は、国境を越えたクルド系民族による独立国家樹立を恐れ、弾圧策から懐柔策まで駆使してイラン国家体制内への引き留めを図ってきた。2009年の「緑の運動」で都市の中間層の運動への規制が強化された状況下で、デモや抗議活動を敢行しているのは、クルド系やアゼルバイジャン系、スンナ派などの少数宗派・民族や、労働条件の改善を訴える労働者、環境汚染に悩まされた各地の住民である（Elling 2013; Romano 2014）。石油地帯のフーゼスターン州では、気候変動に加え、無計画な石油の掘削や工業化、農地開発による水不足と水質汚染を原因とする酸性雨や大気汚染により、2013年11月1日には6000人の市民が緊急入院したほど事態は深刻化している（Fadaee 2012）。また、2001年のターリバーン政権樹立と米軍のアフガン侵攻後、イランは大量のアフガン難民を受け入れてきた（Chatty 2010）。2014年までに約90万人がアフガニスタンに帰還したとされるが、今なお、約95万人のアフガン系難民やその子孫がイランに留まっている。特にアフガン人男性とイラン人女性の間に生まれた子供たちは、イランの国籍や教育が得られず、不法滞在状態に置かれてきた。今後、政府がこれらの問題を放置すると大きな運動や社会的な事件に発展しかねない潜在性を秘めている。

▶▶ 本章の研究テーマを学ぶための基本文献

駒野欽一（2014）『変貌するイラン――イスラーム共和国体制の思想と核疑惑問題』明石書店。

桜井啓子（2001）『現代イラン――神の国の変貌』岩波新書。

シャリアティー、アリー（1997）『イスラーム再構築の思想――新たな社会へのまなざし』櫻井秀子訳、大村書店。

ダバシ、ハミッド（2008）『イラン、背反する民の歴史』田村美佐子・青柳伸子訳、作品社。

富田建次（1993）『アーヤトッラーたちのイラン――イスラーム統治体制の矛盾と展開』第三書館。

貫井万里・杉山隆一編（2014）『革命後イランにおける映画と社会』早稲田大学イスラーム地域研究機構。

ホメイニー、ルーホッラー・ムーサヴィー（2003）『イスラーム統治論・大ジハード論』富田健次訳、平凡社。

ミール＝ホセイニー、ズィーバー（2004）『イスラームとジェンダー――現代イランの宗教論争』山岸智子監訳、明石書店。

吉村慎太郎（2011）『イラン現代史――従属と抵抗の100年』有志舎。

Abrahamian, E. (1982) *Iran Between Two Revolutions*. Princeton: Princeton University Press.

Afary, J. (2009) *Sexual Politics in Modern Iran*. Cambridge: Cambridge University Press.

Arjomand, S. A. (2009) *After Khomeini: Iran Under His Successors*. Oxford: Oxford University Press.

Bill, J. A. (1988) *The Eagle and the Lion: The Tragedy of American-Iranian Relations*. New Haven: Yale University Press.

Encyclopaedia of Iranica. http://www.iranicaonline.org/

Foran, J. ed. (1994) *A Century of Revolution: Social Movements in Iran*. Minneapolis: University of Minnesota Press.

Hunter, S. T. (2010) *Iran's Foreign Policy in the Post-Soviet Era: Resisting the New International Order*. Santa Barbara: Praeger.

Mousavian, S. H. (2014) *Iran and the United States: An Insider's View on the Failed Past and the Road to Peace*. New York: Bloomsbury Academic.

Parsi, T. (2008) *Treacherous Alliance: The Secret Dealings of Israel, Iran, and the United States*. New Haven: Yale University Press.
Semati, M. ed. (2008) *Media, Culture and Society in Iran: Living with Globalization and the Islamic State*. London: Routledge.
Sick, G. (1991) *October Surprise: America's Hostages in Iran and the Election of Ronald Reagan*. New York: Times Books.

参考文献

【日本語文献】

アーレント、ハンナ（1974）『全体主義の起原3　全体主義』大久保和郎・大島かおり訳、みすず書房。
青山弘之（2001）「"ジュムルキーヤ"への道（1）——バッシャール・アル＝アサド政権の成立」『現代の中東』第31号。
青山弘之（2002）「"ジュムルキーヤ"への道（2）——バッシャール・アル＝アサドによる絶対指導性の顕現」『現代の中東』第32号。
青山弘之（2005）「シリアにおけるクルド問題——差別・抑圧の"制度化"」『アジア経済』第46巻第8号、アジア経済研究所。
青山弘之・末近浩太（2009）『現代シリア・レバノンの政治構造』岩波書店。
秋元律郎（1991）「マイノリティ・グループ」大学教育社編『現代政治学事典』ブレーン出版。
アサド、タラル（2004）『宗教の系譜——キリスト教とイスラームにおける権力の根拠と訓練』中村圭志訳、岩波書店。
アサド、タラル（2006）『世俗の形成——キリスト教、イスラム、近代』中村圭志訳、みすず書房。
アセモグル、ダロン／ジェイムズ・ロビンソン（2013）『国家はなぜ衰退するのか』鬼澤忍訳、早川書房。
アッサイード、ムスタファ・カーミル（2007）「中東の市民社会」小林良彰・富田広士・粕谷祐子編『市民社会の比較政治学』慶應義塾大学出版会。
アティーヤ、アズィズ・S（2014）『東方キリスト教の歴史』村山盛忠訳、教文館。
アトワーン、アブドルバーリ（2015）『イスラーム国』中田考監訳・春日雄宇訳、集英社。
アハメド、ライラ（2000）『イスラームにおける女性とジェンダー——近代論争の歴史的根源』林正雄他訳、法政大学出版会。
アブドゥフ、ムハンマド（1991）『神の全一性論講』後藤三男訳、ごとう書房。
新井和広（2005）「ハドラマウト及びハドラミー移民研究展望」『イスラム世界』第65号。
荒井康一（2008）「民族主義者行動党（MHP）支持層の変化と社会的亀裂構造——社会経済的地域特性による計量分析」『国際文化研究』14号、東北大学国際文化学会。
荒井康一（2014）「トルコにおける親イスラーム政党の成功と今後の課題——AKP中道化の背景とゲズィ抗議運動の意味」『中東研究』519号。
新井政美（2009）『オスマン帝国はなぜ崩壊したのか』青土社。
新井政美編（2013）『イスラムと近代化——共和国トルコの苦闘』講談社。
アルドリッチ、D・P（2015）『災害復興におけるソーシャル・キャピタルの役割とは何か』石田祐・藤澤由和訳、ミネルヴァ書房。
アンダーソン、ベネディクト（2007）『定本 想像の共同体——ナショナリズムの起源と流行』白石隆・白石さや訳、書籍工房早山。
アントニウス、ジョージ（1989）『アラブの目覚め——アラブ民族運動物語』木村申二訳、第三書館。
飯塚正人（2008）『現代イスラーム思想の源流』山川出版社。
イグナティエフ、M（1996）『民族はなぜ殺し合うのか——新ナショナリズム6つの旅』幸田敦子訳、河出書房新社。
池内恵（2015）『イスラーム国の衝撃』文藝春秋。
池田明史編（1990）『中東和平と西岸・ガザ——占領地問題の行方』（研究双書No.389）アジア経済研究所。
池田明史編（1994）『イスラエル国家の諸問題』（研究双書No.441）アジア経済研究所。
池田亮（2013）『植民地独立の起源——フランスのチュニジア・モロッコ政策』法政大学出版局。

石黒大岳（2011）「バハレーン王国」松本弘編『中東・イスラーム諸国民主化ハンドブック』明石書店。
イスラムビジネス法研究会・西村あさひ法律事務所編（2014）『イスラム圏ビジネスの法と実務』一般財団法人経済産業調査会。
板垣雄三（1961）「アラブ民族主義とイスラーム（上）──ムスリム同胞団をめぐって」『思想』第449号。
板垣雄三（1963）「ムスリム同胞団の解体について」『イスラム世界』第1号。
伊能武次（1994）「中東諸国の政治と国家へのアプローチ」伊能武次編『中東における国家と権力構造』アジア経済研究所。
伊能武次（2001）『エジプト──転換期の国家と社会』朔北社。
井上輝子・江原由美子・加納実紀代他（2002）『岩波　女性学事典』岩波書店。
イブン・タイミーヤ（1991）『イスラーム政治論──シャリーアによる統治』湯川武・中田考訳、日本サウディ・アラビア協会。
イブン＝ハルドゥーン（2001）『歴史序説（1）』森本公誠訳、岩波書店。
今井真士（2010）「「比較権威主義体制論」の一つの作法──権威主義体制の長期的分岐と、制度・文脈・時間的過程への視点」法学政治学論究刊行会編『法学政治学論究』第86号。
今井真士（2012）「権威主義体制下の単一政党優位と名目的合意形成──エジプトの憲法修正過程（2007）とイエメンの選挙法審議過程（2007-2010）をめぐる政治力学」『日本中東学会年報』第28-1号。
今井真士（2013）「権威主義体制下の単一政党優位と選挙前連合の形成──政党間の競合性と選挙制度の効果」『国際政治』第172号。
今井真士（2014）「権威主義体制下の単一優位政党と体制転換──競合性の制度化の効果」『日本比較政治学会年報』第16号、ミネルヴァ書房。
岩坂将充（2015）「トルコにおける政軍関係の変容──軍の権益の段階的縮小と今後の展望」『中東研究』第524号。
岩坂将充（2016）「議院内閣制における政治の「大統領制化」──トルコ・エルドアン体制と大統領権限の強化」『日本比較政治学会年報』第18号。
岩崎育夫（2009）『アジア政治とは何か──開発・民主化・民主主義再考』（中公叢書）中央公論新社。
岩﨑一郎（2016）『法と企業統治の経済分析──ロシア株式会社制度のミクロ実証研究』岩波書店。
岩崎真紀（2008）「エジプトにおけるバハーイー教徒身分証明書問題」『国際宗教研究所ニューズレター』60号。
岩崎葉子（2015）『「個人主義」大国イラン──群れない社会の社交的なひとびと』平凡社。
岩間暁子（2007）「日本におけるマイノリティ──概念の拡散とその社会的背景」岩間暁子、ユ・ヒョヂョン編著『マイノリティとは何か』ミネルヴァ書房。
岩間暁子／ユ・ヒョヂョン（2007）「『マイノリティ』をめぐる世界」岩間暁子／ユ・ヒョヂョン編著『マイノリティとは何か』ミネルヴァ書房。
ウェーバー、マックス（1980）『職業としての政治』脇圭平訳、岩波書店。
上野千鶴子編（2001）『構築主義とは何か』勁草書房。
ウォルツ、ケネス（2010）『国際政治の理論』河野勝・岡垣知子訳、勁草書房。
ウォルツ、ケネス（2013）『人間・国家・戦争──国際政治の3つのイメージ』渡邉昭夫・岡垣知子訳、勁草書房。
臼杵陽（1995）「パレスティナ問題」三浦徹・東長靖・黒木英充編『イスラーム研究ハンドブック』講座イスラーム世界別巻（板垣雄三監修）、栄光教育文化研究所。
臼杵陽（2008）「パレスチナ問題」小杉泰・林佳世子・東長靖編『イスラーム世界研究マニュアル』名古屋大学出版会。
宇野昌樹（1996）『イスラーム・ドルーズ派──イスラーム少数派から見た中東社会』第三書館。
江口朴郎（2013）『新版　帝国主義と民族』東京大学出版会。
エバディ、シリン（2007）『私は逃げない──ある女性弁護士のイスラム革命』竹林卓訳、ランダムハウス講談社。

江原由美子・金井淑子（1997）『ワードマップ　フェミニズム』新曜社。
江原由美子・金井淑子（2002）『フェミニズムの名著50』平凡社。
遠藤貢（2015）『崩壊国家と国際安全保障——ソマリアにみる新たな国家像の誕生』有斐閣。
オーウェン、ロジャー（2015）『現代中東の国家・権力・政治』山尾大・溝渕正季訳、明石書店。
太田淳（2014）『近世東南アジア世界の変容——グローバル経済とジャワ島地域社会』名古屋大学出版会。
大塚和夫（2002）『いまを生きる人類学——グローバル化の逆説とイスラーム世界』中央公論新社。
大塚和夫（2005）「加藤博編『イスラームの性と文化』（書評と紹介『イスラーム地域研究叢書』）」『イスラム世界』第65号。
大坪玲子（2005）「イエメン・サナアにおけるカート消費の変化」『日本中東学会年報』第20-2号。
大野盛雄（1990）『イラン農民25年のドラマ』（NHKブックス）日本放送出版協会。
大村啓喬（2010）「天然資源と内戦の発生に関する研究動向」『国際公共政策研究』第15巻第1号。
岡真理（2000）『彼女の「正しい」名前とは何か——第三世界フェミニズムの思想』青土社。
小田英郎・富田広士編（1993）『中東・アフリカ現代政治——民主化・宗教・軍部・政党』勁草書房。
オルソン、マンサー（1983）『集合行為論——公共財と集団理論』依田博・森脇俊雅訳、ミネルヴァ書房。
粕谷祐子（2014）『比較政治学』ミネルヴァ書房。
ガット、アザー（2012）『文明と戦争』石澤朋之・末松聡・山本文史監訳、中央公論新社。
勝又郁子（2001）『クルド・国なき民族のいま』新評論。
加藤秀一（1998）『性現象論』勁草書房。
加藤秀一（2001）「身体を所有しない奴隷——身体への自己決定権の擁護」『思想』第922号。
加藤博（1995）『文明としてのイスラム——多元的社会叙述の試み』東京大学出版会。
加藤博（2003）「経済学とイスラーム地域研究」佐藤次高編『イスラーム地域研究の可能性』東京大学出版会。
加藤博（2005）「イスラーム世界の女性——言説と実態のはざまで」加藤博編『イスラームの性と文化』東京大学出版会。
加藤博（2005）『イスラム世界の経済史』NTT出版。
加納弘勝・駒野欽一（1982）『イラン1940-1980——現地資料が語る40年』中東調査会。
川上泰徳（2012）『イスラムを生きる人びと——伝統と「革命」の間で』岩波書店。
川坂和義（2013）「アメリカ化されるLGBTの人権——「ゲイの権利は人権である」演説と〈進歩〉というナラティブ」『ジェンダー＆セクシュアリティ』第8号。
川田順造他編（1998）『開発と政治』（岩波講座開発と文化・第6巻）、岩波書店。
私市正年（2004）『北アフリカ・イスラーム主義運動の歴史』白水社。
私市正年（2016）「モロッコの「政治的安定」とイスラーム急進派の活動」『国際問題』No. 648（https://www2.jiia.or.jp/pdf/research_pj/h27rpj06/160411_radical_islamist_research_vol5_kisaichi_report.pdf）。
私市正年・栗田禎子編（2004）『イスラーム地域の民衆運動と民主化』（イスラーム地域研究叢書3）東京大学出版会。
北澤義之（1998）「近代中東とアラブ民族主義」立山良司編『中東　第二版』自由国民社。
北澤義之（2011）「ヨルダン・ハーシム王国」松本弘編『中東・イスラーム諸国民主化ハンドブック』明石書店。
北澤義之（2015）『アラブ連盟——アラブナショナリズムとイスラームの交錯』（イスラームを知る22）、山川出版社。
吉川元・中村覚編（2012）『中東の予防外交』信山社。
吉川卓郎（2007）『イスラーム政治と国民国家——エジプト・ヨルダンにおけるムスリム同胞団の戦略』ナカニシヤ出版。
吉川卓郎（2008）「ヨルダン」末近浩太編『現代中東政治学リーディングガイド』（CIAS Discussion Paper No. 6)、京都大学地域研究統合情報センター。
吉川卓郎（2014）「「生存の政治」における政府－イスラーム運動関係——2011年民主化運動とヨルダ

ンのムスリム同胞団」『アジア経済』第 55 巻第 1 号.
キング，G／R・O・コヘイン／S・ヴァーバ（2004）『社会科学のリサーチデザイン——定性的研究における科学的推論』真渕勝訳，勁草書房．
金城美幸（2011）「国家の起源にどう向き合うか——「新しい歴史家」とパレスチナ難民問題」臼杵陽監修，赤尾光春・早尾貴紀共編『シオニズムの解剖学——現代ユダヤ世界におけるディアスポラとイスラエルの相克』人文書院．
クトゥブ，サイイド（2008）『イスラーム原理主義の「道しるべ」——発禁"アルカイダの教本"全訳＋解説』岡島稔・座喜純訳，第三書館．
久保慶一・末近浩太・高橋百合子（2016）『比較政治学の考え方』有斐閣．
窪田悠一（2013）「内戦の発生原因とメカニズム——計量分析を中心に」伊東孝之監修『平和構築のアプローチ』吉田書店．
栗田禎子（1993）「スーダン史上におけるウルーバの意味の変遷について」酒井啓子編『国家・部族・アイデンティティー——アラブ社会の国家形成』アジア経済研究所．
栗田禎子（2002）「アフガーニー」大塚和夫他編『岩波イスラーム辞典』岩波書店．
栗山保之（2012）『海と共にある歴史——イエメン海上交流史の研究』中央大学出版部．
クルーガー，アラン（2008）『テロの経済学——人はなぜテロリストになるのか』藪下史郎訳，東洋経済新報社．
黒木英充編著（2013）『シリア・レバノンを知るための 64 章』明石書店．
黒田賢治（2015）『イランにおける宗教と国家——現代シーア派の実相』ナカニシヤ出版．
黒宮貴義（2011）「門戸開放期のエジプト経済における資源・海外労働に対する依存——「オランダ病」，「レンティア経済」概念を用いて」『日本中東学会年報』第 27-1 号．
ケイワン，アブドリ（2013）「アフマディーネジャードはイラン経済に何をもたらしたのか？——「公正社会」実現を求めての試行錯誤とそのコスト」『中東研究』517 号．
ケイワン，アブドリ（2016）「革命後のイランにおける特権企業の生成と変貌——モスタザファーン財団を事例に」『中東レビュー』第 3 号．
ケペル，ジル（2006）『ジハード——イスラム主義の発展と衰退』丸岡高弘訳，産業図書．
ケペル，ジル（2010）『テロと殉教——「文明の衝突」をこえて』丸岡高弘訳，産業図書．
ゲルナー，アーネスト（1991）『イスラム社会』宮治美江子他訳，紀伊國屋書店．
コーザー，ルイス・A（1978）『社会闘争の機能』新睦人訳，新曜社．
コーデスマン，アンソニー・H（2012）『21 世紀のサウジアラビア——政治・外交・経済・エネルギー戦略の成果と挑戦』中村覚監訳，明石書店．
小杉泰（1987）『現代イスラーム国家論——「アル＝マナール」派思想における政府と立法』国際大学国際関係学研究所．
小杉泰（1994）『現代中東とイスラーム政治』昭和堂．
小杉泰（2001）「イスラーム政党をめぐる研究視座と方法論的課題——比較政治学と地域研究の交差する地点で」『アジア・アフリカ地域研究』第 1 号．
小杉泰（2006）『現代イスラーム世界論』名古屋大学出版会．
小杉泰（2008）「イスラーム法と政治」小杉泰・林佳世子・東長靖編『イスラーム世界研究マニュアル』名古屋大学出版会．
小杉泰・横田貴之（2003）「行動の思想，思想の実践——バンナーとクトゥブ」小松久男・小杉泰編『現代イスラーム思想と政治運動』東京大学出版会．
後藤晃編（2015）『オアシス社会 50 年の軌跡——イランの農村，遊牧，そして都市』御茶の水書房．
コバーン，パトリック（2007）『イラク占領——戦争と抵抗』大沼安史訳，緑風出版．
小林周（2012）「新生リビアの国民議会選挙と今後の展望」『中東研究』第 515 号．
小林周（2015）「「連鎖」する紛争——リビアから「イスラーム国」への戦闘員流出」『中東研究』第 522 号．
小林周（2015）「政変後リビアの情勢不安定化における国内要因」『海外事情』第 63 巻 9 号．

小林周（2016）「リビアのイスラーム過激派組織の動向」『イスラーム過激派分析レポート』日本国際問題研究所。
小林周（2017）「リビアの地政学リスクとイスラーム過激派の動向：『非統治空間』への着目」山内昌之編『中東と IS の地政学——イスラーム、アメリカ、ロシアから読む 21 世紀』朝日新聞出版。
小林正典（2007）「日本の法制度におけるマイノリティ」岩間暁子／ユ・ヒョヂョン編著『マイノリティとは何か』ミネルヴァ書房。
コヘイン、ロバート・O（1998）『覇権後の国際政治学』石黒馨・小林誠訳、晃洋書房。
コリアー、ポール（2010）『最底辺の 10 億人』中谷和男訳、日経 BP。
サーダウィ、ナワル・エル（1988）『イブの隠れた顔——アラブ女性の素顔』村上真弓訳、未來社。
サイード、エドワード（1993）『オリエンタリズム』板垣雄三・杉田英明監修、今田紀子訳、平凡社。
斎藤剛（2006）「〈先住民〉としてのベルベル人？——モロッコ、西サハラ、モーリタニアのベルベル人とベルベル文化運動の展開」綾部恒雄監修、松井健・堀内正樹編『中東』（講座世界の先住民族 04）、明石書店。
酒井啓子（1991）「イラクの都市・地方間格差問題」清水学編『現代中東の構造変動』アジア経済研究所。
酒井啓子（2002）『イラクとアメリカ』岩波新書。
酒井啓子（2004）『イラク——戦争と占領』岩波新書。
酒井啓子（2005）「イラクにおけるナショナリズムと国民形成」酒井啓子・臼杵陽編『イスラーム地域の国家とナショナリズム』東京大学出版会。
酒井啓子（2005）「イスラーム世界におけるナショナリズム概観」酒井啓子・臼杵陽編『イスラーム地域の国家とナショナリズム』東京大学出版会。
酒井啓子・吉岡明子・山尾大編著（2013）『現代イラクを知るための 60 章』明石書店。
坂梨祥（2013）「「アラブの春」への対応にみるイラン対外政策の現状」土屋一樹編『中東地域秩序の行方——「アラブの春」と中東諸国の対外政策』アジア経済研究所。
佐藤成基（2014）『国家の社会学』青弓社。
佐藤裕（2005）『差別論——偏見理論批判』明石書店。
佐原徹哉（2014）『中東民族問題の起源——オスマン帝国とアルメニア人』白水社。
サラモン、レスター（2007）『NPO と公共サービス——政府と民間のパートナーシップ』江上哲監訳、大野哲明他訳、ミネルヴァ書房。
重冨真一（2015）「社会運動は政治を変えるのか——社会運動のアウトカム研究レビュー」重冨真一編『社会運動理論の再検討——予備的考察』アジア経済研究所。
嶋本隆光（2011）『イスラーム革命の精神』京都大学学術出版会。
清水雅子（2010）「〈書評〉Jeroen Gunning. 2008. *Hamas in Politics: Democracy, Religion, Violence*. New York: Columbia University Press, xiv+ 320pp.」『イスラーム世界研究』第 3 巻第 2 号。
清水雅子（2012）「パレスチナの政治変動は執政制度の役割にいかに影響したか——ハマース政権樹立から自治政府の分裂に至る政治過程（2006~2007 年）を事例に」『AGLOS』第 3 号。
シュワルツ、フランク・J（2002）「シビル・ソサイエティとは何か」『レヴァイアサン』31 号。
ジョージ、アレキサンダー／アンドリュー・ベネット（2013）『社会科学のケース・スタディ——理論形成のための定性的手法』泉川泰博訳、勁草書房。
末近浩太（2013）『イスラーム主義と中東政治——レバノン・ヒズブッラーの抵抗と革命』名古屋大学出版会。
末近浩太（2014）「レバノン——「決めない政治」が支える脆い自由と平和」青山弘之編『「アラブの心臓」に何が起きているのか——現代中東の実像』岩波書店。
末近浩太（2016）「分断社会における国軍の相貌——レバノンにおける国民統合と国家建設のトレード・オフ」酒井啓子編『途上国における軍・政治権力・市民社会』晃洋書房。
末廣昭（1998）「発展途上国の開発主義」東京大学社会科学研究所編『開発主義』東京大学出版会。
スコット、ジェームス・C（1999）『モーラル・エコノミー——東南アジアの農民反乱と生存維持』高

橋彰訳、筑摩書房。
スコット、ジョーン・W（1992）『ジェンダーと歴史学』荻野美穂訳、平凡社。
鈴木董（2007）『ナショナリズムとイスラム的共存』千倉書房。
鈴木均（2011）『現代イランの農村都市——革命・戦争と地方社会の変容』勁草書房。
スピヴァク、ガヤトリ・C（1998）『サバルタンは語ることができるか』上村忠男訳、みすず書房。
スミス、アンソニー（1999）『ネイションとエスニシティ——歴史社会学的考察』巣山靖司他訳、名古屋大学出版会。
スメルサー、ニイル・J（1973）『集合行動の理論』会田彰・木原孝訳、誠信書房。
関根政美（1994）『エスニシティの政治社会学——民族紛争の制度化のために』名古屋大学出版会。
千田有紀（2001）「構築主義の系譜学」上野千鶴子編『構築主義とは何か』勁草書房。
ターチン、ピーター（2015）『国家興亡の方程式』水原文訳、ディスカバー21。
ダウンズ、アンソニー（1980）『民主主義の経済理論』古田精司訳、成文堂。
髙岡豊（2014）「「イスラーム国」とシリア紛争」吉岡明子・山尾大編著『「イスラーム国」の脅威とイラク』岩波書店。
鷹木恵子（2003）「マグリブ諸国におけるマイクロクレジットの広がりと女性の経済活動」『イスラム世界』第61号。
高橋和夫（2013）『イランとアメリカ——歴史から読む「愛と憎しみ」の構図』（朝日新書）朝日新聞出版。
高橋英海（2013）「シリア正教、シリアカトリック」黒木英充編『シリア・レバノンを知るための64章』明石書店。
武石礼司（2008）「エネルギーと経済開発」小杉泰・林佳世子・東長靖編『イスラーム世界研究マニュアル』名古屋大学出版会。
竹内啓一総編集（2012）『世界地名大辞典　3　中東・アフリカ』朝倉書店。
竹村和子（2000）『フェミニズム』（思考のフロンティア）岩波書店。
竹村和子編（2003）『"ポスト"フェミニズム』（知の攻略 思想読本）作品社。
立山良司（1989）『イスラエルとパレスチナ——和平への接点をさぐる』（中公新書）中央公論社。
立山良司（1995）『中東和平の行方——続・イスラエルとパレスチナ』（中公新書）中央公論社。
立山良司編（1998）『中東』（第2版）自由国民社。
田村愛理（2014）「ジェルバ島のユダヤ教徒／人アイデンティティをめぐる一考察——「土着」と「ディアスポラ」の間」『東京国際大学論叢商学部編』第89号。
タロー、シドニー（2006）『社会運動の力——集合行為の比較社会学』大畑裕嗣監訳、彩流社。
遅塚忠躬（2010）『史学概論』東京大学出版会。
中東教会協議会（1993）『中東キリスト教の歴史』村山盛忠・小田原綠訳、日本キリスト教団出版局。
中東研究センター（2007）『リビアの大量破壊兵器開発計画放棄、国際社会復帰後のエネルギー分野を中心とした経済再建の道筋と課題及びリビアの石油資源への国際石油企業の参入状況と見通しに関する調査』日本エネルギー経済研究所。
中東調査会・イスラーム過激派モニター班（2015）『「イスラーム国」の生態がわかる45のキーワード』明石書店。
辻中豊／ロバート・ペッカネン／山本英弘（2009）『現代日本の自治体・町内会』木鐸社。
鶴見太郎（2012）『ロシア・シオニズムの想像力——ユダヤ人・帝国・パレスチナ』東京大学出版会。
ティリー、チャールズ（1984）『政治変動論』堀江湛監訳、芦書房。
デュベルジェ、モーリス（1970）『政党社会学』岡野加穂留訳、潮出版社。
ナイ、ジョセフ・S（2011）『スマート・パワー——21世紀を支配する新しい力』山岡洋一・藤島京子訳、日本経済新聞出版社。
ナイ、ジョセフ・S／デイヴィッド・A・ウェルチ（2013）『国際紛争——理論と歴史（原書第9版）』田中明彦・村田晃嗣訳、有斐閣。
中岡三益（1991）『アラブ近現代史——社会と経済』岩波書店。

長岡慎介（2011）『現代イスラーム金融論』名古屋大学出版会.
長岡慎介（2017）『現代イスラーム経済論入門』日本評論社（刊行予定）.
中川恵（2011）「モロッコ王国」松本弘編『中東・イスラーム諸国民主化ハンドブック』明石書店.
中沢新一（2002）『緑の資本論』集英社.
長沢栄治（1998）「中東の開発体制――エジプトにおけるエタティズムの形成」東京大学社会科学研究所編『20世紀システム4――開発主義』東京大学出版会.
長沢栄治（2000）「アラブ主義の現在」木村靖二・長沢栄治編『地域への展望』山川出版社.
長沢栄治（2012）『アラブ革命の遺産――エジプトのユダヤ系マルクス主義者とシオニズム』平凡社.
中嶋嶺雄／チャルマーズ・ジョンソン編（1989）『地域研究の現在――既成の学問への挑戦』大修館書店.
中西久枝（1996）『イスラムとヴェール――現代イランに生きる女たち』晃洋書房.
中村覚（2014）「サウジアラビアのシリア政策での国内治安対策による制約」『国際政治』第178号.
中村文隆（2013）『レントと政治経済学』八千代出版.
奈良本英佑（2005）『パレスチナの歴史』明石書店.
錦田愛子（2015）「オスロ合意と難民問題」今野泰三・鶴見太郎・武田祥英編『オスロ合意から20年――パレスチナ／イスラエルの変容と課題』NIHUイスラーム地域研究東京大学拠点中東パレスチナ研究班（TIAS Middle East Research Series No.9）.
日本国際問題研究所編（2005）『湾岸アラブと民主主義――イラク戦争後の眺望』日本評論社.
日本比較政治学会編（2002）『現代の宗教と政党――比較のなかのイスラーム』（日本比較政治学会年報4）早稲田大学出版会.
日本比較政治学会編（2014）『体制転換／非転換の比較政治』（日本比較政治学会年報16）ミネルヴァ書房.
貫井万里・森田豊子「1979年革命後のイラン女性と社会変化――2013年家族保護法をめぐって」福原裕二・吉村慎太郎編『現代アジアの女性たち――グローバル化社会を生きる』新水社.
野宮大志郎（2006）「社会運動論から社会理論へ――深化、展開、そして構想力」『社会学評論』第57巻2号.
ハーフ、ジェフリー（2013）『ナチのプロパガンダとアラブ世界』星乃治彦・臼杵陽・熊野直樹・北村厚・今井宏昌訳、岩波書店.
ハーマン、ジュディス（1999）『心的外傷と回復〈増補版〉』中井久夫訳、みすず書房.
長谷部恭男（2004）『憲法と平和を問い直す』（ちくま新書）筑摩書房.
八谷まち子編（2007）『EU拡大のフロンティア――トルコとの対話』信山社.
パッカー、ジョージ（2008）『イラク戦争のアメリカ』豊田英子訳、みすず書房.
パットナム、ロバート・D（2006）『孤独なボウリング――米国コミュニティの崩壊と再生』柴内康文訳、柏書房.
パットナム、ロバート・D（2001）『哲学する民主主義――伝統と改革の市民的構造』河田潤一訳、NTT出版.
パットナム、ロバート・D（2013）『流動化する民主主義――先進8カ国におけるソーシャル・キャピタル』猪口孝訳、ミネルヴァ書房.
バトラー、ジュディス（1999）『ジェンダー・トラブル――フェミニズムとアイデンティティの攪乱』竹村和子訳、青土社.
馬場多聞（2014）「13世紀ラスール朝期における食材分配と王権」『東洋学報』第96巻第1号.
浜中新吾（2005）「首相公選制度下における分裂投票――誠実投票インセンティブ仮説の検証」『選挙研究』20号、日本選挙学会.
浜中新吾（2007）「中東の市民文化」小林良彰・富田広士・粕谷祐子編『市民社会の比較政治学』慶應義塾大学出版会.
浜中新吾（2007）「中東諸国における非民主体制の持続要因――レンティア国家論の計量分析」『国際政治』148号.
浜中新吾（2009）「紛争、テロリズムと市民意識――パレスチナ市民の自爆攻撃に対する意識調査の計

量分析」浜中新吾編『中東諸国家運営メカニズムの普遍性と特殊性の析出』京都大学地域研究統合情報センター.
浜中新吾 (2010)「中東地域政治システムとイスラエル——国際システム理論によるイラン問題へのアプローチ」『山形大学紀要 (社会科学)』第 42 巻第 1 号.
浜中新吾 (2011)「ハイブリッド型権威主義体制の与党支持構造——エジプト・シリアの比較分析」『アジア経済』第 52 巻第 12 号.
浜中新吾 (2013)「首相公選制——イスラエル」岩崎正洋編『選挙と民主主義』吉田書店.
浜中新吾 (2014)「アラブ革命の陰で」『国際政治』178 号.
浜中新吾 (2014)「中東諸国の体制転換／非転換の論理」『日本比較政治学会年報』16 号.
浜中新吾 (2015)「エジプト革命におけるソーシャル・メディアの役割」『年報政治学 代表と統合の政治変容』2015 年度第 II 号.
林佳世子 (2008)『オスマン帝国 500 年の平和』講談社.
バラバシ, アルバート・ラズロ (2002)『新ネットワーク思考〜世界のしくみを読み解く〜』青木薫訳, NHK 出版.
ハンチントン, サミュエル (1998)『文明の衝突』鈴木主税訳, 集英社.
バンナー, ハサン (1969)『ムスリム同胞団の使命』池田修訳, アジア経済研究所.
バンナー, ハサン (1969)『光の方へ』佐伯隆幸訳, アジア経済研究所.
バンナー, ハサン (2015)『ムスリム同砲団の思想 (上)——ハサン・バンナー論考集』北澤義之・髙岡豊・横田貴之編訳, 岩波書店.
バンナー, ハサン (2016)『ムスリム同砲団の思想 (下)——ハサン・バンナー論考集』北澤義之・髙岡豊・横田貴之・福永浩一編訳, 岩波書店.
東島雅昌 (2013)「中央アジアの政治変動——権威主義政治と選挙の多様性」伊東孝之監修, 広瀬佳一・湯浅剛編『平和構築へのアプローチ——ユーラシア紛争研究の最前線』吉田書店.
平野淳一 (2007a)「19 世紀後半におけるイスラーム改革者による西洋思想批判」『イスラーム世界研究』第 1 巻 1 号.
平野淳一 (2007b)「アフガーニー思想におけるイスラームと西洋の布置図」『イスラーム世界研究』, 第 1 巻 2 号.
ファノン, フランツ (1996)『地に呪われたる者』鈴木道彦・浦野衣子訳, みすず書房.
ファノン, フランツ (1998)『白い皮膚・黒い仮面』海老坂武・加藤晴久訳, みすず書房.
フーコー, ミシェル (1977)『監獄の誕生』田村俶訳, 新潮社.
フーコー, ミシェル (1986)『性の歴史 I 知への意思』渡辺守章訳, 新潮社.
フーコー, ミシェル (1986)『性の歴史 II 快楽の活用』田村俶訳, 新潮社.
フーコー, ミシェル (1987)『性の歴史 III 自己への配慮』田村俶訳, 新潮社.
福田邦夫 (2006)『独立後第三世界の政治・経済過程の変容——アルジェリアの研究事例』西田書店.
福富満久 (2008)「新生リビアの実像——レンティア国家論に基づく一考察」『日本中東学会年報』第 24-1 号.
福富満久 (2011)『中東・北アフリカの体制崩壊と民主化——MENA 市民社会の行方』岩波書店.
福永浩一 (2013)『初期ムスリム同胞団関連資料——「ハサン・バンナー著『ダアワと教宣者の回想』」を中心に』上智大学アジア文化研究所・イスラーム研究センター.
フクヤマ, フランシス (1992)『歴史の終わり (上・下)』渡部昇一訳, 三笠書房.
フクヤマ, フランシス (2013)『政治の起源 (下)』講談社.
藤井篤 (2013)「アルジェリア戦争と英仏関係——脱植民地化をめぐる協調の限界」『国際政治』第 173 号.
フローリック, ノーマン／ジョー・A・オッペンハイマー (1991)『政治選択の科学』加藤寛監訳, 三嶺書房.
ベンクラー, ヨハイ (2013)『協力がつくる社会——ペンギンとリヴァイアサン』山形浩生訳, NTT 出版.
保坂修司 (2014)『サイバー・イスラーム——越境する公共圏』山川出版社.

細井長（2002）「湾岸諸国の石油政策における外資導入とレンティア国家論」『立命館経営学』第40巻第6号。
細田尚美編（2014）『湾岸アラブ諸国の移民労働者——「多外国人国家」の出現と生活実態』明石書店。
細谷幸子（2011）『イスラームと慈善活動——イランにおける入浴介助ボランティアの語りから』ナカニシヤ出版。
ポランニー、カール（1975）『大転換——市場社会の形成と崩壊』吉沢英成・野口建彦・長尾史郎・杉村芳美訳、東洋経済新報社（新訳版、野口建彦・栖原学訳、2009年）。
マーワルディー、アル＝（2006）『統治の諸規則』湯川武訳、慶應義塾大学出版会。
マイノリティ・ライツ・グループ編（1996）『世界のマイノリティ事典』マイノリティ事典翻訳委員会訳、明石書店。
増田直紀（2007）『私たちはどうつながっているのか——ネットワークの科学を応用する』中央公論新社。
松尾昌樹（2004）「レンティア国家論と湾岸諸国の「民主化」」『現代の中東』37号。
松尾昌樹（2010）『湾岸産油国——レンティア国家のゆくえ』講談社。
松尾昌樹（2013）「湾岸アラブ諸国のエスノクラシー——労働市場における移民と国民」白山人類学会『白山人類学』16号。
松尾昌樹（2014）「増え続ける移民労働者に湾岸アラブ諸国政府はいかに対応すべきか」細田尚美編『湾岸アラブ諸国の移民労働者』明石書店。
松尾昌樹・岡野内正・吉川卓郎編（2016）『中東の新たな秩序』（グローバル・サウスはいま 第3巻）ミネルヴァ書房。
松原正毅・総合研究開発機構編（2002）『新訂増補 世界民族問題事典』平凡社。
松本弘（1999）「北イエメンにおける伝統的地域区分と部族」『オリエント』第41巻第2号。
松本弘（2005）「アラブ諸国の政党制——民主化の現状と課題」『国際政治』141号。
松本弘（2006）「イエメン——政党政治の成立と亀裂」間寧編『西・中央アジア諸国における亀裂構造と政治体制』（研究双書）アジア経済研究所。
松本弘（2012）「イエメンの民主化と部族社会」酒井啓子編『中東政治学』有斐閣。
松本弘（2016）「イエメン・ホーシー派の展開」酒井啓子編『途上国における軍・政治権力・市民社会——21世紀の「新しい」政軍関係』晃洋書房。
マフマルバフ、モフセン（2004）『闇からの光芒——マフマルバフ、半生を語る』市山尚三訳、作品社。
三浦徹他編（2004）『比較史のアジア——所有・契約・市場・公正』東京大学出版会。
溝渕正季（2013）「シリア危機と混迷のレバノン——激化する権力闘争、分裂する社会、台頭するサラフィー主義」『中東研究』第517号。
溝渕正季（2016）「冷戦後の国際政治と中東地域の構造変容——アメリカの対中東政策を中心に」松尾昌樹・岡野内正・吉川卓郎編『中東の新たな秩序』ミネルヴァ書房。
嶺崎寛子（2007）「イスラーム世界のジェンダーに関する研究——日本の現状と展望」『ジェンダー研究』第10号。
嶺崎寛子（2015）『イスラーム復興とジェンダー——現代エジプト社会を生きる女性たち』昭和堂。
宮治一雄（1978b）『アルジェリア社会主義と自主管理農場』アジア経済研究所。
宮治一雄（1987）「総論——中東のエスニック紛争と統合の展望」宮治一雄編『中東のエスニシティ——紛争と統合』アジア経済研究所。
宮地尚子（2007）『環状島＝トラウマの地政学』みすず書房。
宮治美江子（2006）「アマジグ——言語と文化の尊厳とアイデンティティーを求めて」綾部恒雄監修、松井健・堀内正樹編『中東（講座世界の先住民族04）』明石書店。
三代川寛子（2015）「ファラオ主義とコプト語復興運動——イクラウディユース・ラビーフの『アイン・シャムス』の分析を中心に」『オリエント』第58巻2号。
ミラー、D（2007）『ナショナリズムについて』富沢克他訳、風行社。
モーゲンソー、ハンス（2013）『国際政治——権力と平和（上）』原彬久訳、岩波書店。

チャンドラ・モハンティ（1993）「フェミニズム研究と植民地主義言説——西洋の目」『日米女性ジャーナル』15号、ホーン川嶋瑤子訳；(2012)「西洋の視線の下で——フェミニズム理論と植民地主義言説」『境界なきフェミニズム』堀田碧監訳、法政大学出版会。
モーハンティ、C・T（2012）『境界なきフェミニズム』堀田碧監訳、法政大学出版会。
家島彦一（2006）『海域から見た歴史——インド洋と地中海を結ぶ交流史』名古屋大学出版局。
山内昌之・大野元裕編（2004）『イラク戦争データブック』明石書店。
山尾大（2010）「政党の合従連衡がもたらす宗派対立の回避——戦後イラクの政党政治と権力闘争（2003年〜2008年8月）」佐藤章編『新興民主主義国における政党の動態と変容』アジア経済研究所。
山尾大（2011）「反体制勢力に対する外部アクターの影響——イラク・イスラーム主義政党の戦後政策対立を事例に」『国際政治』166号。
山尾大（2012）「外部介入によるイラクの民主化——戦後民主体制の運営」酒井啓子編『中東政治学』有斐閣。
山尾大（2013）『紛争と国家建設——戦後イラクの再建をめぐるポリティクス』明石書店。
山尾大（2014）「和解が生み出した政治対立——戦後イラクにおける排除と包摂のポリティクス」佐藤章編『和解過程下の国家と政治——アフリカ・中東の事例から』アジア経済研究所。
山尾大・浜中新吾（2014）「宗派主義という隘路——イラク世論調査に見る政党支持構造の分析を手掛かりに」『日本中東学会年報』第30-1号。
山口昭彦（1994）「第2次大戦期イランにおけるクルド・ナショナリズム運動——クルディスターン復興委員会の活動とその限界」『日本中東学会年報』第9号。
山口直彦（2011）『新版エジプト近現代史——ムハンマド・アリー朝成立からムバーラク政権崩壊まで』明石書店。
山口直彦（2013）『中東経済ハブ盛衰史——19世紀のエジプトから現在のドバイ、トルコまで』明石書店。
ユイグ、フランソワ＝ベルナール（2013）『テロリズムの歴史』加藤朗監修、遠藤ゆかり訳、創元社。
湯川武（1995）「ムスリムたちはどのような理念を持ち、どのように実現しようとするのか」湯川武編『イスラーム国家の理念と現実』栄光教育文化研究所。
横田貴之（2006）『現代エジプトにおけるイスラームと大衆運動』ナカニシヤ出版。
横田貴之（2009）『原理主義の潮流——ムスリム同胞団』山川出版社。
横田貴之（2014）「エジプト——二つの「革命」がもたらした虚像の再考」青山弘之編『「アラブの心臓」に何が起きているのか——現代中東の実像』岩波書店。
横田貴之（2016）「エジプトにおける2つの「革命」と社会運動」酒井啓子編『途上国における軍・政治権力・市民社会——21世紀の「新しい」政軍関係』晃洋書房。
吉岡明子・山尾大編著（2014）『「イスラーム国」の脅威とイラク』岩波書店。
吉村慎太郎（2005）『イラン・イスラーム体制とは何か——革命・戦争・改革の歴史から』書肆心水。
吉村大（2015）「「アルメニア問題」に析出する国際政治——トルコ・アルメニア関係、周辺諸国と欧米の関与」『中東研究』第524号。
ラセット、ブルース（1996）『パクス・デモクラティア——冷戦後世界への原理』鴨武彦訳、東京大学出版会。
ルイス、アーサー（2001）『国際経済秩序の発展』水上健造訳、文化書房博文社。
ルービン、ゲイル（1997）「性を考える——セクシュアリティの政治に関するラディカルな理論のための覚書」河口和也訳、『現代思想』第25巻第6号。
ルービン、ゲイル（2000）「女たちによる交通——性の「政治経済学」についてのノート」長原豊訳、『現代思想』第28巻第2号。
レイプハルト、アーレンド（1979）『多元社会のデモクラシー』内山秀夫訳、三一書房。
レモン、ルネ（2010）『政教分離を問いなおす——EUとムスリムのはざまで』工藤庸子・伊達聖伸訳、青士社。
ロス、マイケル（2012）『レント、レント・シージング、制度崩壊』中村文隆・末永啓一郎監訳、人

間の科学新社。
ロスチャイルド、ジョーゼフ(1989)『エスノポリティクス——民族の新時代』内山秀夫訳、三省堂。
渡邊祥子(2011)「「アルジェリア・ムスリムのウンマ」の概念形成——帰化問題と政教分離法適用問題に対するアルジェリア・ウラマー協会の見解を題材に」『日本中東学会年報』第27-1号。
渡辺伸(2002)『アルジェリア危機の10年』文芸社。

【外国語文献】

Abdelnasser, Walid Mahmoud. (1994) *The Islamic Movement in Egypt: Perceptions of International Relations 1967-81*. London: Kegan Paul International.

Abraham, Nabeel and Andrew Shryock eds. (2000) *Arab Detroit: From Margin to Mainstream*. Michigan: Wayne State University Press.

Abdel-Khalek, Gouda and Karima Korayem. (2001) "Fiscal Policy Measures in Egypt: Public Debt and Food Subsidy." *Cairo Papers in Social Science* 23(1).

Abu-Lughod, Lila. (2013) *Do Muslim Women Need Saving?* 1st ed. Cambridge: Harvard University Press.

Acemoglu, Daron and James A. Robinson. (2000) "Democratization or Repression?" *European Economic Review* 44(4-6): 83-693.

Aghazarm, Christine, Patrice Quesada, and Sarah Tishler. (2012) *Migrants Caught in Crisis: The IOM Experience in Libya*. Geneva: International Organization for Migration.

Ajami, Fouad. (1992) *The Arab Predicament: Arab Political Thought and Practice Since 1967*. Cambridge: Cambridge University Press.

Akamatsu, Kaname. (1962) "A Historical Pattern of Economic Growth in Developing Countries." The Institute of Asian Economic Affairs, *The Developing Economies*, Preliminary Issue No. 1, March_August 1962.

Akhavi, S. (1980) *Religion and Politics in Contemporary Iran*. New York: State University of New York Press.

Alfoneh, A. (2013) *Iran Unveiled: How the Revolutionary Guards is Turning Theocracy into Military Dictatorship*. Washington, D.C.: the American Enterprise Institute for Public Policy Research.

Alizadeh, P. and H. Hakimian. (2014) *Iran and the Global Economy: Petro Populism, Islam and Economic Sanctions*. London: Routledge.

Allawi, A. (2007) *The Occupation of Iraq: Winning the War, Losing the Peace*. New Haven and London: Yale University Press.

Altınay, Ayşe Gül. (2004) *The Myth of the Military-Nation: Militarism, Gender, and Education in Turkey*. New York: Palgrave Macmillan.

Alvaredo, Facundo & Thomas Piketty. (2015) "Measuring Top Incomes in the Middle East. Data Limitations and an Illustration with the Case of Egypt." ERF Working Paper 832, Cairo: Economic Research Forum.

Alvi, S. and A. al-Roubaie eds. (2014) *Islamic Economics: Critical Concepts in Economics*. 4 Vols. London: Routledge.

Amara, Mahfoud. (2012) *Sport, Politics and Society in the Arab World*. Hampshire: Palgrave Macmillan.

Anderson, B. (1987) *Imagined Communities: Reflections on the Origin and Spread of Nationalism*. London: Verso.

Anderson, L. (1987) "The State in the Middle East and North Africa." *Comparative Politics* 20(1): 1-18

Anderson, Lisa. (1991) "Legitimacy, Identity, and the Writing of History in Libya." In *Statecraft in the Middle East*, edited by Eric Davis and Nicolos Gavrielides. Miami: Florida International University Press.

Arjomand, S. A. (1988) *The Turban for the Crown: The Islamic Revolution in Iran*. New York: Oxford University Press.

Assaad, Ragui ed. (2009) *The Egyptian Labor Market Revisited*. Cairo: The American University Cairo Press.

Assaad, Ragui, Christine Binzel and May Gadallah. (2010) "Transitions to Employment and Marriage Among Young Men in Egypt." *Middle East Development Journal* 2(1): 39-88.

Assaad, Ragui, C. Krafft, N.B. Hassine and D. Salehi-Isfahani. (2012) "Inequality of Opportunity in Child Health in the Arab World and Turkey." *Middle East Development Journal* 4(2): 1-37.

Assaad, Ragui, Djavad Salehi-Isfahani and R. Hendy. (2014) "Inequality of Opportunities in Educational Attainment: Evidence from Survey Data." ERF Working Paper 834, Cairo: Economic Research Forum.

Assaad, Ragui and Caroline Kraft. (2014) "Youth Transitions in Egypt: School, Work, and Family Formation in an Era of Changing Opportunities." Working Paper 14-1, SILATECH.COM.

Assaad, Ragui and Caroline Krafft eds. (2015) *The Egyptian Labor Market in a Era of Revolution*. Cairo: The American University Cairo Press.

Asutay, M. and A. Q. Turkistani eds. (2015) *Islamic Finance*, 3 Vols. Berlin: Gerlach Press.

Atto, Naures. (2011) *Hostages in the Homeland, Orphans in the Diaspora: Identity Discourses Among the Assyrian/Syriac Elites in the European Diaspora*. Leiden: Leiden University Press.

Ayan Musil, Pelin. (2011) *Authoritarian Party Structures and Democratic Political Setting in Turkey*. New York: Palgrave Macmillan.

Ayubi, Nazih N. (1995) *Over-Stating the Arab State: Politics and Society in the Middle East*. London: I.B.Tauris.

Azra, Azyumardi. (2004) *The Origins of Islamic Reformism in Southeast Asia: Networks of Malay-Indonesian and Middle Eastern 'Ulama' in the Seventeenth and Eighteenth Centuries*. Honolulu: University of Hawaii Press.

Bahly, C. A. (2002) "Representing Copts and Muhammans: Empire, Nations, and Community in Egypt and India, 1880-1914." In *Modernity and Culture: From the Mediterranean to the Indian Ocean*, edited by L.T. Fawaza and C.A. Bahly, 158-203. New York: Columbia University Press.

Baker, Raymond William. (2003) *Islam Without Fear: Egypt and the New Islamists*. Cambridge and London: Harvard University Press.

Balcells, Laia and Stathis N. Kalyvas. (2014) "Does Warfare Matter?: Severity, Duration, and Outcomes of Civil Wars." *Journal of Conflict Resolution* 58(8): 1390-1418.

Bannā, Ḥasan, al-. Charles Wendell trl. (1978) *Five Tracts of Ḥasan al-Bannā (1906-1949): A Selection from the Majmūʿa Rasāʾil al-Imām al-Shahīd Ḥasan al-Bannā*. Berkeley: University of California Press.

Barak, O. (2009) *The Lebanese Army: A National Institution in a Divided Society*. New York: State University of New York Press.

Baram, Amatzia. (1990) "Territorial Nationalism." *The Middle East Middle Eastern Studies* 26(4): 425-448.

Baram, A. (1997) "Neo-tribalism in Iraq: Saddam Hussein's Tribal Policies 1991-9." *International Journal of Middle East Studies* 29(1): 1-31.

Barnett, Michael N. (1992) *Confronting the Costs of War: Military Power, State, and Society in Egypt and Israel*. Princeton: Princeton University Press.

Barnett, M. (1995) "Sovereignty, Nationalism, and Regional Order in the Arab States System." *International Organization* 49(3): 479-510.

Barnett, M. (1998) *Dialogues in Arab Politics: Negotiation in Regional Order*. New York: Columbia University Press.

Barnett, M. and R. Duval. (2005) "Power in International Politics." *International Organization* 59(1): 39-75.

Barnett, Michael and Etel Solingen. (2007) "Designed to fail or failure of design?: The origins and legacy of the Arab League." In *Crafting Cooperation: Retional International Institutions in Comparative Perspective*, edited by Amitav Acharya and Alastair Iain Johnston, 180-220. Cambridge: Cambridge University Press.

Batatu, Hanna. (1978) *The Old Social Classes and the Revolutionary Movements in Iraq*. Princeton: Princeton University Press.

Bates, R. (1997) "Area Studies and the Discipline: A Useful Controversy?" *PS: Political Science and Politics* 30(2): 166-169.

Bayat, Asef. (1997) *Street Politics: Poor People's Movements in Iran*. New York; Columbia University Press.

Bayat, Asef. (2007b) *Making Islam Democratic: Social Movements and the Post-Islamist Turn*. Stanford: Stanford University Press.

Beblawi, H. (1987) "The Rentier State in the Arab World." In *The Rentier States*, edited by H. Beblawi and G. Luciani, London: Croom Helm.

Beblawi, H. El (2016) "The Concept of "Rentier States" Revisited." In *The Middle East Economies in Times of Transition*, edited by Diwan I. And Galal A., 199-212. New York: Palgrave Macmillan.

Beissinger, M. R. (2002) *Nationalist Mobilization and the Collapse of the Soviet State*. Cambridge: Cambridge University Press.

Bengio, O. (1998) *Saddam's Words: Political Discourse in Iraq*. Oxford: Oxford University Press.

Bergesen, A. J. (2008) *The Sayyid Qutb Reader: Selected Writings on Politics, Religion, and Society*. New York & London: Routledge.

Berrebi, Claude. (2007) "Evidence about the Link between Education, Poverty and Terrorism among Palestinians." *Peace Economics, Peace Science and Public Policy* 13(1): 1-36.

Berrebi, Claude and Esteban F. Klor. (2006) "On Terrorism and Electoral Outcomes." *Journal of Conflict Resolution* 50(6): 899-925.

Berrebi, Claude and Esteban F. Klor. (2008) "Are Voters Sensitive to Terrorism? Direct Evidence from the Israeli Electorate." *American Political Science Review* 102 (3): 279-301.

Bibi, Sami. (2005) *When is Economic Growth Pro-Poor? Evidence from Tunisia*. [Available at SSRN: http://ssrn.com/abstract=772166]

Bibi, Sami and Mustapha K. Nabli. (2010) "Income Inequality in the Arab Region: Data and Measurement, Patterns and Trends." *ERF Policy Research Report* 33, Cairo: Economic Research Forum.

Bibi, Sami, Jean-Yves Duclos and Audrey Verdier-Chouchane. (2010) "Assessing Absolute and Relative Pro-Poor Growth: An Application to the MENA Region." Working Paper 111, African Development Bank.

Bidwell, R. L. (1983) *Two Yemens*. Upper Saddle River: Prentice Hall Press.

Bill, J. A. (1997) "The Study of Middle East Politics, 1946-1996: A Stocktaking." *Middle East Journal* 50(4): 501-512.

Binzel, C. (2011) "Decline in Social Mobility: Unfulfilled Aspirations among Egypt's Educated Youth." IZA Discussion Papers 6139, Institute for the Study of Labor (IZA).

Black, A. (2011) *The History of Islamic Political Thought: From the Prophet to the Present,* 2nd edition. Edinburgh: Edinburgh University Press.

Blanford, N. (2006) *Killing Mr. Lebanon: The Assassination of Rafik Hariri and its Impact on the Middle East.* London: I.B. Tauris.

Blanford, N. (2011) *Warriors of God: Inside Hezbollah's Thirty-Year Struggle Against Israel.* New York: Random House.

Blaydes, Lisa. (2011) *Elections and Distributive Politics in Mubarak's Egypt*. New York: Cambridge University Press.

Bloom, William. (1990) *Personal Identity, National Identity, and International Relations*. New York: Cambridge University Press.

Bonnefoy, L. (2011) *Salafism in Yemen: Transnationalism and Religious Identity.* London: Hurst.

Bosi, L., M. Giungi and K. Uba, eds. (2016) *The Consequences of Social Movements*. Cambridge: Cambridge University Press.

Bousnina, Adel. (2013) *Le Chômage des diplômés en Tunisie*. Paris: L'Harmattan.

BP. (2015) *BP Statistical Review of World Energy* June 2015. [https://www.bp.com/content/dam/bp/pdf/energy-economics/statistical-review-2015/bp-statistical-review-of-world-energy-2015-full-report.pdf]

BP. (2016) *BP Energy Outlook* 2016 Edition. [https://www.bp.com/content/dam/bp/pdf/energy-economics/energy-outlook-2016/bp-energy-outlook-2016.pdf]

Brand, Laurie A. (2014) "Jordan." In *The Middle East*, 13th edition, edited by Ellen Lust, 564-589. Washington D.C.: CQ Press.

Brown, Nathan J. (2003) *Palestinian Politics after the Oslo Accords: Resuming Arab Palestine*. Berkeley and Los Angeles, London: University of California Press.

Brown, Nathan. (2012) *When Victory Is Not an Option: Islamist Movements in Arab Politics*. New York: Columbia University Press.

Brownlee, Jason. (2007) *Authoritarianism in an Age of Democratization*. Cambridge University Press.

Brubaker, Robers. (2005) "The 'diaspora' diaspora." *Ethnic and Racial Studies* 28(1): 1-19.

Brunner, Rainer. (2004) *Islamic Ecumenism in the 20th Century: The Azhar and Shiism between Rapprochement and Restraint*. Leiden: Brill.

Bukay, David. (2007) "Can There Be an Islamic Democracy?: Review Essay." *Middle East Quarterly* 14(2): 71-79.

Bunt, Gary R. (2009) *Muslims: Rewiring the House of Islam*. Chapel Hill: University of North Carolina Press.

Burgat, François. (1995) *L'islamisme au Maghreb*. Paris.

Burgat, François. (2005) *Face to Face with Political Islam*. London: I.B. Tauris.

Būṣafṣāf, 'Abd al-Karīm. (2009) *Jam'īyat al-'Ulamā' al-Muslimīn al-Jazā'irīyīn wa 'alāqat-hā bi al-ḥarakāt al-jazā'irīya al-ukhrā*. Constantine: Dār Midād.

Butler, Judith. (1993) *Bodies That Matter: On the Discursive Limits of Sex*, 1st edition. New York: Routledge.

Butler, Judith. (2010) *I must distance myself from this complicity with racism*. [http://criticaltheorylibrary.blogspot.jp/2011/06/judith-butler-i-must-distance-myself.html.]

Byrne, Jeffrey James. (2016) *Mecca of Revolution: Algeria, Decolonization, and the Third World Order*. New York: Oxford University Press.

Çağaptay, Soner. (2009) *Türkiye'de İslâm, Laiklik ve Milliyetçilik: Türk Kimdir?*. İstanbul Bilgi Üniversitesi.

Calvert, John. (2010) *Sayyid Qutb and the Origin of Radical Islamism*. New York: Columbia University Press.

Cammett, Melani. (2014) "The Political Economy of Development in the Middle East." In *The Middle East*, 13th edition, edited by Ellen Lust, Washington, D.C.: CQ Press.

Cammett, M. (2014) *Compassionate Communalism: Welfare and Sectarianism in Lebanon*. New York: Cornell University Press.

Carapico, S. (1998) *Civil Society in Yemen: the Political Economy of Activism of Modern Arabia*. Cambridge: Cambridge University Press.

Carter, B. L. (1986) *The Copts in Egyptian Politics*. London: Croom Helm.

Caton, S.C. (1990) *Peaks of Yemen I Summon, Poetry as Cultural Practice in a North Yemeni Tribe*. Berkely, Los Angeles and Oxford: University of California Press.

Cavatorta, Francesco and Vincent Durac (2011) *Civil Society and Democratization in the Arab World*. London: Routledge.

Chatty, Dawn. (2010) *Displacement and Dispossession in the Modern Middle East*. Cambridge: Cambridge University Press.

Chaudhry, K. A. (1994) "Economic Liberalization and the Lineages of the Rentier State." *Comparative Politics* 27(1): 1-25.

Chehabi, H. E. (1990) *Iranian Politics and Religious Modernism: The Liberation Movement of Iran under the Shah and Khomeini*. London: I.B. Tauris.

Chiha, M. (1965) *Propos d'économie libanaise*. Beirut: Foundation Michel Shiha.

Çizakça, M. (2011) *Islamic Capitalism and Finance: Origins, Evolution and the Future*. Cheltenham and Northampton: Edward Elgar.

Cizre, Ümit. (2008) *Secular and Islamic Politics in Turkey: The Making of the Justice and Development Party*. London: Routledge.

Clark, Janine A. (2004) *Islam, Charity, and Activism: Middle-Class Networks and Social Welfare in Egypt, Jordan, and Yemen*. Bloomington and Indianapolis: Indiana University Press.

Cohen, Joshua and Deborah Chasman eds. (2004) *Islam and the Challenge of Democracy: Khaled Abou El Fadl*. Princeton: Princeton University Press.

Collier, Paul and Anke Hoeffler. (1998) "On the Economic Causes of Civil War." *Oxford Economic Papers* 50: 563-573.

Collins, K. (2007) "Ideas, Networks, and Islamist Movements: Evidence from Central Asia and the Caucasus." *World Politics* 60(1): 64-96.

Commins, David Dean. (1990) *Islamic Reform: Politics and Social Change in Late Ottoman Syria*. New York: Oxford University Press.

Connelly, Matthew James. (2003) *A Diplomatic Revolution: Algeria's Fight for Independence and the Origins of the Post-Cold War Era*. New York: Oxford University Press.

Cooke, Miriam and Bruce B. Lawrence eds. (2005) *Muslim Networks from Hajj to Hiphop*. Chapel Hill & London: University of North Carolina Press.

Cox, Gary W. and Matthew S. Shugart. (1996) "Strategic Voting Under Proportional Representation." *The Journal of Law, Economics, & Organization* 12(2): 299-324.

Crystal, Jill. (1990) *Oil and Politics in the Gulf: Rulers and Merchants in Kuwait and Qatar*. New York: Cambridge University Press.

David, Roman and Houda Mzoudet. (2014) *Personnel Change or Personal Change? Rethinking Libya's Political Isolation Law*. Doha: Brookings Doha Center.

David, S. R. (1991) "Explaining Third World Alignment." *World Politics* 43(2): 233-256.

Davis, Eric. (1992) "State Building in Iraq in the Iran-Iraq War and the Gulf Crisis." In *The Internationalization of Communal Strife, edited by* Manus Mildarsky, London: Routledge and Kegan Paul.

Deheuvels, Luc-Willy. (1991) *Islam et pensée contemporaine en Algérie: La revue al-Aṣâla, 1971–1981*. Paris: CNRS.

della Porta et al. (1999) *Social Movements in a Globalizing World*. New York: St. Martins Press.

Diamond, Larry. (2002) "Elections without Democracy: Thinking about Hybrid Regimes." *Journal of Democracy* 13(2): 21-35.

Diamond, Larry, Marc Plattner, and Daniel Brumberg eds. (2003) *Islam and Democracy in the Middle East*. Baltimore: The Johns Hopkins University Press.

Diamond, Larry and Marc F. Plattner eds. (2014) *Democratization and Authoritarianism in the Arab World*. Baltimore: Johns Hopkins University Press.

Diani, M. and D. McAdam. (2003) *Social Movements and Networks: Relational Approaches to Collective Action*. Oxford: Oxford University Press.

Diskin, Abraham ed. (2011) *From Altalenah to the Present Day: the History of a Political Movement from Herut to Likud*. Jerusalem: Carmel Publisher. (in Hebrew)

Dodge, T. (2003) *Inventing Iraq: The Failure of Nation Building and a History Denied*. New York: Columbia University Press.

Donn, Gari and Yayha Al Manthri. (2010) *Globalization and Higher Education in the Arab Gulf States*. UK: Symposium Books.

Dougherty, B. K. and E. A. Ghareeb. (2013) *Historical Dictionary of Iraq*, 2nd edition. Lanham: The Scarecrow.

Doyle, M. W. (1983) "Kant, Liberal Legacies, and Foreign Affairs." *Philosophy and Public Affairs* 12(3): 205-235 (part 1); 12(4): 323-353 (part 2).

Dresch, P. (1989) *Tribes, and Government, and History in Yemen*. Oxford: Clarendon Press.

Dudoignon, Stéphane A., Hisao Komatsu and Yasushi Kosugi, eds. (2006) *Intellectuals in the Modern Islamic World: Transmission, Transformation and Communication*. New York: Routledge.

Duri, A. A. (1987) *The Historical Formation of the Arab Nation.* New York: Croom Helm.
Earl, J. and K. Kimport. (2011) *Digitally Enabled Social Change: Activism in the Internet Age.* Cambridge: MIT Press.
Eickelman, D. F. (1989) *The Middle East: An Anthropological Approach*, 2nd edition. Englewood Cliffs: Prentice Hall.
Eickelman and Piscatori. (1990) *Muslim Travellers: Pilgrimage, Migration, and the Religious Imagination.* Berkeley and Los Angeles: University of California Press.
Eickelman, D. F. and J. Piscatori. (2004) *Muslim Politics*, 2nd edition. Princeton: Princeton University Press.
Eisinger, P. K. (1973) "The Conditions of Protest Behavior in American Cities." *American Political Science Review* 67(1): 11-28.
El Aoufi, Noureddine ed. (1992) *Signes de Present: La Société Civile au Maroc.* Rabat: Signes de Present.
El-Gamal, M. A. (2006) *Islamic Finance: Law, Economics, and Practice.* New York: Cambridge University Press.
El-Husseini, R. (2012) *Pax Syriana: Elite Politics in Postwar Lebanon.* Syracuse, New York: Syracuse University Press.
El-Katiri, Laura. (2013) *Energy Sustainability in the Gulf States: The Why and the How.* Oxford Institute of Energy Studies. [https://www.oxfordenergy.org/wpcms/wp-content/uploads/2013/03/MEP_4.pdf]
El-Katiri, Laura, and Bassam Fattouh. (2015) *A Brief Political Economy of Energy Subsidies in the Middle East and North Africa.* Oxford Institute for Energy Studies [https://www.oxfordenergy.org/wpcms/wp-content/uploads/2015/02/MEP-11.pdf]
El-Khazen, F. (2000) *The Breakdown of the State in Lebanon 1967-1976.* London: I.B. Tauris.
El-Laithy, Heba, Michael Lokshin and Arup Banerji. (2003) "Poverty and Economic Growth in Egypt, 1995-2000." Policy Research Working Paper, WPS3068, World Bank.
El-Saadawi, Nawal. (1980) *The Hidden Face of Eve: Women in the Arab World.* London: Zed Books.
Elling, R. (2013) *Minorities in Iran: Nationalism and Ethnicity after Khomeini.* New York: Palgrave Macmillan.
Ellison, D. Bella. (2015) "Nationalism in the Arab: Spring Expression, Effects on Transitions, and Implications for the Middle East State: A Comparative Analysis of Egypt and Libya." *PLSC 419: Arab Revolts, Revolution, and Reform* (Yale University, Department of Political Science, Senior Essay, April 20, 2015), 1-53.
Enayat, Hamid. (2005) *Modern Islamic Political Thought: The Response of Shī`ī and Sunnī Muslims to the Twentieth Century.* London: I.B. Tauris.
Ersado, Lire and Jeremie Gignoux. (2014) "Egypt: Inequality of Opportunity in Education." Policy Research Working Paper Series 6996, The World Bank.
Ersanlı, Büşra, Günay Göksu Özdoğan and Nesrin Uçarlar eds. (2012) *Türkiye Siyasetinde Kürtler: Direniş, Hak Arayışı, Katılım.* İletişim.
Erşin, Cengiz and Paul Kubicek. (2016) *Democratic Consolidation in Turkey: Micro and Macro Challenges.* London: Routledge.
Escribano, Gonzalo. (2016) "A Political Economy Perspective on North African Transition." In *North African Politics: Change and Continuity*, edited by Yahia H. Zoubir and Gregory White, 3-17. Abingdon: Routledge.
Esposito, John L. (1992) *The Islamic Threat: Myth or Reality?* Oxford: Oxford University Press.
Esposito, John L., Tamara Sonn and, John O. Voll. (2015) *Islam and Democracy after the Arab Spring.* Oxford: Oxford University Press.
Fadaee, S. (2012) *Social Movements in Iran: Environmentalism and Civil Society.* London: Routledge.
Faris, D. M. and B. Rahimi eds. (2015) *Social Media in Iran: Politics and Society After 2009.* New York: State University of New York Press.
Fattouh, Bassam and Laura El-Katiri. (2012) *Energy and Arab Economic Development.* UNDP. [http://www.arab-hdr.org/publications/other/ahdrps/ENGFattouhKatiriV2.pdf]

Fearon, J. D. (1994) "Domestic Political Audiences and the Escalation of International Disputes." *American Political Science Review* 88(3): 577-592.

Fearon, J. D. (1995) "Rationalist Explanations for War." *International Organization* 49(3): 379-414.

Fearon, James and David Laitin. (2003) "Ethnicity, Insurgency, and Civil War." *American Political Science Review* 97(1): 75-90.

Freedman, Robert O. ed. (2009) *Contemporary Israel: Domestic Politics, Foreign Policy, and Security Challenges*. Boulder: Westview Press.

Feener, R. Michael. (2007) *Muslim Legal Thought in Modern Indonesia*. Cambridge: Cambridge University Press

Feener, R. Michael and Terenjit Sevea eds. (2009) *Islamic Connections: Muslim Societies in South and Southeast Asia*. Singapore: ISEAS.

Firro, K. (2002) *Inventing Lebanon: Nationalism and the State Under the Mandate*. London: I.B. Tauris.

Fischer, J. (2011) *The Halal Frontier: Muslim Consumers in a Globalized Market*. New York: Palgrave Macmillan.

Fischer, M. J. (1980) *Iran: From Religious Dispute to Revolution*. Cambridge: Harvard University Press.

Fisk, R. (2002) *Pity the Nation: The Abduction of Lebanon*, 4th edition. New York: Nation Books.

Fravel, M. T. (2010) "The Limits of Diversion: Rethinking Internal and External Conflict." *Security Studies* 19(2): 307-341.

Frey, Frederick. (1965) *The Turkish Political Elite*. Cambridge: M.I.T. Press.

Frieden, J. A., D. A. Lake and K. A. Schultz. (2013) *World Politics: Interests, Interactions, Institutions*. New York: W.W. Norton.

Gaborieau, Marc, and Malika Zeghal, eds. (2004) "Autorités religieuses en Islam." *Special issue, Archives de sciences sociales des religions*, no. 125.

Gamson, W. A. (1992a) "The Social Psychology of Collective Action." In *Frontiers in Social Movement Theory*, edited by Aldon Morris and Carol M. Mueller, 53-76. New Haven: Yale University Press.

Gamson, W. A. (1992b) *Talking Politics*. Cambridge: Cambridge University Press.

Gandhi, Jennifer and Ellen Lust-Okar. (2009) "Elections under Authoritarianism." *Annual Review of Political Science* 12: 403-422.

Gaspard, T. K. (2004) *A Political Economy of Lebanon, 1948-2002: The Limits of Laissez-faire*. Leiden: Brill.

Gately, Dermot, Nourah Al-Yousef and Hamad M.H. Al-Sheikh. (2012) "The Rapid Growth of Domestic Oil Consumption in Saudi Arabia and the Opportunity Cost of Oil Exports Foregone." *Energy Policy* 47: 57-68.

Gately, Dermot, Nourah Al-Yousef and Hamad M.H. Al-Sheikh. (2013) "The Rapid Growth of OPEC's Domestic Oil Consumption." *Energy Policy* 62: 844-859.

Gates, C. L. (1998) *The Merchant Republic of Lebanon: Rise of an Open Economy*. London: I.B. Tauris.

Gause III, F. G. (1990) *Saudi-Yemeni Relations: Domestic Structures and Foreign Influence*. New York: Columbia University Press.

Gause III, F. Gregory. (1992) "Sovereignty, Statecraft, and Stability in the Middle East." *Journal of International Affairs* 44: 441-469.

Gause, F. G. III. (2010) *The International Relation of the Persian Gulf.* Cambridge: Cambridge University Press.

Gause, F. G., III. (2014) *Beyond Sectarianism: The New Middle East Cold War*. Doha: Brookings Doha Center.

Gellner, Ernest. (1983) *Muslim Society*. Cambridge: Cambridge University Press.

Gellner, Ernest. (1983) *Nations and Nationalism*, Oxford, Blackwell Publishers.

Gelvin, James. (2009) "Modernity and its Discontents: On the Durability of Nationalism in the Arab Middle East." In *Politics of the Modern Arab World: Critical Issues in Modern Politics*, edited by Laleh Khalili, Vol. III Political and Social Movements, London: Routlede.

Gemayel, A. (1985) "The Price and the Promise." *Foreign Affairs* 63(4): 759-777.
Gerber, Haim. (2003) "The Limits of Constructedness: memory and nationalism in the Arab Middle East." *Nation and Nationalism* 10(3): 251-268.
Gershoni, Israel, Sara Pursley, Beth Baron, and Peter Wien, eds. (2011) "Relocating Arab Nationalism." *Special issue, International Journal of Middle East Studies* 43(2): 197-378.
Getmansky, Anna, and Thomas Zeitzoff (2014) "Terrorism and Voting: The Effect of Rocket Threat on Voting in Israeli Elections." *American Political Science Review* 108(3): 588-604.
Gibb, H. A. R. (1947) *Modern Trends in Islam*. Chicago: University of Chicago Press.
Gilpin, R. (1981) *War and Change in World Politics*. Cambridge: Cambridge University Press.
Giugni, Marco et al. (1999) *How Social Movements Matter*. Minneapolis: University of Minnesota Press.
Glaser, C. L. (2010) *Rational Theory of International Politics: Logic of Competition and Cooperation*. Princeton: Princeton University Press.
Gobe, Eric. (2013) *Les Avocats en Tunisie de la colonisation à la révolution (1883-2011)*. Paris: Karthala.
Goldschmidt Jr., Arthur (2004) *Modern Egypt: The Formation of a Nation-State,* second edition. Boulder: Westview Press.
Gongora, Thierry. (1997) "War Making and State Power in the Contemporary Middle East." *International Journal of Middle East Studies* 29: 323-340.
Govin, Liora. (2012) *Beyond Hummus and Falafel: Social and Political Aspects of Palestinian Food in Israel*. Berkeley and Los Angeles, London: University of California Press.
Gräf, Bettina and Jakob Skovgaard-Petersen eds. (2009) *Global Mufti: The Phenomenon of Yusuf al-Qaradawi*. London: Hurst.
Greene, Kenneth F. (2007) *Why Dominant Parties Lose: Mexico's Democratization in Comparative Perspective*. Cambridge: Cambridge University Press.
Grossman, Peter Z. (2015) "Energy Shocks, Crisis and the Policy Process: A Review of Theory and Application." *Energy Policy* 77: 56-69.
Güneş, Cengiz. (2011) *The Kurdish National Movement in Turkey: From Protest to Resistance*. London: Routledge.
Gunning, Jeroen. (2008) *Hamas in Politics: Democracy, Religion, Violence*. New York: Columbia University Press.
Gurr, T. R. (1970) *Why Men Rebel*. Princeton: Princeton University Press.
Hafez, M. M. and Q. Wiktorowicz. (2004) "Violence as Contention in the Egyptian Islamic Movement." In *Islamic Activism: A Social Movement Theory Approach*, edited by Q. Wiktorowicz, 61-88. Bloomington: Indiana University Press.
Haiduc-Dale, Noah. (2013) *Arab Christians in British Mandate Palestine: Communalism and Nationalism, 1917-1948*. Edinburgh: Edinburgh University Press.
Hale, William. (1976) "Particularism and Universalism in Turkish Politics." In *Aspects of Modern Turkey*, edited by William Hale, 39-58. London: Bowker.
Hanf, T. (1993) *Coexistence in Wartime Lebanon: Decline of a State and Rise of a Nation*. London: I.B. Tauris.
Hanieh, Adam. (2016) "Shifting Priorities or Business as Usual? Continuity and Change in the Post-2011 IMF and World Bank Engagement with Tunisia, Morocco and Egypt." In *Continuity and Change Before and After the Arab Uprisings: Morocco, Tunisia, and Egypt*, edited by Paola Rivetti and Rosita Di Peri, 119-134. London: Routledge.
Hardin, R. (1995) *One for All: The Logic of Group Conflict*. Princeton: Princeton University Press.
Harik, Illiya. (1987) "The Origins of the Arab State." In *The Foundations of the Arab State*, edited by Salame Ghassan, 19-46. London: Routledge.
Hasan, Z. (2005) "Islamic Banking at the Crossroads: Theory versus Practice." In *Islamic Perspectives on

Wealth Creation, edited by M. Iqbal and Rodney Wilson, 11-25. Edinburgh: Edinburgh University Press.

Hasan, Z. (2015) *Economics with Islamic Orientation*. Shah Alam: Oxford University Press.

Hashemi, Nader. (2009) *Islam, Secularism, and Liberal Democracy: Toward a Democratic Theory for Muslim Societies*. Oxford: Oxford University Press.

Hashemi, Nader. (2013) "Islam and Democracy." In *The Oxford Handbook of Islam and Politics*, edited by John L. Esposito and Emad El-Din Shahin, Oxford: Oxford University Press.

Haushofer, Johannes, Anat Biletzki, and Nancy Kanwisher. (2010) "Both Sides Retaliate in the Israeli-Palestinian Conflict." *Proceedings of the National Academy of Science* 107 (42): 17927-17932.

Haut Commisariat au Plan, Royaume du Maroc. (2005) "Rapport national 2005: Objectifs du millénaire pour le développement."

Hazama, Yasushi. (2007) *Electoral Volatility in Turkey: Cleavages vs the Economy*. アジア経済研究所。

Hazan, Reuven Y. and Moshe Maor eds. (2001) *Parties, Elections and Cleavages: Israel in Comparative and Theoretical Perspective*. London: Frank Cass.

Henry, C. M. and R. Wilson. eds. (2004) *The Politics of Islamic Finance*. Edinburgh: Edinburgh University Press.

Heper, Metin. (1985) *The State Tradition in Turkey*. Huntington: Eothen Press.

Heper, Metin. (2007) *The State and Kurds in Turkey: The Question of Assimilation*. London: Palgrave Macmillan.

Herb, Michael. (1999) *All in the Family: Absolutism, Revolution, Democracy in the Middle Eastern Monarchies*. Albany: State University of New York Press.

Hidayatulla, Aysha. (2014) *Feminist Edges of the Qur'an*. 1st edition. New York: Oxford University Press.

Hinnebush, Raymond A. (1994) "State, Civil Society, and Political Change in Syria." In *Civil Society in the Middle East* vol.1, edited by Augustus Richard Norton, 214-242. Leiden: E.J. Brill.

Hinnebusch, R. (2015) *The International Politics of the Middle East*, 2nd edition. Manchester: Manchester University Press.

Hobsbawm, E. J. (1992) *Nations and Nationalism since 1780: Programme, Myth, Reality*. Cambridge: Cambridge University Press.

Hofmann, Steven Ryan. (2004) "Islam and Democracy: Micro-Level Indications of Compatibility." *Comparative Political Studies* 37(6): 652-676.

Holden, S. E. ed. (2012) *A Documentary History of Modern Iraq*. New Jersey: University Press of Florida.

Hopkins, Nicholas S. ed. (2009) "Political and Social Protest in Egypt." Summer/Fall 2006, *Cairo Papers in Social Science*.

Hourani, Albert. (1946) *Syria and Lebanon: A Political Essay*. New York: Oxford University Press.

Hroub, Khaled. (2000) *Hamas: Political Thought and Practice*. Washington, D.C.: Institute for Palestine Studies.

Hudson, M. C. (1985) *The Precarious Republic: Political Modernization in Lebanon*, 2nd edition. Boulder: Westview Press.

Human Rights Watch. (2014) *Priorities for Legislative Reform: A Human Rights Roadmap for a New Libya*. [https://www.hrw.org/sites/default/files/reports/libya0114ForUpload_0.pdf.]

Human Rights Watch. (2016) *"We Feel We Are Cursed": Life under ISIS in Sirte, Libya*. [https://www.hrw.org/sites/default/files/report_pdf/libya0516web_1.pdf.]

Huntington, Samuel P. (1991) *The Third Wave: Democratization in the Late Twentieth Century*. Norman: University of Oklahoma Press.

Ibrahim, Saad Edin. (1994) "Civil Society and Prospects of Democratization in the Arab World." In *Civil Society in the Middle East* vol.1, edited by Augustus Richard Norton, 27-54. Leiden: E.J. Brill.

Ibrahim, Saad, and Kay Lawson eds. (2010) *Political Parties and Democracy: The Arab World*. Santa Barbara:

Preager.

Ikenberry, G. J. (2011) *Liberal Leviathan: The Origins, Crisis, and Transformation of the American System*. Princeton: Princeton University Press.

ITU: International Telecommunication Union. (2014) *Measuring the Information Society Report 2014*. [http://www.itu.int/en/ITU-D/Statistics/Documents/publications/mis2014/MIS2014_without_Annex_4.pdf]

Iwasaki, Erina and Heba El-Laithy. (2013) "Estimation of Poverty in Greater Cairo: Case Study of Three 'Unplanned' Areas." *African Development Review* 25 (1): 173-188.

Jabar, F. A. ed. (2002) *Ayatollahs, Sufis and Ideologues: State, Religion and Social Movement in Iraq*. London: Saqi Books.

Jabar, F. A. and H. Dawod eds. (2003) *Tribes and Power: Nationalism and Ethnicity in the Middle East*. London: Saqi Books.

Jaber, Hana and France Métral eds. (2005) *Mondes en mouvements: Migrants et migrations au Moyen-Orient au tourant du XXIe siècle*. Beyrouth: Institut Farnçais du Proche-Orient.

Jaeger, David and M. Daniele Paserman (2008) "The Cycle of Violence? An Empirical Analysis of Fatalities in the Palestinian-Israeli Conflict." *American Economic Review* 98(4): 1591-1604.

Jamal, Amaney A. (2008) *Barriers to Democracy: The Other Side of Social Capital in Palestine and the Arab World*. Princeton: Princeton University Press.

Jervis, R. (1976) *Perception and Misperception in International Politics*. Princeton: Princeton University Press.

Jervis, R. (1978) "Cooperation under the Security Dilemma." *World Politics* 30(2): 167-214.

Joffé, George. (2002) *Jordan in Transition, 1990-2000*. London: Hurst.

Johnson, C. (1997) Precenception vs. Observation, or the Contributions of Rational Choice Theory and Area Studies to Contemporary Political Science, *PS: Political Science and Politics* 30(2): 170-174.

Johnson, M. (1986) *Class and Client in Beirut: The Sunni Muslim Community and the Lebanese State 1840-1985*. London: Ithaca Press.

Juergensmeyer, M. (1994) *The new cold war?: Religious Nationalism Confronts the Secular State*. Berkeley University of California Press.

Kaddache, Mahfoud. (1970) *La vie politique à Alger de 1919 à 1939*. Algiers: SNED.

Kalyvas, Stathis N. (2000) "Commitment Problems in Emerging Democracies: The Case of Religious Parties." *Comparative Politics*, 32(4): 379-398.

Kamrava, Mehran. (2013) *The Modern Middle East: A Political History since the First World War*. Berkley: University of California Press.

Kandil, Hazem. (2014) *Inside the Brotherhood*. Cambridge: Polity.

Karpat, Kamal. (1976) *The Gecekondu: Rural Migration and Urbanization*. Cambridge: Cambridge University Press.

Karpat, Kemal ed. (1968) *Political and Social Thought in the Contemporary Middle East*. New York: Praeger.

Kassem, Maye. (1999) *In the Guise of Democracy: Governance in Contemporary Egypt*. Reading: Ithaca Press.

Kassem, Maye. (2004) *Egyptian Politics: The Dynamics of Authoritarian Rule*. Boulder: Lynne Rienner Publishers.

Kedourie, Elie. (1993) *Nationalism*, 4th edition. Oxford & Cambridge, Mass: Blackwell.

Kepel, Gilles, Jon Rothschild trl. (1985) *The Prophet and Pharaoh: Muslim Extremism in Egypt*. London: Saqi Books.

Kepel, Gilles. (1991) *La Revanche de Dieu: Chrétiens, juifs et musulmans à la reconquête du monde*. Paris: Seuil.

Kerr, Malcom. (1971) *The Arab Cold War*. New York: Oxford University Press.

Keshavarzian, A. (2009) *Bazaar and State in Iran: The Politics of the Tehran Marketplace*. Cambridge: Cambridge University Press.

Khalaf, S. (1987) *Lebanon's Predicament*. New York: Colombia University Press.

Khalidi, Rashid. (1997) *Palestinian Identity: The Construction of Modern National Consciousness*. New York: Columbia University Press.

Khalil, Samir al-. (1991) *The Monument: Art Vulgarity, and Responsibility in Iraq*. Berkeley: University of California Press.

Khalili, Laleh ed. (2009) *Politics of the Modern Arab World: Critical Issues in Modern Politics, Vol.III Political and Social Movements*. London: Routlede.

Khan, M. A. (1983; 1991; 1998) *Islamic Economics: Annotated Sources in English and Urdu*. Vol. 1, 2, 3. Leicester: The Islamic Foundation (Vol. 1, 2); Islamabad: International Institute of Islamic Economics, International Islamic University Islamabad (Vol. 3).

Khan, M. A. (2013) *What is Wrong with Islamic Economics? Analysing the Present State and Future Agenda*. Cheltenham: Edward Elgar.

Kienle, Eberhard. (2001) *A Grand Delusion: Democracy and Economic Reform in Egypt*. London: I.B. Tauris.

Kienle, Eberhard. (2011) "Civil Society in the Middle East." In *The Oxford Handbook of Civil Society*, edited by Michael Edwards, 146-158. Oxford: Oxford University Press.

King, G., R. Keohane and S. Verba. (1994) *Designing Social Inquiry: Scientific Inference in Qualitative Research*. Princeton: Princeton University Press.

King, Stephen J. (2009) *The New Authoritarianism in the Middle East and North Africa*. Bloomington: Indiana University Press.

Knudsen, Are and Sari Hanafi eds. (2011) *Palestinian Refugees: Identity, space and place in the Levant*. Oxon: Routledge.

Kohn, Hans. (1945) *Western and Eastern Nationalism*. John Hutchinson and Anthony

Kosugi, Yasushi, ed. (2003) *Al-Manar 1898-1935 on CD-ROM*, 5 vols. Kyoto: COE-ASAFAS, Kyoto University.

Krämer, Gudrun. (2010) *Hasan al-Banna (Makers of the Muslim World)*, Oxford: Oneworld Publications.

Krämer, Gudrun, and Sabine Schmidtke, eds. (2006) *Speaking for Islam: Religious Authorities in Muslim Societies*. Leiden: Brill.

Kramer, Martin. (1986) *Islam Assembled: The Advent of the Muslim Congresses*. New York: Columbia University Press.

Krebs, Valdis E. (2002) "Mapping Networks of Terrorist Cells." *Connections* 24(3): 43-52.

Kuran, Timur. (2011) *The Long Divergence: How Islamic Law Held Back the Middle East*. Princeton: Princeton University Press.

Kuru, Ahmet T. (2009) *Secularism and State Policies toward Religion: The United States, France, and Turkey*. Cambridge University Press.

Kuru, Ahmet T. and Alfred Stepan eds. (2012) *Democracy, Islam, and Secularism in Turkey*. Columbia University Press.

Kydd, Andrew and Barbara F. Walter. (2002) "Sabotaging the Peace: the Politics of Extremist Violence." *International Organization* 56(2): 263-296.

Lake, David A. (2010) "Two Cheers for Bargaining Theory: Assessing Rationalist Explanations of the Iraq War." *International Security* 35(3): 7-52.

Laoust, Henri. (1986) *Le Califat dans la doctorine de Rašīd Riḍā: Traduction annotée d'al-Ḥilāfa au al-Imāma al-ʿuẓmā (Le Califat ou l'Imāma suprême)*. Paris: Adrien Maisonneuve.

Laremont, Ricardo René. (2000) *Islam and the Politics of Resistance in Algeria, 1783–1992*. Trenton: Africa World Press.

Laroui, Abdallah. (1977) *Les origines sociales et culturelles du nationalisme marocain (1830-1912)*. Paris: Librairie François Maspero.

Lauzière, Henri. (2010) "The Construction of Salafiyya: Reconsidering Salafism from the Perspective of Conceptual History." *International Journal of Middle East Studies* 42(3): 369-389.

Le Tourneau, Roger. (1962) *Évolution politique de l'Afrique du Nord musulmane, 1920-1961*. Paris: A. Colin.

Leca, Jean. (1994) "Democratization in the Arab World: uncertainty, vulnerability and legitimacy." In *Democracy without Democrats?* edited by Ghassan Salame, 48-83. London: I.B.Tauris.

Leenders, R. (2012) *Spoils of Truce: Corruption and State-Building in Postwar Lebanon*. Ithaca: Cornell University Press.

Legro, J. W. and A. Moravcsik. (1999) "Is Anybody Still a Realist?" *International Security* 24(2): 5-55.

Levitsky, Steven and Lucan Way. (2010) *Competitive Authoritarianism: Hybrid Regimes after the Cold War*. Cambridge: Cambridge University Press.

Levrett, F. and H. M. Leverett. (2013) *Going to Tehran: Why the United States Must Come to Term with the Islamic Republic of Iran*. New York: Metropolitan Books.

Lewis, Bernard. (1967) *The Middle East and the West*. Bloomington: Indiana University Press.

Lewis, Bernard. (1996) "A Historical Overview." *Journal of Democracy* 7(2): 52-63.

Linz, Juan J. (1975) *Totalitarian and Authoritarian Regimes: With a Major New Introduction*. Boulder: Lynne Rienner.

Linz, Juan J. and Alfred Stepan. (1996) *Problems of Democratic Transition and Consolidation: Southern Europe, South America, and Post-Communist Europe*. Baltimore: Johns Hopkins University Press.

Lipset, Seymour Martin. (1959) "Some Social Requisites of Democracy: Economic Development and Political Legitimacy." *American Political Science Review* 53(1): 69-105.

Lipset, Seymour and Stein Rokkan eds. (1967) *Party Systems and Voter Alignments: Cross-National Perspectives*. New York: Free Press.

Lipset, Seymour Martin. (1994) "The Social Requisites of Democracy Revisited: 1993 Presidential Address." *American Sociological Review* 59(1): 1-22.

Litvak, Meir. (1998) *Shi'i scholars of nineteenth-century Iraq: The 'ulama' of Najaf and Karbala'*. Cambridge: Cambridge University Press.

Lobell, S. E., N. M. Ripsman and J. W. Taliaferro, eds. (2009) *Neoclassical Realism, the State, and Foreign Policy*. Cambridge: Cambridge University Press.

Longman, Chia and Tamsin Bradley. (2015) *Interrogating Harmful Cultural Practices: Gender, Culture and Coercion*. 1st edition. Farnham: Ashgate Publishing.

Longrigg, S. H. (1925) *Four Centuries of Modern Iraq*. Oxford: Oxford University Press.

Lu, Lingyu, and Cameron G. Thies. (2012) "War, Rivalry, and State Building in the Middle East." *Political Research Quarterly* 66(2): 239-253.

Lucas, Russell E. (2005) *Institutions and the Politics of Survival in Jordan*. New York: State University of New York Press.

Luciani, G. (1987) "Allocation vs. Production State." In *The Rentier States*, edited by H. Beblawi and G. Luciani, London: Croom Helm.

Lujala, Paivi. (2010) "The Spoil of Nature: Armed Civil Conflict and Rebel access to Natural Resources." *Journal of Peace Research* 47(1): 15-28.

Luomi, Mari. (2015) *The International Relations of the Green Economy in the Gulf: Lessons from the UAE's State-led Energy Transition*. Oxford Institute for Energy Studies [https://www.oxfordenergy.org/wpcms/wp-content/uploads/2014/07/Executive-Summary-The-International-Relations-of-the-Green-Economy-in-the-Gulf-Lessons-from-the-UAEs-State-led-Energy-Transition.pdf]

Lust-Okar, E. (2005) *Structuring Conflict in the Arab World: Incumbents, Opponents and Institutions*. Cambridge: Cambridge University Press.

Lust-Okar, Ellen and Amaney Ahmad Jamal. (2002) "Rulers and Rules: Reassessing the Influence of Regime

Type on Electoral Law Formation." *Comparative Political Studies* 35(3): 337-366.

Lustick, Ian. (1997) "The Absence of Middle Eastern Great Powers: Political Backwardness in Historical Perspective." *International Organization* 51(4): 653-583.

Lynch, Marc. (2014) *The Arab Uprisings Explained: New Contentious Politics in the Middle East.* New York: Columbia University Press.

Mahdavi, H. (1970) "The Pattern and Problems of Economic Development in Rentier States: the case of Iran." In *Studies in the Economic History of the Middle East,* edited by M. Cook, London: Oxford University Press.

Mallat, C. (1993) *The Renewal of Islamic Law: Muhammad Baqer as-Sadr, Najaf and the Shi'i International.* Cambridge: Cambridge University Press.

Maloney, S. (2015) *Iran's Political Economy since the Revolution.* New York: Cambridge University Press.

Mansfield, E. D. and J. L. Snyder. (1995) "Democratization and the Danger of War." *International Security* 20(1): 5-38.

Marcel, Vaélrie. (2006) *Oil Titans: National Oil Companies in the Middle East.* London: Chatham House, Washington D.C.: Brookings Institution Press.

Mardin, Şerif. (1973) "Center-Periphery Relation: A Key to Turkish Politics?" *Daedalus*, 102(1): 169-190.

Mardin, Şerif. (1991) *Turkiye'de Din ve Siyaset*, İletişim.

Masalha, Nur. (2006) *The Bible and Zionism: Invented Traditions, Archaeology and Post-Colonialism in Palestine-Israel.* London and New York: Zed Books.

Massad, Joseph. (1995) "Conceiving the Masculine: Gender and Palestinian Nationalism." *The Middle East Journal* 49(3):467-483.

Masters, B. (1988) *The Origins of Western Economic Dominance in the Middle East: Mercantilism and the Islamic Economy in Aleppo, 1600-1750.* New York: New York University Press.

Mattes, Hanspeter. (2008) "Formal and Informal Authority in Libya since 1969." In *Libya since 1969*, edited by D. Vandewalle, New York: Palgrave Macmillan.

Maurer, B. (2005) *Mutual Life Limited: Islamic Banking Alternative Currencies Lateral Reason.* Princeton: Princeton University Press.

Mc Laurin, R. D. (1979) *The Political Role of Minority Groups in the Middle East.* New York: Praeger.

McAdam, D. and R. Paulsen. (1993) "Specifying the Relationship between Social Ties and Activism." *American Journal of Sociology* 99(3): 640-667.

McAdam, D. and David A. Snow. (1997) *Social Movements: Readings on their Emergence, Mobilization, and Dynamic.* Los Angeles: Roxbury.

McAdam, D., S. Tarrow and C. Tilly. (1997) "Toward an Integrated Perspective on Social Movements and Revolution." In *Comparative Politics: Rationality, Culture, and Structure*, edited by M. I. Lichbach and A. S. Zuckerman, 142-173. New York: Cambridge University Press.

McAdam, D., S. Tarrow and C. Tilly. (2001) *Dynamics of Contention.* Cambridge: Cambridge University Press.

McDougall, James. (2006) *History and the Culture of Nationalism in Algeria.* Cambridge: Cambridge University Press.

Mednicff, D. M. (1994) "Morocco." In *Political Parties of the Middle East and North Africa*, edited by F. Tachau, 380-421. Westport: Green Wood Press.

Mehlum, H., K. Moene and G. Østenstad. (2016) "Guest Workers as a Barrier to Democratization in Oil-rich Countries." In *Oil States in the New Middle East: Uprisings and stability*, edited by K. Selvik and B. O. Utvik, London and NewYork: Routledge.

Meijer, Roel and Edwin Bakker eds. (2012) *The Muslim Brotherhood in Europe.* London: Hurst .

Merad, Ali. (1967) *Le réformisme musulman en Algérie de 1925 à 1940.* Paris: Mouton.

Merad, Ali. (1971) *Ibn Badis, commentateur du Coran.* Paris: Librairie Orientaliste Paul Geuthner.

Merone, Fabio. (2016) "Enduring Class Struggle in Tunisia: the Fight for Identity beyond Political Islam." In

Continuity and Change before and after the Arab Uprisings: Morocco, Tunisia, and Egypt, edited by Paola Rivetti and Rosita Di Peri, 74-87. London: Routledge.

Metcalf, Barbara Daly. (1982) *Islamic revival in British India: Deoband, 1860-1900*. Princeton: Princeton University Press.

Mezher, Toufic, Gihan Dawelbait, and Zeina Abbas. (2012) "Renewable Energy Policy Options for Abu Dhabi: Drivers and Barriers." *Energy Policy* 42: 315-328.

Micaud, Charles A., Leon Carl Brown and Clement Henry Moore. (1964) *Tunisia: the Politics of Modernization*. New York: F. A. Prager.

Migdal, Joel S. (1988) *Strong Societies and Weak States: State-Society Relations and State Capabilities in the Third World*. Princeton: Princeton University Press.

Milton-Edwards, Beverly and Peter Hinchcliffe, eds. (2009) *Jordan: A Hashemite Legacy*, Second edition. Oxfordshire: Routledge.

Minesaki, Hiroko. (2011) "A Reading of Gender Issues in Muslim Societies: For Non-Muslims Who Live in Developed Countries." *GEMC journal* 4 (March): 36-46.

Moaddel, Mansoor. (2005) *Islamic Modernism, Nationalism, and Fundamentalism: Episode and Discourse*. Chicago: University of Chicago Press.

Mockaitis, T. ed. (2013) *The Iraq War Encyclopedia*. Santa Barbara: ABC-CLIO.

Mohanty, Chandra Talpade. (1984) "Under Western Eyes: Feminist Scholarship and Colonial Discourses." *Boundary* 2 vol. 12(3)/13(1): 333-358.

Moore, Clement Henry. (1965) *Tunisia Since Independence: the Dynamics of One-party Government*. Berkeley: California University Press.

Moravcsik, A. (1997) "Taking Preference Seriously: A Liberal Theory of International Politics." *International Organization* 51(4): 513-553.

Morris, Benny. (1987) *The Birth of the Palestinian Refugee Problem, 1947-1949*. Cambridge and New York: Cambridge University Press.

Morrison, K. M. (2009) "Oil, Nontax Revenue, and the Redistributional Foundations of Regime Stability." *International Organization* 63(1): 107-138.

Moussa, Mohammed. (2015) *Politics of the Islamic Tradition: The Thought of Muhammad al-Ghazali*. London: Routledge.

Moussalli, Ahmad S. (1992) *Radical Islamic Fundamentalism: The Ideological and Political Discourse of Sayyid Qutb*. Beirut: American University of Beirut.

Musawi, M. al-. (2006) *Reading Iraq: Culture and Power in Conflict*. London: I.B.Tauris.

Nada, Youssef with Douglas Thompson. (2012) *Inside the Muslim Brotherhood*. London: Metro.

Naficy, H. (2011-2012) *A Social History of Iranian Cinema*, Vol. 1-4. Durham: Duke University Press.

Nagaoka, S. (2012) "Critical Overview of the History of Islamic Economics: Formation, Transformation, and New Horizons." *Asian and African Area Studies* 11(2): 114-136.

Nagaoka, S. (2014) "Resuscitation of the Antique Economic System or Novel Sustainable System? Revitalization of the Traditional Islamic Economic Institutions (Waqf and Zakat) in the Postmodern Era." *Kyoto Bulletin of Islamic Area Studies* 7: 3-19.

Nakash, Y. (2006) *Reaching for Power: The ShiÔa in the Modern Arab World*. Princeton: Princeton University Press.

Niblock, T. and R. Wilson eds. (1999) *The Political Economy of the Middle East*. Vol. 3 *Islamic Economics*. Cheltenham and Northampton: Edward Elgar.

Noble, P. (2010) "From Arab System to Middle Eastern System? Regional Pressures and Constraints." In *The Foreign Policies of Arab States: The Challenge of Globalization*, edited by Bahgat Korany and Ali E. Hillal Dessouki, 67-166. Cairo: The University of Cairo Press.

Noer, Deliar. (1973) *The Modernist Muslim Movement in Indonesia, 1900-1942*. Singapore: Oxford University Press.

Norris, Pippa and Ronald Inglehart. (2004) *Sacred and Secular: Religion and Politics Worldwide*. Cambridge: Cambridge University Press.

Norton, Augustus Richard ed. (1994) *Civil Society in the Middle East*, vol.1. Leiden: E. J. Brill.

Nye, Josef and David Welch. (2013) *Understanding Global Conflict and Cooperation: An Introduction to Theory and History*, 9th edition. Boston: Peason.

Oberschall, A. (1973) *Social Conflict and Social Movements*. Englewood Cliffs: Prentice-Hall.

Oktay, M. Çağatay. (2009) *Tek Parti Döneminde Azınlık Politikaları* (2. Baskı), İstanbul Bilgi Üniversitesi Yayınları.

Orhan, Mehmet. (2015) *Political Violence and Kurds in Turkey: Fragmentations, Mobilizations, Participations and Repertoires*. New York: Routledge.

Owen, Roger eds. (1983) *Sociology of the Developing Societies: The Middle East*. New York: Monthly Review Press.

Özbudun, Ergun. (1976) *Social Change and Political Participation in Turkey*. Princeton: Princeton University Press.

Özbudun, Ergun. (2014) *Türkiye'de Demokratikleşme Süreci: Anayasa Yapımı ve Anayasa Yargısı*. İstanbul Bilgi Üniversitesi Yayıları.

Özbudun, Ergun and Serap Yazıcı. (2004) *Democratization Reforms in Turkey (1993-2004)*. TESEV Publications.

Özcan, Ali Kemal. (2010) *Turkey's Kurds: A Theoretical Analysis of the PKK and Abdullah Öcalan*. New York: Routledge.

Özdoğan, Günay Göksu, Füsün Üstel, Karin Karakaşlı and Ferhat Kentel. (2009) *Türkiye'de Ermeniler: Cemaat-Birey-Yurttaş*. İstanbul Bilgi Üniversitesi Yayınları.

Pack, Jason, Karim Mezran and Mohamed Eljarh. (2014) *Libya's Faustian Bargains: Breaking the Appeasement Cycle*. Washington, D.C.: Atlantic Council.

Pappé, Ilan. (1992) *The Making of the Arab-Israeli Conflict 1947-1951*. New York: I.B. Tauris.

Pargeter, Alison. (2008) "Qadhafi and Political Islam in Libya." In *Libya since 1969*, edited by D. Vandewalle. New York: Palgrave Macmillan.

Pargeter, Alison. (2010) *The Muslim Brotherhood: The Burden of Tradition*. London: Saqi Books.

Parsa, M. (1989) *Social Origins of the Iranian Revolution*. New Brunswick: Rutgers University Press.

Pepinsky, Thomas B. (2009) *Economic Crises and the Breakdown of Authoritarian Regimes: Indonesia and Malaysia in Comparative Perspective*. New York: Cambridge University Press.

Petersen, M. J. (2015) *For Humanity Or For The Umma? Aid and Islam in Transnational Muslim NGOs*. London: Hurst.

Peterson, J. E. (2014) *Bibliography of the Arabian Peninsula* (September 2014). [http://www.jepeterson.net/sitebuildercontent/sitebuilderfiles/Peterson_Bibliography_of_the_Arabian_Peninsula.pdf]

Phillips, S. (2008) *Yemen's Democracy Experiment in Regional Perspective: Patronage and Pluralized Authoritarianism*. London: Palgrave Macmillan.

Pilster, Ulrich and Tobias Bohmelt. (2014) "Predicting the duration of the Syrian insurgency." *Research and Politics*. July-September: 1-10.

Piven, Frances Fox and Richard A. Cloward. (1977) *Poor People's Movements*. New York: Vintage.

Pollard, J. and M. Samers. (2007) "Islamic Banking and Finance: Postcolonial Political Economy and the Decentring of Economic Geography." *Transactions of the Institute of British Geographers* 32(3): 313-330.

Povey, T. and E. Rostami-Povey eds. (2012) *Women, Power and Politics in 21st Century Iran*. Surrey: Ashgate.

Powell, Robert. (1999) *In the Shadow of Power: States and Strategies in International Politics*. Princeton:

Princeton University Press.
Puar, Jasbir K. (2007) *Terrorist Assemblages: Homonationalism in Queer Times*, 1st edition. Durham: Duke University Press.
Puar, Jasbir K. (2010) "Israel's gay propaganda war." *The Guardian*, July 1, 2010. [http://www.theguardian.com/commentisfree/2010/jul/01/israels-gay-propaganda-war]
Rabil, R. G. (2014) *Salafism in Lebanon: From Apoliticism to Transnational Jihadism*. Washington D.C.: Georgetown University Press.
Rapaport, Yossef. (2005) *Marriage, Money and Divorce in Medievel Islamic Society*. Cambridge: Cambridge University Press.
Resnick, Uri. (2013) *Dynamics of Asymmetric Territorial Conflict: the Evolution of Patience*. Hampshire: Palgrave.
Rex, Brynen, Pete W. Moore, Bassel F. Salloukh and Marie-Joëlle Zahar. (2012) *Beyond the Arab Spring: Authoritarianism and Democratization in the Arab World*. Lynne Rienner.
Ricci, Ronit. (2011) *Islam Translated: Literature, Conversion and the Arabic Cosmopolis of South and Southeast Asia*. Chicago: The University of Chicago Press.
Richards, Alan, John Waterbury, Melani Cammet, and Ishac Diwan. (2014) *A Political Economy of the Middle East*, updated 2013 edition. Boulder: Westview Press.
Ricolfi, Luca. (2005) "Palestinians, 1981-2003." In *Making Sense of Suicide Missions*, edited by Diego Gambetta, Oxford: Oxford University Press.
Robins, Philip. (2004) *A History of Jordan*. Cambridge: Cambridge University Press.
Romano, D. and M. Gursest eds. (2014) *Conflict, Democratization, and the Kurds in the Middle East: Turkey, Iran, Iraq, and Syria*. New York: Palgrave Macmilan.
Rosato, S. (2003) "The Flawed Logic of Democratic Peace Theory." *American Political Science Review* 97(4): 585-600.
Ross, Michael L. (2001) *Timber Booms and Institutional Breakdown in Southeast Asia*. New York: Cambridge University Press.
Ross, Michael L. (2009) Oil and Democracy Revisited unpublished paper, UCLA Department of Political Science.
Rotberg, Robert I. (2003) *When States Fail: Causes and Consequences*. Princeton: Princeton University Press.
Roubaie, A. al-, and S. Alvi eds. (2010) *Islamic Banking and Finance: Critical Concepts in Economics*. 4 Vols. London: Routledge.
Rougier, B. (2015) *The Sunni Tragedy in the Middle East: Northern Lebanon from Al-Qaeda to Isis*. Princeton: Princeton University Press.
Roy, Olivier. (2004) *Globalized Islam: The Search for A New Ummah*. New York: Colombia University Press.
Roy, Olivier. (2012b) "The Transformation of the Arab World." In *Journal of Democracy*. 23(2): 5-18.
Roy, Sara. (2011) *Hamas and Civil Society in Gaza: Engaging the Islamist Social Sector*. New Jersey: Princeton University Press.
Saʻd Allāh, Abū al-Qāsim. (1992) *al-Ḥaraka al-Waṭanīya al-Jazāʼirīya*, 3vols. Beirut: Dār al-Gharb al-Islāmī.
Saʻd Allāh, Abū al-Qāsim. (1998-2007) *Taʼrīkh al-Jazāʼir al-Thaqāfī*, 10vols. Beirut: Dār al-gharb al-Islāmī.
Sadiki, Larbi. (2009) *Rethinking Arab Democratization: Elections without Democracy*. New York: Oxford University Press.
Sageman, M. (2004) *Understanding Terror Networks*. Philadelphia: University of Pennsylvania Press.
Sageman, M. (2008) *Leaderless Jihad: Terror Networks in the Twenty-First Century*. Philadelphia: University of Pennsylvania Press.
Salamé, Ghassan. (2001) "Introduction: Where are the Democrats?" In *Democracy without Democrats?: The Renewal of Politics in the Muslim World*, edited by Ghassan Salamé, London: I.B. Tauris.

Salehi-Isfahani, Djavad, Nadia Belhaj Hassine and Ragui Assaad. (2014) "Equality of Opportunity in Educational Achievement in the Middle East and North Africa." *Journal of Economic Inequality* 12(4): 489-515.

Salibi, Kamal. (1993) *The Modern History of Jordan.* London and New York: I.B. Tauris.

Salmoni, B. A., B. Loidolt and M. Wells. (2010) *Regime and Periphery in Northern Yemen: the Huthi Phenomenon.* Santa Monica: RAND Corporation.

Sato, Noriko. (2001) *Memory and Social Identity Among Syrian Orthodox Christians.* Durham theses, Durham University. (Doctoral dissertation available at http://etheses.dur.ac.uk/1671/1/1671.pdf)

Schiffbauer, Marc et al. (2015) "Jobs or Privileges: Unleashing the Employment Potential of the Middle East and North Africa." *MENA Development Report,* Washington, D.C.: World Bank.

Schulman, Sarah. (2012) *Israel/Palestine and the Queer International.* 1st edition. Durham: Duke University Press.

Schumpeter, Joseph A. (1950) *Capitalism, Socialism, and Democracy.* 3rd edition. New York: Harper.

Schwarz, Rolf. (2008) "The Political Economy of State-Formation in the Arab Middle East: Rentier States, Economic Reform, and Democratization." *Review of International Political Economy* 15(4): 599-621.

Schwarz, Rolf. (2011) "Does War make States?: Rentierism and the Formation of States in the Middle East." *European Political Science Review* 3(3): 419-443.

Schwarz, Rolf. (2012) *War and State Building in the Middle East.* Gainesville: University Press of Florida.

Schwedler, Jillian. (2006) *Faith in Moderation: Islamist Parties in Jordan and Yemen.* New York: Cambridge University Press.

Scott, James. C. (1976) *The Moral Economy of the Peasant: Rebellion and Subsistence in Southeast Asia.* New Haven: Yale University Press.

Shalev, Michael. (1992) *Labour and the Political Economy in Israel.* Oxford: Oxford University Press.

Shaw, Mark and Fiona Mangan. (2014) *Illicit Trafficking and Libya's Transition.* Washington, D.C.: United States Institute of Peace.

Shils, E. (1957) "Primordial, Personal, Sacred and Civil Ties." *British Journal of Sociology* 8 (2): 130-145.

Shlaim, Avi. (1988) *Collusion Across the Jordan: King Abdullah, the Zionist Movement, and the Partition of Palestine.* New York: Columbia University Press.

Siddiqi, M. N. (1981) *Muslim Economic Thinking.* Leicester: The Islamic Foundation.

Singerman, Diane. (1995) *Avenues of Participation: Family, Politics and Contentious Politics.* Cambridge: Cambridge University Press.

Singerman, D. (2004) "The Networked World of Islamist Social Movements." In *Islamic Activism: A Social Movement Theory Approach,* edited by Q. Wiktorowicz, 143-163. Bloomington: Indiana University Press.

Sisk, Timothy D. (1992) *Islam and Democracy: Religion, Politics, and Power in the Middle East.* Washington D.C.: United States Institute of Peace Press.

Skovgaard-Petersen, Jakob. (1997) *Defining Islam for the Egyptian State: Muftis and Fatwas of the Dār al-Iftā.* Leiden: Brill.

Small, Melvin and David Singer. (1982) *Resort to Arms: International and Civil Wars.* London: Sage.

Smith, Anthony, D. (1986) *The Ethnic Origins of Nations.* Cambridge: Blackwell.

Smith, Anthony D. eds. (1994) *Nationalism: Oxford Reader.* Oxford: Oxford University Press.

Smith, Benjamin. (2007) *Hard Times in the Lands of Plenty: Oil Politics in Iran and Indonesia.* New York: Cornell University Press.

Smith, G. R. (2008) *A Traveler in Thirteenth-Centuries Arabia: Ibn Mujawir's Tarikh al-Mustasibr.* Surrey: Ashgate.

Smith, Wilfred Cantwell. (1957) *Islam in Modern History.* Princeton: Princeton University Press.

Snow, D. A. et al. (1986) "Frame Alignment Processes, Micromobilzation and Movement Participation."

American Sociological Review 51(4): 464-481.
Snow, D. A. and R. D. Benford. (1992) "Master Frames and Cycles of Protest." In *Frontiers in Social Movement Theory*, edited by Aldon Morris and Carol M. Mueller, 133-155. New Haven: Yale University Press.
Snyder, J. (1991) *Myths of Empire: Domestic Politics and International Ambition*. New York: Cornell University Press.
Snyder, J. and Erica D. Borghard. (2011) "The Cost of Empty Threats: A Penny, Not a Pound." *American Political Science Review* 105(3): 437-456.
Spivak, Gayatri C. (1988) "Can the Sabaltern Speak?" In *Marxism and the Interpretation of Culture*, edited by C. Nelson and L. Grossberg, Champaign: University of Illinois Press.
Spivak, Gayatri C. (1993) *Outside in the Teaching Machine*. 1st edition. New York: Routledge.
Stansfield, G. (2007) *Iraq: People, History, Politics*. Cambridge: Polity Press.
Stanton, Andrea L. (2013) *This Is Jerusalem Calling: State Radio in Mandate Palestine*. Austin: University of Texas Press.
Starrett, Gregory. (1998) *Putting Islam to Work: Education, Politics, and Religious Transformation in Egypt*. Berkeley: University of California Press.
Stepan, Alfred. (2000) "Religion, Democracy, and the 'Twin Tolerations.'" *Journal of Democracy* 11(4): 37-57.
Stevens, Paul. (2015) *The Shale Technology Revolution and the Implications for the GCC*. Arab Center for Research and Policy Studies. [http://english.dohainstitute.org/file/Get/dc4221f3-b4b4-48dd-b558-e59a23a8b5be]
Swedenburg, Ted. (1990) "The Palestinian Peasant as National Signifier." *Anthropological Quarterly* 63(1): 18-30.
Tabar, Paul ed. (2005) *Lebanese Diaspora: History, Racism and Belonging*. Beirut: Lebanese American University Press.
Tadros, Mariz. (2012) *The Muslim Brotherhood in Contemporary Egypt: Democracy Redefined or Confines?* London: Routledge.
Tagiliacozzo, Eric. (2013) *The Longest Journey: Southeast Asians and the Pilgrimage to Mecca*. New York: Oxford University Press.
Tagliacozzo, Eric ed. (2015a) *Asia Inside Out: Changing Times*. Cambridge: Harvard University Press.
Tagliacozzo, Eric ed. (2015b) *Asia Inside Out: Connected Places*. Cambridge: Harvard University Press.
Tagliacozzo, Eric and Shawkat M. Toorawa eds. (2016) *The Hajj: Pilgrimage in Islam*. New York: Cambridge University Press.
Tamimi, Azzam. (2001) *Rachid Ghannouchi: a Democrat within Islamism*, New York: Oxford University Press.
Tamimi, Azzam. (2007) *Hamas: Unwritten Cahpters*. London: Hurst.
Tarrow, Sidney. (1998) *Power in Movement: Social Movements and Contentious Politics*. Cambridge: Cambridge University Press.
Tauber, E. (1995) *The Formation of Modern Syria and Iraq*. Essex: Frank Cass.
Taylor, Alan R. (1982) *The Arab Balance of Power System*. New York: Syracuse University Press.
Tekin, Ali and Aylin Güney. (2015) *The Europeanization of Turkey: Polity and Politics*. London: Routledge.
Tessler, Mark. (2002) "Islam and Democracy in the Middle East: The Impact of Religious Orientations on Attitudes toward Democracy in Four Arab Countries." *Comparative Politics* 34(3): 337-354.
Tessler, Mark. (2015) *Islam and Politics in the Middle East: Explaining the Views of Ordinary Citizens*. Bloomington: Indiana University Press.
Tiargan-Orr, R. and M. Eran-Jona. (2016) "The Israeli Public's Perception of the IDF: Stability and Change." *Armed Forces & Society* 42(2): 324-343.
Tilly, Charles. (1985) "War Making and State Making as Organized Crime." In *Bringing the State Back In*, edited by P. B. Evans, D. Rueschmeyer and T. Skocpol, 169-191. Cambridge: Cambridge University Press.

Tilly, Charles. (1990) *Coercion, Capital, and European States, AD 990-1990*. Cambridge: Blackwell.

Tozy, Mohamed. (1999) *Monarchie et islam politique au Maroc*. Paris: Presses de Sciences Po.

Tucker, Judith E. (2000) *In the House of the Law: Gender and Islamic Law in Ottoman Syria and Palestine*. California: University of California Press.

Turner, Bryan. (1984) "Orientalism and the Problem of Civil Society in Islam." In *Orientalism, Islam, and Islamists*, edited by A. Hussain, R. Olson and J. Qureshi, 23-42. Brattleboro: Amana Books.

Turner, R. H. and L. M. Killian. (1987) *Collective Behavior*, 3rd edition. Englewood Cliffs: Prentice-Hall.

Ünal, Mustafa Coşar. (2012) *Counterterrorism in Turkey: Policy Choices and Policy Effects toward the Kurdistan Workers' Party (PKK)*. London: Routledge.

UNICEF and Informal Settlements Development Facility (ISDF), Egypt. (2013) *Multidimensional Child Poverty in Slums and Unplanned Areas in Egypt*. UNICEF Egypt and ISDF, Cairo.

United Nations Support Mission in Libya (UNSMIL). http://unsmil.unmissions.org/

Ünver, Hamid Akın. (2015) *Turkey's Kurdish Question: Discourse and Politics Since 1990*, London: Routledge.

Utvik, B. O. (2006) *Islamist Economics in Egypt: The Pious Road to Development*. Boulder: Lynne Rienner.

Vairel, Frédéric. (2014) *Politique et mouvements sociaux au Maroc: La révolution désamorcée?* Paris: Presses de Sciences Po.

Varisco, D. M. (1994) *Medieval Agriculture and Islamic Science: the Almanac of a Yemeni Sultan*. Seattle: University of Washington University.

Vatikiotis, P. J. (1987) *Islam and the State*. London: Croom Helm.

Vatikiotis, P. J. (1991) *The History of Modern Egypt: From Muhammad Ali to Mubarak,* 4th edition. Baltimore: Johns Hopkins University Press.

Vidino, Lorenzo. (2010) *The New Muslim Brotherhood in the West*. New York: Columbia University Press.

Visser, R. (2005) *Basra, the Failed Gulf State: Separatism and Nationalism in Southern Iraq*. Münster: LIT Verlag Münster.

Volpi, F. ed. (2011) *Political Islam: a Critical Reader*. London: Routledge.

von Grunebaum, G. E. (1962) *Modern Islam: The Search for Cultural Identity*. Berkeley: University of California Press.

Wagemann, C. (2014) "Qualitative Comparative Analysis: What It Is, What It Does, and How It Works." In *Methodological Practices in Social Movement Research*, edited by D. Della Porta, 43-66. Oxford: Oxford University Press.

Walt, S. M. (1987) *The Origins of Alliances*. Ithaca: Cornell University Press.

Warde, I. (2010) *Islamic Finance in the Global Economy*. 2nd edition. Edinburgh: Edinburgh University Press.

Waterbury, John. (1970) *The Commander of the Faithful: The Moroccan Political Elite: A Study of Segmented Politics*. London: Weidenfeld and Nicolson.

Watson, Geoffrey R. (2000) *The Oslo Accords: International Law and the Israeli-Palestinian Peace Agreements*. Oxford: Oxford University Press.

Watt, W. M. (1998) *Islamic political thought* (Islamic surveys 6), Edinburgh: Edinburgh University Press.

Weingast, Barry R. and Donald A. Wittman eds. (2006) *The Oxford Handbook of Political Economy*. Oxford: Oxford University Press.

Weir, S. (2007) *A Tribal Order: Politics and Law in the Mountains of Yemen*, Austin: University of Texas Press.

White, Jenny B. (2002) *Islamist Mobilization in Turkey: A Study in Vernacular Politics*. Seattle: University of Washington Press.

Wickham, Carrie Rosefsky. (2002) *Mobilizing Islam: Religion, Activism, and Political Change in Egypt*. New York: Columbia University Press.

Wien, P. (2006) *Iraqi Arab Nationalism: Authoritarian, Totalitarian and Pro-fascist Inclination, 1932-1941*. London: Routledge.

Wiktorowicz, Q. (2004) "Introduction: Islamic Activism and Social Movement Theory." In *Islamic Activism: A Social Movement Theory Approach*, edited by Q. Wiktorowicz, 1-37. Bloomington: Indiana University Press.

Wiktorowicz, Quintan. (2005) "The Salafi Movement: Violence and the Fragmentation of Community." In *Muslim Networks from Hajj to Hiphop*, edited by Miriam Cooke and Bruce B. Lawrence, 208-234. London: University of North Carolina Press.

Willis, Michael J. (2014) *Politics and Power in the Maghreb: Algeria, Tunisia and Morocco from Independence to the Arab Spring*. New York: Oxford University Press.

Wilson, R. (1997) *Economics, Ethics and Religion: Jewish, Christian and Muslim Economic Thought*. Basingstoke: Macmillan Press.

Wilson, R. (2004) "The Development of Islamic Economics: Theory and Practice." In *Islamic Thought in the Twentieth Century*, edited by S. Taji-Farouki. and B. M. Nafi, 195-222. London: I.B. Tauris.

Wilson, Rodney. (2013) *Economic Development in the Middle East*. 2nd edition. London: Routledge.

Wolf, A. B. (2016) "Backing Down and Domestic Political Survival in Israel: Audience Costs and the Lebanon War of 2006." *Polity* 48(3): 414-439.

World Bank. (2004) Kingdom of Morocco Poverty Report: Strengthening Policy by Identifying the Geographic Dimension of Poverty. (Report No. 28223-MOR.)

World Bank. (2014) "Predictions, Perceptions and Economic Reality. Challenges of Seven Middle East and North Africa Countries Described in 14 Charts." *MENA Quarterly Economic Brief*, Issue 3.

World Bank. (2014) "The Unfinished Revolution: Bringing Opportunity, Good Jobs and Greater Wealth to All Tunisians." Washington, D.C.: World Bank Group. [http://documents.worldbank.org/curated/en/658461468312323813/The-unfinished-revolution-bringing-opportunity-good-jobs-and-greater-wealth-to-all-Tunisians]

Yom, Sean L. (2016) *From Resilience to Revolution: How Foreign Interventions Destabilize the Middle East*. New York: Columbia University Press.

Yousfi, Hèla. (2015) *L'UGTT, une passion tunisienne. Enquête sur les syndicalistes en révolution (2011-2014)*. Paris : Karthala.

Zahid, Mohammed. (2010) *The Muslim Brotherhood and Egypt's Succession Crisis. The Politics of Liberalisation and Reform in the Middle East*. Londn: I.B. Tauris.

Zaman, Muhammad Qasim. (2002) *The Ulama in Contemporary Islam: Custodians of Change*. Princeton: Princeton University Press.

Zaman, Muhammad Qasim. (2012) *Modern Islamic Thought in a Radical Age: Religious Authority and Internal Criticism*. New York: Cambridge University Press.

Zeghal, Malika. (1996) *Gardiens de l'Islam: Les oulémas d'Al Azhar dans l'Égypte contemporaine*. Paris: Presses de sciences po.

Ziadeh, H. (2006) *Sectarianism and Intercommunal Nation-Building in Lebanon*. London: Hurst.

Zisser, E. (2000) *Lebanon: The Challenge of Independence*. London: I.B. Tauris.

Zollner, Barbara H. E. (2009) *The Muslim Brotherhood: Hasan al-Hudaybi and Ideology*. London: Routledge.

Zubaida, Sami. (1995) "Is There a Muslim Society? Ernest Gellner's Sociology of Islam." *Economy and Society* 24(2): 151-188.

Zubaida, Sami. (2009) "Islam and Nationalism: Continuities and contradictions." In *Politics of the Modern Arab World: Critical Issues in Modern Politics, Vol.III Political and Social Movements*, edited by Laleh Khalili, 73-87. London: Routlede.

人名索引

※外国人名については、本文中にアルファベット表記のない人名はアルファベット索引には掲載されていない。カタカナ表記の索引を参照。

【日本語（漢字、カタカナ）】

あ行

青山弘之　27, 47, 264, 267, 271-273
綾部恒雄　223
新井和広　289
荒井康一　48, 51, 52, 54, 55
新井政美　336
飯塚正人　206, 231, 236, 244, 245, 247
池内恵　175, 176, 245, 247
石黒大岳　29, 44, 50, 52, 55, 66, 297, 298, 300
石田徹　158
今井宏平　336
今井静　261
今井真士　55, 68
岩坂将充　49, 333, 335, 336
岩崎えり奈　55, 96, 102, 254, 255
岩間暁子　217, 222, 223
上野千鶴子　144, 150
臼杵陽　189, 224, 229, 231, 261
江口朴郎　209, 215
江﨑智絵　228, 231, 278
遠藤貢　17
大岩川和正　106, 111, 229, 231
大川真由子　156, 158
大澤真幸　180, 189
太田淳　174, 176
大塚和夫　27, 91, 146, 150, 192, 198, 199, 202, 206, 306
大坪玲子　288, 289
大畑裕嗣　130

大村啓喬　168
岡真理　146, 150, 227, 231
岡野八代　158
岡野内正　66, 85, 102, 153
小串俊郎　282, 284

か行

粕谷元　336
粕谷祐子　55, 140
片桐新自　130
片倉もとこ　284
加藤秀一　142, 150
加藤博　55, 93, 94, 102, 150, 185, 189, 206, 255, 331
金谷美紗　250, 253, 255
兼清賢介　113, 119
唐沢敬　111
川上泰徳　137, 140, 235
姜尚中　180, 189
私市正年　28, 43, 47, 180, 203, 206, 317, 319, 321, 325, 327, 329, 331
北澤義之　45, 185, 208, 213, 215, 239, 240, 258-261
吉川元　168, 223
吉川卓郎　39, 66, 85, 102, 239, 261
木村喜博　273
工藤晶人　325
国枝昌樹　271, 273
窪田悠一　163, 168
栗田禎子　98, 103, 244, 305, 306
栗本英世　306
栗山保之　287, 290
黒木英充　218, 222, 223, 267
黒宮一太　82, 180, 190

幸加木文　335, 336
小杉泰　21, 22, 24, 27, 54, 87, 94, 137, 139, 140, 176, 193, 198, 199, 202, 204, 206, 235, 236, 237, 239, 244, 245, 247
小林周　308
小林良彰　140
駒井洋　158
駒野欽一　339, 342

さ行

酒井啓子　27, 47, 189, 213, 223, 255, 261, 292, 295
桜井啓子　338, 342
佐藤寛　290
佐藤健太郎　47, 331
佐藤成基　17
佐藤次高　94, 331
佐藤裕　223
佐原徹哉　222, 223, 336
澤江史子　51, 55, 335, 337
塩尻和子　313
塩原勉　130
重冨真一　129, 130
蔀勇造　290
清水雅子　226, 257
清水学　76, 104
白谷望　45, 47, 50, 55, 327, 328, 331
末近浩太　19, 24, 27, 46, 136, 140, 237, 239, 264, 265, 267, 270, 272, 273
杉山隆一　340, 342
鈴木恵美　254, 255
鈴木董　223
鈴木弘明　111
鈴木啓之　224, 231

砂原庸介　79, 85
関根政美　158, 159, 219, 223
曽良中清司　130

た行

髙岡豊　50, 52, 55, 164, 168, 201, 205-207, 246, 247, 266, 267, 269, 270, 272, 273
鷹木恵子　315, 319, 331
高橋進　158
武石礼司　114, 119
多湖淳　79, 85
淡徳三郎　321, 325
辻上奈美江　280, 284
土屋一樹　103, 255
鶴見太郎　230, 232, 275
飛内悠子　302
富田健次　247, 248, 342
富田広士　140

な行

中岡三益　102, 104, 111, 209, 210, 215
長岡慎介　86, 87, 92, 94, 111
長沢栄治　14, 17, 212, 214, 215
中田考　17, 244, 247
中村廣治郎　199, 247
中村覚　47, 168, 285
縄田浩志　306
錦田愛子　151, 154-156, 158, 226, 232, 259, 262
西城戸誠　130
貫井万里　338, 340, 342

は行

間寧　55, 272, 290
馬場多聞　287, 290
浜中新吾　10, 36, 37, 50-52, 55, 82, 85, 129, 132, 135, 140, 160, 165, 167-169, 176, 228, 232, 266, 267, 274, 276
稗田健志　79, 85
東島雅昌　49, 50, 55
福富満久　82, 313, 317, 319, 325
福永浩一　236, 240, 241

藤田進　225, 232, 313
保坂修司　47, 177, 204, 205, 207, 284
細井長　82, 85
細田尚美　46, 155, 159, 174, 177, 299, 300
堀口松城　267
堀拔功二　112, 115, 119

ま行

増田直紀　170, 175, 177
松井健　223
松尾昌樹　46, 47, 66, 78, 82, 84, 85, 102, 111, 169, 284, 298, 300
松谷浩尚　335, 337
松本弘　28, 47, 54, 56, 286, 288-290
見市健　170
三浦徹　94
水田正史　111
溝渕正季　17, 27, 47, 55, 57, 59, 65, 122, 130, 246, 247, 263, 264, 266, 267
嶺崎寛子　142, 144, 146, 150
宮治一雄　223, 313, 315, 319, 325
宮治美江子　140, 158, 199, 325
宮下陽子　51, 56
宮島喬　152, 159
三代川寛子　186, 216
村上薫　103
森まり子　278

や行

家島彦一　287, 290
安武塔馬　268
柳澤悠　103
山尾大　16, 17, 27, 47, 51, 55, 65, 168, 204, 207, 218, 223, 291, 292, 294, 295
山田俊一　255
横田貴之　137, 140, 203, 205, 207, 233, 235, 236, 239, 240, 254, 255
吉岡明子　168, 204, 207, 218, 223, 292
吉田啓太　319
吉村慎太郎　338, 342

わ行

若桑遼　315
若松大樹　336, 337
渡邊祥子　186, 191, 321, 325

ア行

アージュロン、シャルル゠ロベール　321, 325
アーデルマン、モリス　113
アーレント、ハンナ　149
アイケルマン　23, 171, 196, 197
アサド、ハーフィズ　134, 269, 271
アサド、タラル　147, 172, 176
アジット　103
アジャミー、フアド　20, 211
アセモグル　14, 15
アタテュルク　333
アッサイード、ムスタファ・カーミル　134, 140
アトワーン、アブドルバーリ　16, 17, 164
アハメド、ライラ　146, 150
アブー・ムスアブ・アッ゠スーリー　175
アブー゠ルゴド、ライラ　146
アフガーニー、ジャマールッディーン　191, 193, 244
アブドゥフ（アブドゥ）　193, 197, 244, 245
アブドゥルアジーズ・アール゠サウード　280
アブドゥルワッハーブ、ムハンマド・イブン　191, 244, 281
アラファート　228, 231
アリアン、アシェル　275, 276
アルスラーン、シャキーブ　192, 193
アルドリッチ、D・P　176
アングリスト　36
アンダーソン、ベネディクト　128, 170, 172, 176, 181, 182, 189, 226
アントニウス、ジョージ　208, 209, 215
イドリース国王　312
イブン・タイミーヤ　243, 244
イブン・バーディース　323
イブン・ハルドゥーン　104, 111, 136, 140
イングルハート　22
ウェイ　36, 48
ウェーバー、マックス　10, 17, 91
ウェルチ、デイヴィッド・A　57, 66
ウォーラーステイン、イマニュエル　105
ウォルツ、ケネス　57, 58, 60, 65, 80
ヴォルピ、フレデリック　242
エスポジト、ジョン　21, 27, 193, 242
エル・サーダウィ、ナワル　146, 150
エルゼンハンス　322
エルドアン　334
オーウェン、ロジャー　11, 13, 14, 17, 27, 40, 42, 47, 55, 65
オッペンハイマー　125
オルソン、マンサー　123-125, 128-130

カ行

カー、E・H　66
カースルズ、S　151, 154, 158
ガザーリー　237, 243
カサノヴァ　192, 199
カッザーフィー、ムアンマル　35, 41, 47, 211, 308-313
ガット、アザー　12
カナファーニー、ガッサーン　227, 231
ガラール・アミーン　102
カラダーウィー、ユースフ　237
カリヴァス　54
カワーキビー　192
カント　62, 181
ガンニング、イェロン　226
ガンヌーシー、ラーシド　246
キーリー、ブライアン　151, 158
キムリッカ、ウィル　153, 158, 220, 223
ギルバート　275, 278
クック　171
クトゥブ、サイイド　236, 245
クラン　17, 138
クルーガー、アラン　165, 166, 168, 203
グレイ　283
クレーン、ジム　116
クレブス　175
クロスリー、ニック　130
ゲイロー、J=F　202, 206
ゲデス　33, 34
ケドゥーリー、E　181, 189
ケニー、マイケル　220, 223
ケペル、ジル　27, 192, 196, 199, 203
ゲルヴィン、ジェームズ　212
ゲルナー、アーネスト　20, 136, 140, 181, 182, 189, 194, 195, 199
コーエン、ロビン　152, 158
コーザー　168
コーデスマン、アンソニー・H　46, 47, 113
コーヘン、ヒレル　224
コヘイン、ロバート・O　59, 60, 66
コリアー、ポール　163, 164, 168
コルガン　115
ゴンゴラ　11, 12

サ行

サーイグ、ローズマリー　155, 225
サーレハ　289
サイード、エドワード　20, 146
サダト　185, 196, 235, 252, 254, 274

サミール・アミーン 105
サラモン 136
サルブ、ビアンカ 114
サンバー、エリアス 224, 231
シーハー 264
シェイブブ 31, 34
シェードラー 48
シャヒーン 242
ジャボティンスキー、ウラディミール 275, 278
シャリアティー、アリー 339, 342
シュウェドラー 45
シュライム、アヴィ 224, 278
シュワルツ 13, 132
シュンペーター 29, 30
ジョンソン、チャルマーズ 85
スィッディーキー、ネジャートゥッラー 88
スウェデンバーグ 215
スヴォリック 34
スコッチポル、シーダ 338
スコット、ジョーン 142
スタレット 196
スティーブンス、ポール 114, 115
ステパン 25
ストラ、バンジャマン 325
ズバイダ、サミー 195, 212
スピヴァク、ガヤトリ・C 144, 145, 150
スミス、アントニー・D 182, 183, 186, 189, 267
スミス、W. C 193, 199
セイジマン 175
セゲフ、トム 224, 232

タ行
ターチン 136
ダール、ロバート・A 20, 28-31
ダイアモンド 48
ダウンズ 52
タウンゼント、チャールズ 207
タグリアコッゾ 174
ダバシ、ハミッド 338, 342
タミーミー、アッザーム 204, 207, 226, 246
タロー、シドニー 123, 126, 130
チザクチャ、ムラト 92
チャプラ、ウマル 88
ティリー、チャールズ 11-13, 15, 125, 130, 163
テスラー 22
デュベルジェ 50
デランティ、ジェラード 153, 158
ドッジ、トビー 294, 295
トリップ、チャールズ 292, 295

ナ行
ナイ、ジョセフ・S 57, 66
ナセル 74, 185, 198, 211, 233, 234, 236, 237, 250, 252, 254
ネタニヤフ、ビンヤミン 231
ノートン 133, 134
ノリス 22

ハ行
バーガー、E 140
バーキル・サドル、ムハンマド 88, 111
パーキンズ、ケネス 315, 319
ハートグ 283
バーネット、マイケル 209-211
ハーブ、ジェフリー 230
ハーブ 40, 41
ハーマン、ジュディス 149
ハーリディー、ラシード 226
ハウワー、サイード 237
ハザン 276, 278
ハサン、ズバイル 88, 89
ハサン2世 330
バタトゥ、ハンナ 209
パットナム、ロバート 134, 135, 140, 176
ハデニウス 33, 34
バトラー、ジュディス 142, 143, 148-150
ハビービー、エミール 227, 232
バフガト 117
パペ、イラン 224, 225, 229
バヤート 22, 24
バラ、アジット 103
バラバシ、アルバート・ラズロ 175, 176
バラム 211, 294
ハンチントン、サミュエル 20, 22, 39
バンナー、ハサン 233-236, 239, 240, 245
ヒーター、デレック 153, 159
ピスカトーリ 23, 171, 196, 197
ヒダーヤトゥラー、アイシャ 147
ピュア、ジャスビル 148
ビン・ラーディン、ウサーマ 281
フィアロン 163, 164
フィッシャー、ヨハン 89
フーコー、ミシェル 145, 146, 150, 284
フーリー 263
フクヤマ、フランシス 20, 138, 140
フサイニー、ハージジ・アミーン 230, 231
フセイン、サッダーム 35, 61, 65, 161, 162, 292, 294
フダビー、ハサン 237
ブッシュ 62, 63, 162
ブハッタチャルヤ 116
ブラウン、ネイサン 227
ブランド、L 155
フリードマン、ロバート 227
ブル、ヘドリー 66

フルーブ、ハーリド 226
ブルーム、ウイリアム 210
ブルギバ、ハビーブ 316, 317
ブレーク 116
フローリック 125
ベイツ、ロバート 85
ペーターセン、スコヴガールド= 198
ベギン、メナヘム 274
ペッカネン 132
ベルヴィエ、ギー 321, 325
ヘルトグ 117
ベン・アリー、ザイヌルアービディーン 253, 316, 317
ベンクラー、ヨハイ 175, 176
ホーラーニー、アルバート 209
ホーン、アリステア 321, 325
ボザスニー 36
ボットモア、T 159
ホブズボーム、E・J 181, 182, 186, 190
ホフマン 22
ホメイニー 245, 246-248, 339, 342
ポランニー、カール 93, 104, 105
ボル、ジョン 21, 27

マ行

マーシャル、T・H 153, 158, 159
マーワルディー 243
マウドゥーディー 88
マサド 215
ミール＝ホセイニー、ズィーバー 340, 342
ミグダル 10, 11, 15, 163
ミッチェル 234, 235, 237
ミラー、M・J 151, 154, 158, 181
ミルズ、ロビン 113
ムバーラク 65, 72, 134, 233, 235, 239, 252-254

ムバーラク、ガマール 253
ムハンマド・イドリース・サヌーシー（国王） 312
ムハンマド6世 43
ムフタール、ウマル 312
ムルスィー 74, 233, 239, 252
メイニエ、ジルベール 321
メルニーシー、ファーティマ 21, 28
モアッデル 196, 197
モーゲンソー、ハンス 58, 66
モハンティ、チャンドラ・T 145, 150
モリス、ベニー 224

ヤ行

ユイグ 204
ユ・ヒョヂョン 223
ユルゲンスマイヤー、M・K 184, 190

ラ行

ラーン 115, 116
ライヒエ 117
ラカー 275, 278
ラセット 62
ラハト 276
ラビン、イツハク 274, 277
ラペール、フレデリック 98, 103
リダー、ラシード 176, 192, 193, 197, 244, 245
リプセット 51, 298
リンス 30, 37
ルイス、アーサー 106
ルービン、ゲイル 149
ルオミ、マリ 117, 119
ルチアーニ、ジャコモ 116, 117
ルナン、エルネスト 191
レイプハルト 51
レヴィツキ 36, 48
レモン、ルネ 223
ロイ、サラ 226
ローゼンタール 243, 246, 248

ローレンス 171
ロジエル 197
ロス、マイケル 82, 83, 85
ロスチャイルド、ジョーゼフ 219, 220, 223
ロッカン 51
ロビンソン、アセモグル 14, 15
ロワ、オリヴィエ 196

ワ行

ワトソン、ジェフリー 227

人名索引　379

【アルファベット】

A
Abd Al-Khaliq, Judah　96, 97, 103
Abdel-Khalek, G.　96, 97, 103
Abdel-Malek, Anouar　252, 255
Abir, Mordechai　284
Abraham　156
Abrahamian, E.　338, 342
Abu-Lughod, Lila　147, 150
Acemoglu, Daron　72, 73, 76
Adams, Charles C.　193, 199
Adelman, Morris　113, 119
Afary, J.　340, 342
Ahmad, Ali Abdullatif　117, 119, 335, 337
Ahmida, Feroz　313
Ajami, Fouad　211, 268
Akahori, M.　307
Akhavi　339
Albertus, Michael　74, 76
Alfoneh　340
Alizadeh　341
Allan, Diana　230, 232
Alvaredo　101
Alvi, S.　88, 94, 95
Amara, Mahfoud　46
Amin, Galal　96, 103
Amir, Ruth　277, 278
Anderson, Lisa　211, 313
Angrist, Michele Penner　36, 38
Antonius, George　208, 209, 215
Aoufi, el　329
Arian, Asher　275, 277, 278
Arjomand, S.A.　339, 342
Arriola, Leonardo R.　75, 76
Assaad　100-102
Asutay　89
Atto　222
Aydın　336, 337
Ayeb, Ayşegül　97, 98, 103
Ayubi, Nazih N.　13, 14, 17
Azra, Azyumardi　173, 177

B
Bahgat, Gawdat　117, 119
Bahly　186
Bakker　238
Balcells　165
Banerji　97
Bannā, al-　235
Barak　265, 266
Baram, A.　294, 295
Barnett, Michael N.　12, 64-66, 209, 210, 212, 214, 215
Baron, Beth　324
Batatu, Hanna　209, 270, 273, 292, 295
Bates, Robert　85
Bayat, Asef　20, 22, 24, 28, 130, 187, 214
Beblawi, Hazem　41, 79, 81, 84, 85, 111, 284
Beinin, J.　130
Beissinger　128
Belhassen, Souhayr　316, 320
Bellin, Eva　75, 76, 317-320
Benford　128
Bergesen　245
Berkes, Niyazi　335, 337
Berque, Jacques　322, 325
Berrebi　166-168
Bessis, Sophie　316, 320
Bhattacharyya, Subhes　116, 119
Bibi　98, 101
Bidwell, R.L.　289, 290
Biletzki　166
Bill, J.A.　85, 339, 342
Binder, L.　268
Binzel　100, 101
Black　247
Blake, Andon　116, 119
Blanford　264, 267
Blaydes, Lisa　49, 72, 76, 252, 255
Bloom, William　210
Boddy, Janis　305, 307
Bohmelt　165
Boix, Carles　72, 76
Bonnefoy　289

Bonner, Michael David　102, 103
Bora, Tanıl　335, 337
Borghard　64
Boukhars, Anouar　328, 331
Boulby, Marion　260, 262
Bowering, G.　242, 248
Bradley　146
Brand, Laurie A.　258, 260-262
Brecher, Michael　277, 278
Brown, Nathan　227, 316
Brownlee, Jason　36, 252, 255
Brubaker　153
Brumberg, Daniel　22, 71, 76
Brunner　194
Brynen　37
Bunton, M.　66
Burgat, François　184, 317, 320, 325, 329
Būṣafṣāf　323
Bush, Ray　97, 98, 103, 285
Butler, Judith　148, 149
Buzan, B.　66
Byrne　325

C
Calvert　236
Camau, Michel　316-318, 320
Cammett, Melani　14, 18, 68, 79, 85, 266
Carapico S.　289, 290
Carkins, S.　305, 307
Carter　222
Caton　288
Cavatorta, Francesco　138, 139, 260, 262, 329, 331
Chapra, Umer　88
Charrad, Mounira M.　316, 320
Chasman　21
Chatty　155, 341
Chaudhry, Kiren Aziz　283, 284
Chehabi　339
Cheibubu, José Antonio　31, 37
Chiha　264
Chivvis, Christopher S.　313

Choueiri, Youssef 184, 190
Çizakça, M. 92, 94
Clark, Janine A. 137, 140, 235, 260, 262
Cleveland, W. 66, 190, 193, 199
Cohen, Chanan 278
Cohen, Joshua 21
Cohen, Shana 331
Colgan, Jeff D. 115, 119
Collier 163
Collins 126
Connelly 325
Cook, Steven A. 111, 171, 177, 253, 255
Cooke, Miriam 171, 177
Copnall, J. 305, 307
Cordesman, Anthony H. 113, 119, 285
Cox 52
Crone, P. 243, 247, 248
Crystal, Jill 44, 298, 300

D

Daadaoui, Mohamed 328, 329, 332
Dahl, Robert A. 30, 37
Daly, M.W. 304, 305, 307
Davidson, Christopher M. 299, 300
Davis, E. 211, 294, 295
Davis, John 313
De Waal, Alex 305
Deheuvels 198
della Porta 214
Diamond, Larry 22, 28, 30, 37, 48, 276, 279
Diani 125
Diskin, Abraham 276
Diwan, Ishac 14, 18, 85
Donn 99
Doyle 58, 62, 66
Dresch, P. 288, 290
Duclos 98
Dudoignon 194
Durac, Vincent 138, 139, 260, 262, 329

Duvall 65

E

Earl 129
Eickelman 23, 81, 128, 171, 177, 196, 199
Eisinger 126
El-Gamal, M.A. 90, 94
El-Husseini, R. 264, 268
El-Khazen, F. 263, 268
El-Kikhia, Mansour 313
El-Laithy 97, 98, 102
Elbadawi, I. 85
Elling 341
Emrence, Cem 336, 337
Enayat 193
Ener, Mine 102, 103, 112, 119, 120
Eran-Jona 62
Ersado 101
Escribano 318
Esposito, John L. 193, 242, 248

F

Fadaee 341
Faust, A. 293, 295
Fawcett, L. 66
Fearon, James 15, 63, 65, 163, 164, 167, 168
Feener, R. Michael 173, 177, 194
Firro 263
Fisk, R. 263, 268
Flint, Julie 305, 307
Foran, J. 339, 342
Foucault, Michel 145
Fox 214
Frantz, Erica 38
Fravel 62
Freedman, Robert O. 275
Frey 51
Frieden 168

G

Gaborieau 198
Gadallah 100

Gamson 128
Gandhi 31, 36, 38, 48, 72
Gardner, Andrew 299, 301
Gaspard, T.K. 266, 268
Gates 264
Gause 61, 210, 267, 289, 299, 301
Gause III, F. Gregory 289, 299, 301
Geddes, Barbara 33, 34, 37, 38
Gellner, Ernest 330, 332
Gelvin, James 212
Gemayel 266
Gerber 185
Gershoni, Israel 324
Getmansky 167
Gibb 194
Gignoux 101
Gilpin 59
Giugni 129, 214
Glaser 58
Gobe 318
Gongora, Thierry 11, 12, 18
Gonzalez-Pelaez, A. 66
Govin 226
Gräf 237
Gray, Matthew 283, 285, 301
Greene 72
Grunebaum 194
Gültekingil, Murat 335, 337
Gunning, Jeroen 226
Gurr 123

H

Haddad, Bassam 270, 273
Haddad, F. 295, 296
Hadenius, Axel 31, 33, 37, 38
Hafez, M.M. 95, 127, 130
Haggard, Stephan 70, 73, 76
Haiduc-Dale 227
Haim, G. Silvia 194, 199
Hale 52
Halliday, F. 66
Hammoudi, Abdellah 328, 332
Hamzeh, A.N. 268

Hanafi 155
Hanf, T. 263, 268
Hanieh, Adam 299, 301, 319
Harbi, Mohammed 322, 325
Hardin 125
Harik 10
Harris, Christina Phelps 234, 240
Harris, W. 268
Hasan, Z. 88, 89, 94
Hashemi 20, 25
Hassine 101, 102
Hastings, A. 182, 190
Haushofer 166
Hazama 52
Hazan, Reuven Y. 276
Hegghammer, Thomas 203, 205, 207
Heller, Ella 278
Hendy 101
Herb, Mich. 35, 40, 298, 299, 301
Herman, Tamar 277, 278
Herring, E. 294, 296
Hertog, Steffen 117, 119, 283, 285
Hibou, Béatrice 317, 320
Hidayatullah, Aysha 150
Hinchcliffe 43
Hinnebusch, Jr., Raymond A. 64, 66, 135, 207, 253-255, 271, 273
Hoeffler 163
Hofmann 22
Holt, P. M. 304, 305, 307
Horowitz, Dan 277, 279
Hourani, Albert 193, 199, 209, 244, 247, 248
Hroub 226
Hudson, M.C. 263, 265, 268
Hunter, S.T. 339, 342
Huntington, Samuel D. 30, 40
Husaini, Ishak Musa 234, 240

I

Ibrahim, Saad Edin 54, 133, 134

Ikenberry 59
Ille, J. 305, 307
Inglehart 22
Isis 226, 232
Iwasaki 102

J

Jabar, F.A. 294, 296
Jaber 154, 155
Jaeger 165, 166
Jamal, Amaney A. 50, 135, 141
James 305
Jervis 59, 65
Johnson, Douglas H. 305-307
Johnson, M. 268
Joseph, Suad 150
Julien, Charles-André 322, 326

K

Kaddache, Mahfoud 322, 323, 326
Kalyvas, Stathis 54, 165
Kamrava 46
Kanaaneh, Rhoda Ann 226, 232
Kandil, Hazem 235, 253, 255
Kanwisher 166
Karpat 51, 96
Kaufman, Robert R. 70, 73, 76
Kechichian, Joseph 282, 285
Keddie, Nikki R. 191, 193, 199
Kedourie, Elie 181, 190, 194, 199
Kerr, Malcom 193, 199, 211, 215
Kersten 313
Khalaf, S. 264, 268
Khalidi, Rashid. 226
Khalili, Laleh 214, 215
Khan, M.A. 87, 94
Khoury, Philip S. 270, 273, 285, 313
Kienle, Eberhard 134, 272,
273
Killian 125
Kimport 129
King 37, 85
Klor 167, 168
Knudsen 155
Kohn 181
Komatsu 194
Kostiner, Joseph 282, 285, 313
Kosugi 193, 194
Krafft 100, 102
Kramer 194
Krämer 198, 236, 245
Krane, Jim 116, 120
Krebs 175
Krimly, Rayed 283, 285
Kruzman, C. 130
Kuran, Timur 138, 140, 141
Kydd, Andrew 165, 168

L

Lacheraf, Mostefa 322, 326
Lahn, Glada 115, 116, 120
Laitin, David 15, 163, 164, 168
Lake, David A. 161, 162, 167, 168
Lamloum, Olfa 317, 320
Landau, Jacob 54, 56
Laoust 193
Laremont 325
Laroui 188, 327, 332
Lauzière 197
Lawrence, Adria 188, 190
Lawrence, Bruce B. 171, 177, 178
Lawson 54
LeBas, Adrienne 76
Le Tourneau 322
Leca 139
Leenders, R. 266, 268
Legro 61
Levitsky, Steven 36, 38, 48, 252
Levrett 339
Lewis 20, 194
Lia, Brynjar 205, 207, 235,

236, 240
Linz   30, 37
Lippman, Thomas   282, 285
Lipset   20, 51, 69
Lissak, Moshe   277, 279
Lobell   65
Longman   146
Longva, Anh Nga   284, 285, 298, 301
Loshkin   97
Lu, Lingyu   12, 18
Lucas   43
Luciani, Giacomo   41, 79, 81, 85, 111, 116, 117, 119, 120, 284
Lujala   164
Luomi, Mari   117, 120
Lust-Okar, Ellen   36, 38, 48, 50, 56, 72, 127, 252, 255, 260, 262
Lustick   12
Lynch, M.   130

M

Machugo, John   270, 273
Magaloni, Beatriz   36, 38
Mahdavy, Hossein   111
Mahler, Gregory S.   275, 279
Makdisi, S.   85
Makiya, K.   293, 296
Maloney   339
Mandaville, Pater   28
Mansfield   63
Manthri, al   99
Maor   276
Ma'oz, Moshe   227, 232
Maoz, Zeev   277, 279
March, Andrew F.   20, 26, 28
Mardin, Şerif   51, 335, 337
Marr, P.   292, 296
Martinez, Luis   325, 326
Masalha, Nur   230
Massad, Joseph   215
Masters   91
Matthiesen, Toby   283, 285
Maurer, B.   92, 94
Mawdudi   88

McAdam, D.   124, 125, 131, 214
McCarthy, J.D.   131
McDougall, James   187, 190, 194
Medding, Peter Y.   276, 277, 279
Mednicoff, D.   188
Meijer   238
Mendilow, Jonathan   276, 279
Merad, Ali   194, 323, 326
Merone   318
Metcalf   194
Meynier, Gilbert   322, 326
Micaud   316, 330, 332
Migdal, Joel S.   11, 12, 18
Miller, Susan G.   327, 330, 332
Mills, Robin M.   113, 120
Milton-Edwards, Beverly   43, 238, 240
Minesaki   146
Mitchell, Richard P.   233, 234, 236, 237, 240
Mizobuchi, Masaki   206, 207
Moaddel, Mansoor   193, 197, 200
Mohanty, Chandra T.   145
Moore   316
Moravcsik   60, 61
Morris, Benny   225
Morrison   83
Mousavian, S.H.   339, 342
Moussalli   236
Murphy, Emma C.   317, 320

N

Nabli   101
Nachmias, David   277, 278
Nada   235
Naficy   340
Nagaoka, S.   88, 93, 94
Naguib, Nafisa   102, 103
Nair, Gautam   73, 77
Nakash, Y.   293, 296
Niblock, T.   88, 95
Nienhaus, V.   95
Noble   65

Norris, Pippa   22
Norton, Augustus Richard   133, 141, 262, 268, 320
Nye Jr., Joseph S.   161, 169

O

Obeidi, Amal   313
Oberschall   125
Okkenhaug   102, 103
Oktav, Özden Zeynep   335, 337
Onley, James   297, 301
O'ran, Mutayyam al-   261, 262
Osman, Tarek   28
Osoegawa, Taku   272, 273
Owen   210
Özbudun, Ergun   51, 54, 56, 335, 337
Özyürek, Esra   335, 337

P

Pack, Jason   313
Pappé, Ilan   225
Pargeter   235
Parsi   339, 343
Paserman   165, 166
Paulsen   125
Pepinsky   70
Peri, Yoram   277, 279
Perkins, Kenneth   315, 319
Perthes, Volker   270, 271, 273, 285
Phillips, S.   289, 290
Pierret, Thomas   271, 273
Piketty   101
Pilster   165
Piscatori, James   23, 128, 171, 177, 196, 199
Plattner, Marc F.   22, 28, 37
Pollard, J.   92, 95
Posusney, Marsha Pripstein   36, 38, 76, 77
Potter, Lawrence G.   298, 301
Powell, Robert   167, 169
Preston, Felix   116, 120
Przeworski, Adam   69, 77
Puar, Jasbir K.   148

Pursley, Sara 324

R

Rabil 267
Rahat, Gideon 276, 279
Rahnema 236
Ramana, M.V. 117, 119
Rangwala, G. 294, 296
Rapoport 147
Rasheed, Madawi al- 284
Ravenel, Bernard 317, 320
Reiche, Danyel 117, 120
Resnick, Uri 277
Ricci, Ronit. 177
Rich 298, 301
Richards, Alan 14, 18, 68, 77, 85
Ricolfi 165, 166
Ripsman 65
Robinson, J.A. 72, 73, 76
Rodhan, Khalid R. al- 113, 119
Rokkan, Stein 51
Romano 341
Rosato 63
Ross, Michael L. 36, 38, 82, 83, 85, 110, 163, 169
Rotberg 15, 16, 164
Rothstein, Robert L. 227, 232
Roubaie, A. al- 88, 94, 95
Rougier 267
Roy, Olivier 28, 187, 196
Roy, Sara 137, 226,
Rubin, Barry 237, 240
Ryan, Curtis R. 261, 262

S

Saʻd Allāh, Abu al-Qasim 323, 324, 326
Sadiki 48
Sadr, Muhammad Baqir 88
Sageman 125, 175
Said, Edward 301
Salam, N. 268
Salamé 22
Salehi-Isafahani 101
Salibi, K. 268
Salmoni, M. 289
Sarbu, Bianca 114, 120
Sater, James N. 327, 329, 332
Sato, Shohei 297, 301
Sayigh, Rosemary 225, 232
Schedler, Andreas 48, 56
Schiffbauer 99
Schimidtke 198
Schulman 148
Schumpeter 29
Schwarz, Rolf 13, 18
Schwedler, Jillian 45
Scot, James 105
Scott, Joan Wallach 76, 142
Seal, Patrick 271, 273
Semati, M. 340, 343
Sevea, Terenjit 173, 177
Shahin, Emad Eldin 242, 248
Shalev, Michael 276
Shamir, Michael 276, 279
Shikaki, Khalil 227, 232
Shils, E. 182
Shlaim, Avi 225
Shryock 156
Shugart, Matthew 52, 56
Sick, G. 339, 343
Siddiqi, Nejatullah 87, 88
Singer, Amy 102, 103, 161
Singerman 126, 214
Sisk 20
Skocpol, T. 18
Skovgaard-Petersen 198, 237
Slater, Dan 73, 77
Sluglett, M.F. 292, 296
Sluglett, P. 292, 296
Small 161
Smith, Benjamin 37, 73, 77, 83
Smith, G.R. 287, 290
Snow 127, 128
Snyder 63-65
Soliman, Samer 71, 77
Solingen, Etel 215
Spivak, Gayatri C. 145
Springborg, Robert 68, 76, 252, 256
Sprinzak, Ehud 276, 279
St. John, Ronald Bruce 314
Stanton, Andrea 230
Stark, David 108, 111
Stepan, Alfred 25, 37
Stevens, Paul 114-116, 120
Suciyan, Talin 336, 337
Svolik, Milan W. 34, 38
Swedenburg Ted 215

T

Tabar 155
Tachau, Frank 54, 56
Tadros 235
Tagliacozzo, Eric 174
Takaoka, Yutaka 206, 207
Talattof, Kamran 193, 200
Taliaferro 65
Tamimi, Azzam 226, 237, 246
Tarrow, Sidney 124, 131, 214, 215
Telhami, S. 66
Temimi, Abdeljelil 316, 320
Teorell, Jan 31, 33, 37, 38
Tessler, Mark 22
Tétreault, Mary Ann 298, 301
Thies, Cameron G. 12, 18
Tiargan-Orr 62
Tibi, Bassam 194, 200
Tignor, Robert, L. 96, 97, 103
Tilly, Charles 11, 18, 122-124, 131
Toorawa 174
Tozy 329
Trimingham, Spencer 305, 307
Tucker 147
Turkistani 89
Turner 125, 134

U

Ulrichsen, Kristian 119, 297, 301
Unger, Craig 282, 285

V

Vairel, F. 130, 329
Valeri, Marc 298, 301

van Dam, Nikolas 270, 273
Vandewalle, Dirk 314
Varisco, D.M. 287, 290
Vatikiotis 186
Verba 85
Verdier-Chouchane 98
Verme, Paulo 97, 102, 103
Vidino 238
Volpi, Frederic 242
Vreeland, James Raymond 31, 34, 37

W

Wagemann 129
Wahman, Michael 37, 38
Walt, S.M. 60, 66
Walter, Barbara F. 165, 168
Warde 87
Wardī, A. al- 293, 296
Warriner, Doreen 96, 103
Waterbury, John 14, 18, 42, 68, 77, 85, 254, 256, 327, 332
Watson, Geoffery 227
Watt 247
Way, Lucan A. 36, 38, 48, 252
Wegner, Eva 329, 332
Weingast 68
Weir, S. 288, 290
Welch, David 161, 169
White, Gregory 331, 332
Wickham, Carrie Rosefsky 101, 103, 131, 235, 236, 240
Wien, Peter 324
Wiktorowicz, Quintan 126, 127, 131, 172, 260, 262
Willis 43, 45
Wilson, Mary C. 258, 259, 262
Wilson, R. 28, 68, 87-89, 95
Winslow, C. 268
Wittman 68
Wolf 64
Wright, John 314
Wright, Joseph 37, 38

Y

Yavuz, M. Hakan 335, 337

Yom, Sean L. 17, 299, 301
Young, J. 305, 307
Yousfi 318

Z

Zahlan, Rosemarie Said 297, 301
Zaiotti 154
Zakariyā, Aḥmad Waṣfī 273
Zald, M.N. 131
Zaman 194, 198
Zeghal, Malika 198, 329, 332
Zeitzoff 167
Ziadeh 265
Zisser 263
Zollner 237
Zubaida, Sami 195, 215
Zürcher, Erik Jan 335, 337

【編著者紹介】

私市正年（きさいち・まさとし）
上智大学・総合グローバル学部教授。1948年東京都生まれ。北海道大学文学部西洋史学科卒業、東京都立大学経済学部中退、中央大学大学院博士課程（東洋史学専攻）修了。博士（史学）。モロッコ・ムハンマド5世大学、エジプト・イブンハルドゥーン研究センター、フランス・エクサンプロバンスIREMAM（地中海アラブ・ムスリム研究センター）、アルジェリア・アルジェ大学CREAD（応用開発経済研究センター）などで研究に従事。
専門：マグリブ・イスラーム民衆史、アルジェリア・イスラーム政治運動
主な著書：『イスラム聖者』（講談社現代新書、1996年）、『サハラが結ぶ南北交流』（山川出版社、2004年）、『北アフリカ・イスラーム主義運動の歴史』（白水社、2005年）、『モロッコを知るための65章』（共編著、明石書店、2007年）、『アルジェリアを知るための62章』（編著、明石書店、2009年）、『マグリブ中世社会とイスラーム聖者崇拝』（山川出版社、2009年）、『原理主義の終焉か——ポスト・イスラーム主義論』（山川出版社、2012年）。

浜中新吾（はまなか・しんご）
龍谷大学法学部教授。1970年、京都府生まれ。1993年和歌山大学教育学部文化社会課程卒業。2000年神戸大学大学院国際協力研究科博士後期課程修了。博士（政治学）。山形大学講師、山形大学助教授・准教授を経て、現職。ヘブライ大学トルーマン研究所、京都大学地域研究統合情報センターで研究に従事。
専門：比較政治学、現代中東政治、イスラエル／パレスチナ政治研究
主な著書・訳書：『パレスチナの政治文化』（大学教育出版、2002年）、『開発途上国の政治的リーダーたち』（共著、ミネルヴァ書房、2005年）、『市民社会の比較政治学』（共著、慶應義塾大学出版会、2007年）、『民主主義と選挙』（共著、吉田書店、2013年）、A・マッグルー編『変容する民主主義』（共訳、日本経済評論社、2004年）、マイケル・L・ロス『石油の呪い』（共訳、吉田書店、2017年）。

横田貴之（よこた・たかゆき）
明治大学情報コミュニケーション学部専任准教授。1971年、京都府生まれ。早稲田大学政治経済学部政治学科卒業、京都大学大学院アジア・アフリカ地域研究研究科博士課程（5年一貫制）修了。京都大学博士（地域研究）。北海道電力㈱、㈶日本国際問題研究所研究員、日本大学国際関係学部准教授を経て、現職。
専門：中東地域研究、現代エジプト政治、イスラーム主義運動
主な著書・訳書：『現代エジプトにおけるイスラームと大衆運動』（ナカニシヤ出版、2006年）、『原理主義の潮流——ムスリム同胞団』（山川出版社、2009年）、『「アラブの心臓」に何が起きているのか——現代中東の実像』（共著、岩波書店、2014年）、『中東政治学』（共著、有斐閣、2014年）、『途上国における軍・政治権力・市民社会——21世紀の「新しい」政軍関係』（共著、晃洋書房、2016年）、『ムスリム同胞団の思想——ハサン・バンナー論考集』上下巻（共編訳、岩波書店、2015-16年）。

【執筆者紹介】(50音順)

荒井康一（あらい・こういち）
上智大学アジア文化研究所 客員所員
専門：トルコ・政治社会学
主な論文：「トルコ東部における動員的投票行動の計量分析——「近代化論」と「エスニシティ論」の再検討」（『日本中東学会年報』第24-2巻、2009年）、「トルコ南東アナトリア開発計画と資源分配構造——大地主制から資本家的農業経営へ」（『国際文化研究』16号、東北大学国際文化学会、2010年）。

石黒大岳（いしぐろ・ひろたけ）
独立行政法人日本貿易振興機構アジア経済研究所 地域研究センター 研究員
専門：比較政治学
主な著書・論文：『中東湾岸諸国の民主化と政党システム』（明石書店、2013 年）、「中東湾岸君主国における議会政治の展開」（『史淵』第 150 輯、2013 年）、「サウジアラビアの後継問題と統治構造の変化」（『中東研究』第 523 号、2015 年）。

今井真士（いまい・まこと）
文教大学国際学部 非常勤講師
専門：比較政治学（政治体制論・制度論）、中東政治研究（エジプト）
主な論文・訳書：「権威主義体制下の単一政党優位と体制転換」（『体制転換/非転換の比較政治』ミネルヴァ書房、2014 年）、「エジプト第三共和政の政党政治の初期的展開」（『法学研究』第 89 巻第 3 号、慶應義塾大学法学部、2016 年）、ゲイリー・ガーツ＆ジェイムズ・マホニー『社会科学のパラダイム論争』（西川賢との共訳、勁草書房、2015 年）。

岩坂将充（いわさか・まさみち）
同志社大学高等研究教育機構 准教授
専門：現代トルコ政治研究、比較政治学、中東イスラーム地域研究
主な論文：「トルコにおける「民主化」の手法——文民化過程にみる「制度」と「思想」の相互作用」（『国際政治』178 号、2014 年）、「トルコにおける政軍関係の変容——軍の権益の段階的縮小と今後の展望」（『中東研究』第 524 号、2015 年）、「議院内閣制における政治の「大統領制化」——トルコ・エルドアン体制と大統領権限の強化」（『日本比較政治学会年報』第 18 号、2016 年）。

岩崎えり奈（いわさき・えりな）
上智大学外国語学部 教授
専門：北アフリカ社会経済
主な著書：『変革期のエジプト社会 マイグレーション・就業・貧困』（早山書籍工房、2009 年）、『現代アラブ社会——アラブの春とエジプト革命』（加藤博と共著、東洋経済新報社、2013 年）、*Rashda: The Birth and Growth of an Egyptian Oasis Village*（加藤博と共著, Brill, 2016）。

金谷美紗（かなや・みさ）
公益財団法人中東調査会 研究員
専門：比較政治学、民主化、現代エジプト政治
主な著書・論文：中東調査会イスラーム過激派モニター班『「イスラーム国」の生態がわかる 45 のキーワード』（共著、明石書店、2015 年）、「2000 年代後半における抗議運動と「1 月 25 日革命」——労働運動と民主化運動の発展過程に注目して」（伊能武次・土屋一樹編『エジプト動乱——1.25 革命の背景』アジア経済研究所、2012 年）、「クーデタと増加する政治的暴力——ムスリム同胞団とイスラーム過激派による暴力行為の分析」（平成 26 年度政策提言研究「政治変動期の中東地域と湾岸安全保障」分科会「エジプト動向分析研究会」報告書、アジア経済研究所、2015 年）。

北澤義之（きたざわ・よしゆき）
京都産業大学外国語学部 教授
専門：中東地域研究、国際関係論、国際社会学
主な著書：『アラブ連盟——ナショナリズムとイスラームの交錯』（山川出版社、2015 年）、『グローバル・ガヴァナンス論』（共著、吉川元・首藤もと子・六鹿茂夫・望月康恵編、法律文化社、2014 年）、『現代アラブを知るための５６章』（共著、松本弘編、明石書店、2013 年）。

吉川卓郎（きっかわ・たくろう）
立命館アジア太平洋大学アジア太平洋学部 准教授
専門：比較政治学、国際関係学、中東地域研究
主な著書：『イスラーム政治と国民国家――エジプト・ヨルダンのムスリム同胞団の戦略』（ナカニシヤ出版、2007年）、『グローバル・サウスはいま――中東の新しい秩序』（松尾昌樹、岡野内正との共編、ミネルヴァ書房、2016年）。

小林 周（こばやし・あまね）
一般財団法人日本エネルギー経済研究所中東研究センター 研究員、公益財団法人日本国際問題研究所 若手客員研究員
専門：現代リビア政治、北アフリカ～サヘル地域の政治・安全保障
主な著書・論文：「リビアのイスラーム過激派組織の動向」（日本国際問題研究所、2016年）、「不安定化の「連鎖」――リビアから「イスラーム国」への戦闘員流出」（『中東研究』第522号、2016年）、『中東とISの地政学――イスラーム、アメリカ、ロシアから読む21世紀』（共著、朝日新聞出版、2017年）。

清水雅子（しみず・まさこ）
サウスカロライナ大学政治学部 博士課程
専門：比較政治学、現代中東政治
主な著書・論文：「「変革と改革」としてのハマース――パレスチナにおける武装抵抗運動の選挙参加」（『日本中東学会年報』第27-2号、2012年）、「クルアーンの旗下にあるムスリム同胞団（翻訳）」（北澤義之・高岡豊・横田貴之編訳『ムスリム同胞団の思想（上）ハサン・バンナー論考集』岩波書店、2015年）、"Comparative Executive-Legislative Relations under Authoritarianism: Focusing on the Choices and Practices of Semi-Presidentialism," *AGLOS: Journal of Area-Based Global Studies* vol. 7, 2016.

清水 学（しみず・まなぶ）
アジア経済研究所 名誉研究員、前帝京大学教授
専門：現代資本主義論、中東・南アジア・中央アジア地域研究
主な著書・論文：「エジプト・ムバーラク体制の政治経済学」（『現代の中東』第3号、1987年、アジア経済研究所）、「「アラブ社会主義」論の再検討」（清水学編『アラブ社会主義の危機と変容』アジア経済研究所、1992年）、「イスラエル経済――グローバル化と「起業国家」」（『中東レビュー』Vol. 4、2017年3月）。

白谷 望（しらたに・のぞみ）
上智大学グローバル・スタディーズ研究科 特別研究員
専門：モロッコ政治、マグリブ地域研究
主な著書・論文：「モロッコにおける権威主義体制持続の新たな戦略――2011年国民議会選挙と名目的な政権交代」（『日本中東学会年報』第30-1号、2014年）、『君主制と民主主義――モロッコの政治とイスラームの現代（ブックレット〈アジアを学ぼう〉別巻11）』（風響社、2015年）。

末近浩太（すえちか・こうた）
立命館大学国際関係学部 教授
専門：中東地域研究、国際政治学、比較政治学
主な著書：『現代シリアの国家変容とイスラーム』（ナカニシヤ出版、2005年）、『イスラーム主義と中東政治――レバノン・ヒズブッラーの抵抗と革命』（名古屋大学出版会、2013年）、『現代シリア・レバノンの政治構造（アジア経済研究所叢書5）』（青山弘之との共著、岩波書店、2009年）、『比較政治学の考え方（ストゥディア）』（久保慶一・高橋百合子との共著、有斐閣、2016年）。

鈴木啓之（すずき・ひろゆき）
日本学術振興会 特別研究員 PD（日本女子大学）
専門：地域研究（中東近現代史）
主な著書・論文：『パレスチナを知るための 60 章』（共編著、明石書店、2016 年）、「大衆蜂起の言説——インティファーダ（1987〜1993 年）とリーフレット研究の可能性（資料）」（『アジア・アフリカ言語文化研究』第 89 号、2015 年）、「PLO によるヨルダンとの同盟関係の模索・1982〜1987 年——インティファーダ前史としての外交戦略の展開」（『日本中東学会年報』第 32-1 号、2016 年）。

髙岡 豊（たかおか・ゆたか）
公益財団法人中東調査会 上席研究員
専門：現在シリアの政治・社会についての研究、イスラーム過激派のモニター
主な著書：『現代シリアの部族と政治・社会——ユーフラテス河沿岸地域・ジャジーラ地域の部族の政治・社会的役割分析』（三元社、2011 年）。

辻上奈美江（つじがみ・なみえ）
東京大学総合文化研究科 特任准教授
専門：中東地域研究、ジェンダー論研究
主な著書：『現代サウディアラビアのジェンダーと権力』（福村出版、2011 年）、『イスラーム世界のジェンダー秩序』（明石書店、2014 年）、『中東政治学』（共著、有斐閣、2012 年）、『湾岸アラブ諸国の移民労働者』（共著、明石書店、2014 年）、『境界を生きるシングルたち』（共著、人文書院、2014 年）。

飛内悠子（とびない・ゆうこ）
大阪大学人間科学研究科（日本学術振興会 特別研究員 PD）
専門：アフリカ地域研究、文化人類学、移民・難民研究
主な著書：『「国内避難民」とは誰か——スーダン共和国ハルツームにおけるククの人々の歴史・生活・アイデンティティ』（上智大学アジア文化研究所、2011 年）、「彼らは何者になるのか？——南スーダン独立後のハルツームにおける南部出身者の選択」（錦田愛子編『移民／難民のシティズンシップ』有信堂高文社、2016 年）。

長岡慎介（ながおか・しんすけ）
京都大学大学院アジア・アフリカ地域研究研究科 准教授
専門：イスラーム経済論
主な著書：『現代イスラーム金融論』（名古屋大学出版会、2011 年）、『お金ってなんだろう？——あなたと考えたいこれからの経済』（平凡社、2017 年）、『イスラーム銀行——金融と国際経済』（共著、山川出版社、2010 年）。

錦田愛子（にしきだ・あいこ）
東京外国語大学アジア・アフリカ言語文化研究所 准教授
専門：中東地域研究（パレスチナ・イスラエル政治・社会）、移民／難民研究
主な著書・論文：『移民／難民のシティズンシップ』（編著、有信堂高文社、2016 年）、Nisikida, Aiko and Shigo Hamanaka, "Palestinian Migration under the Occupation: Influence of Islaeli democracy and Stratified citizenship," *Sociology Study*, vol. 3, No. 4, 2013、「ヨーロッパの市民権を求めて——アラブ系移民／難民の移動と受入政策の変容」（『中東研究』第 528 号、2017 年）。

貫井万里（ぬきい・まり）
公益財団法人日本国際問題研究所 研究員
専門：中東地域研究（イラン近現代史・政治・社会）

主な論文:"Protest Events in the Tehran Bazaar During the Oil Nationalization Movement of Iran"(『日本中東学会年報』第28-1号、2012年)、「核合意後のイラン内政と制裁下に形成された経済構造の抱える問題」(『国際問題』第656号、2016年)。

福永浩一(ふくなが・こういち)
上智大学研究機構時限研究部門(イスラーム研究単位)特別研究員
専門:中東地域研究、近代エジプトのイスラーム主義思想
主な著書・論文:『初期ムスリム同胞団関連資料――ハサン・バンナー著「ダアワと教宣者の回想」を中心に』(上智大学アジア文化研究所・イスラーム研究センター、2013年)、「エジプトにおけるムスリム同胞団の危機――ムルスィー大統領の退陣と新暫定政府への抗議デモに関して」(『中東研究』第518号、2013年)。

堀拔功二(ほりぬき・こうじ)
一般財団法人日本エネルギー経済研究所中東研究センター 研究員
専門:湾岸アラブ諸国の政治・社会動態の研究
主な著書:「カタル外交の戦略的可能性と脆弱性――『アラブの春』における外交政策を事例に」(土屋一樹編『中東地域秩序の行方――「アラブの春」と中東諸国の対外政策』アジア経済研究所、2013年)、「国際労働力移動のなかの湾岸アラブ諸国の位置づけ」(細田尚美編『湾岸アラブ諸国の移民労働者――「多外国人国家」の出現と生活実態』明石書店、2014年)、「「国民マイノリティ国家」の成立と展開――アラブ首長国連邦における国民/外国人の包摂と排除の論理」(錦田愛子編『移民/難民のシティズンシップ』有信堂高文社、2016年)。

松尾昌樹(まつお・まさき)
宇都宮大学国際学部 准教授
専門:中東地域研究、国際政治経済
主な著書・訳書:『湾岸産油国――レンティア国家のゆくえ』(講談社、2010年)、『オマーンの国史の誕生』(御茶の水書房、2013年)、『中東の新たな秩序――グローバル・サウスは今(第3巻)』(岡野内正・吉川卓郎との共編著、ミネルヴァ書房、2016年)、マイケル・L・ロス『石油の呪い――国家の発展経路はいかに決定されるか』(浜中新吾との共訳、2017年)。

松本 弘(まつもと・ひろし)
大東文化大学国際関係学部 教授
専門:イエメン地域研究、エジプト近代史、中東の民主化
主な著書:『ムハンマド・アブドゥフ――イスラームの改革者(世界史リブレット人84)』(山川出版社、2016年)、『アラブ諸国の民主化――2011年政変の課題(イスラームを知る23)』(山川出版社、2015年)、『現代アラブを知るための56章』(編著、明石書店、2013年)。

見市 建(みいち・けん)
岩手県立大学総合政策学部 准教授
専門:東南アジア地域研究、比較政治学
主な著書・論文:『新興大国インドネシアの宗教市場と国家』(NTT出版、2014年)、*Southeast Asian Muslims in the Era of Globalization* (edited with Omar Farouk), Basingstoke and New York: Palgrave Macmillan, 2015, "The Role of Religion and Ethnicity in Jakarta's 2012 Gubernatorial Election," *Journal of Current Southeast Asian Affairs*, 33(1), 2014.

溝渕正季（みぞぶち・まさき）
名古屋商科大学経済学部 准教授
専門：中東地域研究、国際安全保障論
主な著書・論文：『中東の新たな秩序』（共著、ミネルヴァ書房、2016 年）、『中東と IS の地政学——イスラーム、アメリカ、ロシアから読む 21 世紀』（共著、朝日新聞出版、2017 年）、「「理想」と「現実」のはざまで——混迷するシリアとオバマ政権の苦悩」（『中東研究』第 527 号、2016 年）。

嶺崎寛子（みねさき・ひろこ）
愛知教育大学 准教授
専門：文化人類学、ジェンダー論
主な著書・論文：『イスラーム復興とジェンダー——現代エジプト社会を生きる女性たち』（昭和堂、2015 年、第 10 回女性史学賞・第 43 回澁澤賞受賞）、「宗教言説を使う、開く——エジプトのムスリム女性とイスラーム」（川橋範子・小松加代子編『宗教とジェンダーのポリティクス』昭和堂、2016 年）、「ディアスポラの信仰者——在日アフマディーヤ・ムスリムにみるグローバル状況下のアイデンティティ」（『文化人類学』78 巻 2 号、2013 年）。

三代川寛子（みよかわ・ひろこ）
上智大学アジア文化研究所 客員所員、オックスフォード大学学際的地域研究学院 客員研究員
専門：中東地域研究、エジプト近現代史
主な著書・論文：『東方キリスト教諸教会——研究案内と基礎データ』（編著、明石書店、2017 年刊行予定）、「20 世紀初頭におけるコプト・キリスト教徒のファラオ主義とコプト語復興運動——イクラウディユース・ラビーブの『アイン・シャムス』の分析を中心に」（『オリエント』58 巻 2 号、2016 年）、"The Struggle over Egyptianness: A Case Study of the Egyptian Nayruz Festival," in Laura Robson ed., *Minorities and the Modern Arab World: New Perspectives,* Syracuse University Press, 2016.

山尾　大（やまお・だい）
九州大学大学院比較社会文化研究院 准教授
専門：イラク政治、国際政治、中東地域研究
主な著書・論文：『現代イラクのイスラーム主義運動——革命運動から政権党への軌跡』（有斐閣、2011 年）、『紛争と国家建設——戦後イラクの再建をめぐるポリティクス』明石書店、2013 年）、"Foreign Impacts Revisited: Islamists' Struggles in Post-war Iraq," *World Political Science Review*, 9(1), 2013.

若桑　遼（わかくわ・りょう）
上智大学大学院グローバル・スタディーズ研究科地域研究専攻 博士後期課程
専門：チュニジア地域研究、チュニジア近現代史
主な著書・論文：『独立期チュニジアにおけるウラマーと世俗主義に関する基本資料集』（SIAS ワーキングペーパーシリーズ 5、上智大学アジア文化研究所イスラーム地域研究拠点、2009 年）、「革命後のチュニジアにおけるイスラーム武装闘争派——「アンサール・シャリーア」の伸長と現状」（平成 26 年度外務省外交・安全保障調査研究事業（調査研究事業）「サハラ地域におけるイスラーム急進派の活動と資源紛争の研究——中東諸国とグローバルアクターとの相互連関の視座から」報告書、日本国際問題研究所、2015 年）。

渡邊祥子（わたなべ・しょうこ）
独立行政法人日本貿易振興機構アジア経済研究所 研究員
専門：マグリブ近現代史
主な論文：「「アルジェリア・ムスリムのウンマ」の概念形成——帰化問題と政教分離法適用問題に対するアルジェリア・ウラマー協会の見解を題材に」（『日本中東学会年報』第 27-1 号、2011 年）。

中東・イスラーム研究概説
──政治学・経済学・社会学・地域研究のテーマと理論

2017年3月31日　初版第1刷発行

編著者	私市　正年
	浜中　新吾
	横田　貴之
発行者	石井　昭男
発行所	株式会社 明石書店

〒101-0021 東京都千代田区外神田 6-9-5
電　話　03 (5818) 1171
ＦＡＸ　03 (5818) 1174
振　替　00100-7-24505
http://www.akashi.co.jp

装丁　　明石書店デザイン室
印刷／製本　モリモト印刷株式会社

ISBN978-4-7503-4494-2

|JCOPY| 〈(社) 出版者著作権管理機構 委託出版物〉
本書の無断複写は著作権法上での例外を除き禁じられています。複写される場合は、そのつど事前に、(社)出版者著作権管理機構（電話 03-3513-6969、FAX 03-3513-6979、e-mail: info@jcopy.or.jp）の許諾を得てください。

現代中東を読み解く　アラブ革命後の政治秩序とイスラーム
後藤 晃・長沢栄治編著　●2600円

チュニジア革命と民主化　人類学的プロセス・ドキュメンテーションの試み
鷹木恵子　●5800円

変革期イスラーム社会の宗教と紛争
塩尻和子編著　●2800円

「イスラーム国」の生態がわかる45のキーワード
中東調査会イスラーム過激派モニター班　●1400円

アラブ・イスラエル紛争地図
マーティン・ギルバート著　小林和香子監訳　●8800円

現代中東の国家・権力・政治
ロジャー・オーウェン著　山尾 大・溝渕正季訳　●3000円

湾岸アラブ諸国の移民労働者　「多外国人国家」の出現と生活実態
細田尚美編著　●5500円

イスラーム世界のジェンダー秩序　「アラブの春」以降の女性たちの闘い
辻上奈美江　●2500円

変貌するイラン　イスラーム共和国体制の思想と核疑惑問題
駒野欽一　●2500円

紛争と国家建設　戦後イラクの再建をめぐるポリティクス
山尾 大　●4200円

中東湾岸諸国の民主化と政党システム
石黒大岳　●4200円

21世紀のサウジアラビア　政治・外交・経済・エネルギー戦略の成果と挑戦
アンソニー・H・コーデスマン著　中村覚監訳　須藤繁・辻上奈美江訳　●9500円

中東・北アフリカにおけるジェンダー　イスラーム社会のダイナミズムと多様性
ザヒア・スマイール・サルヒー著　鷹木恵子ほか訳　●4700円　世界人権問題叢書

中東・イスラーム諸国　民主化ハンドブック
松本 弘編著　●6800円

中東経済ハブ盛衰史　19世紀のエジプトから現在のドバイ、トルコまで
山口直彦　●4200円　世界歴史叢書

アルジェリアの歴史　フランス植民地支配・独立戦争・脱植民地化
ベンジャマン・ストラ著　小山田紀子・渡辺 司訳　●8000円　世界歴史叢書

〈価格は本体価格です〉